I N H A L T S V E R Z E I C H N I S

... Ein Problem erkunden

4.3 Es gibt viel zu tun – Zum Hande
Argumentieren und appellieren .
Reden ist Silber, Schreiben ist ...
Wir verbessern unsere Verkehrss

5 Wir schreiben Fabeln

5.1 Fabeltiere: Zeichnen, beschreiben, erzählen 81
Wilhelm Busch: Der fliegende Frosch 82
Wilhelm Busch: Das Rabennest 83

5.2 Vier bedeutende Fabeldichter der Vergangenheit: Äsop, Luther, La Fontaine, Lessing 84
Äsop: Was du tust, wirst du erleiden 84
Martin Luther: Untreue. Vom Frosch und der Maus 85
Jean de La Fontaine: Der Frosch, der dem Stier an Größe gleichen wollte 86
Gotthold Ephraim Lessing: Die Wasserschlange 86
Johann Wolfgang Goethe: Die Frösche 87
Erich Fried: Humorlos 87

5.3 Katzen, Mäuse, Vögel, Menschen: Fabeln aus alter und neuer Zeit 88
Johann Wilhelm Ludwig Gleim: Die Katze. Die Maus. 88
Franz Kafka: Kleine Fabel 88
Erich Fried: Der Mausefall 89
Rafik Schami: Das letzte Wort der Wanderratte 90
Phädrus: Der Hund und der Wolf 91
Wilhelm Busch: Es sitzt ein Vogel auf dem Leim 92
Jacques Prévert: Katze und Vogel 92

SPRECHEN UND SCHREIBEN

6 Wörter bilden – Bedeutungen untersuchen

6.1 Bildung macht Spaß 93
Wortbausteine 93
Zusammensetzungen 96
Christian Morgenstern: Die Tagnachtlampe 97
Ernst Jandl: die bürste 99
Wortfamilie 99
Wortfeld 100
Mehrdeutige Wörter 102
Heinz Erhardt: Der Stier; Zellen 102

6.2 Lesen macht stark 103
Heinz Erhardt: Das Finkennest 103
Kurt Franz: Kleine Taschenbuchgeschichte 104
Christian Morgenstern: Die Brille 104
Christian Morgenstern: Der Vergess 105
Elias Canetti: Der Papiersäufer 105
Thomas Hürlimann: Der Verhängnisforscher 106

6.3 Üben macht schlau 107
Spiele mit Wortfamilien, Ableitungen und Zusammensetzungen 107
Karl Valentin: Geburt 107
Eugen Gomringer: aus zufall 108
Hans Magnus Enzensberger: wortbildungslehre 108
Erich Fried: Aufzählung zum Abzählen 109
Wortbildung und Rechtschreibung 110
Renate Weber: Adlerauge sucht Fahrrad! 111
Wortfeldarbeit 112
Robert Wolfgang Schnell: Schau mal 112

NACHDENKEN ÜBER SPRACHE

7 Satzglieder und Sätze verwenden

7.1 Wir machen genauere Angaben ... **113**
Die adverbiale Bestimmung ... 113
Das Attribut ... 118
Satzgefüge und Satzreihe ... 121

7.2 Wir können Texte besser verstehen ... **125**
Umstände genauer bestimmen ... 125
Menschen und Dinge zutreffend charakterisieren ... 127
Gudrun Pausewang: Schulzeit in Wichstadtl ... 127
Ludwig Harig: Das Klassenfoto ... 127
Walter Kempowski: Die Kugel ... 128
Mit dem Satzbau Wirkungen erzielen ... 129
Irmela Wendt: Porträt der Lehrerin Stephanie N. ... 129
Max Kruse: Auch ein Weihnachtsabend ... 130

7.3 Wir lernen genauer zu schreiben ... **131**
Adverbiale Bestimmungen und Attribute anwenden ... 131
Gedanken durch Satzreihen und Satzgefüge verbinden ... 134

8 Satzzeichen setzen

8.1 Satzzeichen bei wörtlicher Rede, Satzverbindungen und Aufzählungen ... **137**
Lesen und Schreiben im alten Rom ... 137

8.2 Satzzeichen in literarischen Texten erklären ... **140**
Till Eulenspiegel: Eulen und Meerkatzen ... 140
Rudolf Kirsten: Die andern haben's besser ... 141
Josef Reding: Hast du 'ne Macke? ... 141
Bertolt Brecht: Es war einmal ein Adler ... 142
Ullrich Remy: ruf ... 142

8.3 Kommaregeln anwenden ... **143**

9 Wie wird's geschrieben?

9.1 Nomen kann man gut erkennen ... **145**
Die Geschichte von Mabsut ... 146

9.2 Im Lager der Sugamberer – Nominalisierungen ... **147**
Achim Bröger: Ihr dürft mir nichts tun ... 151
Farbbezeichnungen ... 153
Ursula Wölfel: Die Geschichte vom grünen Fahrrad ... 153

9.3 Getrennt schreiben oder zusammenschreiben? ... **155**
Wörter wie Steckbausteine ... 157

9.4 Mit Sprache kann man spielen: Bearbeite deine Fehler! ... **158**
Das Geheimnis der zwei Buchstaben: „ng"–„nk" ... 161
Spiele um einen Laut mit zwei Schreibungen: „d"–„t" ... 161
Wie gemein – Fünf verschiedene Schreibungen für einen Laut: x, ks, chs, cks, gs ... 162
Mal umgekehrt – Zwei Laute eine Schreibung: v ... 162
Kurze/lange Vokale und s-Schreibung ... 163
Franz Fühmann: Regennachmittage ... 164

NACHDENKEN ÜBER SPRACHE
NACHDENKEN ÜBER SPRACHE

I N H A L T S V E R Z E I C H N I S

10 Es war einmal ... Alte und neue Märchen

10.1 Märchen aus alten Zeiten und fernen Ländern **165**
Gebrüder Grimm: Fundevogel 166
Gebrüder Grimm: Die Sterntaler 168
Das Töpfchen 169
Der Puma, der zaubern konnte 171
Die Königstochter in der Flammenburg 175

10.2 Märchen frei gestalten und umerzählen **177**
Paul Maar: Die Geschichte vom bösen Hänsel, der bösen Gretel und der Hexe 178

10.3 Es war einmal in einer weit entfernten Galaxie **180**

UMGANG MIT TEXTEN

11 Lügengeschichten und Schelmenstreiche

11.1 Münchhausen, Eulenspiegel & Co.: Wir lesen vor **183**
Gottfried August Bürger: Münchhausens Reiterkunststücke 183
Sid Fleischman: McBroom und die Stechmücken 185
Erich Kästner: Wie Eulenspiegel einem Esel das Lesen beibrachte 186
Geschichten vom Nasreddin Hodscha 188
Lazarillo verschafft sich Brot 190

11.2 Wer einmal lügt ... Wir untersuchen die Lügensprache **193**
Lügen in Sprichwörtern 193
Alltagslügen 194
Ursel Scheffler: Der Lügenbeutel 194
Um die Wette lügen 196
Das Märchen vom Meisterlügner 196

11.3 Von den Meisterlügnern lernen: Wir schreiben ein Lügenbuch **199**
Wie gehen die Meisterlügner vor? – Ein Untersuchungsbogen 199
Lügengeschichten ergänzen und überarbeiten 200
Eigene Lügengeschichten schreiben 200

UMGANG MIT TEXTEN

12 Lyrische Jahreszeiten

12.1 Die Farben der Jahreszeiten **203**
Clemens Brentano: Frühes Liedchen 203
Erich Kästner: Der September 204
Elisabeth Borchers: September 204
Hermann Hesse: September 205
Peter Hacks: Der Herbst steht auf der Leiter 205
Theodor Fontane: Herr von Ribbeck auf Ribbeck im Havelland 206
Theodor Storm: Inserat 206
Josef Guggenmos: Ich male mir den Winter 207
Der Winter 208
Minamoto-No Muneyuki: Das Dorf in den Bergen 208
Annette von Droste-Hülshoff: Winter 208
Dietmar von Eist: Ahi nu kumet uns diu zit 209
Johann Wolfgang Goethe: Frühling übers Jahr 209
Eduard Mörike: Er ist's 210

Rainer Brambach: Das blaue Band 210
Christel Süßmann: Sommerhitze 210
Ilse Kleberger: Sommer 211
Dieter Höss: Die Lawine rollt 212

12.2 Gedichte – verdichtete Sprache 213
Erich Kästner: Im Auto über Land 213
Vergleiche 213
Metaphern 214
Georg Britting: Feuerwoge jeder Hügel 214
Personifikationen 216
Gedichte schreiben 217

12.3 Monat für Monat ...
Wir basteln einen lyrischen Kalender 218
Christine Busta: Wo holt sich die Erde 218
Olly Komenda-Soentgerath: Winter 218
Edith Linvers: Frühlingsahnung 218
Rose Ausländer: April 219
Ludwig Heinrich Christoph Hölty: Frühlingslied 220
Hilde Leiter: Besuch 220
Ulla Hahn: Verregneter Sommer 220
Christine Busta: Der Sommer 220
Ursula Wölfel: Oktober 221
Elisabeth Borchers: November 221
Joseph von Eichendorff: Weihnachten 221

13

Robin Hood – ein Medienheld

13.1 Geschichten über Robin Hood 223
Howard Pyle/Inge M. Artl: Im Sherwoodwald bei Nottingham 223
Howard Pyle/Inge M. Artl: Robin Hood kämpft mit Little John (1) 226
Tilman Röhrig: Robin Hood kämpft mit Little John (2) 226
Mark Twain: Tom Sawyer spielt Robin Hood 228

13.2 Robin Hood in Funk und Film 229
Hörspiel und Drehbuch 229
Robin Hood im Bild 234
Robin-Hood-Filme 237

13.3 Medien im Alltag – ein Projekt der Klasse 6 238

14 Ritter, Bauern und Soldaten

14.1 Ein Bauernsohn möchte Ritter sein – und wird als Räuber gehenkt 245
Wernher der Gartenære: Helmbrecht 245

14.2 Götz von Berlichingen kämpft gegen die mächtigen Fürsten der Zeit um Gerechtigkeit für Ritter und Bauern 248
Johann Wolfgang Goethe: Götz von Berlichingen 248

14.3 Don Quijote de la Mancha, der tapfere Ritter von der traurigen Gestalt 249
Miguel de Cervantes: Eine Schlacht und viele verlorene Zähne 250

14.4 Das Leben der Bauern: Arbeit und Not 252
Manfred Mai: Ein harter Arbeitstag 252

14.5 Die Bauern und Martin Luther 255
Martin Luther: Ein feste Burg 257
Martin Luther: Der Doktor im roten Barett 257

14.6 Studenten und Bauern bei Hans Sachs 258
Hans Sachs: Der farendt Schuler im Paradeiß 258

14.7 Bauern und Soldaten im Dreißigjährigen Krieg 260
Hans Jakob Christoffel von Grimmelshausen: Simplizius Simplizissimus 260

SPANNENDE LITERATURGESCHICHTE

15 Theater spielen

15.1 „Die große Plage" – Szenen eines Theaterstücks von Hans-Peter Tiemann 263

15.2 Das Stück vollenden: Neue Szenen schreiben 268

15.3 Das Stück spielen: Tipps, Tricks und Übungen 271
Auf der Bühne sprechen 271
Theater: Mehr als Worte 274
Vom Textbuch zur Aufführung 275

PROJEKT

Orientierungswissen 278
1 – Sprechen und Schreiben 278
2 – Grammatik und Rechtschreibung 280
3 – Umgang mit Literatur 287

Autoren- und Quellenverzeichnis 291
Textartenverzeichnis 294
Bildquellenverzeichnis 295
Sachregister 295

Das „Deutschbuch“ auf einen Blick

L E R N B E R E I C H E

Sprechen und Schreiben

Nachdenken über Sprache / Rechtschreibung

Umgang mit Texten

Kapitelaufbau im Dreischritt

(Beispiel: 7 Satzglieder und Sätze verwenden)

Hauptlernbereich

(7.1 Wir machen genauere Angaben)

Verknüpfung mit einem weiteren Lernbereich

(7.2 Wir können Texte besser verstehen)

Anwenden und Üben des Gelernten

(7.3 Wir lernen genauer zu schreiben)

Der dritte Lernbereich wird situativ durch einzelne Aufgabenstellungen integriert.

Extras

Spannende Literaturgeschichte (Kap. 14)

Projekt (Kap. 15)

Orientierungswissen (Anhang)

1 Freundschaften

1.1 Freundschaft im Alltag

1 Mit dem Stichwort Freundschaft verknüpft jeder bestimmte Erinnerungen und Vorstellungen. Findet ihr, dass die abgebildeten Fotos typische Freundschaftssituationen widerspiegeln?

2 Welche Bilder, welche Situationen oder Erlebnisse kommen euch in den Sinn, wenn ihr an das Thema Freundschaft denkt?

„Gegensätze ziehen sich an.“

„Gleich und gleich gesellt sich gern.“

3 a) Erklärt die Sprichwörter durch Beispiele.
b) Würdest du lieber jemanden zum Freund haben, der dir ähnlich oder der ganz anders ist als du?

Und plötzlich war sein Platz leer

Dienstag, 5. Mai 1996
Ich schaue in meinen Kalender. – Da steht es noch dick und fett eingetragen: 7 Uhr, Torstens Umzug nach Berlin. Früh aufstehen! Das ist nun schon fünf Tage her. Ich vermisse ihn. Wer wird jetzt mein Doppelpartner beim Tischtennis? Wer hilft mir jetzt, wenn ich Schwierigkeiten mit meinem Computer habe? Heute, Dienstag, war immer unser Imbisstag wegen der Sportstunden am Nachmittag. Die Pommes allein zu essen machte keinen Spaß. Mann, habe ich mich gefreut, dass er heute Nachmittag angerufen hat – nur leider viel zu kurz. Ihm gefällt es gut in Berlin und in der neuen Klasse. Sein Platz neben mir ist immer noch leer. Frau Linde hat gesagt, dass wir erst nächste Woche eine neue Sitzordnung machen. Hoffentlich kann ich mich dann zu Joachim und Bärbel setzen. Mit ihnen unternehme ich jetzt mehr als früher. Aber so über alles sprechen wie mit Torsten – das geht mit Joachim nicht; nur immer Bundesliga ist doch langweilig. Und Bärbel ist ein Mädchen. Beim Abendbrot habe ich Mama gefragt, ob ich Torsten heute noch ein Telefax schicken darf, das Wichtigste wäre mir erst eingefallen, als wir die Telefonhörer schon aufgelegt hatten. Sie sagte aber, ich solle ihm am Wochenende lieber in Ruhe einen Brief schreiben, darüber würde er sich mehr freuen. So, jetzt noch mit Bello 10 Minuten vor die Tür und dann ins Bett: Morgen früh Englischarbeit!

4 Erklärt, aus welchen Gründen ihr eure beste Freundin oder euren besten Freund vermissen würdet.

5 Ein Umzug bedeutet für eine echte Freundschaft immer eine Bewährungsprobe. Habt ihr auch schon Bewährungsproben für eure Freundschaften erlebt? Erzählt davon.

6 Stellt euch vor, ihr selbst seid in eine andere Stadt gezogen. Schreibt eurem besten Freund/eurer besten Freundin einen Brief oder verfasst einen Tagebucheintrag.

Meine Wunschfreundin / mein Wunschfreund

1 Wen der Abgebildeten hättet ihr gern zum Freund oder zur Freundin?

2 Verfasst einen Tagebucheintrag: *Wie ich mir meine beste Freundin / meinen besten Freund vorstelle.*

3 a) Erstelle eine „Gedanken-Landkarte“: Lege auf einem großen Blatt Stichwortketten an, die dir zum Begriff „Freundschaft“ einfallen.

b) Schreibe mit Hilfe deiner „Gedanken-Landkarte“ eine Geschichte über Freundschaft.

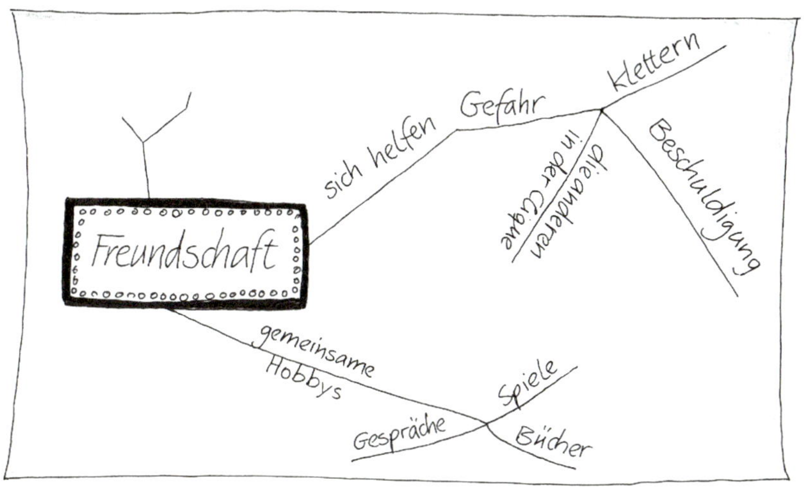

1.2 Freundschaft hat viele Gesichter

Gina Ruck-Pauquèt

Der Freund

Er war älter als sie. Aber das machte Therese nichts.

„Das Kind ist weit über sein Alter hinaus", pflegte ihre Mutter zu sagen.

Vielleicht war das der Grund dafür, dass Therese keine Freundin in ihrer Klasse hatte. Bull war mindestens vierzehn. Er ging nicht mehr in die Schule. Möglicherweise ging er auch darum nicht, weil er einfach keine Lust hatte. Bull war das zuzutrauen.

Bull!

„Warum heißt du Bull? Wieso hat deine Mutter dich Bull genannt?"

Bull hatte gelacht.

„Den Namen hab ich mir selber gegeben."

„Und wie heißt du echt?"

„Rumpelstilzchen", hatte Bull gesagt.

Normalerweise hätte ja Therese einen Jungen wie Bull überhaupt nicht kennen gelernt. In ihrer Gegend waren die Jungen anders. Entweder sie gingen in die Schule oder sie arbeiteten irgendetwas.

Bull machte nichts. Jedenfalls nichts von dem, was man meinen sollte. Nichts von all den vielen Dingen, die Erwachsene für vernünftig halten.

Als Therese Bull zum ersten Mal sah, lag er im Gras. Sie hatte ihrem Vater das Essen in die Gärtnerei gebracht. Die Gärtnerei war am Stadtrand. Therese fuhr mit dem Fahrrad hin. Sie machte das gern.

Immer blieb sie eine Weile dort. Im Frühjahr konnte man die Pflänzchen in den Glasbeeten förmlich wachsen sehen. Von Tag zu Tag waren sie ein bisschen größer geworden.

Therese nahm dann eine Hand voll Erde und fühlte die Wärme der Sonne darin.

Jetzt war Herbst. Da blühten Felder voller Astern in leuchtenden Farben. Und die Dahlien standen auch noch bis zum ersten Nachtfrost.

Therese hockte sich zu ihrem Vater ins Treibhaus und sah zu, wie er aß und dabei auf einem Zettel Preise ausrechnete. Viel sprachen sie nie miteinander. Höchstens, dass der Vater fragte, ob in der Schule alles gut gegangen war.

„Ja", sagte Therese dann.

Sie wartete, bis er aufgegessen hatte, packte den Teller und das Besteck in Zeitungspapier und stopfte alles in die Strohtasche.

„Tschüs!", sagte sie.

Aber manchmal hörte ihr Vater das schon nicht mehr.

An dem Tag, an dem Therese Bull traf, drangen zuerst die Fetzen einer Melodie zu ihr hin. Dann sah sie ihn draußen vor der Gärtnerei, wo das Gras ausgebleicht und hoch stand, weil es nie jemand mähte.

Er lag auf dem Rücken, die Hände unter dem Kopf, und schaute sie an.

„Na?", sagte Bull.

„Hast du Mundharmonika gespielt?", fragte Therese.

Er zog das Instrument aus der Hosentasche und spielte noch einmal.

„Willst du?", fragte er dann und hielt es ihr hin.

„Das kann ich nicht", sagte Therese.

„Probier's."

Therese schüttelte den Kopf. Bull stand auf. Er war lang und dünn und hatte breite Schultern.

„Wohnst du hier irgendwo?", fragte Therese.

Er zeigte hinter sich. Da waren die Häuser, die sie die Silos nannten.

„Wohnmaschinen", hatte die Mutter gesagt. „Die sind nicht mal alt. Aber das Gesindel, das da lebt, lässt alles verkommen."

Therese ging zu ihrem Rad.

„Lässt du mich mal fahren?", fragte Bull.

Sie brachte es nicht fertig, Nein zu sagen. Dann hatte sie die ganze Zeit Angst, dass er nicht zurückkommen würde. Er kam aber.
Von da an trafen sie sich fast jeden Tag. Sie saßen da, aßen Sonnenblumenkerne und wetteten, wer die Schalen am weitesten spucken konnte.
Bull spielte Mundharmonika oder er ahmte Tiere nach. Sprang rum wie ein Affe, hüpfte wie ein Känguru und machte den Stier mit gesenkten Hörnern. Therese hatte nie so gelacht.
„Woher hast du die Sonnenblumenkerne?“, fragte sie einmal.
Da guckte er bloß und drückte ein Auge zu. Therese versuchte, nicht daran zu denken, dass sie aus der Gärtnerei stammen mussten. Vielleicht war es ja auch nicht wahr.
Ein andermal fragte sie, was er denn werden wolle. Bull machte einen Handstand.
„Wieso?“, meinte er.
„Na ja, du brauchst doch einen Beruf.“
„Ich werd Seifenblasenfabrikant“, sagte Bull.
Am nächsten Tag brachte Therese Seifenblasen mit. Sie hatten so viel Spaß, dass sie fast vergessen hätte nach Hause zu fahren.
Mit Bull war alles anders, leichter, fröhlicher. Ganz einfach war alles mit Bull. Daheim hatte Therese nichts von ihm erzählt. Die hätten das doch nicht verstanden.
Als Therese ihn eines Tages von ihrem Fensterplatz im Klassenzimmer auf dem Schulhof sah, erschrak sie. Er schien da nicht hinzupassen.
Sie erinnerte sich, ihm gesagt zu haben, in welche Schule sie ging. Aber was wollte er hier? Wollte er sie abholen? Am Schluss der Stunde war er nicht mehr da.
„Mein Wollschal ist weg!“, sagte da Brigitte. „Der hat hier im Flur gehangen. Bei den anderen Sachen. Mein gelber Wollschal. Den hat einer geklaut.“
„Spinn doch nicht“, sagte Doris.
Dann rannten sie alle durcheinander und suchten. Die Lehrerin suchte auch. Therese wusste, dass sie den Schal nicht finden würden. Und sie fanden ihn nicht.
Mittags konnte Therese nichts essen. Ihr war schlecht vor Enttäuschung und Zorn. Zum ersten Mal war sie schon vor Bull bei der Gärtnerei.
„Hallo“, sagte er. „Ich hab Brombeeren.“
„Das war gemein von dir!“ Therese musste es gleich aussprechen. „Du hast einen Wollschal weggenommen. Bei uns in der Schule!“
Sie sah ihn an und hoffte, es möge sich herausstellen, dass er unschuldig war. Aber Bull grinste bloß. Und die Art, wie er grinste, sprach für sich.
„Gib ihn zurück“, sagte Therese. „Bitte, gib ihn mir. Ich häng ihn hin, dann ist er einfach wieder da.“
„Du bist ja verrückt“, sagte Bull. „Ich klaue doch nicht!“
Therese brachte ihrem Vater das Essen. Und wenn sie wirklich Unrecht hatte? Wenn er es nicht gewesen war?
Lieber Gott, dachte Therese, mach, dass er es nicht gewesen ist.

Als sie hinauskam, konnte sie Bull nicht finden. Sie rief ein paar Mal nach ihm, dann stieg sie auf ihr Fahrrad.

Ein Stückchen Ast fiel von einem Baum auf sie herab. Oben saß Bull.

„Gelb ist meine Lieblingsfarbe!“, schrie er.

Er ist mein Freund, dachte Therese, als sie am Abend nicht einschlafen konnte. Er wird es nicht wieder tun.

Sie wollte, dass alles so wurde, wie es gewesen war. Bull war wie immer, am nächsten Tag und am übernächsten. Aber Therese musste sich anstrengen um fröhlich zu wirken.

Es wurde jetzt Winter. In einer der Nächte waren die Dahlien erfroren.

„Hast du nichts Wärmeres anzuziehen?“, fragte Therese.

„Werd mir schon was besorgen“, sagte Bull.

„Bull!“ Therese packte ihn am Arm.

„Bleib ein anständiger Mensch“ – Bull grinste –, „willst du doch sagen, oder?“

Therese ließ ihn stehen. Sprang aufs Fahrrad und fuhr weg.

Am nächsten Tag fehlte der Janker. Jochens dicker, grauer Janker, der im Flur der Schule an einem Haken gehangen hatte.

Die aufgeregten Kinder und Lehrer summten um Therese herum wie ein Bienenschwarm.

Nein, dachte sie immer wieder. Nein!

„Ist dir nicht gut?“, fragte jemand.

Therese gab keine Antwort.

„Soll ich dich heimbringen?“

Therese schüttelte den Kopf.

Dann war sie daheim, und etwas später saß sie auf dem Fahrrad und fuhr zur Gärtnerei. Bull war nicht da. Erst als sie wieder herauskam, sah sie ihn. Der Janker stand ihm gut.

„Gib her!“, sagte Therese. „Gib die Jacke her!“

„Bei dir piept's wohl!“

Bull sprang einen Schritt zurück.

„Du hast sie gestohlen“, sagte Therese.

„Was geht es dich an?“, sagte Bull.

„Gib sie her oder ich sag, dass du es warst.“

„Das machst du nie!“

Bull lachte.

„Ich zähl bis drei“, sagte Therese.

Dann fuhr sie, und während des ganzen Weges dachte sie sich Entschuldigungen für Bull aus. Dass er arm war. Dass seine Mutter sich nicht um ihn kümmerte. Dass er keinen Vater hatte. Und dass er aus dem Silo kam. Aber dazwischen schossen immer wieder die anderen Gedanken. Dass er es trotzdem nicht durfte. Weil kein Mensch das Recht hat einem anderen etwas wegzunehmen.

Als Therese in die Straße einbog, in der die Lehrerin wohnte, war sie ganz ruhig. Sie klingelte und wartete, bis aufgemacht wurde.

„Therese?“ Die Lehrerin wunderte sich.

„Ich weiß, wer die Sachen genommen hat“, sagte Therese.

Und sie dachte, dass sie es schnell hinter sich bringen wollte. Noch bevor sie anfangen würde zu weinen.

1 Versetze dich in Thereses Situation. Wärst du gern mit Bull befreundet?

2 a) An welcher Stelle nimmt die Geschichte eine plötzliche Wendung?
b) Beschreibt den Konflikt, in den Therese gerät.
c) Verhält sich Therese eurer Meinung nach richtig?

3 Spielt die letzte Begegnung zwischen Therese und Bull. Wie könnten die beiden das Problem allein lösen?

Wolfdietrich Schnurre

Jenö war mein Freund

Wolfdietrich Schnurre wurde 1920 in Frankfurt am Main geboren und starb 1989 in Kiel. Er war Soldat im Zweiten Weltkrieg und lebte danach als freier Schriftsteller in Berlin. Für seine Erzählungen erhielt er zahlreiche Literaturpreise. Die folgende Geschichte spielt in Deutschland zur Zeit des Nationalsozialismus (1933 – 1945). Damals wurden Minderheiten wie Juden, Sinti und Roma sowie Menschen, die für die Freiheit kämpften, verfolgt und ermordet. Sinti und Roma wurden damals „Zigeuner" genannt.

Als ich Jenö kennen lernte, war ich neun; ich las Edgar Wallace und Conan Doyle, war eben sitzen geblieben und züchtete Meerschweinchen.

Jenö traf ich zum ersten Mal auf dem Stadion am Faulen See beim Grasrupfen; er lag unter einem Holunder und sah in den Himmel. Weiter hinten spielten sie Fußball und schrien manchmal „Tooooooor!" oder so was. Jenö kaute an einem Grashalm; er hatte ein zerrissenes Leinenhemd an und trug eine Manchesterhose, die nach Kokelfeuer und Pferdestall roch.

Ich tat erst, als sähe ich ihn nicht, und rupfte um ihn herum; aber dann drehte er doch ein bisschen den Kopf zu mir hin und blinzelte schläfrig und fragte, ich hätte wohl Pferde.

„Nee", sagte ich, „Meerschweinchen."

Er schob sich den Grashalm in den anderen Mundwinkel und spuckte aus. „Schmecken nicht schlecht."

„Ich ess sie nicht", sagte ich; „dazu sind sie zu nett."

„Igel", sagte Jenö und gähnte, „die schmecken auch nicht schlecht."

Ich setzte mich zu ihm. „Igel –?"

„Tooooooor!", schrien sie hinten.

Jenö sah wieder blinzelnd in den Himmel. Ob ich Tabak hätte.

„Hör mal", sagte ich; „ich bin doch erst neun."

„Na und –", sagte Jenö; „ich bin acht."

Wir schwiegen und fingen an uns leiden zu mögen.

Dann musste ich gehen. Doch bevor wir uns trennten, machten wir aus, uns möglichst bald wieder zu treffen.

Vater hatte Bedenken, als ich ihm von Jenö erzählte.

„Versteh mich recht", sagte er, „ich hab nichts gegen Zigeuner; bloß –"

„Bloß –?", fragte ich.

„Die Leute –", sagte Vater und seufzte. Er nagte eine Weile an seinen Schnurrbartenden herum. „Unsinn", sagte er plötzlich; „schließlich bist du jetzt alt genug um dir deine Bekannten selbst auszusuchen. Kannst ihn ja mal zum Kaffee mit herbringen."

Das tat ich dann auch. Wir tranken Kaffee und aßen Kuchen zusammen und Vater hielt sich auch wirklich hervorragend. Obwohl Jenö wie ein Wiedehopf roch und sich auch sonst ziemlich seltsam benahm – Vater ging drüber weg. Ja, er machte ihm sogar ein Katapult aus echtem Vierkantgummi und sah sich obendrein noch alle unsere neu erworbenen Konversationslexikonbände[1] mit uns an.

Als Jenö weg war, fehlte das Barometer[2] über dem Schreibtisch.

Ich war bestürzt; Vater gar nicht so sehr.

1 **Konversationslexikon:** Nachschlagewerk über alle Wissensgebiete
2 **Barometer:** Wetterglas

„Sie haben andere Sitten als wir“, sagte er; „es hat ihm eben gefallen. Außerdem hat es sowieso nicht mehr viel getaugt.“

„Und was ist“, fragte ich, „wenn er es jetzt nicht mehr rausrückt?“

„Gott“, sagte Vater, „früher ist man auch ohne Barometer ausgekommen.“

Trotzdem, das mit dem Barometer, fand ich, ging ein bisschen zu weit. Ich nahm mir jedenfalls vor, es Jenö wieder abzunehmen.

Aber als wir uns das nächste Mal trafen, hatte Jenö mir ein so herrliches Gegengeschenk mitgebracht, dass es unmöglich war, auf das Barometer zurückzukommen. Es handelte sich um eine Tabakspfeife, in deren Kopf ein Gesicht geschnitzt war, das einen Backenbart aus Pferdehaar trug.

Ich war sehr beschämt und ich überlegte lange, wie ich mich revanchieren könnte. Endlich hatte ich es: Ich würde Jenö zwei Meerschweinchen geben. Es bestand dann zwar die Gefahr, dass er sie aufessen würde, aber das durfte einen jetzt nicht kümmern; Geschenk war Geschenk.

Und er dachte auch gar nicht daran, sie zu essen; er lehrte sie Kunststücke. Innerhalb weniger Wochen liefen sie aufrecht auf zwei Beinen; und wenn Jenö ihnen Rauch in die Ohren blies, legten sie sich hin und überkugelten sich. Auch Schubkarrenschieben und Seiltanzen lehrte er sie. Es war erstaunlich, was er aus ihnen herausholte; Vater war auch ganz beeindruckt.

Ich hatte damals außer Wallace und Conan Doyle auch gerade die zehn Bände von Doktor Doolittle durch, und das brachte mich auf den Gedanken mit Jenö zusammen so was wie einen Meerschweinchenzirkus aufzumachen.

Aber diesmal hielt Jenö nicht durch. Schon bei der Vorprüfung der geeigneten Tiere verlor er die Lust. Er wollte lieber auf Igeljagd gehen, das wäre interessanter.

Tatsächlich, das war es. Obwohl – mir war immer ziemlich mulmig dabei. Ich hatte nichts gegen Igel, im Gegenteil, ich fand sie sympathisch. Aber es wäre sinnlos gewesen, Jenö da beeinflussen zu wollen; und das lag mir auch gar nicht.

Er hatte sich für die Igeljagd einen handfesten Knüppel besorgt, der unten mit einem rau gefeilten Eisenende versehen war; mit dem stach er in Laubhaufen rein oder stocherte auf Schutthalden unter alten Eimern herum. Er hat so oft bis zu vier Stück an einem Nachmittag harpuniert; keine Ahnung, wie er sie aufspürte; er muss sie gerochen haben, die Burschen.

Jenös Leute hausten in ihren Wohnwagen. Die standen zwischen den Kiefern am Faulen See, gleich hinter dem Stadion. Ich war oft da, viel häufiger als in der Schule, wo man jetzt doch nichts Vernünftiges mehr lernte.

Besonders Jenös Großmutter mochte ich gut leiden. Sie war unglaublich verwahrlost, das stimmt. Aber sie strahlte so viel Würde aus, dass man ganz andächtig wurde in ihrer Nähe. Sie sprach kaum; meist rauchte sie nur schmatzend ihre Stummelpfeife und bewegte zum Takt eines der Lieder, die von den Lagerfeuern erklangen, die Zehen.

Wenn wir abends mit Jenös Beute dann kamen, hockte sie schon am Feuer und rührte den Lehmbrei an. In den wurden die Igel jetzt etwa zwei Finger dick eingewickelt. Darauf legte Jenö sie behutsam in die heiße Asche, häufelte einen Glutberg über ihnen, und wir kauerten uns hin, schwiegen, spuckten ins Feuer und lauschten darauf, wie das Wasser in den Lehmkugeln langsam zu singen anfing. Ringsum hörte man die Maulesel und Pferde an ihren Krippen nagen, und manchmal klirrte leise ein Tamburin auf oder, mit einer hohen, trockenen Männerstimme zusammen, begann plötzlich hektisch ein Banjo zu schluchzen.

Nach einer halben Stunde waren die Igel gar. Jenö fischte sie mit einer Astgabel aus der Glut. Sie sahen jetzt wie kleine, etwas zu scharf gebackene Landbrote aus; der Lehm war steinhart geworden und hatte Risse bekommen, und wenn man ihn abschlug, blieb der Stachelpelz an ihm haften und das rostrote Fleisch wurde sichtbar. Man aß grüne Paprikaschoten dazu oder streute rohe Zwiebelkringel darauf; ich kannte nichts, das aufregender schmeckte.

Aber auch bei uns zu Hause war Jenö jetzt oft. Wir sahen uns in Ruhe die sechs Bände unseres neuen Konversationslexikons an; ich riss die Daten der Nationalen Erhebung aus meinem Diarium[3] und schrieb rechts immer ein deutsches Wort hin, und links malte Jenö dasselbe Wort auf Rotwelsch[4] daneben. Ich habe damals eine Menge gelernt, von Jenö meine ich, von der Schule rede ich jetzt nicht.

Später stellte sich auch heraus, es verging kein Tag, an dem die Hausbewohner sich nicht beim Blockwart über Jenös Besuche beschwerten; sogar zur Kreisleitung ist mal einer gelaufen. Weiß der Himmel, wie Vater

das jedes Mal abbog; mir hat er nie was davon gesagt.

Am meisten hat sich Jenö aber doch für meine elektrische Eisenbahn interessiert; jedes Mal, wenn wir mit ihr gespielt hatten, fehlte ein Waggon mehr. Als er dann aber auch an die Schienenteile, die Schranken und die Signallampen ging, fragte ich doch mal Vater um Rat.

„Lass nur", sagte er; „kriegst eine neue, wenn Geld da ist."

Am nächsten Tag schenkte ich Jenö die alte. Aber merkwürdig, jetzt wollte er sie plötzlich nicht mehr; er war da komisch in dieser Beziehung.

Und dann haben sie sie eines Tages *doch* abgeholt; die ganze Bande; auch Jenö war dabei. Als ich früh hinkam, hatten SA und SS[5] das Lager schon umstellt, und alles war abgesperrt, und sie scheuchten mich weg.

3 **Diarium:** Kalender für tägliche Notizen
4 **Rotwelsch:** uralte Geheimsprache der Menschen, die ohne festen Wohnsitz durch Deutschland zogen
5 **SA und SS:** nationalsozialistische Kampftruppen

Jenös Leute standen dicht zusammengedrängt auf einem Lastwagen. Es war nicht herauszubekommen, was man ihnen erzählt hatte, denn sie lachten und schwatzten, und als Jenö mich sah, steckte er zwei Finger in den Mund und pfiff und winkte rüber zu mir. Bloß seine Großmutter und die übrigen Alten schwiegen; sie hatten die Lippen aufeinander gepresst und sahen starr vor sich hin. Die anderen wussten es nicht. Ich habe es damals auch nicht gewusst; ich war nur traurig, dass Jenö jetzt weg war. Denn Jenö war mein Freund.

1 a) Beschreibt die Lebensweise Jenös und seiner Familie.
b) An einer Stelle schreibt der Ich-Erzähler, dass er damals eine Menge von Jenö gelernt hat. Was könnte alles dazugehören?

2 Wie beurteilt ihr das Verhalten des Vaters?

3 Vergleiche Jenö mit Bull, dem Jungen aus der Geschichte von Gina Ruck-Pauquèt (S. 12–14).

Irina Korschunow

Marli

Die Schule war aus. Anja packte ihre Hefte in den Ranzen und zog ihre Jacke an. „Komm, Stefanie", sagte sie. „Wir wollen gehen."

Stefanie blieb an der Tür stehen. „Wir müssen noch auf Hannelore warten", sagte sie und Anja wurde wieder traurig.

Immer Hannelore. Als ob es nicht schön gewesen wäre früher, nur zu zweit. Aber alle ließen sie im Stich, alle. Stefanie hatte Hannelore, und die Mutter zu Hause hatte Ralfi, der klein war und lieb. Nicht groß und bockig und unordentlich wie sie. Anja, die keiner mochte. Keiner. Höchstens Marli.

Ich bin so traurig, dachte Anja. Ich will nicht mehr.

Langsam, immer langsamer trottete sie hinter Stefanie und Hannelore her. Der Abstand wurde größer und Stefanie drehte sich um.

„Was hast du denn?", fragte sie. „Komm doch!"

Anja schwieg. Sie wollte nicht reden. Nicht, solange die andere da war. Dort hinten an der Kreuzung würde Hannelore verschwinden, endlich. Dann gehörte Stefanie wieder ihr, für den Rest des Heimwegs und auch am Nachmittag. Den ganzen Nachmittag.

Aber an der Kreuzung sagte Stefanie: „Bis heute Nachmittag, Hannelore. Nicht vergessen. Zu dritt kann man viel besser Theater spielen."

Da schwieg Anja weiter, bis zur Kastanienallee und dem roten Haus, in dem Stefanie wohnte.

„Wir können uns noch Eis kaufen", sagte Stefanie. „Ich habe Geld. Magst du?"

Anja schüttelte den Kopf. „Ich will kein Eis. Und heute Nachmittag habe ich auch keine Lust."

„Warum denn nicht?", fragte Stefanie erstaunt.

Anja antwortete nicht. Sie wendete sich ab und ging.

„Anja!", rief Stefanie hinter ihr her. „Anja!"

Aber Anja ging weiter. Die Kastanien blühten, es war Frühling, die Sonne schien. Anja sah es nicht.

„Stefanie ist gemein", sagte eine Stimme neben ihr. Und das war Marli.

„Gemein", sagte Marli noch einmal. „Du wolltest mir ja nie glauben."

„Früher war sie nicht so", sagte Anja.

„Doch", sagte Marli. „Du hast es bloß nicht gemerkt. Weil sie so schöngetan hat."

„Stimmt ja nicht!", rief Anja. „Wir haben uns immer gut vertragen."

„Und jetzt braucht sie dich nicht mehr", sagte Marli. „Jetzt hat sie Hannelore."

Marli war fast durchsichtig im Tageslicht, ganz anders als sonst. Bisher hatte sie sich nur im Dunkeln gezeigt, abends, wenn Anja im Bett lag und noch nicht schlafen wollte. „Marli!", musste sie rufen. „Marli!" Und dann hatte Marli dagestanden, jedes Mal in neuer Gestalt: als Prinzessin, als die kleine Seejungfrau, als Pippi Langstrumpf. Eine Fallschirmspringerin war Marli schon gewesen und eine Sängerin aus der Hitparade und einmal hatte sie wie eine Indianerin ausgesehen. Marli konnte alles sein, was sie wollte, und sie hatte Anja mitgenommen in ihr Königreich, auch dorthin, wo die kleine Seejungfrau wohnte, und in das Indianerdorf weit weg in Amerika. Aber nur abends vor dem Einschlafen. Am Tag war sie noch nie gekommen. Und sie hatte auch noch nie so ausgesehen wie heute, durchsichtig, in diesem weißen Flatterkleid mit den langen hellen Haaren, die im Wind wehten.

„Was willst du eigentlich?", fragte Anja. „Ich habe dich doch nicht gerufen?"

„Soll ich wieder verschwinden?", fragte Marli. „Möchtest du lieber zu Stefanie gehen?"

„Nein", sagte Anja. „Stefanie ist viel zu gemein."

„Siehst du!" Marli lachte, so hell und hoch, als ob jemand mit dem Löffel gegen ein Glas klopfte. „Lass Stefanie laufen. Ich nehme dich mit."

Anja blieb stehen. „Wohin, Marli?"

„Irgendwohin", sagte Marli. „Dorthin, wo niemand traurig ist. Du willst doch nicht mehr traurig sein, oder?"

„Aber es ist Tag, Marli", sagte Anja. „Ich muss nach Hause. Meine Mutter wartet."

„Deine Mutter hat Ralfi. Die merkt gar nicht, wenn du wegbleibst", sagte Marli und vielleicht hatte sie Recht. Bestimmt hatte sie Recht. Marli war klug. Marli wusste alles und konnte alles. Sie war stark und schön. Doch, Marli hatte Recht.

„Willst du, Anja?", fragte Marli und Anja nickte und dann war es wie in der Nacht, bevor der Schlaf kam. Sie wurde leicht, ganz leicht, sie hob sich vom Boden, sie schwebte neben Marli durch die Luft, hoch, immer höher, noch höher. Die Bäume verschwanden, die Häuser verschwanden, nur noch Wolken, Berge aus Wolken, wie im Flugzeug damals, auf dem Weg nach Griechenland. Und als die Wolken sich öffneten, stand Anja in einem Garten. Ein Garten voller Blumen und Früchte. Der schönste Garten, den sie je gesehen hatte.

„Wir sind da", sagte Marli und setzte sich unter einen Apfelbaum. „Gefällt es dir?"

Anja nickte. Sie setzte sich neben Marli. Der Garten leuchtete bunt und schön und alles war still.

„Gibt es hier keine Vögel?", fragte Anja.

„Vögel?“ Marli schüttelte den Kopf. „Vögel werden alt und sterben. In meinem Garten soll niemand sterben.“

„Und die Blumen?“, fragte Anja. „Wenn die welken?“

„Die Blumen in diesem Garten welken nicht“, sagte Marli.

Anja streckte die Hand nach einer Rose aus und merkte, dass es eine künstliche Rose war. Eine Blume aus Seide. Lauter Seidenblumen, wie im Kaufhaus.

Anja zog die Hand zurück. Sie sah die Äpfel an, die über ihr in den Zweigen hingen, dicke grüne Äpfel mit roten Backen. Die müssen gut schmecken, dachte sie.

Marli lachte. „Probier doch einen“, sagte sie, und der Apfel war aus Plastik. Plastikäpfel, Plastikkirschen, Plastikpfirsiche, Plastikbäume.

„Aber wenn ich Hunger habe?“, fragte Anja. „Was soll ich dann essen?“

„Hier hast du keinen Hunger“, sagte Marli. „Keinen Hunger, keinen Durst. Du hast keine Sorgen und keine Schmerzen und bist nie traurig.“

Anja strich über das Gras. Es war kein richtiges Gras, bloß ein Teppichboden. Das wunderte sie schon nicht mehr.

„Und worüber soll ich mich freuen, Marli?“, fragte sie.

„Freuen?“ Marli schüttelte wieder den Kopf. „Unsinn. Wer sich freut, ist auch immer wieder traurig. Du willst doch nicht mehr traurig sein.“

„Nein“, sagte Anja und vielleicht hatte Marli wirklich Recht. Nicht mehr traurig sein, das wäre gut. Aber ganz allein hier im Garten, mit lauter toten Blumen, und in keinen Apfel beißen können, sich nie auf etwas freuen …

„Du hast doch mich“, sagte Marli.

„Ja“, sagte Anja. „Sicher. Wir wollten nur in den Zirkus gehen, meine Mutter und Ralfi und ich. Morgen.“

„Der liebe Ralfi“, sagte Marli spöttisch und Anja ärgerte sich.

„Er ist auch lieb. Und noch so klein. Und heute Nachmittag, da soll ich zu Stefanie kommen.“

„Stefanie!“ Marli fing laut an zu lachen. „Stefanie! Hahaha! Stefanie!“

Sie wiegte sich hin und her und ihre Haare flogen.

„Hör auf!“, rief Anja. Sie griff nach Marli und wollte sie festhalten und hatte nichts in der Hand. Nur Luft.

„Du bist ja gar nicht da, Marli!“, rief sie.

„So?“ Marli lachte weiter. „Du siehst mich doch!“

„Aber ich kann dich nicht fühlen“, sagte Anja. „Ich will weg von hier. Nach Hause.“

Marli lachte nicht mehr. Sie starrte Anja an und wurde immer durchsichtiger. „Du bist dumm“, sagte sie. „Ich glaube, ich werde nie wieder zu dir kommen.“

Dann war sie fort. Auch der Garten war fort, die Blumen, die Bäume, das falsche Gras. Anja stand in der Allee. Die Kastanien blühten, die Sonne schien, und als sie sich umdrehte, sah sie Stefanie. Stefanie stand vor der Tür und wollte gerade ins Haus gehen.

„Stefanie!“, rief Anja und fing an zu laufen. „Stefanie! Warte!“

Stefanie machte die Tür wieder zu.

„Was ist denn jetzt los?“, fragte sie. „Du bist aber komisch heute. Willst du doch noch ein Eis?“

Anja nickte.

„Na, dann komm“, sagte Stefanie.

1 Überlege dir einen anderen Titel für die Geschichte und erkläre ihn.

2 a) Schildert die Ausgangssituation der Geschichte und nennt Gründe für Anjas Verhalten.
b) Kennt ihr ähnlich schwierige Situationen für eine Freundschaft?

3 Verfasse selbst eine Freundschaftsgeschichte, in der ein Fabelwesen erscheint.

1.3 Brieffreundschaften schließen

1 Wer von euch hat eine Brieffreundin oder einen Brieffreund? Berichtet möglichst ausführlich darüber.

2 Stellt Vorzüge und Probleme von Brieffreundschaften zusammen.

3 Erkundet, wie man Adressen für Brieffreundschaften bekommen kann.

4 Verfasst Tipps für Mitschüler, die an einer Brieffreundschaft interessiert sind.

Gudrun Pausewang

Ich hab einen Freund in Leningrad

Die folgende Geschichte wurde 1986 geschrieben. Zu dieser Zeit war Europa noch in zwei politische Machtbereiche geteilt, wie ihr es auf der Landkarte (S. 22) seht. Das war seit dem Zweiten Weltkrieg (1939 – 1945) so und endete überraschend 1989/90. Sicherlich habt ihr schon von der Wiedervereinigung Deutschlands gehört. Auch Deutschland war damals geteilt: im Westen die Bundesrepublik, im Osten die DDR. Viele Familien waren dadurch getrennt.
Weil die Staaten verfeindet waren, durften nur wenige Menschen zwischen Ost- und Westeuropa hin- und herreisen. Häufig waren Briefe die einzige Möglichkeit in Kontakt zu bleiben.
Die russische Stadt Sankt Petersburg hieß zu dieser Zeit noch Leningrad.

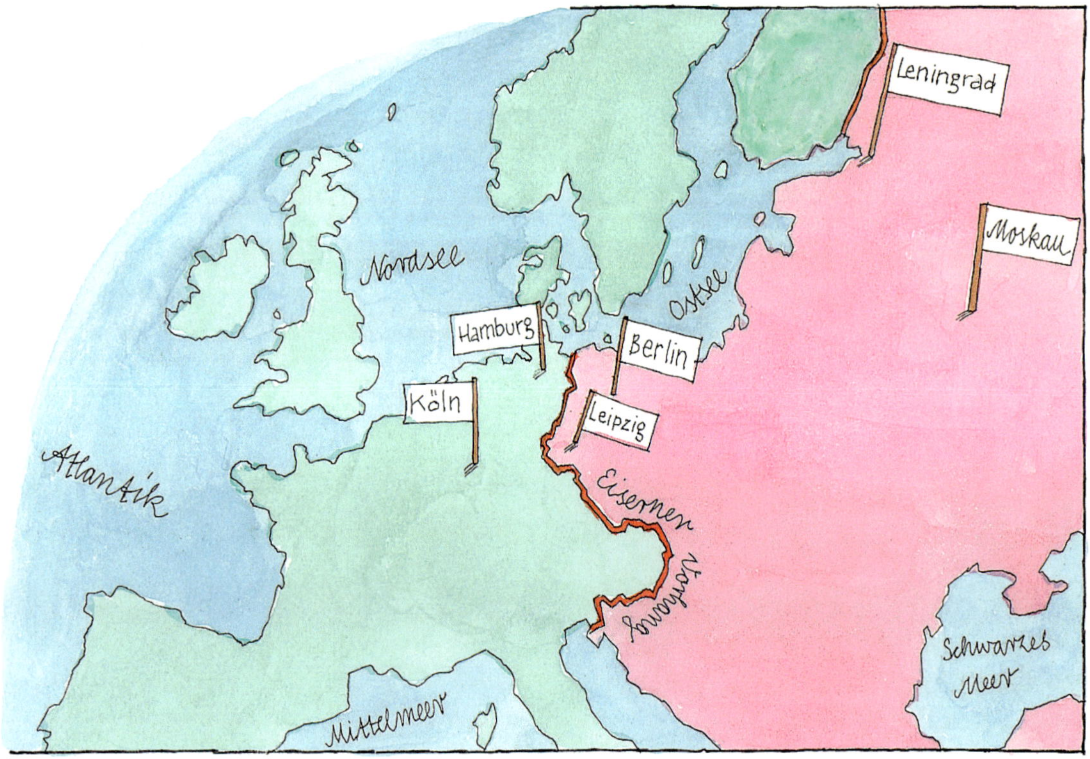

Im vergangenen Herbst brach in unserer Klasse die Briefschreiberei aus. Elmar fing damit an. Der besorgte sich über so einen Briefklub die Adresse von einem Amerikaner. Einem Bob Smith aus Texas. Dem schrieb er dann. In Englisch, weil der Bob kein Deutsch versteht. Wir haben erst das dritte Jahr Englisch, aber Elmars Vater half mit. Nach sechzehn Tagen kam die Antwort, sogar mit einem Foto: Bob grinsend mit Texashut. Elmar zeigte Brief und Foto überall herum und gab mächtig damit an. In der Englischstunde schrieb Frau Marbach den Brieftext sogar an die Tafel und wir übersetzten ihn gemeinsam. Dieser Bob spielt gern Baseball und liest gern Comics und scheint sich auch nicht für die Schule zu begeistern. Sein Vater hat einen Supermarkt, deshalb kann er so viel Eiskrem essen, wie er will. Und er hatte einen Hund, der hieß Chip. Der ist zwei Tage bevor Bob den Brief schrieb von einem Müllwagen überfahren worden. Die Hälfte des Briefes handelte nur von Chip. Was der alles konnte! – Der Elmar ist so eine Art King in unserer Klasse. Was der sagt, ist immer richtig, und was der tut, tun alle. Also besorgten sich die anderen auch Adressen aus dem Ausland. Insgesamt hatten wir noch vor Weihnachten acht Amerikaner, sieben Franzosen, fünf Engländer (davon einen Schotten und einen Iren), drei Schweden, zwei Italiener, zwei Spanier, einen Argentinier, einen Venezolaner, einen Holländer und einen Österreicher zusammen. Und unsere Türkin, die hier in Deutschland geboren ist, schrieb einer Türkin in Istanbul. Der Österreicher gehörte mir. Seine Adresse hatte mir mein Großvater besorgt. Aber zu diesem Christian Jannitschek aus Graz sagten die meisten aus meiner Klasse nur: „Ph!“ Der sei ja eigentlich gar kein richtiger Ausländer. Der spreche ja deutsch. Und dann kam's so, dass mir der Christian nur ein einziges Mal antwortete. Danach ließ er nichts mehr von sich hören. Die Briefschreiberei war ihm wohl zu mühsam gewesen.

Also suchte ich nach einer neuen Adresse. Aber nun wollte ich unbedingt eine aus einem Land haben, das in unserer Sammlung noch nicht enthalten war. Deshalb schlug ich die Weltkarte in meinem Atlas auf und pikte eine Stecknadel in jedes Land, aus dem wir schon jemanden hatten. Als ich mir die Nadelverteilung ansah, fiel mir auf, dass alle Nadeln auf der linken Seite der Karte waren. Auf der rechten war nur die Türkin, aber auch nur ganz knapp und ziemlich weit im Süden. Die übrige rechte Seite war leer.

„Logisch", sagte mein Vater. „Das ist der Ostblock."

Dieses Wort kannte ich aus den Nachrichten. Das war was Politisches. Aber was hatte es mit meiner Adresse zu tun? Ich besah mir die rechte Seite meiner Karte gründlich. Das größte Land darauf war Russland. Also wollte ich eine Adresse aus Russland haben.

„Aus Russland?", fragte mein Vater. „Unsinn. Was willst du mit einem russischen Briefpartner?"

Ich verstand nicht, was er meinte.

„Die haben nichts zu berichten, was für uns neu oder interessant wäre", erklärte mein Vater. „Die Kinder dort kriegen schon von klein auf KAMPF DEM KAPITALISMUS! eingepaukt."

„Was ist Kapitalismus?", fragte ich.

Der Vater kratzte sich am Kopf und sagte dann: „Das ist unser Wohlstand."

Ich wunderte mich: „Wollen die denn arm sein?"

„Das nicht", sagte der Vater. „Aber alle sollen gleich viel haben. Es soll weder Arme noch Reiche geben. Alles soll allen gehören."

Ich überlegte und kam zu dem Schluss, dass das doch eigentlich ganz vernünftig sei.

„Aber es funktioniert nicht", sagte mein Vater, nun schon etwas ungeduldig. „Und das ist viel komplizierter, als du dir das vorstellst. Du kannst das noch nicht verstehen. Im Übrigen wirst du dir gar keine Adresse aus Russland beschaffen können. Russische Adressen werden nirgends angeboten."

Aber ich hatte mir nun mal eine russische Adresse in den Kopf gesetzt und ich gab noch nicht auf.

Tatsächlich sah es zuerst so aus, als sei es unmöglich, die Adresse eines russischen Jungen zu bekommen. Ich hätte sogar ein Mädchen genommen, wenn's nur ein russisches gewesen wäre. Die Listen von drei Briefklubs sah ich durch. Da gab's weder russische noch polnische, noch tschechische, noch ungarische, noch rumänische, noch bulgarische Adressen.

„Siehst du, was hab ich dir gesagt", triumphierte mein Vater.

Aber immer, wenn er irgendetwas für unmöglich hält, setzt meine Mutter alles dran zu beweisen, dass es doch geht. Und so fragte sie herum und telefonierte und schrieb Briefe und nach drei Wochen hatte ich die Adresse eines Nikolai Fjodorowitsch Pawlischtscheff aus Leningrad. Das ist der Neffe der Frau des Cousins der Verkäuferin von Hertie, die in denselben Gymnastikkurs ging wie meine Mutter. Also jetzt noch einmal andersherum: Der Cousin der Hertie-Verkäuferin lebt in Leipzig und ist mit einer Russin verheiratet. Nadja heißt sie. Die hat einen Neffen in Leningrad. Von dem ist die Adresse. Die Hertie-Verkäuferin hat ihrem Cousin geschrieben und seine Frau hat sofort die Adresse hergeschickt.

Ich war maßlos stolz und meine Mutter auch.

„Die Adresse hast du zwar", sagte mein Vater zu mir mit einem grimmigen Blick in Richtung Mutter. „Aber freu dich nicht zu früh: Ihr werdet euch *doch* nicht schreiben können. Denn er versteht kein Deutsch und du verstehst kein Russisch. Nicht einmal die Buchstaben sind gleich."

Aber für dieses Problem hatte sich Nadja in Leipzig schon eine Lösung ausgedacht: Sie bot sich als Zwischenstation für unsere „Korrespondenz" an, wollte jeden Brief

prompt übersetzen und dann beides, Brief samt Übersetzung, an den Adressaten weiterleiten.

„Leningrad“, sagte mein Großvater mit einer steilen Falte zwischen den Augenbrauen. „Bei Leningrad haben wir im Herbst einundvierzig gekämpft. Einmal griff der Iwan ganz überraschend aus einer Richtung an, in der wir ihn nicht vermutet hatten.“

„Der Iwan – wer ist das?“, fragte ich.

„Die Russen“, erklärte die Mutter.

„Da mussten wir unser kleines Lazarett aufgeben“, fuhr der Großvater fort, „samt den acht schwersten Fällen: Beinamputierte und Bauchschüsse. Die brachten wir nicht mehr rechtzeitig heraus und sie hätten einen solchen Hals-über-Kopf-Transport wohl auch kaum überstanden. Mein bester Freund war dabei. Als wir zwei Tage später das Lazarett zurückeroberten, fanden wir alle acht Kameraden tot. Die verdammten Hunde hatten sie einfach erschossen.“

„Sind die Russen so?“, fragte ich erschrocken und stellte mir meinen Nikolai wie Frankenstein vor.

„Nicht anders als wir“, sagte die Mutter. „Kein bisschen anders. Im Krieg wächst der Hass und wird noch geschürt, bis aus Menschen Unmenschen werden. Und dass es überhaupt zum Krieg kam, daran sind wir Deutschen schuld.“

Das wollte der Großvater nicht gelten lassen und sie gerieten in Streit. Die Mutter kam mit Auschwitz und der Großvater mit Ostpreußen, dann die Mutter mit Lidiče und Oradour und der Großvater mit der WILHELM GUSTLOFF, einem Schiff in der Ostsee. Lauter solche Namen von früher. Ich fand das langweilig, denn ich verstand fast nichts davon, und es war auch nicht das erste Mal, dass sie sich darüber in die Wolle kriegten. Gott sei Dank war mein Vater nicht dabei. Wenn der bei solchen Diskussionen mitmacht, hört man nur noch FREIHEIT und DEMOKRATIE.

„Aber im Grunde meinst du nur deinen Geldbeutel“, hatte ihm die Mutter mal ins Gesicht geschmettert.

Nein, dem Vater und dem Großvater war's gar nicht recht, dass ich einen Russen hatte. Aber in der Klasse fanden sie's toll. Ich schrieb also einen Brief an Nikolai. Was man eben so schreibt: Alter, Klasse, Größe, Haarfarbe, Augenfarbe, Geschwister, Hobbys. 18 ½ Zeilen. Dazu ein Foto von mir, wie ich einen riesigen Steinpilz hochhalte, den wir zwei Wochen zuvor beim Sonntagsspaziergang im Wald gefunden hatten. Dann schickte ich Brief und Foto an die DDR-Adresse und wartete. Die ganze Klasse wartete mit. Elmar unkte dauernd, das sei ja alles Bluff, den Nikolai gäb's gar nicht, ich hätte mir die Adresse nur ausgedacht. Er war aber nur neidisch, denn für seinen Bob Smith aus Texas interessierte sich niemand mehr.

Nach drei Wochen Warterei sagte mein Vater: „Mach dir keine Hoffnungen mehr, Junge. Diesen Nikolai kannst du vergessen. Dein Brief – oder sein Brief – wird irgendwo bei der russischen Postzensur hängen geblieben sein.“

Aber nach fünf Wochen und einem Tag kam ein dicker Umschlag aus der DDR – mit Doppelporto. Er enthielt einen Brief von Nikolai sowie die Übersetzung, ein Foto und ein kurzes Begleitschreiben von Nadja aus Leipzig.

Na, das war eine Aufregung! Meine Mutter und ich feierten in der Küche mit Himbeersaft und Plätzchen. Und den Vater kriegten wir auch dazu, dass er mitfeierte. Nur der Großvater wollte von der ganzen Sache nichts wissen. „Da müsste man ja vollkommen umdenken“, knurrte er.

„Tu's doch“, sagte die Mutter.

Aber dazu mochte er sich nicht entschließen.

Und in der Klasse? Das gab ein Hallo! Alle wollten Nikolais Foto sehen. Nikolai ist ein Jahr älter als ich, hat braune Augen, hellbraunes Haar, ist einen Meter fünfundsechzig groß. Er hat noch zwei Schwestern. Eine ist zwei Jahre jünger als er und heißt Warwara, die andere ist ein Jahr älter und heißt Marja. Er sammelt Muscheln und spielt Schach. In seiner Klasse ist er der beste Schachspieler. Er läuft gern Schlittschuh. Und er hat drei Schildkröten.

Seinen Brief konnte ich tatsächlich nicht lesen. Er hatte sogar dreiundzwanzig Zeilen geschrieben. Ich musste die Übersetzung vorlesen. Und alle wollten, dass ich ihnen auch russische Adressen besorge.

Jetzt, knapp vor den Sommerferien, haben wir schon acht russische Adressen. Birgit schreibt Warwara, Anja schreibt Marja. Ein paar Schulkameraden von Nikolai machen auch mit. Elmar war erst ziemlich sauer, weil ich ihm die Show gestohlen hatte. Aber inzwischen hat er sich auch einen Russen besorgt, einen aus Moskau.

Übrigens brauchen wir die Nadja nicht mehr zum Übersetzen, weil in den russischen Schulen auch Englisch unterrichtet wird, genau wie hier. Meine Mutter hat ihr zum Dank für die Hilfe einen langen Brief geschrieben. Und jetzt gehen zwischen den beiden Frauen auch Briefe hin und her.

Mein Vater meinte, wir sollten in der Klasse doch so eine Art Rundbrief einrichten. Damit der Nikolai auch was vom Bob Smith aus Texas erfährt – und umgekehrt. Wie eine Art Zeitschrift mit lauter Briefen. Dazu meinte die Mutter, dass das zwar eine großartige Idee sei, aber dafür seien wir noch etwas zu jung. Wir hätten ja noch Mühe überhaupt einen einzelnen Brief hinzukriegen.

Da hat sie Recht. Ein Brief macht Mühe. Man kann ihn ja auch nicht einfach so hinschmieren. Und man kann nicht nur schreiben: WIE GEHT ES DIR? MIR GEHT ES GUT. HERZLICHE GRÜSSE! DEIN ... Man muss sich schon was einfallen lassen, wenn man Antwort bekommen will.

Aber er ist zuverlässig, der Nikolai. Das hab ich schon herausbekommen. Er schreibt den Antwortbrief meistens gleich am nächsten oder übernächsten Tag, nachdem mein Brief bei ihm angekommen ist. Seine letzte Antwort erhielt ich vorgestern. Sie kam mit einer Woche Verspätung.

Es zeigte sich, dass die Verspätung ihre Gründe hatte. Denn Nikolai hatte ein Foto

gemacht. Das hatte er erst entwickeln lassen müssen, bevor er den Brief an mich abschicken konnte. Das Foto steht jetzt auf dem Wandbrett neben meinem Bett. Es zeigt ein Stück Strand. Das muss ein Strand an der Ostsee sein. Ich hab mir's genau auf der Landkarte angesehen. Im Hintergrund liegen ein paar Leute in Badeanzügen herum. Im Vordergrund sieht man ganz groß zwei Namen im Sand. Jeder einzelne Buchstabe ist aus Muscheln zusammengesetzt, aus ganz hellen Muscheln, sodass die Namen weithin leuchten. Und es sind *unsere* Buchstaben, keine russischen. *MARTIN + NIKOLAI* steht da und außen herum ist noch ein Rahmen aus dicken Kieselsteinen. Martin bin ich.

1. Berichtet von den Schwierigkeiten, die Martin hat um an eine Adresse in Russland zu kommen.

2. a) Welche Bedeutung hat die englische Sprache für uns?
   b) Tragt eure Überlegungen in Form eines „Begriffskarussells" zusammen:

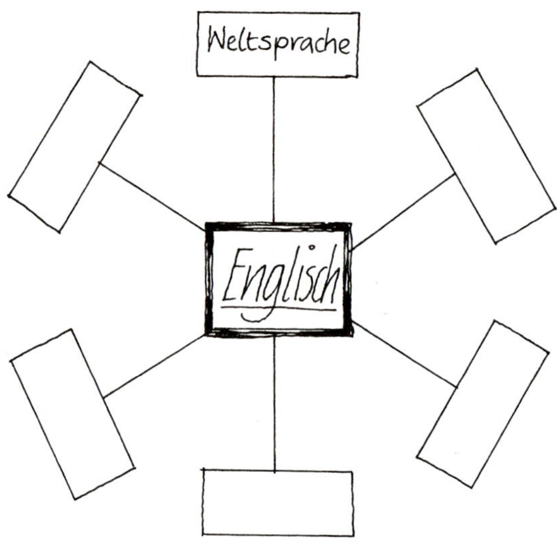

   c) Vergleicht eure Ergebnisse mit der Bedeutung des Englischen in der Geschichte von Gudrun Pausewang.

3. Was haltet ihr von der Idee, in der Klasse „eine Art Rundbrief" einzurichten, in dem viele Texte der Briefpartner abgedruckt werden?

4. a) Verfasst selbst eine Anzeige für eine Brieffreundschaft.
   b) Überlegt, wo eine solche Anzeige erscheinen könnte.

2 Wir diskutieren ein Problem

2.1 Diskutieren in der Klasse

Wer verhält sich wie?

1 In Diskussionen gibt es ganz unterschiedliche Verhaltensweisen.

a) Welche typischen Verhaltensweisen entdeckt ihr in dieser Runde? Findet einen passenden Namen für jede Figur, z. B. „Ideengeber".

b) Kennt ihr noch andere Verhaltensweisen in Diskussionen?

c) Ordnet die Verhaltensweisen danach, ob sie für Diskussionen eher förderlich oder eher hinderlich sind.

förderlich	hinderlich
– zwischen Gegensätzen vermitteln	– immer unterbrechen
– ...	– ...

2 Führt ein Rollenspiel durch, in dem Teilnehmer mit unterschiedlichem Diskussionsverhalten auftreten.

a) Schreibt dazu zunächst Situations- und Rollenkarten.

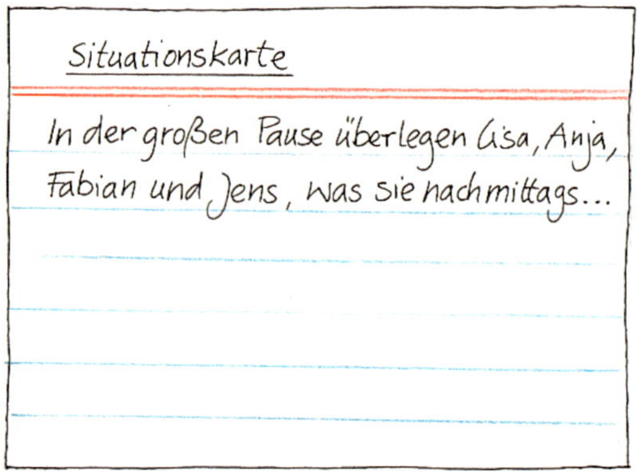

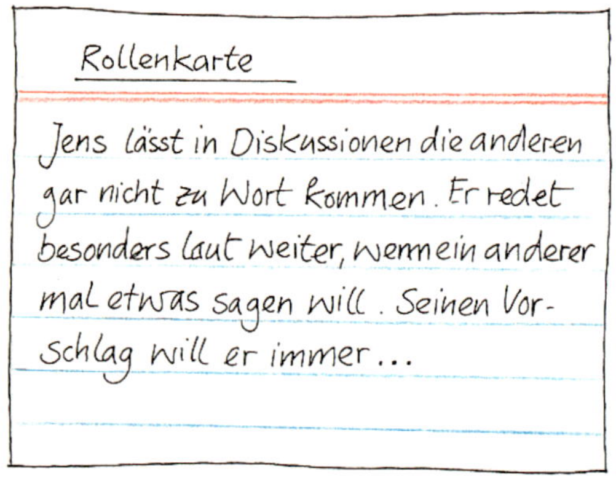

b) Die Rollen könnt ihr auslosen.

3 a) Entwerft in Gruppen schriftlich eine Diskussion, in der Teilnehmer mit unterschiedlichem Verhalten aufeinander treffen.

b) Lest die Ergebnisse mit verteilten Rollen vor.

Andreas R. Wosnitza

Der neue Klassensprecher

(Das neue Schuljahr hat gerade begonnen und die Klasse muss einen neuen Klassensprecher wählen. Peter, Karsten, Karla, Olaf, Bernd und andere Mitschüler und -schülerinnen beraten die Wahl in der Pause auf dem Schulhof.
Geräusche: Im Hintergrund spielende Kinder)

PETER: Och Mensch, Karsten, ich finde das doof, dass du nicht mehr weiter unser Klassensprecher sein willst.

KARSTEN: Ach, ich hab keine Lust mehr!

PETER: Aber du warst doch der beste Klassensprecher, den wir je hatten.

KARLA: Genau, du hast uns prima vertreten.

(Zustimmendes Gemurmel)

KARSTEN: Manchmal habt ihr aber ganz schön gemeckert.

OLAF: Na jaaa, Fehler macht eben jeder und der Reimann hat dich eben manchmal ganz schön eingewickelt.

KARSTEN: Quatsch, hat er nich, aber man muss auch mit den Lehrern Kompromisse schließen.

BERND: Klaar, mit dem Klassenlehrer besonders. Da bist du doch gut, mach doch weiter.

KARSTEN: Neee, endgültig! Ich hab die Nase voll, soll mal 'n andrer ran.

PETER: Aber wer denn?

KARSTEN: Warum nich du, Olaf, du hast doch immer am meisten gemeckert.

OLAF *(gedehnt)*: Jaaa.

KARSTEN: Na komm, du kannst doch gut reden.

SCHÜLER: Klaar, du kannst doch dem Lehrer ganz schön die Meinung blasen.

SCHÜLERIN: Du lässt dir nichts gefalln.

OLAF: Ich könnt's schon machen.

PETER: Also ich find das nich gut, wir können doch nich immer auf Krach machen. Außerdem hast du dich beim Reimann damit schon unbeliebt gemacht!

(Zustimmung: Das stimmt schon …
Nee, das können wir uns nich leisten …
Mit Olaf gibt's nur Krach …)

SCHÜLER: Und warum dann nicht *Bernd*? Der ist bei allen Lehrern gut angeschrieben.

SCHÜLER: Mit so guten Zeugnissen kein Wunder, mit den guten Noten.

KARSTEN: Vielleicht könnte das gerade 'n paar Vorteile bringen.

PETER: Na, ich weiß nicht, Bernd, du warst doch als Einziger dafür, dass der Erich verraten wird. Wegen der Landkarte damals.

BERND: Quatsch, verraten! Ich wollte nur nich, dass die ganze Klasse für den einen büßen sollte.

SCHÜLER: Ach nee! Aber gelacht haste wie 'n Blöder, als die Fischer auf die Palme ging.

BERND: Aber ist doch immer noch besser, einer macht die Strafarbeit als alle. Wenn einer Mist macht, muss er dafür auch geradestehn.

PETER: Na, mit so 'ner Einstellung wirste dich kaum vor die Klasse stellen, wenn's drauf ankommt.

SCHÜLER: 'n Petzer brauchen wir nich.

BERND: Ich bin doch kein Petzer. Bei Erich war das doch was anderes.

PETER: Ich weiß nicht. Du stehst mit den Lehrern besser als mit der Klasse. Da sind wir die Doofen, wenn's mal Krach mit Reimann gibt oder so.

BERND: Dann mach du's doch, wenn du dich so aufspielst.

KARLA: Klar, du bist doch ganz diplomatisch, weißt du noch, wie du dem Reimann den Museumsbesuch ausgeredet hast?

PETER: Das geht doch nicht, ich hab zu schlechte Noten beim Reimann. Dann krieg ich doch bloß noch mehr Ärger.

OLAF: Wen solln wir dann bloß wähln?

PETER: Willst du's nicht werden, Karla?

KARLA: Jaaa.

SCHÜLER: Natürlich, 'n Mädchen kann immer vermitteln, dann machste auf lieb Kind.

SCHÜLER: Außerdem hat Karla 'n guten Ruf, du hast damals die Sammlung gemacht, als Dieter den Unfall hatte, und überhaupt, du bist in Ordnung.

KARSTEN: Als Mädchen wirste auch von den Lehrern nicht so angepackt wie ich manchmal.

PETER: Außerdem hat sich Karla immer für jeden eingesetzt.
Dem Jochen haste auch geholfen, als der wegen seiner Krankheit so viel verpasst hatte.

KARLA: Ach, das war doch nichts.

BERND: Ja, ich glaub auch, dass du gut wärst, dich mögen auch die Lehrer.

SCHÜLER: Und wenn's mal schlimm is, kann 'n Mädchen immer noch heulen.

MÄDCHEN: Ich find's gut, wenn auch mal 'n Mädchen die Klasse vertritt, das wird allen gerecht.

KARLA: Na gut, wenn ihr alle meint, ich mach's halt mal.

1 Haben sich eurer Meinung nach alle Gesprächsteilnehmerinnen und -teilnehmer fair verhalten? Begründet eure Ansicht.

2 Untersucht die Diskussion über den neuen Klassensprecher mit Hilfe der folgenden Fragen:
a) Wo knüpft jemand an die Äußerung des Vorredners unmittelbar an? Woran erkennt man das?
b) Wo reißt jemand einen Diskussionsfaden ab und bringt einen anderen Gesichtspunkt zur Sprache? War der vorherige Diskussionspunkt an dieser Stelle geklärt?

3 Die Diskussion über den Klassensprecher zeigt, dass es unterschiedliche Gründe geben kann einen neuen Gesichtspunkt einzubringen. Ergänzt die folgende Liste:

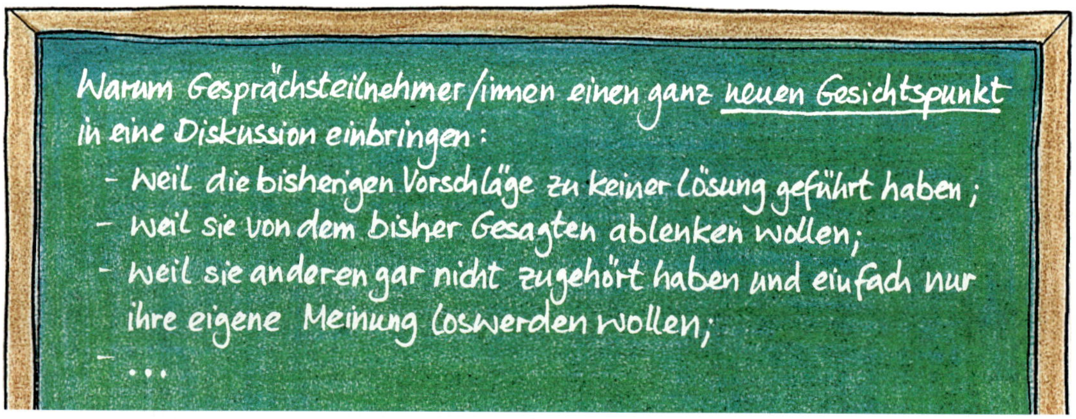

In Diskussionen kann man unterscheiden zwischen
- **Meinungen,** z. B.: „ … ich finde das doof, dass du nicht mehr weiter unser Klassensprecher sein willst“; und
- Begründungen für Meinungen, z. B.: „ … du warst doch der beste Klassensprecher, den wir je hatten.“
  Begründungen für Meinungen nennt man **Argumente.**

4 a) Schreibt aus dem Text „Der neue Klassensprecher“ in zwei verschiedenen Farben Meinungen und Argumente heraus.
b) Vergleicht eure Ergebnisse.

5 Beurteilt nun das Verhalten der einzelnen Gesprächsteilnehmer. Berücksichtigt dabei alle Gesichtspunkte, die ihr kennen gelernt habt.

Selber diskutieren

1 Sammelt in einem Meckerkasten Probleme, die in der Klasse auftreten und die ihr miteinander besprechen könntet.

2 Wählt ein Thema aus. Entwickelt Lösungsvorschläge, indem ihr in Gruppen zu vier Personen einen Ideenstern anfertigt:

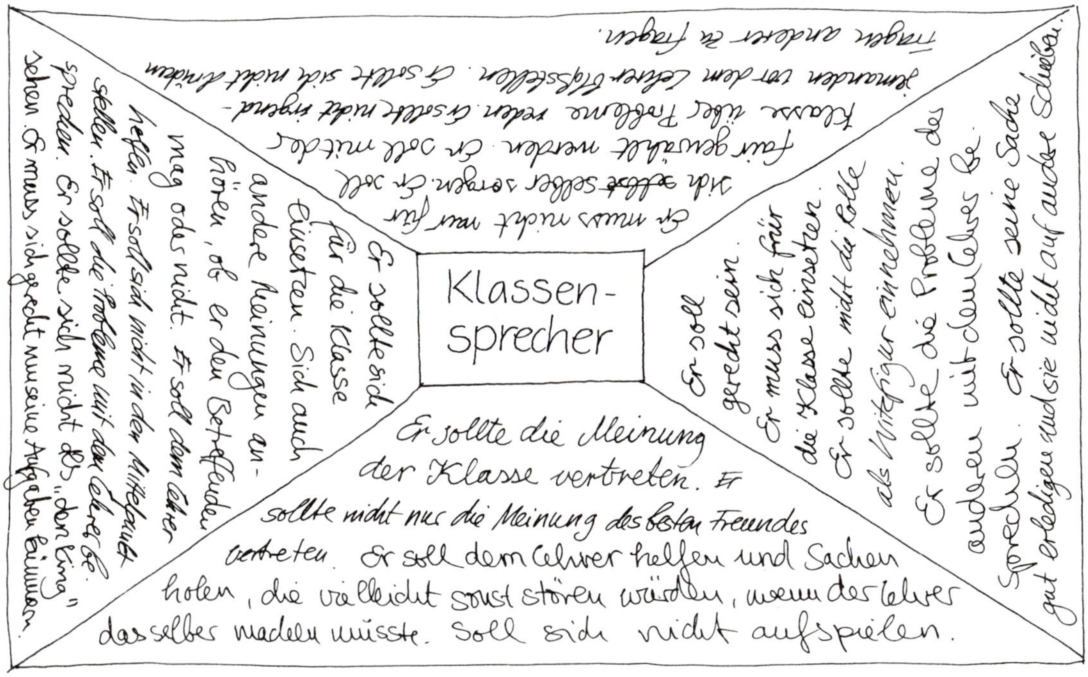

Ideenstern

Ihr setzt euch zu viert um einen Tisch. In die Mitte legt ihr ein Blatt Papier, auf das ihr stichwortartig euer Problem schreibt (möglichst nur ein Wort). Jeder schreibt einen Lösungsvorschlag in einen „Strahl" des Sterns. Wenn alle fertig sind, wird das Blatt so gedreht, dass jeder den nächsten Strahl lesen kann. Dieser kann fortgeführt oder ergänzt werden. Man kann aber auch widersprechen oder einfach eine neue Idee in den Strahl schreiben.
Das Blatt wird so oft gedreht, bis es vollgeschrieben ist oder keiner mehr eine Idee hat.
Die erste Gruppe trägt der Klasse nun vor, was sie zusammengetragen hat. Dann lesen andere Gruppen vor, beschränken sich dabei aber auf neue Gedanken.

3 Diskutiert einige Vorschläge, die euch besonders interessieren. Achtet dabei darauf, dass ihr an die Vorrednerin oder den Vorredner anknüpft. Dabei ist das Echospiel nützlich.

Echospiel

Jeder Diskussionsteilnehmer wiederholt noch einmal sinngemäß, was der Vorredner gesagt hat; erst dann bringt er seinen eigenen Beitrag vor. – Dieses Spiel solltet ihr (für einige Minuten) immer dann nutzen, wenn ihr in der Klasse zu sehr aneinander vorbeiredet.

4 Wenn ein Problem genügend diskutiert ist, muss man manchmal eine Entscheidung treffen. Oft ist es ziemlich schwer, sich zu einer Entscheidung durchzuringen. Dabei kann euch das folgende Spiel helfen.

Vier-Ecken-Spiel

Ihr schreibt mit einem dicken Stift vier (oder drei) mögliche Entscheidungen groß auf Blätter. Diese werden in je einer Ecke des Raumes an die Wand geheftet. Jeder entscheidet sich für eine Ecke. Dort unterhalten sich die Gruppen, warum sie ihre Entscheidung für gut halten und die anderen Möglichkeiten für weniger gut. Jede Gruppe wählt einen Sprecher oder eine Sprecherin, der/die alle Argumente für die eigene Sache noch einmal für die ganze Klasse zusammenfasst. Jeder kann sich jetzt von den Argumenten der anderen überzeugen lassen und die Ecke wechseln. Danach verteilen sich die Schülerinnen und Schüler aus der kleinsten Gruppe auf die übrigen Ecken. Jetzt kann zwischen diesen Ecken noch einmal hin- und herargumentiert werden. Erneut können Einzelne die Ecken wechseln, wenn sie neue Argumente einleuchtend finden; und die kleinste Gruppe wird wieder aufgelöst. Schließlich bleiben noch zwei Ecken übrig. Es kann so lange weiterargumentiert werden, bis sich in einer Ecke eine überwältigende Mehrheit versammelt hat (z. B. drei Viertel der Klasse). Man kann aber auch knappere Mehrheiten den Ausschlag geben lassen.

Diskussionen durchführen und beobachten

Ihr könnt viel lernen, wenn ihr eure Diskussionen genau beobachtet.

1 Entwickelt in Gruppen einen Beobachtungsbogen für Diskussionen:
a) Sammelt alle Gesichtspunkte, die euch wichtig erscheinen.
b) Ordnet die Gesichtspunkte nach folgendem Muster:

Beobachtungsbogen für Diskussionsverhalten

1. Fair oder unfair?
- reinreden ohne sich zu melden
- ...

2. Gesprächsfäden
- gut an die Äußerungen des Vorredners anknüpfen
- ...

3. Meinungen und Argumente
- seine Meinung durch gute Argumente begründen
- ...

2 Sucht ein Diskussionsthema aus, zu dem es unterschiedliche Meinungen gibt, z. B.:
Sollte das Ballspielen auf dem Schulhof verboten sein?

3 a) Teilt die Klasse in Beobachter (Außenkreis) und Diskutierende (Innenkreis) auf.
b) Einer der Diskutierenden übernimmt die Rolle des Diskussionsleiters: Er erteilt das Wort und fasst zusammen, wenn alles zu einem Diskussionspunkt gesagt worden ist.
c) Die Beobachter teilen sich die Gesichtspunkte des Beobachtungsbogens auf und machen sich während der Diskussion Notizen.
d) Achtet auf eine kurze Diskussionsdauer, möglichst nicht mehr als 10 Minuten.
e) Bei der Auswertung der Diskussion kommen zunächst nur die Beobachter zu Wort. Anschließend werden die Diskussionsteilnehmer nach ihren Eindrücken befragt.

2.2 Behinderte unter uns – Texte zur Diskussion

Klaus Staeck

1 Ist die Bildüberschrift zutreffend?

2 a) Sucht in Zeitschriften und Zeitungen Fotos, die eurer Meinung nach mit diesem Bild etwas zu tun haben, und bringt sie in den Unterricht mit.
b) Erklärt den anderen, welche Gedanken euch beim Betrachten der Fotos durch den Kopf gegangen sind.

3 Die interessantesten Fotos könnt ihr zu einer Collage zusammenkleben und in der Klasse aufhängen.

4 Diskutiert, ob es auch in eurem Alltag schwarze Schafe gibt.

Ernst Klee

Der Zappler findet eine Freundin

Im Vorort einer großen, von Autos wimmelnden und nach Abgasen stinkenden Stadt wohnt der „Zappler". Die Nachbarskinder nennen ihn so, weil er mit Armen und Beinen herumrudert und umherzappelt, als wolle er das Fliegen ausprobieren. Der Zappler macht das nicht freiwillig. Die Ärzte nennen so einen Jungen mit einem medizinischen Ausdruck: Spastiker. Wenn man ein Spastiker ist, da machen die Arme und Beine gerade, was sie wollen. Die Muskeln verkrampfen sich wie bei einem Wadenkrampf, wenn man zu viel Fußball gespielt hat. Weh tut das, wenn sich alles zusammenzieht. Einfach scheußlich weh. Dann lässt es wieder nach.

Aber nicht nur Arme und Beine machen beim Zappler, was sie wollen, sondern auch die Stimmbänder. Da kommen die Worte aus dem Hals, als hätte sie jemand durch den Fleischwolf gedreht oder durch den Mixer gejagt. Wenn der Zappler „Schuh" sagen will, hört man beim ersten Mal nur „Uuu". Und deshalb sagen die Nachbarsjungen: „Der Zappler spinnt." Oder: „Der hat eine Macke."

Der Zappler wohnt mit seiner Mutter allein. Sein Vater ist seit zwei Jahren tot, Verkehrsunfall. Eines späten Nachmittags im Winter will der Zappler das Laufen lernen. So richtig laufen will er lernen, wie das die anderen Jungen auch können. Er lässt sich vom Sofa auf den Fußboden rutschen und hangelt nach der Stuhllehne vom Wohnzimmerstuhl. An der Stuhllehne zieht er sich hoch. Und steht.

Dann bittet der Zappler die Mutter und den Besuch, der gerade da ist, sich in eine Reihe zu setzen. Er klammert sich an den Stuhllehnen fest und läuft den ersten Schritt. Weil das zu anstrengend ist, setzen die Verkrampfungen (die Ärzte sagen: Spasmen) ein. Das Knie tut rasend weh.

Plötzlich rutscht der Fuß weg, das Bein klappt nach und der Zappler saust zu Boden, haarscharf an der Kante eines Schränkchens vorbei. Der Zappler blutet. Die Mutter verbietet am nächsten Tag alle weiteren Laufversuche.

Eine Woche später gibt es neue Aufregung: Der Zappler sitzt am Tisch und die Mutter bringt das Essen herein. „Sei ganz ruhig", sagt sie, als sie hinter dem Zappler durch will, „ich habe hier den Suppenteller in der Hand." Doch wenn der Zappler sich zur Ruhe zwingen will, zappeln Arme und Beine noch viel mehr. So auch jetzt. Sein rechter Arm flattert durch die Luft, schlägt unter den Teller. Der Teller dotzt laut scheppernd zu Boden, die heiße Suppe verbrüht den Arm der Mutter. Die Stimmung ist ausgesprochen stinkig.

Den Winter verbringt der Zappler im Wohnzimmer. Da hat er eine Spielecke, wo er auf dem Boden herumkrabbeln kann. Meist sitzt er am Fenster und starrt hinaus.

Eines Tages im Februar sitzt der Zappler endlich zum ersten Mal im Freien. Vor dem Haus ist ein schmaler Grasstreifen und ein paar Hecken gammeln vor sich hin. Der Zappler räkelt sich in seinem Rollstuhl. Die Sonne kringelt ihm ein paar rote Flecken auf die Backen, die ersten Schneeglöckchen gucken aus dem wintermürben Boden. Der Zappler träumt vor sich hin.

Da klatscht ein sattnasser Schneeball gegen die Mauer, die Schneespritzer platschen ihm in den Schoß. Der Zappler zuckt zusammen, reißt die Augen auf.

An der Hecke stehen zwei Mädchen. Der Zappler ist misstrauisch. Er sucht ihr Gesicht ab. Er lauert nur darauf, dass die beiden anfangen ihn nachzuäffen. Dass sie sich vor ihm aufbauen, mit den Armen in der Luft herumwedeln und blöde Grimassen schneiden. Dass sie mit kieksender Stimme seine eigene Stimme nachmachen – diesen vor Aufregung völlig durchgemixten Wortsalat. Dass sie ihre alte Rede blöken: „Na, Zappler, wenn Zappeln Mode wäre, wärste Weltmeister im Dauerzappeln."

Aber die beiden Mädchen lächeln ihn an. Der Zappler ist immer noch misstrauisch, doch er lacht zurück, wenn auch leicht gequetscht. „Wie steht's, wie geht's?", fragt ihn die eine. Der Zappler erschrickt. Jetzt muss er eine Antwort geben! Das freundliche Mädchen würde sein Wortgegurgel hören und entweder davonlaufen oder ihn verspotten. Er kannte das ja schon. Der Zappler setzt zum Reden an. Er setzt an und schluckt und gurgelt. Aber vor Aufregung ist die Kehle wie zugeschnürt. Dann kriegt er immerhin etwas heraus: „Guut", sagt er, „gut."– „Wir müssen in die Volksbücherei", ruft die Kleinere, „aber wir sehen uns ja jetzt sicher öfter." Und weg sind sie.

In dieser Nacht hat der Zappler einen schönen Traum: Er kann laufen wie andere Jungens. Er träumt, wie er als Mittelstürmer in der Schülermannschaft drei Tore schießt. Er träumt, dass er wieder im Vorgarten sitzt und ohne Stottern mit den beiden Mädchen redet.

Das Wetter bleibt die nächsten Tage schön. „Ich will wieder raus", sagt er seiner Mutter. „Aber nicht mehr in den Vorgarten. Ich will auf dem Bürgersteig sitzen." Dabei macht er vor Aufregung und Angst bald in die Hose.

Der Zappler ist der absolute Knüller in der Straße. Gleich ist er eingekeilt zwischen Scharen von Kindern. Sie halten noch etwas Abstand, wie Zoobesucher vor einem Lama, weil es bekanntlich spuckt. Aber der Ring ist dicht geschlossen.

Der Zappler fühlt sich gefangen, umstellt. Wäre er nur hinter der Hecke halb verborgen geblieben, denkt er. Die Kinder sagen nichts. Aber sie glotzen neugierig. Sie wispern und kichern, gackern und schnattern. Aber zum Zappler sagen sie nichts. Und der kriegt vor Aufregung auch kein Wort aus dem Hals raus.

Da kommt das Mädchen von neulich um die Ecke. Der Zappler fühlt sich gleich besser. „Was steht ihr da wie Hornochsen und gafft so blöde?", fährt sie den glotzenden Haufen an.

„Das geht dich einen feuchten Käse an", schreit einer der Jungen zurück.

„Wenn man euch so anglotzen würde, dass bald die Augen zum Holzkopf rausspringen, hättet ihr doch auch was dagegen, oder?"

Die Horde trollt sich. Der Zappler bedankt sich bei Ingrid, wie das Mädchen heißt. Doch die schüttelt nur lässig die Schultern: „War doch klar." Ingrid holt sich aus einem Nachbarhaus einen Stuhl. Sie unterhalten sich, als würden sie sich schon Jahre kennen. Der Zappler hat Vertrauen gewonnen. Und wenn er Vertrauen hat, dann klingt seine Sprache nicht mehr wie durch den Mixer gejagt, sondern man versteht ihn.

„In welche Schule gehst du denn?"

Da läuft der Zappler rot an: „Ich bin noch nie in die Schule gegangen."

„Das gibt's doch nicht. Erzähl das meinem Meerschweinchen, aber nicht mir. So groß und noch nie zur Schule gewesen. So 'n Quatsch."

Der Zappler hat es jetzt richtig schwer, Ingrid zu überzeugen: „Ich bin körperbehindert, ein Spastiker. In die Volksschule haben sie mich nicht aufgenommen. Ich wäre zu behindert und würde nur den Unterricht stören. In eine Schule für Behinderte konnte ich nicht. In unserem Ort gab es keine. Deswegen sind wir hierher gezogen. Vielleicht kriege ich bald einen Platz in der Schule hier." Eine so lange Rede hat der Zappler schon lange nicht mehr aus seiner Kehle herauswürgen können. Er hat nach den langen Wochen am neuen Ort eine Freundin gewonnen, in deren Gegenwart er keine durchgemixten Worte produziert, sondern schon verständlich sprechen kann.

1 Beschreibt, wie es zur Freundschaft zwischen Ingrid und dem „Zappler“ kommt.

2 Die Kinder, die den „Zappler“ treffen, verhalten sich ganz unterschiedlich.
Wie lässt sich das erklären?

3 Ingrid kann nicht verstehen, dass der „Zappler“ noch nie eine Schule besucht hat.
Diskutiert, ob Behinderte in eine besondere oder in die allgemeine Schule gehen sollten.

4 a) Schlagt Verhaltensregeln zum Umgang mit Behinderten wie dem „Zappler“ vor.
b) Besprecht die vorgeschlagenen Regeln gründlich und stellt sie in einer Liste zusammen.

5 Diskutiert, ob ihr dieses Buch gerne lesen würdet oder nicht.

6 a) Sucht in eurer Schul- oder Stadtbücherei interessante Bücher zum Thema „Behinderte“.
b) Stellt die Bücher in der Klasse vor.

2.3 Diskussionsübungen

Überreden – überzeugen

Hanna Hanisch

Die Sache mit dem Parka

Er stört mich beim Radfahren, das Futter ist mir zu warm, die Kapuze ist mir lästig. Wenn er wenigstens grün wäre!
Und jeden Morgen dasselbe Thema!
„Zieh deinen Parka an! Er liegt auf dem Küchenstuhl, vorgewärmt. Knöpf ihn richtig zu! Zieh die Kapuze über! Verstanden?“
Meistens schaffe ich es, so durchzukommen. Ich habe da meine Tricks: Ich gehe noch mal in mein Zimmer, lasse den Parka auf dem Bett liegen, lenke meine Mutter ab und verschwinde. Gestern stellt sich meine Mutter so lange neben mich, bis ich den Parka endlich über die Schultern hänge. Vor der Haustür klemme ich ihn in den Gepäckträger. Plötzlich packt mich jemand am Hals: Mein Vater!
Er schüttelt mich am Kragen.
„So betrügst du uns?“, schreit er mich an, und einen Moment hab ich das Gefühl, als müsste ich um mich schlagen.
„Lass mich los!“, schreie ich zurück. „Ich komme zu spät!“
„Mir egal!“, brüllt mein Vater. „Wir reden jetzt oben ein Wort zusammen.“
Er zieht mich in den Hausflur und treibt mich die Treppe hoch. Meine Mutter steht oben an der Flurtür und heult.
In der Küche muss ich mich setzen. Mein Vater steht vor mir; wie ein Riese steht er da. Meine Güte! Was für ein Theater wegen diesem blöden Parka!
„Du warst krank, mein Freund!“, sagt mein Vater und seine Stimme ist immer noch viel zu laut.
Ja doch, weiß ich! Ist schon eine Weile her. Jetzt bin ich eben wieder gesund.
„Du hattest eine Lungenentzündung, vierzig Fieber. Wir haben eine Menge Angst ausgestanden. Jeden Tag ist der Doktor gekommen. Doch wohl nicht zum Spaß, oder?“
„Dein Leben hat am seidenen Faden gehangen“, schluchzt meine Mutter.
„Wir wollen deutlich mit ihm reden“, sagt mein Vater. „Er versteht das sonst vielleicht nicht. Du warst am Abnippeln! Habe ich mich klar genug ausgedrückt?“
Mein Vater redet jetzt auch so mit Zitterstimme.
Mir wird komisch. Ich sehe die Küchenuhr wie etwas Fremdes. „Zehn vor acht?“, denke ich. „Wieso bin ich da noch zu Hause?“
Überhaupt kommt mir das alles vor wie ein Film, in dem ich gar nicht mitspielen will.
Abnippeln hat mein Vater gesagt? Was soll das heißen?
Ich müsste jetzt eigentlich gar nicht mehr leben?
Tot sein?
Das gibt es doch gar nicht!
Man kann doch nicht einfach sterben.
Oder doch?
Ich mache mich steif und schließe die Augen. Ich stelle mir vor tot zu sein.
„Warum habt ihr mir das nicht gesagt?“, stoße ich mühsam aus meinem steifen Körper.

Mein Vater hat sich an den Küchentisch gesetzt. Endlich ist er mir vom Leibe gerückt! Meine Mutter steht auf und gießt ihm noch einmal Kaffee in seine Tasse. Er schlürft in langen Zügen.
Mein Vater redet vor sich hin, als wäre ich gar nicht da. „Wenn einer gefährlich krank ist, sagt man ihm das nicht auf den Kopf zu. Was hilft ihm das? – Man setzt sich für ihn ein mit allen Kräften. Man legt sich ins Zeug, bis man selber nicht mehr auf den Beinen stehen kann. Man bringt ihn durch, wie ein Wunder ist das. Und dann rennt so ein verbockter Dummkopf in die Schule ohne Mantel! Und verspielt vielleicht alles wieder. Kriegt einen Rückfall. Ich begreife das nicht."
Mein Vater lässt den Kopf hängen. Er tut mir Leid.
Er hat Angst, ich erkälte mich. Kann ich ja verstehen! Also gut, dann ziehe ich den Parka eben an. Es macht mir nichts aus. Hauptsache, ich habe keinen Ärger mehr.
„Du musst mir eine Entschuldigung schreiben", sage ich plötzlich. „Für die erste Stunde. Sonst kriege ich einen Eintrag."
Mein Vater zieht seinen Kugelschreiber und schreibt mir etwas auf seinen Notizblock.
Ich stecke den Zettel in die Hosentasche. Dann hänge ich mir den Parka um und laufe aus der Küche, die Treppe hinunter, aus der Haustür auf die Straße. Mein Körper ist nicht mehr steif. Er ist leicht wie Luft. Unten schwinge ich mich aufs Fahrrad, trete bergab in die Pedale. Der Wind zischt mir um die Ohren.
Die Straße riecht nach verbrannten Briketts, nach Auspuffgas, nach nassem Laub. In der Kurve schreie ich Jippijäh! Die Bremse fasst gut. Ich fühle mich großartig heute Morgen.

1 In welchen Abschnitten habt ihr beim Lesen auf wessen Seite gestanden?

2 Stellt die Argumente des Jungen und die der Eltern zusammen.

3 a) Diskutiert, ob der Junge „überzeugt" worden ist oder ob er „überredet" wurde.
b) Welches Argument ist eurer Meinung nach das stichhaltigste in der ganzen Geschichte?

Killerphrasen

4 Warum nennt man solche Sätze wohl „Killerphrasen"?

5 Habt ihr in letzter Zeit ähnliche Sprüche gehört? Setzt die Liste der „Killerphrasen" fort.

Scharnierwörter in Diskussionen

Thema: Drogen

SONJA: Also ich finde, dass diejenigen, die Drogen nehmen, ziemliche Schlaffis sind, weil die meinen, dass die ohne die nicht mehr fertig werden, weil die verführt werden von Erwachsenen oder Gleichaltrigen.

DISKUSSIONSLEITER: Esther! *(Olaf schaut aus dem Fenster.)*

ESTHER: Ich mein, dass die, die Drogen nehmen, ziemliche Probleme haben, die versuchen sollten eine Therapie zu machen, damit die von den Problemen und damit von den Drogen wegkommen.

DISKUSSIONSLEITER: Ja, Christian!

CHRISTIAN: Ich finde, man sollte jetzt gar keine Drogen auf den Markt bringen und vorher dafür sorgen, dass die überhaupt nicht an die Leute kommen.

DISKUSSIONSLEITER: Simone! *(Esther schnalzt mit den Fingern.)*

SIMONE: Da kannst du jetzt auch nichts mehr dran ändern. *(Grimasse)*

DISKUSSIONSLEITER: Esther!

ESTHER: Die Drogen, ich mein, ist ein gutes Geschäft, deswegen machen die das ja auch.

DISKUSSIONSLEITER: Andre!

ANDRE: Ich mein, die Leute, die Drogen nehmen, die haben Depressionen, die wollen sich flüchten vor ihren Problemen.

DISKUSSIONSLEITER: Marion!

MARION: Das, was Simone sagt, dass man da nichts mehr dran ändern kann, das meine ich nicht. Man könnte doch zum Beispiel, das ist doch schon lang versucht worden, die Zigarettenautomaten einfach abschaffen.

DISKUSSIONSLEITER: Kathrin! *(Andreas reinigt die Tischplatte.)*

KATHRIN: Ich wollte sagen, manche nehmen ja auch Drogen, also Jugendliche, weil das gerade verboten ist, weil die das Risiko so gut finden.

DISKUSSIONSLEITER: Jens!

JENS: Drogen haben aber auch was Gutes, sie werden ja in der Medizin eingesetzt.

DISKUSSIONSLEITER: Sonja!

SONJA: Es gibt ja auch andere Drogen, ich mein die Zigaretten, die sind ja nur ein Ersatz für Erwachsene für den Schnuller. *(Gelächter)*

DISKUSSIONSLEITER: Ruhe! Esther!

ESTHER: Was der Jens gesagt hat mit der Medizin, ich mein, man verwendet das zwar auch für die Medizin, aber viel davon ist ja auch schädlich. Die Mediziner haben ja auch den Zugriff dazu, man muss jetzt nicht immer sagen, dass die Mediziner Drogen nehmen, aber so weit kann es ja auch kommen. *(Olaf und Andreas zerren an einem Mäppchen.)*

DISKUSSIONSLEITER: Arndt!

ARNDT: Aber ohne Drogen in der Medizin könnten viele Krankheiten heute noch nicht geheilt werden.

DISKUSSIONSLEITER: Heike!

HEIKE: Drogen kann man ja auch nicht abschaffen, das wächst ja in der Natur. *(Olaf und Andreas knallen ihre Stühle aneinander.)*

DISKUSSIONSLEITER: Esther!

ESTHER: Ich meine, jeder Stoff, wenn man den zu viel nimmt, kann man den als Droge bezeichnen ...

1 Gesprochene Sätze sind oft anders als geschriebene. In welchen Zeilen ist das besonders auffällig?

2 Wo ist das Schülergespräch über Drogen wie eine Kette? Wo greifen die Ringe *nicht* ineinander?

3 Einige der Diskussionsteilnehmer haben zur Verstärkung ihrer Argumente Wörter wie „aber“, „weil“, „auch“, „wenn“ usw. verwendet. Sucht solche Wörter im Text und erklärt, zwischen welchen Aussagen sie eine Beziehung herstellen.

Geübte Diskussionsteilnehmer verwenden beim Diskutieren „Scharnierwörter“, die ihre Aussagen verbinden. Einen Teil dieser Wörter findet ihr in der folgenden Liste:

Scharnierwörter-Liste

* da
* weil
* obwohl
* während
* sodass
* falls
* wenn
* je nachdem, ob
* indem
* ohne dass
* je … desto

* deshalb
* folglich
* denn
* aber
* jedoch
* sondern
* also
* entweder … oder

* daher
* so
* schließlich
* dennoch
* demnach
* immerhin
* darum
* trotzdem

4 a) Schreibt Äußerungen aus der Diskussion über Drogen (S. 39) so um, dass jeweils ein Wort aus der Scharnierwörter-Liste sinnvoll verwendet wird.
b) Durch ein Scharnierwort wird angezeigt, dass ein Satz z. B. eine Begründung, eine Folge, einen Gegensatz angibt. Untersucht, welchen Sinn die Sätze mit den von euch eingefügten Scharnierwörtern haben.

5 Setzt die Diskussion über Drogen fort und versucht dabei möglichst oft ein Scharnierwort zu verwenden.

3 Von Erlebnissen und Erfahrungen berichten

3.1 Unfälle

1 Was passiert hier? Erzählt die Geschichte nach.

2 a) Stellt die wichtigsten Fakten von Jeffs Unfall in einem kurzen Text zusammen. Benutzt dazu folgende Anregungen:

Wer?	... wurde
Was?	von ... überfahren.
Wo?	Der Unfall passierte ...,
Warum?	weil der Fußgänger ....
Mit welchen Folgen?	Das Unfallopfer ... .

b) Beschreibt, wodurch sich euer Text von eurer Nacherzählung unterscheidet.

Motorradfahrer stießen zusammen

Zu einem Zusammenstoß auf der Niederkrüchtener Hochstraße ist es am Sonntagabend gekommen, als ein 41-jähriger Kradfahrer aus Düsseldorf, der Richtung Schwalmtal fuhr, auf der Fahrbahn wendete. Er stieß mit einem Motorradfahrer aus Gladbach zusammen. Beide Männer verletzten sich so schwer, dass sie ins Krankenhaus gebracht werden mussten.

Pkw prallte gegen Baum

Schwere Verletzungen erlitten eine 34-jährige Pkw-Fahrerin und ihr 33 Jahre alter Begleiter am Sonntagabend bei einem Unfall auf der Korschenbroicher Straße. Nach Angaben der Polizei wollte die Frau ein anderes Fahrzeug überholen, verlor dabei die Kontrolle über ihr Auto und prallte gegen einen Baum. Das Fahrzeug überschlug sich und blieb auf dem Dach liegen. Zwei Notärzte versorgten die Verletzten. Im Krankenhaus ordnete die Polizei bei der 34-Jährigen eine Blutentnahme an, weil ihr Atem nach Alkohol roch. Den Führerschein der Frau stellten die Beamten sicher. An der Korschenbroicher Straße musste die Feuerwehr den Baum zersägen, der durch den Aufprall abgebrochen war.

3 Welche Aufgaben haben solche Zeitungsberichte eurer Meinung nach?

4 Schneidet aus Zeitungen ähnliche Unfallberichte aus und lest sie euch vor.

5 a) Beschreibt, wie diese Zeitungsberichte das Geschehene wiedergeben.
b) Stellt kurz die Eigenschaften solcher Zeitungsberichte zusammen:

Diese Zeitungsberichte sind ..., ... und ... .
Weitgehend sind sie in einer Zeitstufe verfasst, und zwar im ... .

Feuer

LARS: Hallo, hallo, ... ja. Ich hab Angst, kommen Sie schnell, das stinkt so.

FEUERWEHRZENTRALE: Was ist los?

LARS: Das Bügeleisen ... Das Bügeleisen, ich hab das Bügeleisen eingesteckt. Ich hab vergessen, dass ich das Bügeleisen eingesteckt hatte.

FEUERWEHRZENTRALE: Wer ist denn da?

LARS: Nellessen

FEUERWEHRZENTRALE: Gut, und warum rufst du an? Jetzt mal der Reihe nach!

LARS: Ich wollte das doch nur mal ausprobieren.

FEUERWEHRZENTRALE: Was?

LARS: Meine Mutter hat es verboten. Aber ich wollte ... Hilfe!

FEUERWEHRZENTRALE: Was ist denn nun los?

LARS: Hilfe, jetzt kommt viel Qualm!

FEUERWEHRZENTRALE: Ist ein Feuer ausgebrochen?

LARS: Feuer? Also Flammen nicht ... Hilfe, kommen Sie schnell!

FEUERWEHRZENTRALE: Ist sonst keiner im Haus?

LARS: Nein.

FEUERWEHRZENTRALE: Wo wohnst du denn?

LARS: In Mönchengladbach.

FEUERWEHRZENTRALE: Straße?

LARS: Schillerstraße 13. Hilfe, der Qualm ...

FEUERWEHRZENTRALE: Wir kommen sofort. Geh aus der Wohnung.

1 In welcher Lage befindet sich der Junge?

2 Wie beurteilt ihr diese telefonische Meldung?

3 a) Überlegt, in welcher Reihenfolge Lars seine Mitteilungen hätte machen müssen, wenn er ruhig geblieben wäre.
b) Schreibe die Meldung so um, dass sie ihren Zweck besser erfüllt.

4

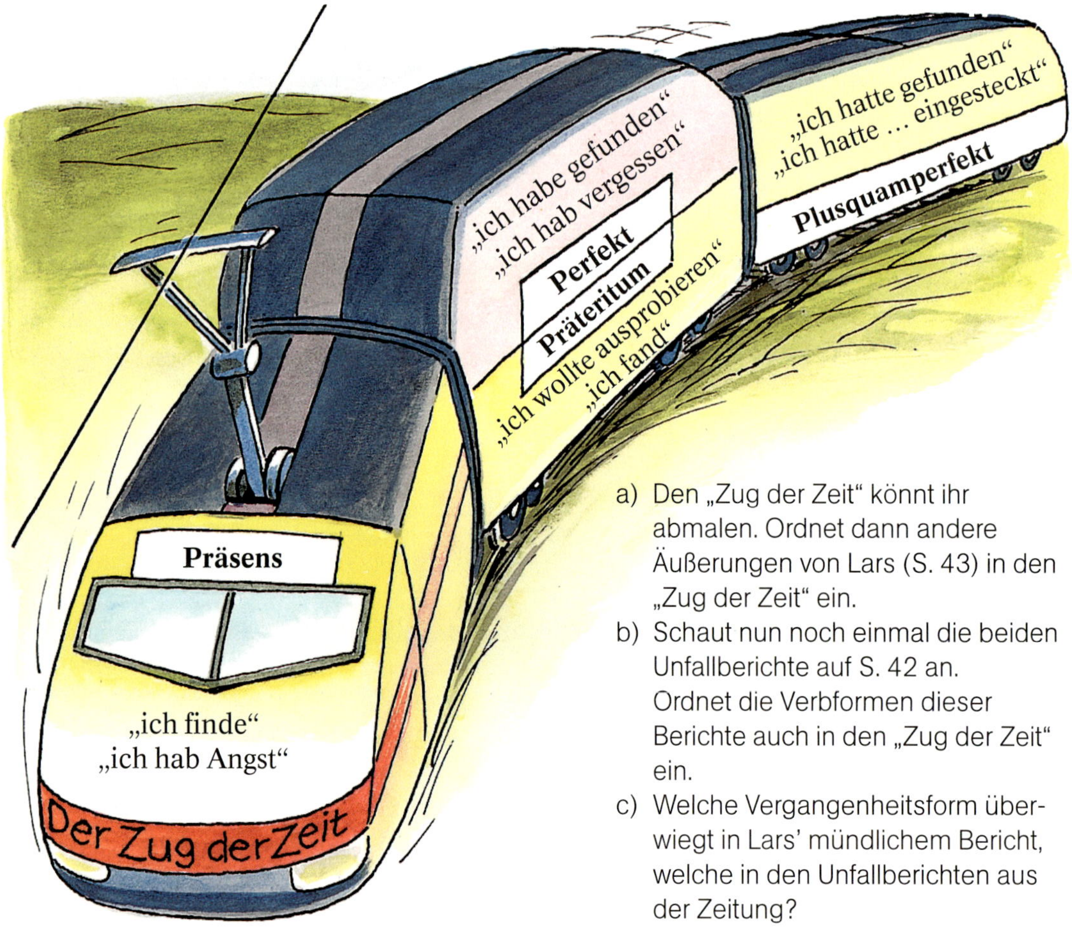

a) Den „Zug der Zeit" könnt ihr abmalen. Ordnet dann andere Äußerungen von Lars (S. 43) in den „Zug der Zeit" ein.
b) Schaut nun noch einmal die beiden Unfallberichte auf S. 42 an. Ordnet die Verbformen dieser Berichte auch in den „Zug der Zeit" ein.
c) Welche Vergangenheitsform überwiegt in Lars' mündlichem Bericht, welche in den Unfallberichten aus der Zeitung?

5 Seht euch den folgenden Satz an. Welche der beiden Fortsetzungen ergibt keinen Sinn? Woran liegt das?

> „An der Korschenbroicher Straße musste die Feuerwehr den Baum zersägen, …
> … der durch den Aufprall abbrach."
> … der durch den Aufprall abgebrochen war."

Wenn ihr von einem Ereignis im Präteritum oder im Perfekt berichtet und ausdrücken wollt, dass etwas noch weiter in der Vergangenheit liegt, verwendet ihr das **Plusquamperfekt.**

6 Ergänzt die Unfallberichte auf S. 42 durch einige Einzelheiten, die noch weiter in der Vergangenheit liegen:

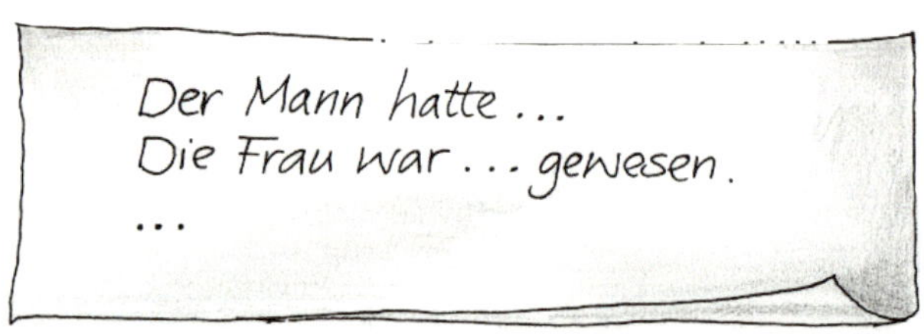

Ursula Masche

Herr Wichtig auf dem Polizeirevier

WACHTMEISTER: So, Herr Wichtig, nun bleiben Sie mal ganz ruhig und gelassen und überlegen sich noch mal genau den Vorfall, während ich Ihre Personalien notiere! Sie heißen?

HERR WICHTIG: Wichtig. Willi Wichtig, abgekürzt W. W. Das ist in unserer Familie 'ne Tradition, mein Vater hieß auch schon wie der Kaiser.

WACHTMEISTER: Ach so, Sie heißen also mit dem Vornamen Wilhelm und nicht Willi! Na, sagen Sie das doch gleich. Geboren wann?

HERR WICHTIG: Zu Weihnachten 1937.

WACHTMEISTER: Sie meinen demnach den 24.12.1937.

HERR WICHTIG: Wieso? Natürlich am 26.12.! Dieser Tag wird doch auch noch zu Weihnachten gezählt.

WACHTMEISTER: Geben Sie mir mal lieber Ihren Ausweis. Ich schreibe mir dann alles daraus ab. Sie wohnen in Berlin-Steglitz, Körnerstr. 14. So, nun erzählen Sie mal genau Ihr Erlebnis.

HERR WICHTIG: Also das war unerhört, eine Unverschämtheit! Dieser Trottel fährt einfach weiter und kümmert sich um rein gar nichts.

WACHTMEISTER: Langsam, langsam, Herr Wichtig, nun mal der Reihe nach!

HERR WICHTIG: Ja, wo fang ich denn da am besten an? Also, als ich heute Morgen aufstand, so gegen 8 Uhr – halt, nee, ich glaube, das war schon 9 Uhr, führte ich erst mal meinen Dackel Waldi aus. Und dann wollte ich Brötchen holen.

WACHTMEISTER: Aber Herr Wichtig! Das interessiert doch gar nicht!

HERR WICHTIG: Nein? Aber wieso denn nicht?

WACHTMEISTER: Ich möchte von Ihnen etwas über den Ablauf des Vorfalls wissen.

HERR WICHTIG: Schön! Also, ich stieg in den Bus um in die Stadt zu fahren. Da sah ich doch den Emil, das ist ein alter Bekannter von mir, wissen Sie, und der sagt: „Setz dich doch zu mir, alter Junge", und was soll ich Ihnen sagen, Herr Wachtmeister, hat der doch schon wieder …

WACHTMEISTER: Herr Wichtig! Kommen Sie endlich zur Sache!

HERR WICHTIG: Also, als ich die Straße überqueren wollte, sah ich plötzlich …

WACHTMEISTER: Um welche Uhrzeit war das?

HERR WICHTIG: Weiß ich nicht genau. Moment mal, das fällt mir wieder ein. Es war sieben Uhr, denn ich hörte gerade die Turmuhr.

WACHTMEISTER: Herr Wichtig! Sieben Uhr abends oder morgens!?

HERR WICHTIG: Abends natürlich, wann denn sonst?

WACHTMEISTER: Und wo war das?

HERR WICHTIG: Ja, warten Sie mal. Ich stand an der Ecke, wo meine Tante wohnt, und bog die Querstraße rechts ein …

WACHTMEISTER: Das interessiert doch nicht, wo Ihre Tante wohnt.

HERR WICHTIG: Nun lassen Sie mich doch mal. Halt, ich weiß, wo es war: in der Breiten Straße, da an der Ecke, wo Eduscho ist.

WACHTMEISTER: Herr Wichtig, ich muss Sie ernsthaft nochmals ermahnen. Das ist mir alles zu ungenau! Wohnt da Ihre Tante oder war da der Unfall?

HERR WICHTIG: Nein, da war der Unfall! Breite Straße, Ecke Bornstraße.

WACHTMEISTER: Ach! Na endlich! Und was haben Sie beobachtet?

HERR WICHTIG: Na, ich sah, als ich an der Fußgängerampel an der Ecke wartete, wie plötzlich ein weißer Mercedes an mir vorbei und ran an einen Baum fuhr.

WACHTMEISTER: Aber Herr Wichtig! Ein Auto fährt doch nicht urplötzlich aus heiterem Himmel an einen Baum! Wie ist denn das passiert? Und warum? War die Straße vielleicht glatt?

HERR WICHTIG: Ach wo, wo denken Sie hin, es war ein herrlich trockenes Wetter, wie schon den ganzen Tag über. Deswegen wollte ich doch …

WACHTMEISTER: Zur Sache bitte!

HERR WICHTIG: Also, da kam dann auf einmal die Ente …

WACHTMEISTER: Was für eine Ente denn?

HERR WICHTIG: Na, ein 2 CV.

WACHTMEISTER: Sagen Sie das doch gleich! Erzählen Sie bitte weiter, aber nur das Wichtigste.

HERR WICHTIG: Also die Ente kam von rechts.

WACHTMEISTER: Sie wollen damit sagen, dass der Mercedes die Vorfahrt missachtet hat!

HERR WICHTIG: Nein, wie kommen Sie denn darauf? Der hatte doch Grün.

WACHTMEISTER: Ach so, das Ganze spielte sich also an einer ampelgeregelten Kreuzung ab.

HERR WICHTIG: Na sicher, was dachten Sie denn? Die Straßenkreuzung sieht doch ähnlich aus wie die bei mir zu Hause.

WACHTMEISTER: Herr Wichtig, ich muss Sie schon wieder zur Sache bitten. Ich fasse noch einmal zusammen: Der Mercedes hatte also Grün und musste dem 2 CV, der Rot missachtete, ausweichen, wobei er die Herrschaft über den Wagen verlor und an einen Baum fuhr.

HERR WICHTIG: Ja, und die Ente, ich meine der 2 CV, hatte Rot. So ist es genau gewesen.

WACHTMEISTER: Aber das kann doch nicht alles sein. Sie sprachen doch am Anfang davon, dass jemand weitergefahren wäre …

HERR WICHTIG: Ich? Wie kommen Sie denn darauf? Ach, jetzt erinnere ich mich. Ich bin so vergesslich wie meine Tante.

WACHTMEISTER: Herr Wichtig!

HERR WICHTIG: Ach ja, der Fahrer des 2 CV ist weitergefahren ohne anzuhalten.

WACHTMEISTER: Haben Sie sich die Nummer notiert?

HERR WICHTIG: Moment mal, vorhin habe ich sie noch gewusst. Ja, jetzt fällt es mir wieder ein: W W – wie mein Vorname, Sie wissen doch, wie der Kaiser!

WACHTMEISTER: Bitte fassen Sie sich kurz!

HERR WICHTIG: Und die Zahlen waren wie das Geburtsjahr meiner Frau.

WACHTMEISTER: Das gehört doch nicht hierher. Die Nummer bitte!

HERR WICHTIG: Also gut, schon gut. Es war 1916. Ach, entschuldigen Sie, das ist ja das Geburtsjahr meiner Mutter. Ich meine selbstverständlich 1941 …

WACHTMEISTER: Vielen Dank, Herr Wichtig.

1 Notiert die fünf wichtigsten Mitteilungen von Herrn Wichtig.

2 Lest einige Aussagen vor, die sich Herr Wichtig eurer Meinung nach hätte sparen können. Begründet, warum sie überflüssig sind.

3 Was hat der Polizeibeamte wohl in seinem Bericht geschrieben? Verfasse einen kurzen Polizeibericht.

Ein Unfall mit dem Fahrrad

1 Die Zeugenaussagen enthalten Tatsachenangaben und Vermutungen. Nennt solche Vermutungen.

2 a) Welche Aussagen der Zeugen könnte man in einen Unfallbericht für die Polizei übernehmen?
b) Schreibt einen solchen Bericht.

3 Tauscht die Berichte mit eurer Nachbarin oder eurem Nachbarn und verbessert sie mit Hilfe der folgenden Checkliste.

- Ein **Unfallbericht** gibt Antworten auf eine Reihe von Fragen:
  - Wer?
  - Was?
  - Wo?
  - Wann?
  - Wie?
  - Warum?
  - Mit welchen Folgen?
- Nur Wichtiges wird in einen solchen Bericht aufgenommen, Nebensächliches lässt man weg.
- Ein Unfallbericht ist sachlich; die Sachverhalte werden ohne persönliche Gefühle dargestellt.
- Unfallberichte enthalten nur Tatsachen. Vermutungen gehören in der Regel nicht in einen Bericht.
- Ein Unfallbericht wird im Präteritum geschrieben. Ereignisse, die zeitlich noch vor dem Unfall liegen, stehen im Plusquamperfekt.

4 a) Berichtet von Unfällen, die ihr selbst miterlebt habt oder von denen ihr gehört habt.
b) Wählt einen dieser Unfälle aus und beschreibt den Hergang für die Unfallanzeige eurer Versicherung. Ihr könnt euch dazu ein Formular aus eurem Sekretariat besorgen.

3.2 Kinderrechte

Kinder berichten

Resolution der Kinder aus Bombay

1. Wir würden gerne – wie andere Kinder – in die Schule gehen und lernen. Viele von uns können dies nicht, weil wir arbeiten oder auf unsere jüngeren Geschwister aufpassen müssen. Einige von uns werden nicht in die Schule aufgenommen, weil wir keine Geburtsurkunde und keine feste Adresse haben.

2. Wir spielen sehr gerne. Aber wann und wo? Wir haben so viele Kinder gesehen, die Unfälle hatten und ihr Bein oder den Arm gebrochen haben oder die gestorben sind. Unsere Mütter und Väter erlauben uns wegen des Verkehrs nicht außerhalb des Hauses zu spielen, und oftmals ist kein anderer Platz vorhanden.

3. Diejenigen von uns, die arbeiten, müssen sehr früh am Morgen aufstehen. Wir sammeln Papier- und Plastikabfälle, reinigen Rinnsteine, bedienen in kleinen Tea-Shops, waschen Teller ab, nehmen Fische aus, waschen Autos, arbeiten in (kleinen) Autowerkstätten... Unser „Chef" schlägt uns manchmal, schreit uns an und behandelt uns schlecht. Wenn es viel Arbeit gibt, bekommen wir nicht einmal die Zeit zum Essen. Erst spät in der Nacht, wenn die Arbeit getan ist und wir sehr müde sind, dürfen wir gehen. Einige von uns müssen auch nachts arbeiten und Abfälle im Hafen sammeln. Wenn es eine Razzia gibt, bringt uns die Polizei ins Jugendgefängnis und sagt, wir seien Diebe. Wir müssen arbeiten, damit uns unsere Eltern ernähren können – aber wir haben Angst vor unserem „Chef" und den Polizisten.

4. Einige unserer Häuser wurden mehrmals zerstört. Sie sagen, wir können hier nicht leben, wir machen Bombay dreckig. Aber wir wurden hier geboren. Wohin sollen wir sonst gehen? Wenn sie kommen um unser Heim zu zerstören, werfen sie unser Essen auf die Erde, stehlen unsere Habseligkeiten, sagen schlimme Worte und schlagen unsere Mütter und Väter.
Wir frieren während der Regenzeit und im Winter, wenn wir unter freiem Himmel leben müssen. Können Menschen wirklich so grausam sein?
Jetzt verkaufen sie Schießpulver in unserer Gegend. Jeder hat Angst. Unsere Mütter sagen uns, wir sollen davon wegbleiben. Es ist sehr gefährlich.
Vor einigen Monaten wurden viele von uns krank, wir hatten hohes Fieber und mussten brechen. Es wurde uns gesagt, wir sollten nur abgekochtes Wasser trinken. Einige Kinder sind sogar gestorben. So etwas kommt jedes Jahr vor. Wir haben kein gutes Wasser zum Trinken und keine sauberen Toiletten. Warum werden wir dann beschimpft, wenn wir schmutzig sind?

5. Wir Mädchen müssen Wasser holen, Essen kaufen, kochen, sauber machen und schon sehr früh auf unsere jüngeren Geschwister aufpassen.
„Ich bin oft eifersüchtig auf meinen Bruder, weil er mehr zu essen bekommt und weniger im Haushalt arbeiten muss."
„Ich glaube, Leute sind nicht glücklich, wenn sie eine Tochter haben."
Wir wissen, dass unsere Eltern und wir trotz aller dieser Schwierigkeiten um eine bessere Zukunft und ein besseres Leben kämpfen, weil wir viele Träume haben und diese Träume wahr machen müssen.

Mirzapur (INDIEN). In Mirzapur im Bundesstaat Uttar Pradesh hat ein Teppichfabrikant Kinder regelrecht zur Arbeit geprügelt, sie in Tümpeln halb ersäufen lassen, wenn sie nicht folgsam waren. Er ließ sie mit dem Kopf nach unten an Bäumen aufhängen und als Zeichen des „Eigentums" mit glühenden Eisen kennzeichnen.

Unter der Überschrift „Folterlager von Mirzapur" beschrieben die „Times of India" und „The Statesman" die leidvolle Odyssee von 27 Jungen zwischen sieben und zehn Jahren, die Anfang Januar aus ihrem Dorf im Nachbarstaat Bihar entführt und nach Mirzapur gebracht worden waren. Die Kinder waren eines Abends von den Feldern ihrer Eltern ins Dorf zurückgekehrt, als der Barbier ihrer Heimatgemeinde den Vorschlag machte im Nachbardorf einen Film anzusehen. Über das Abenteuer ganz aufgeregt, informierten die Kinder ihre Eltern nicht und gingen mit. Bei Einbruch der Dunkelheit lagen sie betäubt und gefesselt in einem Bahnabteil und waren am nächsten Morgen in Mirzapur, einem berühmten Teppichknüpferzentrum in Indien.

Der Barbier und seine Komplizen suchten die Ängstlichen teils mit guten Worten, teils mit Schlägen zu beruhigen, wie die Kinder jetzt berichteten.
Schließlich wurden ihnen ein Lohn von zehn Rupien (umgerechnet 1,30 Euro) am Tag, freie Unterkunft und drei Mahlzeiten am Tag versprochen, wenn sie sich für den Teppichfabrikanten Panna Lal verdingten.

Doch was es gab, waren Schläge und noch einmal Schläge mit nassen Weidenruten. Wenn eines der Kinder fliehen wollte, wurde es zur Strafe mit dem Kopf nach unten aufgehängt, bekam nichts zu essen und wurde in einen dunklen Raum gesperrt, wo sich Ratten tummelten.

Auf diese Weise machte der Teppichfabrikant die Kinder gefügig. Ende März aber konnten zwei der Tortur entfliehen und die Behörden alarmieren. Anfang April wurden die anderen mit Brand- und Schlagwunden, unterernährt und übermüdet nach Intervention einer Menschenrechtsorganisation befreit und zu ihren Eltern nach Hause gebracht.

Lima (PERU). 27 Kinder, die unter sklavereiähnlichen Bedingungen in Kaffeeplantagen der peruanischen Bergregion arbeiteten, sind in der letzten Woche von Polizei und Staatsanwaltschaft befreit worden.

Wie der Staatsanwalt berichtete, wurden viele dieser Kinder Opfer von Anwerbeaktionen für die Arbeit in den Kaffeeplantagen.

Der 15-jährige Victor Raul Huancase, eines der befreiten „Sklavenkinder", berichtete, man habe ihm einen Lohn von 40 Inti (umgerechnet etwa 2 Euro) pro Tag sowie Unterkunft, Verpflegung und Hin- und Rücktransport zu der Plantage zugesagt. Dann aber habe man von dem angebotenen Lohn 20 Prozent für den Anwerber, zehn Inti für die Verpflegung und fünf für die Unterkunft abgezogen. Auch die Kosten für Seife oder Toilettenpapier habe man vom Lohn abgezogen, sodass schließlich nichts übrig blieb und die Kinder sich sogar bei ihren „Arbeitgebern" verschuldeten.

Die Aufseher nahmen den Kindern ihre persönlichen Papiere und Habseligkeiten ab. Das hinderte sie am Weglaufen, weil sie ohne Papiere von Militärkontrollen möglicherweise als Guerilleros verdächtigt worden wären. Der Arbeitstag dauerte bis zu 14 Stunden, wobei die Jungen als Plantagenarbeiter, die Mädchen als Küchenhilfe arbeiten mussten …

1 a) Welcher der Berichte auf den Seiten 48–50 macht euch am meisten betroffen?
b) Zu welchem Zweck sind die Berichte wohl verfasst worden? Begründet eure Meinung durch den Verweis auf Textstellen.

2 a) Sucht die Orte, von denen hier berichtet wird, im Atlas auf.
b) Habt ihr von ähnlichen Zuständen in anderen Ländern gehört? Berichtet über das, was ihr in Zeitungen, Büchern usw. gelesen oder im Fernsehen gesehen habt.

Texte umformen

Sven Lindquist

Jugendgericht in Cuszo (Peru)

Carolina Quisepe Suna, 11 Jahre alt, wird hereingeführt; indianische Gesichtszüge, die Hände mit Warzen bedeckt. Verhaftet wegen Flucht. Das Vergehen wurde von Gregorio Incarroca, Pate des Kindes (d. h. eigentlich ihr Arbeitgeber, der „padrino" oder „Pate" genannt wird), gemeldet. Weigert sich, zu ihrem Paten zurückzukehren, der sie schlägt. Ihre Eltern wohnen in Quiquillana.

So weit der Polizeibericht. Während des kurzen Verhörs erfährt man, dass der Vater Landarbeiter ist. Das Mädchen glaubt, dass er 60 Soles (2,80 Euro) im Monat verdient. Sie ist die Älteste von drei Geschwistern und ging zwei Jahre zur Schule. Ich bekomme vom Richter die Genehmigung ihr einige Fragen zu stellen.

Warum bist du verhaftet worden?
Ich bin davongelaufen.
Gab es da jemanden, der dich zur Flucht überredete?
Nein, es war mein eigener Entschluss.
Wolltest du nach Hause zu deinen Eltern fliehen?
Nein.
Warum nicht?
Ich darf nicht nach Hause kommen.
Wohin bist du dann gegangen?
Zu Maldonados Haus.
Wer ist das?
Ein Verwandter vom Paten. Seine Frau versprach, sie würde mich bezahlen, wenn ich für sie arbeite.
Bist du denn bezahlt worden?
Nein.
Wie lange warst du beim Paten?
Sechs Monate.
Hast du etwas bezahlt bekommen?
Nein, nichts.
Wann hast du morgens angefangen zu arbeiten?
Um sechs Uhr.
Und wann warst du abends fertig?
Wenn ich fertig war.
Wie spät war es da?
Sieben oder acht.
Und sonntags?
Das Gleiche.
Wo hast du geschlafen?
Sie verstand die Frage nicht und der Richter erklärte, es wäre selbstverständlich, dass alle im selben Raum schliefen.
Hast du auch das gleiche Essen bekommen wie die anderen?
Nein, ich bekam Suppe.
Es steht im Polizeibericht, dass er dich geschlagen hat. Wie oft geschah das?
Immer.
Jede Woche, meinst du?
Fast jeden Tag.

Nach diesen Fragen ist sie natürlich dem Weinen nahe. Als dann die Eltern hereingeführt werden, schluchzt sie laut auf. Es ist ja über ein halbes Jahr her, seit sie sie zuletzt gesehen hat. Sie ruft laut, dass sie nach Hause möchte; die Eltern versuchen ihren Blicken auszuweichen. Der Vater, im zerrissenen Poncho, ängstlich und gequält, erklärt dem Richter, dass er keine Möglichkeit sieht für das Mädchen zu sorgen. Sie hätte es besser beim „Paten", trotz allem. Dort bekäme sie jedenfalls etwas zu essen; es wäre das Beste, sie dort wieder hinzuschicken. Das Mädchen weint und bittet. Die Mutter sieht still auf ihre nackten Füße. Der Richter „verurteilt" Carolina Quisepe Suna zu ihren Eltern zurückzukehren. Die Eltern schweigen, auch das Mädchen ist plötzlich still.
Sie gehen zusammen fort.

1 Am Ende der Verhandlung schweigen alle. Sprecht über diese Situation.

2 Stellt die wichtigsten Fakten aus dem Text zusammen.

3 In welchem Tempus ist der Text geschrieben? Begründet, warum der Berichterstatter gerade dieses Tempus wählt.

4 Anfang und Schluss des Textes sind berichtend, der Mittelteil ist es nicht. Schreibe den Text in einen kurzen Bericht für eine Klassenzeitung um. Verwende dabei Tempora der Vergangenheit.

Waltraud Küppers

Das Warenhaus (Deutschland)

Sabine ist zehn Jahre alt. Sie streunt im Delta-Supermarkt an den Regalen entlang. Es ist früher Nachmittag. Die Hände vergräbt sie in den weiten Taschen einer losen Männerjacke, die ihrem großen Bruder gehört.
Sie soll für die Stiefmutter Zigaretten holen. Natürlich ohne Geld. Sie musste dieses widerliche Zeug anziehen. Aber sie mag diese Jacke nicht. Vera, das ist ihre Stiefmutter, meint, in den Taschen kann vieles verschwinden. Aber das ist dumm. Dieser komische Anzug macht nur misstrauisch.
Abgepackte Wurst und Butter soll sie auch bringen. Natürlich aber vor allem Zigaretten. Vera raucht etwa sechzig Stück pro Tag, wenn sie welche hat. Kommt Sabine ohne Ware nach Hause, schlägt Vera sie. Es setzt Ohrfeigen, sie tobt oder tritt, manchmal nimmt sie das Rohr vom Staubsauger.
Ach, Sabine möchte nie mehr heimgehen. Aber wo soll sie hin? Und Kerstin wartet.

Wenn sie fortgeht, bekommt Kerstin Schläge für zwei. Das ist ihre kleine Schwester. Sie ist erst acht Jahre. Sie möchte immer mit Sabine mitkommen, aber dann gelingt ihr nichts.

Hoppla, ein großer Bursche hat an das Regal mit den Zigaretten gestoßen, sodass mindestens dreißig Packungen auf dem Boden liegen, gleich hinter der Kasse. Aus Versehen? Er entschuldigt sich und fängt an die Päckchen wieder aufzustapeln. Aber die Kassiererin schellt und schon erscheinen drei Angestellte, die die Kunden fortdrängen.

Doch Sabine hat heute ihren guten Tag. Als sie in den Gang dahinter einbiegt, hier sind nur Dosen aufgestapelt und es ist niemand da, sieht sie drei Packungen Krone unter einem Regal liegen.

Sie bückt sich und bindet sich die Riemchen am linken Schuh auf und zu und dazwischen fischt sie schnell und unbemerkt die drei Packungen Zigaretten. An den Bluejeans, die sie trägt und die ihr eigentlich zu groß sind, hat sie sich im linken Hosenbein unter dem Knie einen Reißverschluss eingenäht. Da lässt sie die Beute verschwinden. Die Tasche am rechten Hosenbein ist zerrissen. Das ist auch gut. Die Hosenenden hat sie jeweils mit einem Schnürsenkel zugebunden. Da kann sie vieles in die Hosenbeine hineinfallen lassen.

Für heute ist es bei Delta genug. Sie nimmt ein Brötchen, steckt es in eine Tüte, zeigt sie offen vor und bezahlt an der Kasse. Zu gerne hätte sie für Kerstin und sich die Packung mit den Cremehütchen mitgehen lassen, die gleich daneben liegen, aber sie sind in Zellophan verpackt, das knistert, und es ist besser, jetzt nichts mehr zu riskieren.

Kerstin ist mit dem halben Brötchen zufrieden, mehr wohl damit, dass es keine Schläge gibt. Vera schimpft zwar, wo denn Wurst und Rama sind, aber zwei Packungen Krone beruhigen sie. Sie steckt sich sofort eine Zigarette an und schaut nach den Kindern nicht weiter hin. Sabine hebt eine Packung auf für schlechtere Tage.

In einer dunklen Kellerecke, wo früher einmal Kohlen gestapelt waren, hat sie ein kleines Depot angelegt. Ein Mauerstein war lose, den kann sie herausnehmen. Dahinter hat sie den Mörtel weggekratzt und sich eine kleine Höhle geschaffen, die sie mit dem Stein völlig verschließen kann. Auch Kerstin kennt ihr Geheimnis nicht. Dort stapelt sie Zigaretten für die Tage, an denen nichts gelingt.

1 Wie beurteilt ihr Sabines Verhalten?

2 a) Untersucht, wie die Autorin über Sabine berichtet.
b) Welches Tempus wählt sie und warum?

3 Schreibe Sabines Geschichte in einen knappen Zeitungsbericht um. Stelle dir als Anlass des Berichts vor, dass Sabine beim nächsten Diebstahl im Supermarkt erwischt und anschließend die Wohnung ihrer Stiefmutter durchsucht wird.

Kinder gehen an die Öffentlichkeit

Eine ungewöhnliche Demonstration in Bombay

Kinder der Bürgersteigbewohner Bombays gingen für ihre Rechte auf die Straße

Kinder, die arbeiten müssen, damit ihre Familien und sie selbst genug zu essen haben, berichteten von nächtlichen Polizeirazzien in Bombay, bei denen sie immer wieder aufgegriffen und in ein Fürsorgeheim eingeliefert werden.

Dort werden sie wie Diebe behandelt, nicht wie Kinder, die Schutz brauchen. In den Stadtteilen Cross Maidan und Byculla sind etwa die Hälfte der Bürgersteigbewohner jünger als 14 Jahre, die meisten von ihnen kennen nur die Straße als ihr Zuhause. Viele von ihnen haben schon mehr als fünf Räumungsaktionen erlebt. Eine normale Schule können diese Kinder selten besuchen. Einige der Kinder leben auch ganz auf sich gestellt, ohne Eltern und Verwandte.

Im November 1988 nun versammelten sich rund 700 Straßen- und Arbeiterkinder zu einer eindrucksvollen und bis dahin einmaligen Demonstration.

Die von *terre des hommes* unterstützte „Youth for Unity and Voluntary Action“ (YUVA) half bei der Organisation der Veranstaltung und bei der Einberufung einer Pressekonferenz, auf der die Kinder dann selbst das Wort ergriffen. Ganz konkret sagten sie, was sie sich unter „Rechte des Kindes“ vorstellen: „Ich wünsche mir ein ordentliches Zuhause und fließend Wasser aus einem Wasserhahn“, meinte ein Zwölfjähriger.

Mit spielerischen Aktionen, Sketschen und Rollenspielen wurde den Zuschauern und Passanten ein kleiner Eindruck von dem Alltag der arbeitenden Kinder, ihren unzumutbaren Wohnbedingungen und von dem harten Los, ein Mädchen zu sein, vermittelt. Höhepunkt der Veranstaltung bildete eine von den Kindern verfasste Resolution, adressiert an die älteren Bürger und Autoritätspersonen Bombays.

YUVA, eine soziale Aktionsgruppe junger Menschen, kümmert sich um die Belange der Bürgersteig- und Slumbewohner. Im Stadtteil Cross Maidan hat YUVA eine für alle offene Schule eingerichtet. Der Unterricht ist auf die Bedürfnisse des Slumlebens ausgerichtet, inhaltlich und auch zeitlich, sodass die arbeitenden Kinder abends an den zweistündigen Kursen im Lesen, Schreiben und Rechnen teilnehmen können. Jedes Kind erhält dort auch eine Mahlzeit, ein Arzt kümmert sich um die gesundheitliche Betreuung der zur Zeit rund 150 Kinder dieses Projektes.

1 Entwerft in Gruppen ein Flugblatt oder ein Poster, mit dem ihr eure Mitschülerinnen und Mitschüler auf die Situation der Straßenkinder in Bombay aufmerksam macht.

2 Überlegt, wo ihr solche Flugblätter und Poster aufhängen könntet.

Marianne Lienau

Der Kinderbürgermeister von Aulla (Italien)

Seine erste Amtshandlung wird die offizielle Ehrung für alle Kinder sein, die zu Opfern geworden sind, und Achille Fiorentini, selber 14 Jahre alt, wird das nicht als Routine empfinden. Doch was heißt Routine – es ist ja erst wenige Tage her, dass der Junge in dem kleinen Ort Aulla regulär gewählt worden ist zum ersten Kinderbürgermeister Italiens, Europas und der Welt.

Sagen Sie nicht, meine Damen und Herren, da hätten sich bloß mal wieder Pädagogen was Fortschrittliches ausgedacht und die Kinder, wie üblich, mit Spielgeld aus Pappe beglückt. Nein. Erstens war es der erwachsene Bürgermeister des Ortes, im Zivilberuf Arzt, der die Idee hatte und den Mumm sie auszuführen – und zweitens verfügt der 14-jährige Bürgermeister Achille über einen eigenen 30-köpfigen Gemeinderat seines Alters, über ein Büro im Rathaus, über richtige Kompetenzen in den Sparten Umwelt, Sport, Altenhilfe und Jugend – und vor allem verfügt er über einen Etat von rund 50 000 Euro. Und da werden manche vielleicht sagen: Das geht zu weit. Ich sage das nicht. Ich bin gesegnet mit einem Patensohn, der mit 10 Jahren schon besser mit Geld umgehen konnte als ich. Jeder, der Kinder näher kennt, wird bestätigen können, wie überraschend verständig, einfallsreich und gewitzt sie in ihren eigenen Angelegenheiten sind. Das moderne Kind weiß nun selbst, was es anziehen will, wohin es im Urlaub nicht will und welche Musik ihm am zuträglichsten ist. Von den Intelligenzwelten der Computerbeherrschung nicht zu reden … Also geben wir ruhig zu: Kinder sind heute enorm clever und kompetent – schon deshalb, weil ihnen in unserer schönen neuen Welt der Systeme, Vernetzungen und Maschinen keine andere Wahl bleibt. Doch genau diese Wahl werden sie in Aulla nun haben.

Vor jeder Entscheidung des Gemeinderats wird künftig der Jugendbürgermeister angehört. „Schluss mit dem Generationsegoismus“, hat der erwachsene Kulturdezernent gesagt, und das heißt doch wohl: Schluss mit der Selbstherrlichkeit der Erwachsenen. Der 14-jährige Achille hatte sich in der Stichwahl gegen die 12-jährige Lara knapp durchgesetzt mit einem Programm, das die Verbesserung der Schulstrukturen und der Sportstätten vorsieht,

die Vergrößerung des Jugendzentrums, neue Parkanlagen für die Alten und lauter Umweltschutz: getrenntes Abfallsammeln, Sanierung des Flusses, Säuberung der Stadt. Ein makelloses Programm, das so sehr auch die Zustimmung von Lara fand, dass sie selbst ihren Konkurrenten wählte. Das, scheint mir, ist die wahre Revolution. Politik wird von Kindern vielleicht nicht um der Macht willen gemacht, sondern damit sie tatsächlich allen Gutes bringt. Der Kinderbürgermeister hat seine großartige Konkurrentin prompt zu seiner Stellvertreterin gemacht.

Der erwachsene Bürgermeister hatte eigentlich nur was tun wollen gegen das viel bejammerte politische Desinteresse der jungen Generation. Erreicht hat er, dass von den 757 Kindern seines Orts zwischen 6 und 14 Jahren 92% zur Wahl ihres Bürgermeisters gingen. Hört, hört, ihr Politiker, Jugenddezernenten, Kinderverächter: Es gibt ein politisches Leben vor der Volljährigkeit! Und eh ihr es vollends erstickt in den Autoabgasen unseres stehenden Verkehrs, wo weder Jung noch Alt atmen, geschweige denn spielen, Rad fahren, spazieren gehen kann, lasst die Kinder doch an die Macht. Fehler macht ein erwachsener Bürgermeister auch, das steht längst fest. Nur der Bürgermeister von Aulla vielleicht nicht mehr. Der hört jetzt auf die klugen Leute mit Zahnspange, Stimmbruch und unverbogenem Verstand. Hat der Kaiser Kleider an oder nicht? Fragen Sie das nächstbeste Kind.

1 a) Sollte es in eurer Stadt oder Gemeinde auch einen Kinderbürgermeister geben?
b) Worum sollte er sich kümmern?

2 Der Bericht von Marianne Lienau ist eine Rundfunkreportage.
a) Welche Teile der Reportage gehen über das bloße Berichten hinaus?
b) Überlegt, wie die Autorin die Hörerinnen und Hörer mit einbezieht.
c) Welche Tempora wählt sie?

Adressen

Wenn ihr euch zum Thema dieses Kapitels weiter informieren oder interessante Bücher besorgen wollt, könnt ihr euch an folgende Adressen wenden:

MISEREOR
Mozartstraße 9
52064 Aachen

Brot für die Welt
Stafflenbergstraße 76
70184 Stuttgart

Deutscher Bundestag
Kinderkommission
Bundeshaus
53113 Bonn
Tel. (0228) 16 22 71

Deutsches Kinderhilfswerk
Bundesgeschäftsstelle
Rungestraße 20
10179 Berlin

terre des hommes
Ruppenkampstraße 11 a
49031 Osnabrück

Deutsches Komitee für UNICEF
Höninger Weg 104
50969 Köln

Kindernothilfe
Düsseldorfer Landstraße 180
47249 Duisburg

3.3 Schreibwerkstatt

Projektvorschläge

Klassenzeitung

In diesem Kapitel findet ihr viele Gelegenheiten berichtende Texte zu schreiben, die in einer Zeitung erscheinen könnten:

- Unfallberichte (S. 41–48);
- Berichte über schwierige Lebensverhältnisse von Kindern in aller Welt (S. 48–52);
- der Bericht über Sabines Diebstahl (S. 52–53);
- Flugblätter zur Situation der Slumkinder in Bombay (S. 54);
- ein Brief an den eigenen Stadt- oder Gemeinderat zum Thema „Kinderbürgermeister" (S. 55–56).

Außerdem könnten in eurer Zeitung stehen:

- eine Kulturseite mit Berichten über interessante Bücher;
- Berichte über alles, was an eurer Schule los ist.

Wenn ihr genügend Texte gesammelt habt, veranstaltet ihr eure Redaktionssitzungen. Ihr müsst Folgendes klären:

a) **die Reihenfolge der Texte:**
Überlegt, wie die Texte, die ihr gesammelt habt, in einer Zeitung angeordnet werden könnten. Studiert dazu eine Tageszeitung genau und prüft, welche Rubriken sie hat. Welche Einteilung könntet ihr für eure Zeitung wählen?

b) **das Lay-out (Seitengestaltung):**
Jeder, der sich mit dem Computer auskennt, tippt die Texte für eine Seite eurer Zeitung ab. Dann tüftelt er oder sie am PC aus, wie die Seitenaufteilung sein könnte. Bleiben Lücken auf der Seite, können sie mit Zeichnungen gefüllt werden.
Diejenigen, die keine Texte abgeschrieben haben, kontrollieren sie nun auf Rechtschreibung und Zeichensetzung.
Sind die einzelnen Seitenentwürfe fertig, hängt ihr sie an einer Wand eures Klassenzimmers aus. Wenn es schwerwiegende Einwände gibt, wird das Lay-out noch einmal geändert.

c) **der Druck:**
Das Original eurer Zeitung lasst ihr am besten für jeden einmal kopieren. Anschließend heftet ihr die Seiten zusammen.

Reisekalender –
eine Klasse entdeckt die Welt

In einem Reisekalender könnt ihr über kürzere Ausflüge in die nähere Umgebung, aber auch über größere Urlaubsreisen berichten.
Arbeitsteilig gestaltet ihr zwölf große Monatsblätter – für jeden Monat eines.
Auf der Vorderseite reserviert ihr Platz für das Kalendarium (die Tage des jeweiligen Monats). Außerdem könnt ihr hier ein Foto und einen Bericht dazu einkleben. Auf der Rückseite könnt ihr zwei weitere Fotos und die dazugehörigen Berichte unterbringen.
Für die Urlaubsmonate werdet ihr wahrscheinlich Berichte über Urlaubsreisen, für die anderen Monate Berichte über Ausflüge in die nähere Umgebung eures Wohnortes vorsehen.
Die Berichte fasst ihr am besten so ab, dass sie möglichst viele Informationen darüber enthalten, warum eine Reise oder ein Ausflug zu dem vorgestellten Ort interessant ist.
Jeder Bericht sollte einen Bezug zu einem der Fotos haben.
Aber nicht alles, was in euren Berichten vorkommt, muss auf dem zugehörigen Foto zu sehen sein.
Ihr könnt die Kalenderblätter in kleineren Gruppen entwerfen.
Sind alle Entwürfe fertig, hängt ihr sie in der Klasse aus. Alle machen Verbesserungsvorschläge. Dann setzt ihr euch noch einmal zusammen und arbeitet sinnvolle Vorschläge ein.
Sind die Kalenderblätter fertiggestellt, werden sie für jeden kopiert.
Den Kalender könnt ihr auch verschenken.

So genau wie möglich berichten

Corinna arbeitet im Redaktionsteam der Schülerzeitung. Auf dem Tisch liegt ein Bericht, den ein Schüler aus der 6 b geschrieben hat:

> *Auswahl der 6b siegte 3:2 über 6c*
> *In der 38. Minute erzielte Rüdiger Winkels das Siegestor. Das Turnier fand wie jedes Jahr in der letzten Woche statt. Wie immer wollte jede Mannschaft den Pokal gewinnen. Anfangs lag die 6c eindeutig in Führung. Petra Behrend und Susi Brüggen waren erfolgreich. Die Mädchen der 6c hatten sich Sprüche ausgedacht und feuerten sie an. Da fielen die zwei Tore. Aber die 6b war auch ganz gut. Rüdiger Winkels machte mit dem letzten Tor alles klar.*

Corinna ist nicht sicher, ob sie diesen Bericht so in die Redaktionssitzung mitnehmen soll. Er muss wohl verändert werden. Für die Verbesserung von Artikeln hat sich Corinna einen Fragenkatalog zurechtgelegt, den ihr auch anwenden könnt:

1 Sind alle W-Fragen klar beantwortet: Wer? Was? Wo? Wann? Wie? Warum? Welche Folgen?

> Klar beantwortet: ...
> Unklar beantwortet: ...
> Gar nicht beantwortet: ...

2 Ist die Reihenfolge der Ereignisse richtig wiedergegeben?

> zu früh erwähnt: ...
> zu spät erwähnt: ...
> unnötig wiederholt: ...

3 Schreibe nun einen neuen, besseren Bericht.
Dabei musst du einige Fakten einfach dazuerfinden.

Falsch in den Zeit-Zug eingestiegen

Letztes Jahr sind wir mit der Klasse auf die Freusburg gefahren. Die Burg liegt hoch oben an einem Berg und bietet einen interessanten Blick in das Tal der Sieg, eines Rhein-Nebenflusses. Vorher stritten wir uns monatelang, wohin die Klassenfahrt gehen sollte. Die Klassenlehrerin hatte uns schließlich mit den Hinweisen überzeugt, dass die alte Ritterburg ziemlich abenteuerlich und dass ein kleiner See in der Nähe sei. Als wir tief unten im Siegtal aus dem Bus ausstiegen, waren einige schockiert. Die Klassenlehrerin sagte uns nicht, dass man mehrere hundert Meter ganz steil den Berg hinaufgehen musste. Immerhin fuhr der Herbergsvater das Gepäck auf die Burg. Nachdem wir oben ankamen, stellten drei aus der Klasse fest, dass sie ihr Gepäck nicht in den Transporter des Herbergsvaters gestellt haben. Es befand sich noch auf dem Parkplatz.

...

1 Bestimmt die Tempora der folgenden Verbformen:

sind gefahren
liegt
hatte überzeugt
sagte

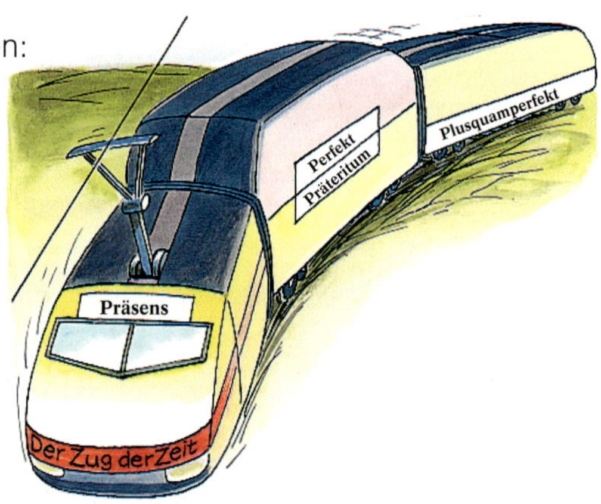

2 a) Welche Verben des Berichts über die Klassenfahrt sind in den falschen Wagen des Zeit-Zuges geraten?
b) Verbessert die Sätze.

3 Überlegt, wie der Bericht weitergehen könnte. Achtet besonders auf die Verwendung der richtigen Tempora.

4 Verkehr und Umwelt: Ein Problem erkunden

4.1 Wie man Experte wird: Informationen einholen und darstellen

Das Verkehrs-Chaos

1 Jenny, Jan und Jochen bilden das Energie-Team ihrer Schule. An jedem Morgen bietet sich ihnen das gleiche Bild.

a) Beschreibt die Beobachtungen, die Jenny, Jan und Jochen morgens vor ihrer Schule machen.
b) Notiert in Stichworten die Erklärungen und Schlussfolgerungen, die die drei zum Verkehrs-Chaos vorbringen.
c) Diskutiert die Ursachen und Folgen des Autoverkehrs.
d) Führt in einem Rollenspiel eine Besprechung des Energie-Teams durch: Fasst erste Erkenntnisse zusammen und plant das weitere Vorgehen.

„Dass Autos viel mehr Platz als Fahrräder brauchen und auch viel lauter sind, ist schon schlimm genug“, meint Jenny. „Die Abgase wirken aber noch schlimmer! Habt ihr schon mal etwas vom Treibhauseffekt und vom Waldsterben gehört?“ Jan und Jochen sehen sich an: „Das wollen wir genauer wissen. Wir treffen uns heute Nachmittag in der Bibliothek und schlagen nach!“

Jenny, Jan und Jochen haben einige Nachschlagewerke und Sachbücher gefunden. Die interessantesten Seiten haben sie kopiert und wollen nun die Stellen, die für ihre Fragen besonders wichtig sind, markieren.

Waldsterben

Ausmaß des Waldsterbens: Die Ergebnisse der Waldschadenserhebung 1992 der Bundesregierung weisen eine weitere Zunahme der Schäden aus. Mehr als zwei Drittel aller Waldbäume sind in ihrer Vitalität geschwächt oder geschädigt. Bei mehr als einem Viertel der Waldbäume werden mittlere oder starke Schäden (Schadstufen 2 bis 4, d. h. über 25% Blattverlust) gemeldet. Insbesondere sind der Schwarzwald, der Bayer. Wald, die Bayer. Alpen sowie die Waldbestände in den neuen Bundesländern betroffen. […]

So viele!

Nach der Ozonhypothese werden Stickoxide und ungesättigte Kohlenwasserstoffe aus Abgasen von Verkehr und Industrie unter dem Einfluss von ultraviolettem Licht in Ozon und organ. Peroxide umgewandelt. […]

In der Folge vergilben Blätter und Nadeln und die Assimilation der Bäume wird vermindert. Sie werden anfälliger für weitere Schadeinwirkungen. […]

Gegenmaßnahmen: Die einzige konsequente Maßnahme zur Bekämpfung des W. besteht in der Verminderung der Schadstoffemissionen aus Verkehr, Industrie und Energieerzeugung. Hierbei muss der Schadstoffausstoß deutlich gesenkt werden, damit sich das Waldökosystem erholen und regenerieren kann.

Weniger Autos

(Der große Brockhaus)

Saurer Regen

Wenn wir nach oben gucken, dann sehen wir die Wolken und den blauen Himmel. Aber da sind noch andere Sachen am Himmel, die wir nicht sehen. Manche sind gefährlich für die Umwelt.

Wenn zum Beispiel Kraftwerke Kohle verbrennen um Strom zu erzeugen, wenn Autos Benzin verbrennen, dann werden dabei Gase in die Luft geblasen.

Die Gase steigen bis hinauf in die Wolken, wo sie sich mit Regen oder Schnee vermischen. Manche Gase machen den Regen sauer, genauso sauer wie Zitronensaft oder Essig. Und dann regnet die Säure mit dem Regen oder Schnee auf die Erde zurück. Das nennt man „sauren Regen“.

Saurer Regen ist sehr gefährlich für Pflanzen, Flüsse und Seen und auch für die Tiere, die darin leben. Er tötet sogar Bäume. Und er verschmutzt Tieren und Menschen das Trinkwasser. Hast du schon einmal etwas vom Waldsterben gehört? Viele Bäume und ganze Waldgebiete werden durch den sauren Regen zerstört.

Es ist sehr wichtig für uns, den sauren Regen zu stoppen. Eine gute Möglichkeit ist weniger Auto zu fahren. Energiesparen ist auch sehr wichtig. Je weniger Energie wir verbrauchen, desto weniger Kohle oder Öl oder Gas müssen die Kraftwerke verbrennen.

(Kinder machen 50 starke Sachen, damit die Umwelt nicht umfällt. Von der The Earth Works Group)

Der Treibhauseffekt

Unsere Erde, auf der wir und alle Pflanzen und Tiere leben, ist eine riesige Kugel. Sie ist umgeben von der Luft, die wir atmen.

Diese Luft, man nennt sie auch „Atmosphäre", besteht aus Gasen. Viele dieser Gase haben komplizierte Namen wie Kohlendioxid, Methan, Sauerstoff oder Stickstoff.

Einige dieser Gase, die so genannten Treibhausgase, sorgen dafür, dass die Wärme der Sonnenstrahlen auf der Erde festgehalten wird. Diese Gase wirken wie Glasscheiben in einem Gewächshaus. Die Sonne erwärmt so die Luft und den Boden.

Der Treibhauseffekt ist also eigentlich etwas ganz Natürliches. Zur Gefahr wird er erst, wenn wir Menschen noch zusätzlich viele dieser Gase in die Luft pusten – wenn wir sozusagen die ganze Welt mit Glasscheiben zubauen. Dann wird es unerträglich heiß. Das wichtigste dieser Gase ist das Kohlendioxid. Dieses Gas ist zur Hälfte am Treibhauseffekt schuld.

Warum aber pusten wir so viel Kohlendioxid in die Luft?

Immer wenn wir Kohle, Gas, Öl oder Benzin verbrennen, entsteht dieses Treibhausgas. Also in den Fabriken, den Autos, in unseren Heizungen zu Hause oder wenn in großen Kraftwerken Strom erzeugt wird.

Die Mengen von Gasen, die dabei entstehen, sind unvorstellbar groß. Das Kohlendioxid kennt ihr alle. Es ist das, was aus der Limoflasche kommt.

Ihr braucht aber kein schlechtes Gewissen zu haben, wenn ihr Limo trinkt und dabei das Kohlendioxid in die Luft kommt.

Das, was aus der Limoflasche kommt, ist so wenig, dass es so gut wie gar nicht zum Treibhauseffekt beiträgt. Selbst wenn ihr 800 Flaschen im Jahr trinken würdet – und die Flaschen wären voll mit dem Gas –, hättet ihr damit nur genauso viel Kohlendioxid in die Luft gepustet wie ein Autofahrer, der zehn Kilometer weit fährt.

Der Treibhauseffekt ist etwas ganz Natürliches, wir Menschen verstärken ihn nur. Warum ist er aber so gefährlich?

Durch die vielen Gase kann sich die Temperatur auf der Erde um etwa fünf Grad erhöhen – wenn wir nicht bald etwas dagegen tun.

Fünf Grad mehr sind für unsere Erde ganz schön schlimm.

Wissenschaftler haben herausgefunden: Wenn es nur wenige Grade wärmer wird, kann Folgendes passieren:

Vielen Pflanzen wird es zu warm, sie vertrocknen. Es kommt dann zu Missernten und Menschen müssen Hunger leiden.

In einigen Gebieten der Erde regnet es so gut wie gar nicht mehr und in anderen Gebieten gibt es zu viel Regen.

Es kommt zu starken Stürmen, bei denen selbst dicke Bäume umknicken können.

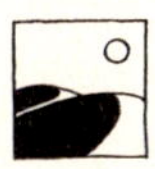
Durch die höheren Temperaturen breiten sich die Wüsten immer weiter aus.

Der Meeresspiegel steigt, da wärmeres Wasser mehr Platz braucht. Viele Küstengebiete werden überschwemmt und sind nicht mehr bewohnbar. Millionen Menschen müssen sich ein neues Zuhause suchen.

(Öko, Ein Mitmachheft für Kinder gegen den Treibhauseffekt, Autos, Müll und was uns sonst noch stinkt!)

2 a) Unterstreicht auf einer Kopie die wichtigsten Informationen über den „Treibhauseffekt". Vorsicht, nicht zu viel unterstreichen!

b) Fasst mit einem Stichwort am Rand diese Informationen zusammen.

c) Ordnet die Informationen stichwortartig in einer Tabelle:
Ursachen – Folgen – Änderungsmöglichkeiten.

3 Sucht selbst in eurer Bücherei weitere Informationen.

4 a) Tragt zusammen, was ihr über das Thema Umweltschutz wisst.
b) Habt ihr in anderen Schulfächern (Biologie, Erdkunde, Religion ...) etwas über dieses Thema erfahren?
c) Ihr könnt auch einer Umweltorganisation schreiben, ob sie euch Informationsmaterial schickt.

Greenpeace e.V.
Vorsetzen 53
20459 Hamburg

Bund für Umwelt und Naturschutz Deutschland
Bundesgeschäftsstelle,
Im Rheingarten 7
53225 Bonn

Robin Wood e.V.
Erlenstraße 34-36
28199 Bremen

5 Stellt aus euren Informationen eine Liste von Vorschlägen zusammen.

Was können wir zum Schutz der Umwelt tun?

Kinder und Jugendliche	Erwachsene
...	...

6 Schreibt für eure Schülerzeitung einen Artikel, in dem ihr eure Informationen und Vorschläge zusammenfasst.

Das Fahrrad – eine alte Erfindung gewinnt neue Bedeutung

Um die Ecke mit dem Rad

Wusstest du schon

- Fahrräder machen keine Abgase, verdrecken nicht die Luft und halten fit. Wer also Fahrrad fährt statt Auto, der schützt die Umwelt.
- In anderen Ländern fahren viel mehr Leute mit dem Fahrrad als bei uns. Und in Japan gibt's sogar Parkhäuser für Fahrräder.

Was du tun kannst

- Wenn du nächstes Mal wohin möchtest, dann überleg dir zweimal, ob du jemanden bittest, dass er dich mit dem Auto fährt. Geht's nicht zu Fuß oder mit dem Rad?
- Und überrede deine Eltern auch mal wieder mit dem Rad zu fahren. Ihr könnt doch auch zusammen radeln. Radfahren ist ansteckend!

Sieh dich um

- Jetzt kommt ein tolles Experiment. Dazu brauchst du einen Erwachsenen.
  Erster Schritt: Besorg dir einen alten weißen Socken. Den Socken ziehst du über den Auspuff von eurem Auto. Der Auspuff muss kalt sein. Wenn der Motor gerade gelaufen ist, muss er erst abkühlen.
  Zweiter Schritt: Jetzt soll ein Erwachsener den Motor anlassen und genau eine Minute im Leerlauf laufen lassen. Motor abstellen.
  Dritter Schritt: Dann bittest du den Erwachsenen, er soll den Socken vom Auspuff nehmen und dir geben.
  Vierter Schritt: Untersuch den Socken. Er ist voller Schadstoffe, die wir ohne Socken gar nicht sehen.
  Fünfter Schritt: Und jetzt stell dir die vielen Millionen Autos vor, die jede Stunde auf der Erde herumfahren. Bist du da nicht froh, dass du Fahrrad fährst?

1 Fasst die Argumente zusammen, die für das Fahrrad und gegen das Auto sprechen.

2 Was haltet ihr von dem Rat: „Um die Ecke mit dem Fahrrad"? Diskutiert darüber.

Für uns ist das Fahrrad etwas Selbstverständliches. Aber es hat natürlich nicht immer Fahrräder gegeben. Und von seiner Erfindung bis heute hat sich dieses nützliche Verkehrsmittel ziemlich verändert.

Thomas Stephens Davies

Vortrag über die Laufmaschine (1837)

Herr Vorsitzender, meine Herren,

es gab einmal eine kleine Maschine, erfunden von einem deutschen Herrn namens Baron Karl von Drais, die viele der Anwesenden sich erinnern gesehen zu haben und die unter verschiedenen Bezeichnungen lief, aber am passendsten war wohl der Name Veloziped. Der Erfinder, Baron von Drais, veröffentlichte in Deutschland eine Broschüre, in der seine Erfindung beschrieben war, zusammen mit einem Kupferstich der Konstruktion, die schwerer war (oder erschien) als die in unserem Land seitdem aufgekommenen Ausführungen, und manche Teile waren aus Holz, die hierzulande später aus Eisen gemacht wurden. Er nannte sie Laufmaschine, also auf Englisch so viel wie *running machine*, und druckte in seine Broschüre die Verwendungszwecke, denen sie dienen könnte. […]

Das ursprüngliche Veloziped bestand aus zwei Rädern, eins vor dem andern laufend; die Gabeln, in denen diese Räder sich drehten, waren an einem hölzernen Langbaum befestigt, auf dem der Sattel des Fahrers angebracht war, manchmal auf Federn, dies dann aber meist mangelhaft, und dann wurde die Bewegung auf einer holprigen Straße stoßartig und gefährlich unregelmäßig. Vor dem Fahrer befand sich eine vom Langbaum unterstützte Polsterung um seine Arme zu stützen und um damit die Maschine

zu balancieren; vor dieser Polsterung, mit der technischen Bezeichnung Balancierbrett, befand sich der Lenker, der mit dem Vorderrad verbunden war und das Kurvenfahren nach rechts oder links ermöglichte.

In der originalen Laufmaschine des Barons von Drais bestanden die Streben, die die Achse des Hinterrads am Langbaum befestigten, aus Holz; und um das Vorderrad verstellbar zu lagern diente außer der Gabel ein gekrümmtes Holzstück am Langbaum, gegen das ein ähnliches Holzteil lief, das über die Streben mit der Radachse verbunden war. Diese Streben zum Vorderrad sollten offensichtlich die Gabel verstärken und sie so bei zufälligen Stößen gegen das Vorderrad sichern.

Mit einem derart gebauten Veloziped konnte ein Fahrer auf ebenem, glattem Grund sich stets viel schneller fortbewegen als ein Mann zu Fuß. Wenn er an einen Hang kam, musste er absteigen und seitlich neben seiner Maschine gehen, dabei den Lenker mit der rechten Hand halten und sie balancieren, indem er mit der linken das Ende des Balancierbretts fasste; das ist kaum anstrengender als frei zu gehen, denn die Stütze, die die Maschine bietet, ist hilfreicher, als es irgendein Spazierstock sein könnte, und erleichtert die Überwindung des Hangs beträchtlich. Aber bei der Talfahrt von einem Hang erwies sich das Können des Fahrers und die Schnelligkeit des Velozipeds als sehr vorteilhaft. Der Mann hob seine Füße vom Boden und ließ das Veloziped den Hang hinabfahren, was umso rascher geschah, je steiler der Hang war; der Fahrer balancierte derweil ohne die Erde mit den Füßen zu berühren, und je schneller er fuhr, umso leichter war die Balance zu halten; denn wenn man etwa einen Reif den Hang hinunterrollen lässt, weiß jedermann, dass er umso beständiger aufrecht bleibt, je schneller er getrieben wird, aber beim Nachlassen der Schnelligkeit zu torkeln beginnt und, wenn er seinen Antrieb verliert, sich unregelmäßig bewegt und fällt.

Wenn der Fahrer eine gewisse Geschwindigkeit erreicht hatte, wurde es äußerst schwierig, die Maschine nach rechts oder links zu lenken oder auch nur die Erde mit einem Fuß zu berühren, ohne sogleich zu stürzen; und diese Schwierigkeit, die Maschine bei voller Geschwindigkeit zu kontrollieren oder anzuhalten, zog viele Unfälle nach sich. Wenn das Veloziped gegen einen Pfosten oder eine Mauer fuhr, erhielt das Vorderrad den Stoß und der Fahrer kippte, wenn er auf den Aufprall vorbereitet war, gewöhnlich nur um, wenn auch manchmal die Vorderradgabel oder gar der Langbaum kurzerhand abbrach. Diese Schwierigkeit, anzuhalten oder die Fahrt zu kontrollieren, war ein großer Schwachpunkt der originalen Maschinen, wie ein alter Herr der Wissenschaft mir gegenüber einmal kummervoll äußerte, nachdem er die Reste seines Velozipeds aus einem Graben am Fuße eines steilen Hangs gezogen hatte. „Ah!“, sagte der Herr mit einem tiefen Seufzer, „wenn ich irgendeine Feder zur Kontrolle der Räderbewegung vorgesehen hätte, hätte ich mich nicht in jenem Bett aus Nesseln und Disteln zu wälzen brauchen.“ *(Drais hatte seine innovative Schleifbremse vor den Raubkopierern in der Zeichnung versteckt – deshalb hatten die englischen Nachbauten keine Bremse!)*

Street Machine

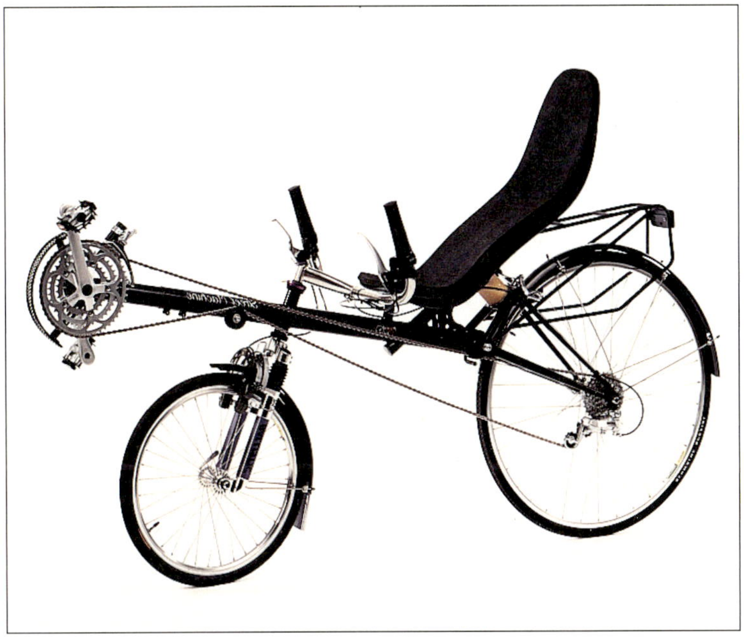

20" / 28" (406/622)	**Laufräder**
105 cm	**Radstand**
63 cm	**Sitzhöhe**
67 cm	**Tretlager**
4130 CroMo	**Rahmen**
Tretlager-verstellung	**Größen**
14 kg	**Gewicht**
Federgabel; Schwinge mit PU-Element	**Federung**

Das berauschende Fahrerlebnis und der angenehme Komfort: Ein Fahrrad für eindrucksvolle Reisen und erholsamen Alltag. Unser Konzept des voll gefederten Kurzliegerades bewährt sich seit einigen Jahren. Die aktuelle Version ist mit unserer einstellbaren Ballistic-Federgabel ausgerüstet. Der Rahmen wird komplett aus hochfestem CroMo-Stahl gefertigt und mit eigens entworfenen Muffen versehen. Reichhaltiges Zubehör, verschiedene Gepäckträger und mehrere Sitzgrößen ermöglichen die individuelle Anpassung an Ihre Wünsche. Die *Street Machine* erhalten Sie im Fachhandel als Komplettrad oder auch als Rahmenkit.

(aus einem Katalog für Liegeräder, 1995)

1 Vergleicht das „Veloziped“ und die „Street Machine“ mit euren eigenen Fahrrädern.

2 Die beiden Beschreibungen sind recht verschieden. Zu welchem Zweck sind sie wohl verfasst worden?

3 a) Gliedert den Vortrag von Thomas Stephen Davies in Abschnitte und gebt ihnen Überschriften.
b) Vergleicht eure Gliederungen.

4 Stellt das Liegerad „Street Machine“ einer Person vor, die noch nie ein solches Fahrrad gesehen hat. Gliedert eure Beschreibung in derselben Art wie Davies.

5 Stellt euch vor, der Baron Karl von Drais wirbt in einem Katalog für sein Veloziped. Entwerft eine Anzeige.

Das Bild zeigt einen Fahrradfahrer von 1869. Ein Schüler hat dieses Fahrrad so beschrieben:

An dem Fahrrad befindet sich kein Gepäckträger. Auch die Lampen fehlen. Das hintere Rad ist kleiner als das Vorderrad. Der Sattel ist auf einem gebogenen Band aus Eisen oder Leder befestigt. Die Räder haben nur wenige Speichen: hinten 10 und vorne 12. Das Rad hat nur eine Rahmenstange. Es hat keine Schutzbleche. Die Rahmenstange ist vorne ganz rund gebogen. Die Bremsen fehlen. Die Pedalen sind am Vorderrad angebracht.

6 a) Was haltet ihr von der Beschreibung? Genügt sie um eine klare Vorstellung zu erlangen?
b) Verbessert die Beschreibung durch Umstellungen und Ergänzungen so, dass man das Rad danach zeichnen könnte.

Hinaus in die Ferne

Die sechste Klasse möchte an ihrem Wandertag eine Radtour in das Naturschutzgebiet „Untere Aue“ machen. Antje fragt ihre naturbegeisterte Freundin Petra aus der achten Klasse, wie sie am besten dorthin kommen. Petra schreibt es ihr auf:

Zuerst besteigt ihr eure Fahrräder, Hände an den Lenker, Beine auf die Pedale. Dann folgt ihr der Moordorfer Straße, die einen Fahrradweg hat, genau 750 Meter. Ihr trefft dort auf eine große Kreuzung. Die rechte Straße führt nach Burgdorf, die linke Straße führt nach Königsstett. Geradeaus geht es nach Leerhausen, diese Straße müsst ihr nehmen. Ihr kommt dann an einer Metallfabrik vorbei, fahrt über eine Brücke (über die Autobahn) und lasst eine Schrebergartensiedlung links liegen. Nach 2,5 km (von der Kreuzung aus) seht ihr rechts ein Schild „Naturschutzgebiet". Dort verlasst ihr die Bundesstraße, die hier vierspurig ist und auf der am Vormittag viel Verkehr herrscht, nach rechts in Richtung Osten und biegt in einen kleinen, grob asphaltierten Weg ein. Folgt diesem Weg und freut euch, dass der Autolärm immer leiser und leiser wird! Achtet aber auf die Kröten, die um diese Jahreszeit in größeren Mengen diesen Weg überqueren...

1 Zeichnet eine Skizze zu dieser Routenbeschreibung.

2 a) Was haltet ihr von Petras Beschreibung? Begründet eure Ansicht.
b) Überlegt, was Petra hätte weglassen können oder hinzufügen müssen, damit Antje und ihre Klasse das Naturschutzgebiet finden.

3 Beschreibt eine selbst gewählte Fahrradroute in eurer Gegend.

Mountainbikes laden dazu ein, querfeldein zu fahren. Vielleicht wisst ihr, dass das der Natur auch schaden kann.

4 Kennt ihr Plätze, an denen ihr unbedenklich abseits der Straße fahren könnt? Beschreibt diese Orte und erklärt, warum das dort möglich ist.

4.2 Treffend formulieren und genau beschreiben

Begriffe erklären

1 a) Sucht treffende Benennungen für die abgebildeten Teile.
b) Vergleicht eure Lösungen.

2 a) Sucht Begriffe, die mehrere der abgebildeten Teile bezeichnen.
b) Diskutiert die verschiedenen Möglichkeiten.

Solche Übungen kann man auch mit Wortketten durchführen:

Dreirad – Tretboot – Tandem – Hochrad – Rennrad
Mofa – Lastwagen – Mountainbike – Motorroller – Bus
Stuhl – Sessel – Couch – Tisch – Hocker
Wal – Katze – Frosch – Hund – Maus

3 Überlegt, welche zusammengehörenden Begriffe ihr mit einem Wort bezeichnen könnt.

4 a) Stellt selbst solche Wortketten zusammen.
b) Wie seid ihr dabei vorgegangen?

Wörter für zusammengehörende Begriffe nennen wir **Oberbegriffe.** Sie können uns beim Beschreiben und Erklären helfen, weil sie Merkmale und Eigenschaften zusammenfassen. Um etwas knapp und genau zu erklären suchen wir einen passenden Oberbegriff und ergänzen ihn durch **unterscheidende** Merkmale.

Beispiele:
Ein *Fahrrad* ist ein Fahrzeug (Oberbegriff) mit zwei Rädern, das durch Treten der Pedale fortbewegt wird (unterscheidende Merkmale).

Ein *Intercity* ist ein Zug (Oberbegriff), der nur in großen Städten hält (unterscheidendes Merkmal).

5 Erklärt auf diese Weise die Begriffe *Moped, Rennwagen, CD, Fernseher.*

6 Sucht in einem Schülerlexikon fünf unbekannte Begriffe, die mit Oberbegriffen und unterscheidenden Merkmalen erklärt werden. Schreibt diese Erklärungen heraus und unterstreicht die Teile in verschiedenen Farben.

In der deutschen Sprache werden häufig **Zusammensetzungen** aus einem Grundwort und einem Bestimmungswort gebildet, z. B.: *Fahrradschloss, Schutzblech, Kilometerzähler.* ▶ S. 96–99

7 a) Welcher Teil der Zusammensetzungen enthält den Oberbegriff, welcher nennt das unterscheidende Merkmal?
b) Findet weitere Beispiele.

Oberbegriffe können zu weiteren Oberbegriffen zusammengefasst werden:

Cabrio · Limousine · Kombi → Pkw
Sattelschlepper · Tieflader → Lkw
Pkw · Lkw → Kraftfahrzeuge

8 Erstelle eine solche Übersicht zum Begriff *Zweirad.*

Rennfahrerporträts – Helden der Geschwindigkeit?

Seit der Erfindung des Automobils werden Rennen gefahren. Viele Menschen sind von der Geschwindigkeit der Wagen fasziniert. Auch der technische Fortschritt zieht die Zuschauer an. Und schließlich sind da noch die Fahrerinnen und Fahrer, die wie Helden gefeiert werden – wenn sie gewinnen.
Das Bild unten zeigt die Italiener Campari und Marinoni nach einem Sieg im französischen Grand Prix 1924. Links im Wagen sitzt Campari, der Fahrer, rechts sein Beifahrer und Mechaniker Marinoni.

1 Welchen Eindruck machen die Personen auf dich?

Julia und Peter sollten als Hausaufgabe die beiden Fahrer beschreiben. Sie haben sich das Bild gemeinsam angesehen und beide versucht möglichst genau zu beschreiben. Dennoch sind ihre Texte recht verschieden ausgefallen:

Campari und Marinoni haben gewonnen.
Der erfolgreiche Campari sitzt am Steuer.
Er hat dunkle Augen und einen schwarzen Schnurrbart.
Er trägt einen hellen, warmen Mantel.
Sein Blick ist ernst.
Der müde Marinoni ist dreckig, hat gelockte Haare und weiße Ringe um die Augen.
Er sieht traurig aus. Vielleicht denkt er: „Wir haben es nicht geschafft."

Campari und Marinoni, zwei Italiener, haben ein Rennen in Frankreich gewonnen.
Campari, der Fahrer auf der linken Seite, blickt mit dunklen Augen ernst in die Menge. Die Haare des Mannes sind schwarz und wirr.
Er hat einen kleinen Schnurrbart.
Über einem dunklen Hemd trägt er einen helleren Mantel, der ein wenig geöffnet ist.
Der rechte Mann mit dem müden Blick ist Marinoni, der sehr mitgenommen wirkt. Das Gesicht des Beifahrers ist dreckig, weil das Auto keine Windschutzscheibe hat. Man sieht die weißen Abdrücke seiner Brille rund um die Augen und die seiner Kappe auf der Stirn.
Der Mechaniker guckt, als ob er nicht glaubt, dass sie die Sieger sind.

2 Welcher Text gefällt dir besser? Begründe deine Entscheidung.

Unsere Sprache hat viele Möglichkeiten etwas genau darzustellen.
Man kann zum Beispiel ein **Nomen** näher bestimmen durch: ▶ S.118–120

Adjektivattribut: *dunkle Augen*
...

präpositionales Attribut: *Rennen in Frankreich*
...

Genitivattribut: *Abdrücke seiner Brille*
...

Apposition: *Campari und Marinoni, zwei Italiener,*
...

Relativsatz: *Mantel, der ein wenig geöffnet ist,*
...

Prädikativ (Gleichsetzungsnominativ): *Marinon ist dreckig.*
...

3 Sucht weitere Beispiele aus den Texten.

4 Verfasst selbst eine Beschreibung der beiden Rennfahrer.

Die siegreichen Rennfahrer wurden schon immer als Helden gefeiert – und auch so beschrieben. Tazio (sprich: Tadscho) Nuvolari gewann 1935 den Großen Preis von Deutschland auf dem Nürburgring gegen viele Konkurrenten, die stärkere Wagen fuhren.

H. U. Wieselmann

Tazio Nuvolari

Vorn in der ersten Startreihe lehnte an dem roten Alfa Romeo mit der Startnummer 12 ein kleiner, drahtiger Mann, ganze 1,55 m groß und 43 Jahre alt – einer der Ältesten von denen, die auf die gefährliche Reise gehen wollten: Tazio Nuvolari.

Viele hielten ihn für den größten Rennfahrer seiner Zeit, keiner zweifelte daran, dass er von allen der Temperamentvollste und Verwegenste war. In seinem schmalen, scharf geschnittenen Gesicht waren die gebogene Nase und das ausgeprägte Kinn beherrschend.

Vor zwei Jahren hatte er sich wochenlang in den Rennwagen hineinheben lassen, weil sein linkes Bein nach einem Unfall im Gipsverband steckte; auch in dieser Saison hätte ihm das wieder passieren können, als er beim Großen Preis von Pau bei wenig unter 100 km/h aus dem brennenden Alfa herausspringen musste um nicht in Flammen aufzugehen. Aber seine Konstitution war die eines Bullen. Er schlief 12 Stunden am Tag, trank nicht, aß wenig Fleisch, aber viel Obst, Eier und Gemüse und machte lange Spaziergänge. Nie fuhr er ohne die kleine silberne Schildkröte, die ihm früh schon der italienische Dichter Gabriele d'Annunzio geschenkt hatte; immer hing sie an einer Kette um seinen Hals. Er war so abergläubisch, dass er nie, wenn er außerhalb von Italien Rennen fuhr, eine Rückfahrkarte kaufte – ob für Bahn, Schiff oder Flugzeug. Der Wille, der ihn vorwärts trieb, war oft stärker als der Wagen, den er fuhr.

Manchmal sah man ihn, wenn er an den Boxen vorbeifuhr, ärgerlich mit der Faust auf die Flanke seines Wagens hämmernd, als wolle er ihn antreiben noch mehr zu geben. Er war kein Maschinenschoner. Aber der kleine, wortkarge Mann aus Mantua war ein Herr. Nach seinem Sieg im Vanderbilt-Cup 1936 in New York bot man ihm an für Dutzende von USA-Produkten Reklame zu machen; sein Namenszug hätte genügt. Er wies es zurück. Als seine Freunde ihm zuredeten und Vorwürfe machten, dass er Geld wegwerfe, meinte er: „Ich weiß. Aber in dieser Stadt gibt es so viele Italiener, die Straßen kehren, Wege bauen und Eis verkaufen, dass wir diesen Amerikanern zeigen müssen: Auch wir haben Würde!"

Als das Zeichen „Noch eine Minute bis zum Start" kam, sprang der kleine alte Mann behänd in seinen Alfa Romeo und nickte seinem Monteur zu. Der warf den Motor mit der Andrehkurbel an.

1 a) Welche Einstellung hat der Verfasser zu Tazio Nuvolari? Begründet eure Aussagen durch Textstellen.

b) Welche Rennfahrer oder Rennfahrerinnen kennt ihr? Tauscht eure Meinungen über sie aus.

2 Stell dir vor, du hörtest den Text über Tazio Nuvolari in einem Vortrag. Um möglichst viel zu behalten machst du dir Notizen, die treffend, aber knapp formuliert sein müssen:

Tazio Nuvolari – klein (1,55 m)
– 43 Jahre alt (1935)
– verwegener Rennfahrer
– ...

Führe die Notizen weiter bis zum Ende des Textes.

3 Stelle den italienischen Rennfahrer den Lesern und Leserinnen eurer Schülerzeitung vor. Verwende dazu deine Notizen und formuliere möglichst abwechslungsreich.

4 Du kannst diese Übung mit einem Ballon vergleichen, aus dem man Luft ablässt und der dann mit neuer Luft wieder aufgeblasen wird: Suche in deinem Lieblingsbuch die Beschreibung einer Person und mache dir zuerst Notizen zu ihr (= Luft ablassen). Dann beschreibst du sie in einer ausführlichen Darstellung (= aufblasen).

Heutzutage fahren auch Frauen als Profis Motorsportrennen. Die Rallye-Weltmeisterin Isolde Holderied steuert aber nicht nur einen Rennwagen, sondern – als Ausgleichssport – auch ihr Mountainbike.

5 Stelle zu einem der Fotos stichwortartig wichtige Einzelheiten der Kleidung, der Körperhaltung, des Gesichtsausdrucks usw. zusammen.

6 Beschreibe die Rennfahrerin in einem zusammenhängenden Text.

4.3 Es gibt viel zu tun – Zum Handeln auffordern

1 Erklärt die Zeichnung.

2 a) Überlegt, wie man die dargestellte Situation verändern kann.
b) Was können Kinder und Jugendliche dazu beitragen?

Argumentieren und appellieren

Viele Kinder fahren nicht mit dem Fahrrad, weil sie sich im Verkehr zu unsicher fühlen. Die Autofahrer haben es am Morgen besonders eilig und achten wenig auf sie. Jo und Kathrin aus der 6 c haben sich schon oft darüber geärgert, aber allein können sie nichts daran ändern.

1 Überlegt gemeinsam, wie man eine möglichst große Zahl von Menschen ansprechen kann. Was könnte eine Schulklasse tun?

Jo und Kathrin wollen ihren Lehrer dazu bringen, das Thema mit der Klasse zu diskutieren. Herr Wackernagel lehnt ihre Bitte jedoch ab: „Das ist nicht Sache der Klasse! Und außerdem haben wir keine Zeit!"
Als er die enttäuschten Gesichter der Kinder sieht und bemerkt, dass Kathrin wütend die Zähne zusammenbeißt, ändert er seine Meinung: „Na gut, sprecht das Thema übermorgen einmal an."

2 Könnt ihr den Sinneswandel des Lehrers erklären?

Wenn man Menschen dazu bringen will, etwas Bestimmtes zu tun, kann man das auf verschiedene Weise versuchen:
- Man kann seine Wünsche sachlich begründen ohne dabei deutlich seine Gefühle zu zeigen, das heißt, man kann **argumentieren.**
- Man kann aber auch seine Gefühle zeigen und die Gefühle der anderen ansprechen. Das nennen wir **appellieren.**

In den meisten Fällen benutzen wir beide Möglichkeiten.

Nachdem Kathrin und Jo das Problem der Klasse vorgestellt haben, kommt es zur Diskussion:

KATHRIN: Allein können wir nichts erreichen. Darum planen wir eine Klassenstufenversammlung, zu der auch die Eltern eingeladen werden.
LISA: Das führt doch zu nichts. Da wird nur viel geredet und es kommt nichts dabei heraus.
JO: Ihr wollt wohl warten, bis ein schlimmer Unfall passiert?
MARVIN: Benutzt doch mal euren Verstand!
...

3 a) Welche Äußerungen sprechen die Sache an, welche sagen etwas über die Person des anderen?
b) Erklärt, welche Gefühle Jo und Marvin ausdrücken.

4 Führt das Gespräch als Rollenspiel weiter. Bildet dazu drei Gruppen.
a) Die erste Gruppe spricht für den Vorschlag einer Schüler- und Elternversammlung, die zweite Gruppe spricht dagegen.
Sammelt vorher in euren Gruppen Gründe für bzw. gegen den Plan. Überlegt außerdem, wie ihr die anderen Personen und ihre Gefühle ansprechen wollt.
b) Die dritte Gruppe beobachtet das Gespräch und die Reaktionen der Teilnehmer auf die sachlichen Aussagen und die gefühlsmäßigen Appelle: Gehen die Teilnehmer aufeinander ein, werden sie ärgerlich oder aufgeregt ...? Wie werden andere überzeugt oder überredet?
c) Sprecht nach dem Spiel über eure Beobachtungen.

5 Eine Diskussion endet mit dem Satz von Iris: „Na gut, ich mache mit, weil du es bist."
Ist Iris überzeugt oder überredet worden?

Reden ist Silber, Schreiben ist …

Die 6c macht bei der Unterstufenversammlung mit. Doch wie sollen sie die Einladungen gestalten? Wie spricht man Eltern und Lehrer, wie die Schüler an? Sollte man auch Vertreter der Stadtverwaltung einladen? Wann bleibt man besser ganz sachlich, wann kann man an die Gefühle der Leser appellieren?

1 a) Schreibt in Gruppen diese Einladungen und vergleicht sie.
b) Fragt eure Eltern, ob sie eine solche Einladung annehmen würden.

2 a) Entwerft Plakate, die in der Schule aufgehängt werden sollen.
b) Welche Plakate würden euch am ehesten dazu bringen, zu einer solchen Veranstaltung zu erscheinen?

Jochen soll auf der Versammlung die Schwierigkeiten der Kinder, die mit dem Fahrrad zur Schule fahren, beschreiben. Er will mit Hilfe eines Stadtplans die gefährlichsten Stellen zeigen. Dazu hat er sich Notizen gemacht:

Franzstraße: enge Straße mit viel Verkehr
Mozartstraße: Fußgängerampel fehlt
Kreuzung Schlossallee/Alte Poststraße: links abbiegen unmöglich

Änderungen: Radweg anlegen
Fußgängerampel auf Höhe des Schuhgeschäftes Schmitz
Einbahnstraße für Radfahrer öffnen

3 Könnt ihr Jochens Rede halten? Benutzt seine Notizen. Versucht den Zuhörern die Gefahren für Radfahrer anschaulich zu machen, indem ihr Beispiele einfügt.

4 Sucht Beispiele für gefährliche Stellen im Straßenverkehr auf eurem eigenen Schulweg.
a) Entwerft dazu einen Beobachtungsbogen. Wo schlagt ihr Änderungen vor? Welche gefährlichen Situationen habt ihr selbst dort erlebt oder beobachtet?
b) Was würden diese Änderungen für die anderen Verkehrsteilnehmer bedeuten?
c) Haltet eine kleine Rede über eure Vorschläge.

5 Schreibt der Stadt- oder Gemeindeverwaltung einen Brief, in dem ihr eure Änderungen vorschlagt.

Wir verbessern unsere Verkehrssicherheit

Kathrin und Julia sind der Meinung, dass auch die Schülerinnen und Schüler mit ihrer Fahrweise nicht ganz unschuldig an so mancher gefährlichen Situation sind. „Daran können wir vielleicht etwas ändern", meint Julia.

1 Überlegt, wie ihr Informationen sammeln und übersichtlich zusammenfassen könnt über:
- die Ausstattung der Fahrräder an eurer Schule (Zustand der Bremsen, der Beleuchtung usw.),
- die Fahrweise der Schüler,
- die „Ausrüstung" der Fahrer: Helm, Reflektorstreifen …

2 Wie wäre es mit einem Reporterspiel?

a) **Reportagen** zur Fahrweise von Schülern und zum Zustand ihrer Räder können gestaltet werden:
- als gesprochener Bericht auf einer Tonkassette,
- als Zeitungsartikel mit Fotos, Zeichnungen, Karikaturen,
- als Videoreportage,
- als …

b) Ihr könnt auch erfundene Reportagen gestalten: Was wird zum Beispiel eine ältere Dame von radelnden Schülern auf dem Bürgersteig halten?

Informieren über Missstände ist nur ein erster Schritt – es sollte immer auch gezeigt werden, was man besser machen kann. Bemüht euch dabei um die Unterstützung der Schulleitung.

3 Habt ihr die Möglichkeit Vertreter der Polizei oder der Deutschen Verkehrswacht zu einem Vortrag einzuladen? Vielleicht hat eure Schule auch eine(n) Verkehrsbeauftragte(n)?

Das sichere Fahrrad

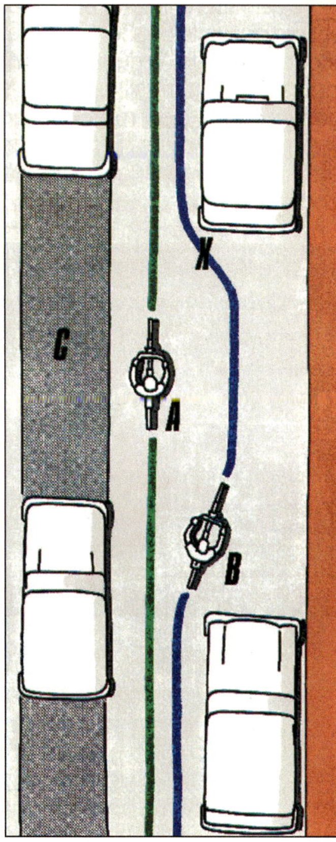

Der Radfahrer A hält ausreichend Abstand zum Straßenrand und zu geparkten Fahrzeugen. Er orientiert sich an der Fahrlinie C des überholenden Autoverkehrs, anstatt zwischen geparkten Fahrzeugen nach rechts auszuweichen. So ist er ständig im Blickfeld der anderen Verkehrsteilnehmer, behält den Verkehr im Auge und vermeidet den Konfliktpunkt X, an welchem Radfahrer B sich wieder in den Verkehrsstrom hineinfügen muss.

4 Besorgt euch Broschüren zum sicheren Fahrradfahren, z. B. beim
Allgemeinen Deutschen Fahrrad-Club (ADFC)
Bundeszentrale
Hollerallee 23
28209 Bremen

5 Um eure Informationen auch an andere Schülerinnen und Schüler weiterzugeben könnt ihr eine der folgenden Möglichkeiten nutzen:
- die Schülerzeitung,
- Wandzeitungen oder Plakate an auffälligen Orten eurer Schule, vielleicht im Fahrradkeller oder am Fahrradparkplatz,
- ein Flugblatt, das die Ergebnisse eurer Untersuchung in fünf bis zehn Punkten zusammenfasst, vielleicht auch als „Zehn Gebote für Fahrradfahrer" gestaltet,
- ein Projekttag der ganzen Schule oder einer Stufe zum Thema Verkehrssicherheit.

5 Wir schreiben Fabeln

5.1 Fabeltiere: Zeichnen, beschreiben, erzählen

1 Die Geschichte, die hinter diesen Bildern steckt, ist einigen von euch sicher bekannt. Erzählt sie. Diejenigen, die sie noch nicht kennen, kontrollieren, ob das Erzählte zu den Bildern passt.

Die Geschichte vom Fuchs und vom Raben ist sehr alt. Sie wird in verschiedenen Fassungen erzählt. Einmal ist der Fuchs, einmal der Rabe der Gewinner. Eine solche Geschichte nennt man **„Fabel“**.

2 a) Erzählt andere Fabeln, die ihr kennt.
b) Macht euch Stichpunkte zum Thema: Was kennzeichnet eine Fabel?
c) Formuliert eine vorläufige Regel:

Eine Fabel ist ...
In der Fabel handeln ...
Aus einer Fabel kann man etwas über ... erfahren.
Am Ende einer Fabel steht oft ...

3 a) In einer der Zeichnungen zur Fabel vom Fuchs und Raben sind auch die Kinder der beiden zu sehen. Was könnte das bedeuten?
b) Erfindet eine neue Fabel, in der die Nachkommen des Fuchses oder des Raben vorkommen, die aus den Fehlern ihrer Vorfahren gelernt haben.

4 a) Schaut in eurer Bücherei nach Büchern mit Fabeln. Wenn ihr Fabeln vom Fuchs und Raben findet, bringt sie mit und lest sie in der Klasse vor.
b) Überlegt, auf welche menschlichen Schwächen sich die Fabeln jeweils beziehen.

5 a) Wählt in Kleingruppen aus einer Fabelsammlung eine Fabel aus und malt dazu ein Plakat.
b) Lasst eure Mitschüler raten, um welche Fabel es sich handelt.
c) Erläutert eure Bilder und begründet die Auswahl der Fabel.

Wilhelm Busch

Der fliegende Frosch

Wenn einer, der mit Mühe kaum
Gekrochen ist auf einen Baum,

Schon meint,
dass er ein Vogel wär,

So irrt sich der.

Wilhelm Busch

Das Rabennest

Zwei Knaben, jung und heiter,
Die tragen eine Leiter.

Im Nest die jungen Raben,
Die werden wir gleich haben.

Da fällt die Leiter um im Nu,
Die Raben sehen munter zu.

Sie schreien im Vereine:
„Man sieht nur noch die Beine!"

6 Die beiden Bildgeschichten von Wilhelm Busch könnt ihr leicht in Fabeln umschreiben:

a) Erfindet Vorgeschichten zu dem, was auf den Bildern zu sehen ist. Eure Vorgeschichten werden besonders lebendig, wenn sie Dialoge enthalten.

b) Schreibt eine Fortsetzung für eure Geschichte, aus der sich eine Lehre ergibt. Diese kann in der Geschichte „versteckt" sein oder direkt als „Moral" formuliert werden.

c) Zeichnet selbst Bilder zu euren Texten.

5.2 Vier bedeutende Fabeldichter der Vergangenheit: Äsop, Luther, La Fontaine, Lessing

Seit mehr als 2500 Jahren haben Dichter sich Fabeln ausgedacht. Dabei wählten sie oft die gleichen Tiere und Geschichten. Nur die Lehren, die sie aus den Geschichten ableiten, sind manchmal andere. Ihre Absicht den Menschen ihrer Zeit die Wahrheit zu sagen ist die gleiche geblieben. – Äsop, der erste uns bekannte Fabeldichter,war ein griechischer Sklave und lebte im 6. Jahrhundert vor Christi Geburt in der Stadt Delphi. Von ihm wird erzählt, dass er mit seinen Fabeln den Zorn seiner Mitbewohner erregte. Er wurde verurteilt und von einem Felsen gestürzt. So sah das der Zeichner, der die erste Übersetzung der Äsopschen Fabeln ins Deutsche vor ungefähr 500 Jahren illustriert hat:

1 a) Beschreibt, was ihr auf dem Bild seht.
b) Erfindet eine Geschichte, in der das Ende des Äsop erzählt wird: *„So könnte es gewesen sein. Des Fabeldichters trauriges Ende. Mit einer Moral versehen von ...“*

Äsop
Was du tust, wirst du erleiden

Äsop soll den Delphern, die ihn zum Richtplatz führten, noch eine Geschichte erzählt haben:

Als die Tiere noch alle die gleiche Sprache redeten, gewann eine Maus einen Frosch lieb. Daher lud sie ihn zum Mahle und führte ihn in die Vorratskammer eines Reichen. Da gab es Brot, Käs, Honig, Feigen und alle andern Leckerbissen. „Nun iss nach Herzenslust, lieber Frosch“, sagte die Maus. Der ließ sich das nicht zweimal sagen und alle beide schwelgten in auserlesenen Genüssen. Dann sagte der Frosch: „Nun komm auch einmal zu mir, liebe Maus, und mäste dich an meinen Schätzen! Damit du aber bei deiner Reise durchs Wasser keine Angst bekommst, will ich deinen Fuß an meinen anbinden.“ Das tat er auch und sprang in den Teich, wobei er die Maus gefesselt mit sich zog. Als diese nun merkte, dass sie ertrinken musste, sprach sie: „Ich werde von dir getötet werden, aber von einem Stärkeren werde ich gerächt werden.“ So starb sie. Aber wie sie noch auf dem Wasser dahintrieb, flog ein Habicht über den Teich. Der sah die Maus, schoss herab und ergriff sie und zugleich mit ihr den Frosch. Und er verschlang sie beide.

2 Vergleicht Maus und Frosch in der Fabel mit dem, was ihr über wirkliche Frösche und Mäuse wisst.

3 Stell dir vor, die Fabel endet an dem Punkt, an dem der Frosch die Maus getötet hat. Welche Lehre würdest du dann aus dem Geschehen ziehen?

4 Erfinde eine Fortsetzung der Geschichte von der Ermordung des Äsop, in der sich bewahrheitet, was Äsop den Delphern voraussagt.

Martin Luther

Untreue. Vom Frosch und der Maus

Martin Luther (1483 – 1546), der Begründer der evangelischen Kirche, lebte in Wittenberg. Er hat nicht nur die Bibel ins Deutsche übersetzt, sondern auch die alten Fabeln Äsops für die Menschen seiner Zeit umgeschrieben. Mehr über Luther erfahrt ihr im Kapitel „Spannende Literaturgeschichte: Ritter, Bauern und Soldaten“ auf S. 255–257.

Eine Maus wollte über ein Wasser und konnte nicht und bat einen Frosch um Rat und Hilfe. Der Frosch war hinterlistig und sagte zu der Maus: „Binde deinen Fuß an meinen Fuß. Dann will ich schwimmen und dich hinüberziehen.“ Als sie aber in das Wasser kamen, tauchte der Frosch unter und wollte die Maus ertränken. Während sich die Maus wehrt und abmüht, fliegt ein Weihe[1] vorbei, schnappt die Maus und zieht den Frosch mit und frisst sie beide.
Lehre: Überlege dir, mit wem du dich einlässt. Die Welt ist voller Falschheit und Untreue. Denn wenn ein Freund den anderen übervorteilen kann, tut er es. Aber mit Treulosigkeit schadet man sich selbst, so wie es dem Frosche geschehen ist.

1 **Weihe:** Raubvogel

1 Entwerft Plakate, auf denen ihr in eigenen Worten alle Lehren darstellt, die man aus Äsops und aus Luthers Fabel ziehen könnte.

2 Schreibt selbst eine moderne Fassung der Fabel vom Frosch und der Maus. Gestaltet dabei besonders die Ausgangssituation und das Gespräch zwischen den beiden Tieren aus.

Jean de La Fontaine

Der Frosch, der dem Stier an Größe gleichen wollte

Ein Frosch sah einstmals einen Stier,
des Wuchs ihm ungemein gefallen.
Kaum größer als ein Ei, war doch voll Neid das Tier;
er reckt und bläht sich auf mit seinen Kräften allen,
dem feisten Rind an Größe gleich zu sein.
Drauf spricht er: „Schau, mein Brüderlein,
ist's nun genug? Bin ich so groß wie du?“ – „O nein!“ –
„Jetzt aber?“ – „Nein!“ – „Doch nun?“
„Wie du dich auch abmatt'st,
du wirst mir nimmer gleich!“ Das arme kleine Vieh
bläht sich und bläht sich, bis es – platzt.

Wie viele gibt's, die nur nach eitler Größe dürsten!
Der Bürgersmann tät's gern dem hohen Adel gleich,
das kleinste Fürstentum spielt Königreich,
und jedes Gräflein spielt den Fürsten.

Jean de La Fontaine (1621 – 1695) lebte am Hofe des „Sonnenkönigs“ Ludwig XIV. in Paris und Versailles. La Fontaine schrieb für die adlige Hofgesellschaft 240 Fabeln und witzige kurze Geschichten.

Gotthold Ephraim Lessing

Die Wasserschlange

Gotthold Ephraim Lessing (1729–1781), Sohn eines Pfarrers, schrieb Theaterstücke und war als Kritiker von Missständen seiner Zeit gefürchtet. Die letzten elf Jahre seines Lebens war er Bibliothekar des Herzogs von Braunschweig in der berühmten Bibliothek in Wolfenbüttel. Seiner folgenden Fabel liegt eine alte Geschichte zu Grunde: Die Frösche hatten Zeus, den obersten griechischen Gott, gebeten ihnen einen König zu geben, der sie regieren könnte. Zeus warf einen Holzklotz zur Erde. Weil aber niemand Respekt vor diesem Klotz hatte, verlangten die Frösche einen anderen König.

Zeus hatte nunmehr den Fröschen einen andern König gegeben: anstatt eines friedlichen Klotzes eine gefräßige Wasserschlange.
„Willst du unser König sein“, schrien die Frösche, „warum verschlingst du uns?“ – „Darum“, antwortete die Schlange, „weil ihr um mich gebeten habt.“ –
„Ich habe nicht um dich gebeten“, rief einer von den Fröschen, den sie schon mit den Augen verschlang. –
„Nicht?“, sagte die Wasserschlange. „Desto schlimmer! So muss ich dich verschlingen, weil du nicht um mich gebeten hast.“

1 a) Besprecht mit eurem Nachbarn oder eurer Nachbarin, welche Absichten die Fabeln von La Fontaine und Lessing verfolgen.
b) Spielt eine der beiden Fabeln vor.

2 Überlegt euch eine Situation, in der La Fontaine und Lessing ihre Fabeln erzählt haben könnten.

3 Erfindet selbst Fabeln mit anderen Tieren, die auf die gleichen Lehren abzielen.

Johann Wolfgang Goethe

Die Frösche

Ein großer Teich war zugefroren;
Die Fröschlein, in der Tiefe verloren,
Durften nicht ferner quaken noch springen,
Versprachen sich aber, im halben Traum:
Fänden sie nur da oben Raum,
Wie Nachtigallen wollten sie singen.
Der Tauwind kam, das Eis zerschmolz,
Nun ruderten sie und landeten stolz
Und saßen am Ufer weit und breit
Und quakten wie vor alter Zeit.

Erich Fried

Humorlos

Die Jungen
werfen
zum Spaß
mit Steinen
nach Fröschen

Die Frösche
sterben
im Ernst

1 Forme Goethes Gedicht in eine Erzählfassung um. Versuche dabei so knapp wie möglich zu formulieren.

2 a) Aus dem Gedicht von Erich Fried könnt ihr eine Fabel machen, in der die Frösche und die Jungen miteinander sprechen.
b) Sucht zu eurer Fabel eine Lehre, die aus der Sicht der Frösche, und eine andere, die aus der Sicht der Jungen zu der Geschichte passt.

5.3 Katzen, Mäuse, Vögel, Menschen: Fabeln aus alter und neuer Zeit

In der Welt der Fabel gibt es feste Verbindungen zwischen einzelnen Tieren. Wolf und Schaf, Fuchs und Hase, Katze und Maus stehen in solchen Beziehungen.

1 a) Nennt weitere Tierpaare und beschreibt ihre Beziehung.
b) Erzählt zu euren Tierpaaren Fabeln, die ihr kennt.

Johann Wilhelm Ludwig Gleim

Die Katze. Die Maus.

Jüngst spielte meine Katze
Mit einer kleinen Maus,
Die sie gefangen hatt' im Hinterhaus.
Wie war das Spiel?

Die sanfte Tatze
Warf sie nach ihr und auf und nieder
Ließ sie sie laufen, fing sie wieder
Und sah dabei vergnügt und freundlich aus.

„Ach! Liebe Katze!", sprach die Maus,
„Ich kenne deine Schmeicheleien
Und deine Scherze; ach! Sie dräuen
Mir einen nahen bittern Tod!"

„Was?", sprach die Katze „das ist Spott!"
Und biss sie tot!

2 Verändert die Rede der Tiere und die Handlung so, dass die Fabel einen anderen Ausgang erhält.

3 a) Überlegt euch jeweils zu zweit Fabeln mit einem anderen Tierpaar, aber der gleichen Lehre.
b) Spielt eure Fabeln den anderen vor.

Franz Kafka

Kleine Fabel

„Ach", sagte die Maus, „die Welt wird enger mit jedem Tag. Zuerst war sie so breit, dass ich Angst hatte, ich lief weiter und war glücklich, dass ich endlich rechts und links in der Ferne Mauern sah, aber diese langen Mauern eilen so schnell aufeinander zu, dass ich schon im letzten Zimmer bin und dort im Winkel steht die Falle, in die ich laufe." –
„Du musst nur die Laufrichtung ändern", sagte die Katze und fraß sie.

4 Überlegt, was die Lehre der „Kleinen Fabel" von Franz Kafka sein könnte.

5 Schülerinnen und Schülern der 6. Klasse ist zu Kafkas Fabel Folgendes eingefallen:
- *Katze und Maus stehen für zwei Menschentypen, für den Starken und den Schwachen.*
- *Die Katze bedeutet das Leben. Für die Maus endet alles mit dem Tod. Für sie gibt es keinen Ausweg.*
- *Der Mensch sieht wie die Maus immer nur einen Ausschnitt aus der Wirklichkeit.*
- *Wenn man in der Vergangenheit und in der Angst vor der Zukunft lebt, verpasst man die Gegenwart.*

Welche Beobachtung passt eurer Meinung nach am besten zu der Geschichte?

Erich Fried

Der Mausefall

Die Krotts hatten eine entartete Maus
die machte sich aus Speck nichts draus
Die Putzfrau ging fort und spie Gift und Galle:
„Das Biest lässt den Speck stehn und
frisst nur die Falle“

Da fand Vater Krott es sei eine Katze
in so einem Fall zur Entmausung am Platze
Doch die Maus fing die Katze und fraß sie fast ganz
Vor dem Mauseloch fand man nur Krallen und Schwanz

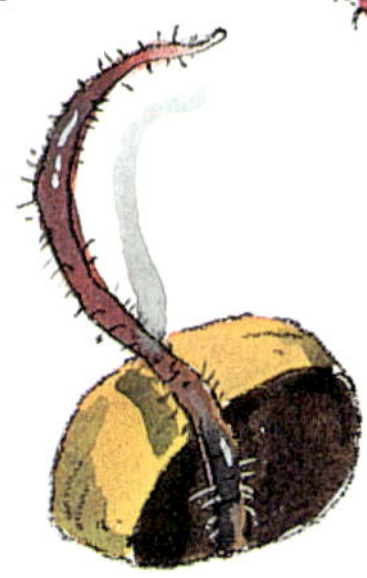

Drum hat dann Frau Krott von Sorge gequält
die Sache befreundeten Nachbarn erzählt
Die fanden dass so etwas merkwürdig sei
und verständigten heimlich die Polizei

Da wurden die Krotts polizeilich verhört
und man hielt sie natürlich für geistesgestört
So kamen sie alle ins Irrenhaus
In der Villa Krott wohnt jetzt nur noch die Maus

6 Was hätten die Krotts noch alles anstellen können um diese Maus loszuwerden?

7 a) Zeichne Herrn Krott, der selbst Jagd auf die Maus macht.
b) Erfinde einen Dialog zwischen den beiden.

8 Vergleicht die sonderbare Maus der Krotts mit den Mäusen in anderen Fabeln, die ihr kennt.

Rafik Schami

Das letzte Wort der Wanderratte

Rafik Schami wurde 1946 in Damaskus geboren und lebt seit 1971 in der Bundesrepublik. Er schreibt seine „Märchen, Fabeln & fantastischen Geschichten" in deutscher Sprache.

In der folgenden Fabel-Erzählung spricht eine alte Wanderratte zu den anderen Ratten. Sie stammt aus Ägypten und ist mit einem Getreideschiff bis nach Europa gekommen. Überall trifft sie auf Ratten und auf deren Feinde, die Menschen.

Ob auf den Feldern oder in den Kellern der Häuser, überall fand ich Freunde! Welch eine Bereicherung war das für mich mit euch zu leben! Reich ist unsere Gemeinschaft an Erfahrung durch die vielen Rattenvölker, die sie bilden. Die Sparsamkeit der Wüstenratten paart sich mit der Großzügigkeit der Weidenbewohner. Wir genießen gerne und hungern nie. Die Erfahrung der Brüder aus dem Norden, mit der sie jede Kälte überleben können, vermischt sich mit den Erfahrungen der Brüder aus dem Süden, wo die Hitze manchmal tödlich wird. Wir sind jedem Wetter gewachsen. Das ist unsere Stärke. So nah beieinander und doch so verschieden.

Seht euch unsere Brüder und Schwestern, die Laborratten, an. Seitdem sie in die Hände der Menschen gefallen sind, macht sie der Mensch blass wie der Schnee und pfercht sie in Käfige. Seitdem reden sie nicht mehr miteinander. Sie haben einander nichts mehr zu sagen, weil sie nur noch Spiegelbilder ihrer selbst sind. Sie leben nicht. Sie warten auf den Tod. Sie schlafen nach Uhren, essen und trinken nach Uhren und bekommen Spritzen nach Uhren.

Einst schlich ich vom Garten durch ein offenes Fenster ins Labor. An die hundert Schwestern und Brüder piepsten erbärmlich in einem eisernen Käfig. Ich kochte vor Wut und vergaß meinen Hunger. Stundenlang dauerte mein Kampf mit dem Riegel, bis ich die Tür aufmachen konnte. Verschwitzt rief ich ihnen zu, sie sollten sich beeilen. Denkt ihr, sie hätten sich gefreut wie eine der Unsrigen, der aus der Falle geholfen wurde und die die Schmerzen eines blutenden Beines im freudigen Jubel unserer Gemeinschaft vergisst? Sie schauten mich nur mit stumpfen, roten Augen an. Und was nun? Rennt doch weg! Die schöne Nacht im Wald wartet auf euch. Die hellen Sterne erleuchten euch den Weg. Und wer wird uns das Frühstück bringen?, fragten die einen. Habt ihr Uhren?, wollten andere wissen. Ich erklärte ihnen, dass die Freiheit besser schmeckt als alle Uhren der Welt. Aber der Mensch hat ihren Geist vergiftet und in ihre Herzen unsichtbare Riegel gepflanzt, die keine Ratte der Welt mehr zertrümmern kann. Sie verstanden meine Worte nicht und lachten über die Freiheit. Ja, einige fingen sogar an, sich lustig über mein verdrecktes Fell zu machen, und sagten mir, lieber blieben sie im Käfig und behielten dafür ihr samtweiches Fell, das ihnen der Mensch geschenkt habe. Was für ein Wahnsinn! Keine Ratte dächte im Traum daran, hochnäsig zu werden, nur weil sie ein rötliches oder braunes Fell hat.

1 a) Welche Eigenschaften des Rattenvolkes sind für die Wanderratte wichtig?
b) Formuliert ihre Erkenntnisse als „Lehre", die ihr der Geschichte anfügen könnt.

2 Erfindet ein Gespräch zwischen einer weißen, zahmen und einer braunen, wilden Ratte. Versucht daraus eine Fabel zu machen.

Phädrus

Der Hund und der Wolf

Wie süß die Freiheit, will ich kurz erzählen.
Dem feisten Hund begegnet einst der Wolf,
Fast zum Geripp’ verkommen; sich begrüßend
Stehn still sie: „Sprich, wie kommst du zu dem Fett
Und was hat solchen Wanst dir angemästet?
Ich, der viel stärker, sterbe hier vor Hunger.“
Treuherzig darauf der Hund: „Kannst’s auch so haben,
Magst du dem Herrn die gleichen Dienste leisten.“
„Die sind?“, fragt der. – „Dass du das Tor bewachst
Und nachts das Haus vor Dieben treu beschützest.“
„Das tu ich wahrlich! Jetzt bei Schnee und Regen
Schlepp ich im Wald ein saures Leben hin.
Weit mehr behagt mir’s, unter Dach zu leben
Und mühlos mich am reichen Fraß zu sätt’gen.“
„So komm mit mir!“ Im Gehn erblickt der Wolf
Des Hundes Hals berieben von der Kette:
„Woher das, Freund?“ – „Ach, nichts!“ – „Sag’s dennoch, bitt ich.“
„Weil ich zu heftig, legt man tags mich an
Um dann zu ruhn und erst des Nachts zu wachen.
Befreit, wenn’s dämmert, schweif ich, wo mir’s gutdünkt.
Man bringt von selbst mir Brot, vom Tisch des Herrn
Gibt’s Knochen, Bissen wirft mir das Gesinde
Und was von Zukost jeder selbst nicht mag.
So füllt sich ohne Arbeit mir der Bauch.“
„Hör! steht dir’s frei zu gehn, wohin du Lust hast?“
„Nicht völlig.“ – „Hund, genieße, was du anpreist;
Kein König mag ich sein, bin ich mein Herr nicht!“

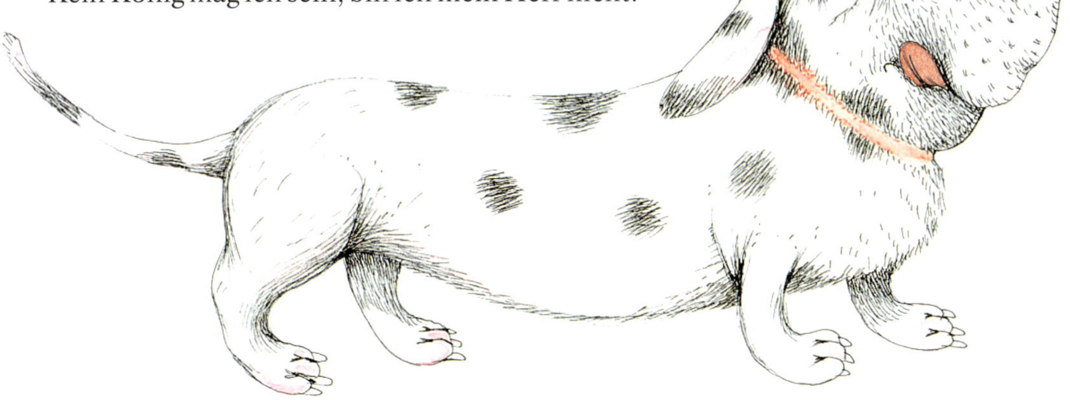

1 Verfasst einen Bericht, den der Wolf den anderen Wölfen seines Rudels über die Hunde gibt. Schließt ihn mit einer Fabel-Lehre ab.

2 Vergleicht die Fabel des Phädrus mit der von Rafik Schami.

Pablo Picasso:
Verwundeter Vogel und Katze (1939)

1 a) Schreibt in Stichwörtern auf, was euch zu dem Bild „Vogel und Katze“ von Pablo Picasso einfällt.
b) Verfasst zu Picassos Bild einen Fabeltext.

2 Stellt Verbindungen zwischen dem Bild Picassos und den Fabeln von Wilhelm Busch und Jacques Prévert her.

Wilhelm Busch

Es sitzt ein Vogel auf dem Leim

Es sitzt ein Vogel auf dem Leim,
Er flattert sehr und kann nicht heim.
Ein schwarzer Kater schleicht herzu,
Die Krallen scharf, die Augen gluh[1].
Am Baum hinauf und immer höher
Kommt er dem armen Vogel näher.

Der Vogel denkt: Weil das so ist
Und weil mich doch der Kater frisst,
So will ich keine Zeit verlieren,
Will noch ein wenig quinquilieren[2]
Und lustig pfeifen wie zuvor.
Der Vogel, scheint mir, hat Humor.

1 **gluh:** glühend
2 **quinquilieren:** trällern, zwitschern

Jacques Prévert

Katze und Vogel

Der einzige Vogel des Dorfes
singt sein letztes Lied.
Die einzige Katze des Dorfes
hat ihn halb gefressen.
Die Leute sind traurig und
richten dem Vogel ein großes Begräbnis.
Auch die Katze geht hinter
dem Sarg aus Stroh her,
in dem der Vogel liegt.

Zu dem kleinen Mädchen, das den Sarg
trägt
und das nicht aufhören kann zu weinen,
sagt die Katze:
„Hätt ich gewusst, dass du so viel weinen
musst,
hätte ich den Vogel ganz gefressen
und dir erzählt,
ich hätte ihn fortfliegen sehen,
fortfliegen ans Ende der Welt.
Das ist so weit, dass man von dort nicht
mehr zurückkommt.
Du hättest dich weniger gegrämt,
wärst nur ein bisschen traurig gewesen.“

Nein, man soll niemals etwas halb tun.

3 Bereitet in Gruppen unterschiedliche Darbietungsformen der beiden Texte vor, wie z. B.: bildliche Darstellung, auswendig vortragen, mit verteilten Rollen sprechen.

6 Wörter bilden – Bedeutungen untersuchen

6.1 Bildung macht Spaß

Wortbausteine

Olivias englischer Brieffreund Mick ist zu Besuch in Deutschland. Er findet die deutsche Sprache ziemlich schwierig und macht sich gern darüber lustig. Als er das erste Mal allein in der Stadt unterwegs ist, verläuft er sich. Er macht sich einen Spaß und erzählt Olivia davon auf witzige Weise:

„Ich habe deinen Stadtplan zerlegt, Olivia, und mir den Kopf gebrochen, ob ich an der großen Kreuzung links oder rechts gehen sollte. Es ist mir einfach nicht mehr abgefallen. Nachdem ich mich dann einmal zerlaufen hatte, habe ich den Treffpunkt nicht mehr erfunden. Dann wollte ich zurufen, habe dich aber nicht gereicht. Noch nie habe ich mich so zerzettelt, habe ich gedacht, als ich endlich völlig geschöpft nach Hause gekommen bin.“

1 a) Mick spielt mit der deutschen Sprache. Beschreibt, wie er sie verändert hat.
b) Schreibt den Text ab und verbessert dabei die Wörter, die euch nicht richtig erscheinen. Unterstreicht jeweils die Wortbestandteile, die ihr ersetzt habt.

2 Bildet mit den folgenden Wortbausteinen Wörter. Verwendet jeden Wortbaustein einmal.

an-	ver-	zer-	teil		-haft	-sam	-bar
ab-	zu-	be-	lauf	freu	-lich	-isch	-ig
weg-	aus-	miss-	lieb	bau		-en	
er-	über-	auf-	fall	lehr	-tum	-ung	-nis
ge-	ent-	ein-	droh		-keit	-igkeit	-heit
un-	vor-	mit-	bild	frei	-er	-schaft	

3 a) Untersucht, aus welchen Wortbausteinen sich Nomen, Adjektive oder Verben bilden lassen. Legt dazu eine Tabelle an.
b) Erklärt, welche Wortbausteine etwas über Groß- oder Kleinschreibung der Wörter sagen.

Viele Wörter sind aus mehreren Wortbausteinen zusammengesetzt. Der bedeutungstragende Kern heißt **Stamm**. Die angefügten Elemente nennt man **Präfix** (vor dem Stamm) und **Suffix** (nach dem Stamm). Fügt man an einen Wortstamm Präfixe oder Suffixe an, so nennt man diese Art der Wortbildung **Ableitung.** Dabei kann sich die Wortart ändern.

Beispiele:	Präfix	+	Stamm	+	Suffix	=	abgeleitetes Wort
			teil		*-en*		*teilen*
	Vor-		*teil*				*Vorteil*
	un-		*teil*		*-bar*		*unteilbar*

4 a) Wähle einen Wortstamm aus der Sammlung auf S. 93 und bilde mit Präfixen und Suffixen so viele Wörter, wie du finden kannst. Du kannst das nebenstehende Beispiel als Anregung benutzen.

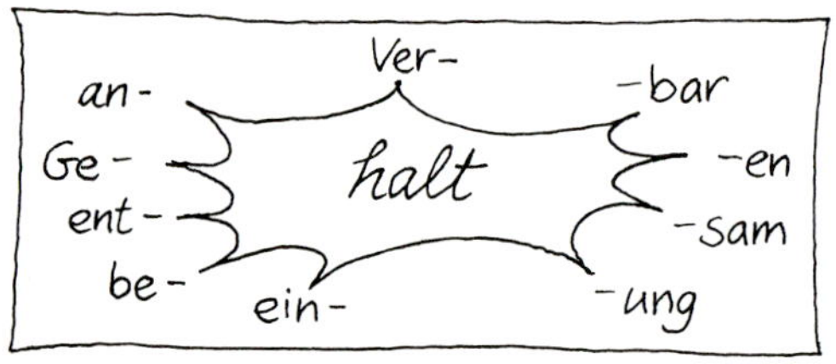

b) Veranstaltet in Kleingruppen einen Wettstreit: Welche Gruppe bildet zu einem Stamm die meisten Wörter?

5 Schreibe eine Unsinnsgeschichte, in der du wie Mick abgeleitete Wörter verkehrt benutzt.

Weil es im Deutschen viele Wortbausteine gibt, lassen sich leicht neue Wörter bilden. Wenn man etwas Neues ausdrücken will, muss man deshalb nicht immer ein neues Wort erfinden. Jugendliche benutzen in ihrer **Umgangssprache,** die sich schnell verändert, altbekannte Wortbausteine.

Durch neue Ableitungen wird der Wortschatz ständig erweitert. Dabei können komplizierte Sachverhalte mit einem einzigen Wort zusammengefasst werden, was besonders für die **Fachsprachen** nützlich ist. Für das Wort „verkabeln" zum Beispiel benötigt Mick im Englischen mehrere Wörter: „to connect to a cable TV network".

6 Kennt ihr neue Wörter, die eure Eltern oder Großeltern nicht verstehen?

7 Sucht Wörter in Zeitschriften und Zeitungen, die etwas Neues bezeichnen (z. B. neue technische Geräte oder einen neuen Trend). Welche davon sind durch Ableitungen aus alten Wortbausteinen gebildet?

Mick hat in der Zeitung bei den Stellenangeboten eine Entdeckung gemacht:

Stellen-Angebote

Wir suchen eine/n
Wirtschaftsingenieur/in
Fachrichtung
Informatik

Maschinenbauingenieur/in
für den Einkauf

Für den weiteren Ausbau unserer Standorte
in Berlin und München
suchen wir
Management-Berater/innen

Zum nächstmöglichen
Zeitpunkt
suchen wir
den/die Geschäftsführer/in

Wir suchen
zum nächstmöglichen Termin
den/die
Verwaltungsdirektor/in

Wir suchen
für unsere Abteilung
Zentrale Ausgaben
eine/einen Leiterin/Leiter

8 a) Was bedeutet bei den Berufsbezeichnungen der Wortbaustein **-in**?
b) Sammelt weitere Berufsbezeichnungen und bildet jeweils die männliche und die weibliche Form.
c) Findet ihr auch Berufsbezeichnungen, die es geben müsste, aber nicht gibt (z. B. „Krankenbruder")?

Präfixe und Suffixe spielen eine entscheidende Rolle bei der Bedeutung von Wörtern. Bei einigen ist die Bedeutung gut zu verstehen wie beim Suffix **-in.**
Verben mit dem Präfix **zer-** drücken z. B. aus, dass sich eine Form auflöst: *zer*brechen, *zer*fließen, *zer*reißen, *zer*schlagen, *zer*knüllen, *zer*beißen ...

9 a) Sucht weitere Verben mit dem Präfix **zer-** und bildet Sätze, z. B.:
„Die Sahnetorte zergeht mir auf der Zunge."
b) Wie verändert sich die Bedeutung von Wörtern, wenn man die Präfixe **un-** oder **miss-** anfügt? Nennt Beispiele.

Zusammensetzungen

René Magritte: Das rote Modell (1935)

1 a) Beschreibe, was dir zu dem Bild einfällt.
b) Gib dem dargestellten Gegenstand einen Namen, der zu ihm passt.

Nicht nur Maler können Dinge fantasievoll zusammensetzen, auch Dichter können dies mit Wörtern:

Christian Morgenstern

Die Tagnachtlampe

Korf erfindet eine Tagnachtlampe,
die, sobald sie angedreht,
selbst den hellsten Tag
in Nacht verwandelt.

2 Was kann alles passieren, wenn Korf seine Tagnachtlampe andreht? Schreibe eine Geschichte.

Wie ihr wisst, bezeichnet man etwas Neues oder Unbekanntes nicht unbedingt mit einem ganz neuen Wort. Man kann mit Präfixen und Suffixen Ableitungen aus bekannten Wörtern bilden – oder auch wie Christian Morgenstern mehrere Wörter zu einem neuen zusammensetzen.

Fügt man zwei oder mehr Wortstämme zusammen, so nennt man diese Art der Wortbildung **Zusammensetzung.** Man kann Wörter aus Nomen, aber auch aus Adjektiven und Verben zusammensetzen. Manchmal braucht man ein Fugenelement um die Wörter zu verbinden.
Beispiele:

Wortstamm +	Fugenelement +	Wortstamm	= zusammengesetztes Wort
Arm-		*Band*	*Armband*
Schwan-	*en-*	*Hals*	*Schwanenhals*
Geburt-	*s-*	*Tag*	*Geburtstag*
geh-		*Stock*	*Gehstock*
Bild-		*schön*	*bildschön*

3 Erfindet merkwürdige Gegenstände oder witzige Personen und benennt sie durch Wortzusammensetzungen. Denkt euch lustige Erklärungen dazu aus.

4 Sucht Schlangenwörter, in denen drei, vier oder mehr Wörter zusammengesetzt sind:
Raumschiffsbesatzungsmitglied, Weinflaschenstöpselfabrikant.

Mick hat eine neue Sprachspielerei entdeckt.
Er sagt zu Olivia:
„Olivia, ich habe dir eine Blumenwiese mitgebracht!“

5 Erklärt, was Mick meint.

6 a) Sucht möglichst viele zusammengesetzte Wörter, in denen sich durch den Tausch der Bestandteile die Bedeutung ändert.
b) Erklärt jeweils, was genau die Zusammensetzungen bedeuten.

Sternenhimmel – Himmelsstern
Kartenspiel – Spielkarte
...

Sternenhimmel = Himmel voll von Sternen
Himmelsstern = Stern am Himmel
...

7 Sicher kennt ihr das Wortketten-Spiel:
Bandsalat – Salatgurke – Gurkenmaske – Maskenball – Ballspiel – ...
a) Spielt das Spiel reihum in Gruppen oder mit der ganzen Klasse.
b) Schreibt einzeln möglichst viele Wörter in fünf Minuten auf. Falsch geschriebene Wörter zählen bei der Auswertung nicht!

Die Teile einer Zusammensetzung nennt man **Grundwort** und **Bestimmungswort.** Das Grundwort steht immer an letzter Stelle, es enthält den Grundbegriff, der durch das Bestimmungswort näher bestimmt wird.
Beispiele:

	zusammengesetztes Wort	= Grundwort	+ Bestimmungswort
Gartenhaus:	Ein *Gartenhaus* ist	ein *Haus,*	das im *Garten* steht.
Bürohaus:	Ein *Bürohaus* ist	ein *Haus,*	...

8 a) Erklärt die Zusammensetzungen:
Hochhaus, Fachwerkhaus, Puppenhaus, Schneckenhaus, Ferienhaus.
b) Bildet weitere Zusammensetzungen mit „Haus“ und erklärt sie.

Die Beziehung zwischen Grund- und Bestimmungswort kann sehr unterschiedlich sein. Das Bestimmungswort kann zum Beispiel angeben, *woraus* etwas besteht („Papierhut“), oder auch, *wofür* etwas benutzt wird („Papierkorb“).

9 Findet fünf zusammengesetzte Wörter, in denen das Bestimmungswort angibt, wofür etwas benutzt wird.

Bestimmungswörter sind wichtig um etwas möglichst genau zu bezeichnen.
Eine „Schlange“ kann vieles sein: *Giftschlange, Brillenschlange, Warteschlange, Luftschlange...*
„Rot“ ist nicht immer gleich rot: *blutrot, rosarot, knallrot, zinnoberrot ...*

10 a) Bildet weitere Zusammensetzungen.
b) Schreibt eine Fantasiegeschichte, in der möglichst viele dieser Zusammensetzungen vorkommen.

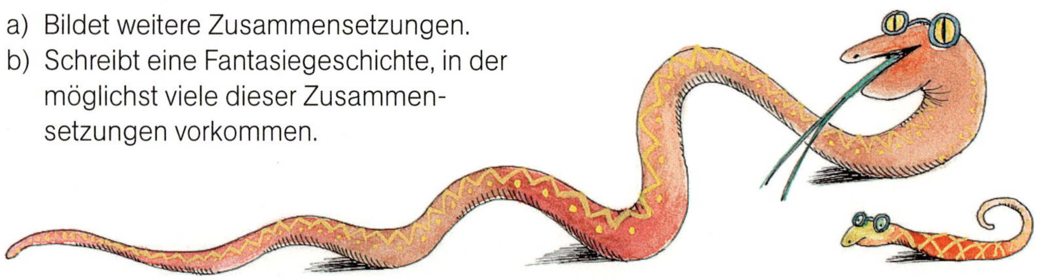

Ernst Jandl
die bürste

die bürste fährt das leder blank
oder staubfrei hut und hose
oder sauber die zähne

es ist nicht immer die eine bürste
die das alles tut
sondern es sind meist verschiedene
die meisten bürsten sind auch gut

11 Welche Bürsten sind gemeint?

12 Findet heraus, welche zusammengesetzten Wörter hier dargestellt sind:

Wortfamilie

Mick schlägt im Wörterbuch für sinn- und sachverwandte Wörter nach, was „Fremdling“ heißt. So hatte ihn Olivia scherzhaft genannt, als sie ihn ihren Freunden vorstellte. Da fällt ihm auf, wie viele Wörter zu dem Stamm „fremd“ gebildet werden können:

fremd, fremdländisch, fremdartig, wildfremd, unbekannt, ausländisch, exotisch, nicht ↑ bekannt, nicht ↑ einheimisch (...).
Fremdarbeiter ↑ Gastarbeiter.
Fremdarbeiterheim ↑ Heim.
fremdartig ↑ fremd.
Fremde: ↑ Ausland; in die Fremde gehen, ↑ auswandern.
fremdeln, fremden *(schweiz.)*, schüchtern/ scheu/ ängstlich sein; ↑ Angst [haben].
fremden ↑ fremdeln.
Fremdenführer ↑ Begleiter.
Fremdenführerin ↑ Betreuerin.
Fremdenheim ↑ Heim
Fremdenlegionär ↑ Soldat.
Fremdenzimmer ↑ Raum.
Fremder, Fremdling, Pimock *(rhein., abwertend)*, Ausländer, Staatenloser, Zugereister *(ugs.)*, kein Einheimischer / *(ugs.)* Hiesiger, Ortsunkundiger, Tschusch *(österr., abwertend)*.
in Südamerika: Gringo; ↑ Ausland, ↑ Gast.
fremdgehen ↑ untreu [sein].
Fremdherrschaft ↑ Besatzung.
fremdländisch ↑ fremd.
Fremdling ↑ Fremder.
Fremdsprachensatz ↑ Schriftsatz.
Fremdtümelei ↑ Nachahmung.
Fremdwort ↑ Wort.
Fremdwörterbuch ↑ Nachschlagewerk.
Fremdwortjagd ↑ Sprachpflege.
Fremdwortjäger ↑ Sprachpfleger.
Fremdwortjägerei ↑ Sprachpflege.

1 Kennt ihr noch andere Wörter mit dem Wortstamm „fremd“? Ein Tipp: Ihr könnt Ableitungen mit Präfixen bilden.

2 a) Sucht in einem Wörterbuch Wörter mit den Stämmen „Feind“ und „Freund“.
b) Schreibt sie heraus und bildet weitere Wörter mit diesen Stämmen.
c) Verfasst mit euren Wörtern eine Geschichte von Feinden, die zu Freunden werden.

Als Mick sich über die vielen Wörter mit „fremd“ wundert, erklärt ihm Olivia:

Wörter mit dem gleichen Stamm sind sprachlich verwandt und werden deshalb **Wortfamilie** genannt.
Die Wörter einer Wortfamilie können gebildet werden durch
– Präfixe: finden – *er*finden – *be*finden;
– Suffixe: brauchen – brauch*bar* – Brauch*tum;*
– Zusammensetzungen: bilden – Bild*hauer* – *Spiegel*bild.

3 Lasst zwei Wortfamilien in einen Wettstreit treten: Jede soll möglichst viele Verwandte benennen können.

Wortfeld

Olivia hilft Mick seinen deutschen Wortschatz zu erweitern. Zur Übung hat sie folgenden Aufsatz über einen Ausflug geschrieben, den sie gemeinsam überarbeiten wollen:

Gestern gingen wir bis nach Kaffdorf. Das erste Stück sind wir noch sehr zügig gegangen, einige von uns gingen sogar wild hin und her. Das wurde schnell anders, sobald wir einen steilen Hang hinaufgehen mussten. Als wir endlich oben waren, konnten wir eine lange Strecke gemütlich gehen. Auf dem wackligen Steg über den Rinnbach gingen wir sehr vorsichtig, indem wir einen Fuß vor den anderen setzten. Knut jedoch wollte Erster sein und ging übermütig mit großen Schritten über das schmale Brett. Natürlich fiel er hin und konnte dann nur noch auf einen Stock gestützt hinter uns hergehen. Von da an fragte er uns ständig, wie weit wir noch gehen müssten. Ehrlich gesagt, waren wir alle vom vielen Gehen inzwischen sehr müde geworden und waren froh, als es endlich hieß, dass wir nicht mehr weit zu gehen hätten um das Dorf zu erreichen …

1 Überarbeite den Aufsatz, indem du das Verb „gehen“ durch andere Verben ersetzt, die dir treffender erscheinen.

Mick staunt, wie viele Wörter es für „gehen" gibt:

ankommen, bummeln, drängeln, eilen, fegen, flanieren, fliehen, flitzen, flüchten, hasten, hetzen, hinken, hüpfen, humpeln, huschen, jagen, joggen, klettern, kommen, latschen, laufen, marschieren, preschen, rasen, rennen, sausen, schleichen, schlendern, schlurfen, schreiten, spazieren, springen, sprinten, staksen, stapfen, stiefeln, stolzieren, stolpern, stürmen, stürzen, tanzen, tappen, tippeln, torkeln, trödeln, trotten, wandeln, wandern, waten, watscheln, wetzen, zurückkehren ...

2 Alle diese Verben können eine bestimmte Art sich mit den Füßen fortzubewegen bezeichnen. Überlegt, wie man sie in Gruppen ordnen kann.

3 Beobachtet Menschen in der Stadt. Schreibt auf, wie sich Einzelne fortbewegen. Benutzt dazu die Verben aus der Sammlung, z. B.: *Das junge Paar flaniert an den Geschäften vorbei.*

Eine Gruppe von sinnverwandten Wörtern bildet ein **Wortfeld.** Wörter mit fast gleicher Bedeutung heißen **Synonyme**, z. B.: *trödeln – bummeln.* Wer die verschiedenen Wörter eines Wortfelds kennt und richtig einsetzt, kann beim Sprechen oder Schreiben unterschiedliche Wirkungen erzielen und vor allem sehr genau beschreiben.

4 a) Bildet Wortfelder zu den folgenden Begriffen. Könnt ihr ähnlich viele sinnverwandte Wörter finden wie zu „gehen"?
essen sagen lügen dumm klug plötzlich
b) Legt für die Wortfelder eine Kartei an. Ordnet die Kartei so, dass synonyme Wörter zusammen stehen.

5 a) Schreibe eine Geschichte über ein spannendes Ereignis. Verwende dabei möglichst viele Wörter aus deinem Wortfeld zu „plötzlich".
b) Wer kann mit Wörtern aus einem der Wortfelder, die ihr zusammengestellt habt, ein lustiges Gedicht verfassen?

6 Sucht Wörter, die ausdrücken, dass ihr etwas „gut" findet. In eurer Alltagssprache lässt sich sicher einiges finden.

7 Beschreibt Situationen, zu denen die folgenden Wörter passen:
elegant, hervorragend, virtuos, passabel, attraktiv, umwerfend, ausgezeichnet, imposant, vortrefflich, hinreißend, überwältigend, faszinierend, meisterhaft

Mehrdeutige Wörter

Heinz Erhardt

Der Stier

Ein jeder Stier hat oben vorn
auf jeder Seite je ein Horn;
doch ist es ihm nicht zuzumuten,
auf so 'nem Horn auch noch zu tuten.
Nicht drum, weil er nicht tuten kann,
nein, er kommt mit dem Maul nicht ran!

Heinz Erhardt

Zellen

Das Leben kommt auf alle Fälle
aus einer Zelle.
Doch manchmal endet's auch –
bei Strolchen! –
in einer solchen.

Im Kaufhaus

„Guten Tag, ich hätte gerne einen Schirm."
„... ersten Stock!"
„Nein, erst 'n Schirm!"

1 Worin liegt der Witz dieser Texte?

2 Euch sind sicher noch andere Wörter mit mehreren Bedeutungen bekannt.
a) Erklärt die verschiedenen Bedeutungen der folgenden Wörter:
Bremse Handlung Sprung Hering sprengen spinnen ausgehen
b) Sucht weitere Wörter, die mehrere Bedeutungen haben.

Gleich lautende Wörter, die zwei oder mehr Bedeutungen haben, nennt man **Homonyme.** Welche Bedeutung gemeint ist, wird nur im Sinnzusammenhang klar: Der *Hahn* tropft. – Der *Hahn* kräht. – Der *Hahn* wird gespannt.

3 Mit Homonymen kann man hervorragend Dialoge oder Geschichten über Missverständnisse schreiben. Denkt sie euch gemeinsam aus.

4 Formuliert kurze Rätsel, deren Lösungswort ein Homonym sein muss, z. B.:
Es ist meistens lecker, wenn Vater es kocht. – Dort werden Menschen verurteilt.

(Gericht)

Mick: „Olivia, wie geht dein neues Fahrrad?“
Olivia: „Ein Fahrrad geht nicht, es fährt!“
Mick: „Und wie fährt es?“
Olivia: „Es geht.“

Sogar ein Wort wie „gehen“ ist mehrdeutig; eindeutig wird es erst im Zusammenhang: Das Flugzeug *geht* erst morgen. Olivia *geht* zum Karneval als Cowgirl. Das *geht* niemanden etwas an …

5 Es gibt noch mehr Verwendungen für das Verb „gehen“. Sucht Beispiele.

6.2 Lesen macht stark

Ein Bücherfreund

Ohne müde zu werden kriecht jemand von Roman zu Roman, von Bibliothek zu Bibliothek. Es ist keine Leseratte, schmökert aber ebenso gern, es ist ein echter *Mürbweruch*.

Heinz Erhardt

Das Finkennest

Ich fand einmal ein Finkennest
und in demselben lag der Rest
von einem Kriminalroman.
Nun sieh mal an:
Der Fink konnt lesen!
Kein Wunder, es ist ein *Funkbich* gewesen.

1 Stellt die verdrehten Wörter richtig.

Kurt Franz

Kleine Taschenbuchgeschichte

Sicher hat jeder von euch schon ein Taschenbuch gelesen. Warum gibt es eigentlich diese Bücher?

In dem verarmten Deutschland entstanden Taschenbücher nach dem Zweiten Weltkrieg aus dem Bedürfnis möglichst vielen Menschen möglichst viele Bücher zu einem möglichst niedrigen Preis anzubieten.
So übernehmen in der Regel die Taschenbuchverlage Buchtitel, die bereits bei anderen Verlagen als Bücher mit festen Buchdeckeln erschienen sind.
Ein Taschenbuchverlag erwirbt Lizenzen (Genehmigungen) für seine Buchveröffentlichungen bei Originalverlagen.
Seine Lektoren betreuen also weniger Autoren und ihre Manuskripte, was sehr zeitraubend und deshalb kostenaufwändig ist, vielmehr müssen sie die bereits auf dem Markt erschienenen Bücher kennen und prüfen und dann entscheiden, welche sich für eine Taschenbuchausgabe eignen. [...]
Ein Taschenbuchverlag druckt seine Bücher in hohen Auflagen, sodass die Satz- und Druckkosten sich auf eine große Zahl von Buchexemplaren verteilen. Dadurch wird das einzelne Buch billiger. [...]
Hohe Auflagen kann ein Taschenbuchverlag aber nur drucken, wenn viele Buchhändler das gesamte Buchprogramm oder wenigstens bestimmte Buchreihen des Verlages abonniert haben. Sie garantieren damit die Abnahme aller Bücher, die monatlich neu im Verlag erscheinen. Diese „Fortsetzungsbezüge“ ermöglichen und sichern erst die hohen Auflagen der einzelnen Bücher.

2 a) Schreibt aus dem Text alle Zusammensetzungen mit dem Wort „Buch“ heraus.
b) Sammelt noch mehr Wörter aus dieser Wortfamilie.

3 Bringt ein Taschenbuch mit und stellt es der Klasse vor.

Christian Morgenstern

Die Brille

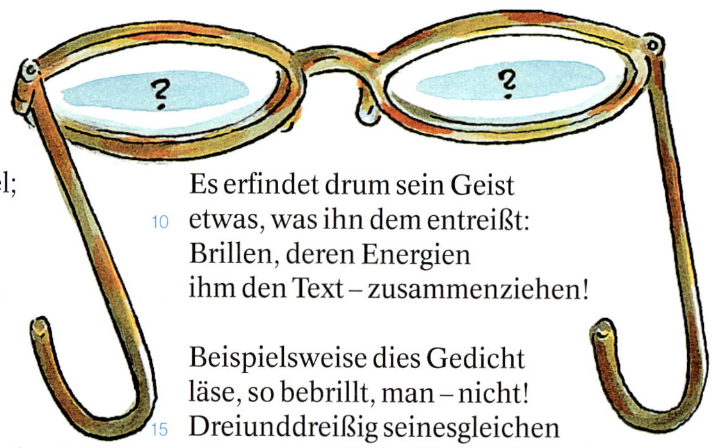

Korf liest gerne schnell und viel;
darum widert ihn das Spiel
all des zwölfmal unerbetnen
Ausgewalzten, Breitgetretnen.

Meistes ist in sechs bis acht
Wörtern völlig abgemacht
und in ebenso viel Sätzen
lässt sich Bandwurmweisheit schwätzen.

Es erfindet drum sein Geist
etwas, was ihn dem entreißt:
Brillen, deren Energien
ihm den Text – zusammenziehen!

Beispielsweise dies Gedicht
läse, so bebrillt, man – nicht!
Dreiunddreißig seinesgleichen
gäben erst – Ein – – Fragezeichen!!

4 a) Welche Vorteile bietet diese Brille?
b) Diskutiert, ob das „zusammengezogene“ Lesen Spaß machen würde.

5 a) Findet eine treffende Bezeichnung für die Brille.
b) Sucht Wörter in dem Gedicht, deren Bildung ihr bestimmen könnt.
Ein Tipp: Setzt Verben erst in den Infinitiv.

Christian Morgenstern

Der Vergess

Er war voll Bildungshung, indes,
so viel er las
und Wissen aß,
er blieb zugleich ein Unverbess,
ein Unver, sag ich, als Vergess;
ein Sieb aus Glas,
ein Netz aus Gras,
ein Vielfress –
doch kein Haltefraß.

6 Was wurde hier alles vergessen?

Elias Canetti

Der Papiersäufer

Der Papiersäufer liest alle Bücher, es kann sein, was es will, wenn es nur schwer ist.

Er gibt sich nicht mit Büchern zufrieden, von denen man spricht; sie sollen rar und vergessen sein, schwer zu finden.

Es ist vorgekommen, dass er ein Jahr nach einem Buch gesucht hat, weil niemand es kennt.

Hat er es schließlich, so liest er's rasch, kapiert es, merkt sich's und kann immer daraus zitieren.

Mit 17 sah er schon aus wie jetzt mit 47. Je mehr er liest, umso mehr bleibt er sich gleich. Jeder Versuch ihn mit einem Namen zu überraschen schlägt fehl; auf jedem Gebiet ist er gleich gut beschlagen.

Da es immer etwas gibt, was er noch nicht kennt, hat er sich noch nie gelangweilt. Doch hütet er sich zu sagen, was ihm unbekannt ist, damit ihm kein anderer beim Lesen zuvorkommt.

7 Schreibt mit eigenen Worten auf, wie der Papiersäufer mit Büchern umgeht:
Der Papiersäufer liest besonders gerne schwere Bücher …

8 a) Manchmal kann man mit Zusammensetzungen – auch wenn sie ungewöhnlich klingen – ein Verhalten sehr treffend bezeichnen. Canetti hat sich neben dem „Papiersäufer" noch andere merkwürdige Personen ausgedacht. Beschreibt, was das Besondere an ihnen ist:
Der Ruhmprüfer *Der Fehlredner* *Die Silbenreine*
Der Tränenwärmer *Der Namenlecker* *Der Größenforscher*

b) Erfindet selbst noch einige Personen dazu. Vermeidet Schimpfwörter.

Thomas Hürlimann

Der Verhängnisforscher

Das Verhängnis

Das Wort Verhängnis entstammt früheren Zeiten und kommt aus der Furcht des Kutschers vor dem Durchbrennen des Gespanns. Jagt es dem Abgrund entgegen, reißt es die Kutsche mit – sie ist mit den Pferden verhängt. [...] Natürlich hielt ich nicht nach einer Kutsche Ausschau und nach wiehernd in die Kurve rasenden Pferden, vielmehr dachte ich, das alte Wortbild müsse sich in neuer Form oder Gestalt belebt haben. [...]

Ich begann mit der Suche. [...]

DER POOL !!!

Ja, kaum zu glauben, aber wahr, hier, hinter dem Supermarkt, hatte ein Showunternehmen eine Zeltbahn aufgestellt, die, wie ich den Plakaten entnehmen konnte, einen runden, hellblauen Pool umschloss. Der Zugang war von einem löchrigen Baldachin geschützt und die Kasse, Cassa angeschrieben, befand sich in einem alten, von vielen Fahrten und Wettern gebleichten Zirkuswagen. Ich klopfte ans Fenster – nichts geschah. Nun stellte ich mich auf eine Bierkiste und versuchte über den Rand der Absperrung ins Innere zu spähen, doch gelang es mir, sosehr ich mich reckte, nicht – nur diesen langen, dünnen Mast sah ich, an dem hoch oben ein Lautsprecher hing. Ich stand noch und starrte hinauf, als im Cassa-Wagen plötzlich Flaschen kullerten, dann knackte ein Riegel und von zwei aus dem Innern hervorgreifenden Händen wurde der quer über die beiden Fensterläden gemalte Delphin in zwei Teile zerlegt. Die Vorstellung, sagte ein glatziger Mann, falle aus, der Delphin sei vertrauert.

Vertrauert? [...]

Er hat keine Zuschauer, erklärte der Mann, keine Arbeit. Ein Showdelphin ohne Zuschauer vertrauert.

Vielleicht sind die Eintrittspreise zu hoch, versuchte ich den Artisten zu trösten, oder die Leute scheuen sich in dieser Kälte zu sitzen und den Sprüngen des Fisches zuzuschauen.

Der Mann schüttelte seinen Glatzkopf. Nein, meinte er, das sei nicht der Grund für das gänzliche Ausbleiben der Zuschauer.

Kein Einziger, fragte ich, ist gekommen?

Kein Einziger, sagte der Mann, und seit mehr als einem Monat hocke ich hier und hoffe und warte.

Wir saßen, wir schauten. Der Nebel wurde dichter und glich bald einem Ballon, der über dem Pool hing, und nach wie vor lag der arme Fisch wie ein abgesoffener Torpedo am hellblauen Grund. Seine seitlichen Flossen, die Flipper, hingen schlaff vom Körper ab und die Rückenflosse, die man, wie ich nun erfuhr, als Finne bezeichnet, stand scharf und starr. Um die beiden Augen zog sich ein schwarzer Ring, und die gelbgraue Seitenzeichnung, die sich vom Augenring bis zur gekerbten Schwanzflosse zog, glich jenem Zeichen, das die Mathematiker für die Unendlichkeit setzen. Man kann es auch schöner sagen. Das Zeichen, das der Delphinus delphis durch die Weltmeere trägt, bildet eine quer liegende Sanduhr ab.

Ihr seid verkabelt, sagte jetzt der Delphinartist, hab ich Recht?

Ich muss ohne es zu merken genickt haben, denn der Mann warf die leere Flasche mit Schwung über die Zeltbahn hinaus und schrie dann, halb lachend, halb heulend: Verblödet, ihr Idioten, verblödet vor euren Glotzen!

Ich saß wie erstarrt. Und: Sie zappen sich kaputt, sagte der Mann. Sie zappen von Sender zu Sender, von Bild zu Bild, und ich sag dir, du Vogel, du verrückter, sie zappen sich zu Tode. Zapp! [...]

Kann man so blind, so blöd sein?

Verkabelt. Wir waren verkabelt, das aber heißt: wir waren verbunden, vernetzt, verhängt mit dem All. [...]

Gewiss, hinterher ist man immer klüger, aber ich hatte mich nun doch zu fragen, weshalb gerade ich, der Verhängnisforscher, der doch offenen Auges durch die Satellitenstadt gegangen war, das Werden und Wachsen unserer Verkabelung hatte übersehen können. Nun fiel es mir wie Schuppen von den Augen. [...]
Jeder ist ein Kutscher und das Zappding ist sein Zügel.

9 a) Wie wirkt die Wortbildung „vertrauert" auf euch?
b) Überlegt, warum der Dichter mit diesem Wort die Situation des Delphins beschreibt.
c) Welchen Zusammenhang seht ihr zwischen den Zuständen, die mit den Wörtern „verhängt", „vertrauert", „verblödet" und „verkabelt" beschrieben werden?

10 Vielleicht bist du auch schon „Verhängnissen" begegnet, die mit der Verkabelung zusammenhängen. Beschreibe sie.

6.3 Üben macht schlau

Spiele mit Wortfamilien, Ableitungen und Zusammensetzungen

Karl Valentin

Geburt

Was meine Geburt betrifft, so möchte ich vorausschicken, dass ich mir über das Wort „geboren" schon oft Gedanken gemacht habe.
Bekanntlich benutzt man zum Bohren einen Bohrer.
Um Petroleum zu bekommen müssen erst Bohrtürme geschaffen werden, in denen sich ein Riesenbohrer befindet, welcher ein tiefes Loch in die Erde bohrt, aus dem dann Petroleum herauskommt. –

Bohrt ein Schreiner in ein Stück Holz ein Loch – was kommt heraus? Späne. –
Der Schreiner bohrt aber nicht das Loch um Holzspäne zu bekommen, sondern er bohrt, damit er das Loch erhält.
Geboren hat er dieses Loch nicht, sondern er hat das Loch gebohrt.
Es handelt sich also dabei um eine Bohrung, nicht um eine Geburt.
Der Ausdruck Geburt wäre hier nur am Platze, wenn der Schreiner das Loch buren statt bohren würde.

1 a) Hier sind zwei Wortfamilien im Spiel. Schreibt sie heraus.
b) Findet zu beiden Wortfamilien möglichst viele weitere Wörter.

Eugen Gomringer
aus zufall

aus zufall
einfall
aus einfall
überfall
aus überfall
unfall
aus unfall
wegfall
aus wegfall
abfall
aus zufall
abfall

2 a) Sammelt weitere Ableitungen mit dem Wortstamm „fall“.
b) Verfasst Gedichte oder Geschichten, in denen möglichst viele eurer Ableitungen vorkommen.

3

Bär blau dünn stark Riese müde Herz rund Messer klar gut Himmel Pech Gerte hart Spindel grün Blitz Eis Bild schwarz dürr Gift Stahl kalt hübsch leicht Hund weich schnell Stern Hauch schlank Feder scharf Seide groß Kugel

a) Verbindet je ein Nomen sinnvoll mit einem Adjektiv. Manchmal müsst ihr Fugenelemente einsetzen, z. B.: *bär-en-stark.*
b) Vergleicht die Wirkung der einfachen Adjektive mit den Zusammensetzungen, z. B.: *dünn – hauchdünn.*
c) Zusammensetzungen aus Nomen und Adjektiv werden teils groß-, teils kleingeschrieben, z. B.: *Schwarzbrot – pechschwarz.*
Wonach richtet sich die Schreibweise?

4 a) Gerade Werbetexter arbeiten gerne mit Zusammensetzungen. Welchen Effekt erzielen sie mit Wörtern wie „sonnensauber“, „aprilfrisch“, „frischeaktiv“?
b) Erfindet Werbewörter zu neuen Produkten wie „universumsbewährt“.
Erklärt die Wirkung, die ihr erreichen wollt.

Hans Magnus Enzensberger
wortbildungslehre

in den toten hemden
ruhn die blinden hunde
um die kranken kassen
gehn die wunden wäscher

und die waisen häuser
voll von irren wärtern
leihn den fremden heimen
ihre toten lieder

5 a) Lest die Strophen laut vor.
Überlegt, wie ihr betonen müsst.
b) Wodurch ergeben sich die ungewohnten Bedeutungen?

6 Schreibe einen Text, in dem sich durch die Trennung von Zusammensetzungen ein neuer ver-rückter Sinn ergibt. Benutze dazu folgende Wörter:

Feigenbäume	Lautenspieler	Taubenzüchter	Altenheime
Reifenhändler	Jungenschulen	Tiefenmesser	Breitengrade

7 Bei welchen Wörtern sind ein Grundwort und ein Bestimmungswort zu einem Begriff mit ganz neuer Bedeutung verschmolzen? Findet sie heraus:
Junggeselle, Flachland, Großmutter, Altmeister, Dickmilch, Tiefsee, Kleinbauer

8 a) Bringt die folgenden Zusammensetzungen in Ordnung:

Baumauge	Müllkrone	Regenklammer	Eierjacke
Holzkuchen	Eiskette	Kleiderbeere	Erdbecher
Obststange	Rasierkanne	Bürotüte	Lederwaffel
Hundeschrank	Perlenkuchen	Kaffeeklinge	Glastasche

b) Bei welchen Zusammensetzungen bezeichnet das Bestimmungswort das Material, aus dem der Gegenstand ist?

9 a) Ein Spiel mit Grundwort und Bestimmungswort: Setzt Wörter aus drei Stämmen zusammen, in denen das mittlere Wort zugleich Grundwort und Bestimmungswort ist:
Bankraubritter, Melonenkernkraft ...

b) Erfindet Erklärungen zu den neuen Dingen.

Erich Fried

Aufzählung zum Abzählen

Nagemensch
Raubmensch
Beutelmensch
Stadtmensch
Landmensch

Wassermensch
Luftmensch
Säugemensch
Mastmensch
Schlachtmensch

Übermensch
Untermensch
Mittelmensch
Zweckmensch
Geldmensch

Halbmensch
Doppelmensch
Vollmensch
Hohlmensch
Normalmensch

Hausmensch
Höhlenmensch
Uhrmensch
Stundenmensch
Tagmensch

Vormensch
Nachmensch
Mitmensch
Hauptmensch
Nebenmensch
Unmensch

10 a) Welchen dieser Menschen seid ihr schon begegnet? Was stellt ihr euch unter den verschiedenen Typen vor?

b) Sicher kennt ihr noch viel mehr Zusammensetzungen mit dem Grundwort „-mensch“. Schreibt Frieds Gedicht gemeinsam weiter.

Wortbildung und Rechtschreibung

Es ist nicht einfach, Adjektive mit dem Suffix **-ig** richtig zu schreiben, weil das **g** am Ende eines Wortes im Hochdeutschen wie **-ch** gesprochen wird. Aber es gibt einen Trick: Damit du weißt, ob ein Wort mit **-ig** endet, kannst du es verlängern. Setze einfach ein Nomen hinter das Adjektiv, z. B.: *schmutzig – schmutzige Schuhe, klebrig – klebriger Kleister.*

1 Denkt euch zu folgenden Adjektiven Nomen mit dem gleichen Anfangsbuchstaben aus und formuliert Sätze, z. B.: *„Olivia liest oft gruselige Geschichten."*

> *gruselig kräftig gesprächig ruhig neugierig traurig richtig geduldig*
> *windig lustig häufig giftig niedrig emsig adelig fettig riesig mutig eckig*

Wie mit dem Suffix **-ig** können auch mit dem Suffix **-lich** von Nomen und Verben Adjektive abgeleitet werden: *Schrift – schriftliche Aufgabe, lesen – leserliche Schrift.*

2 Bildet Sätze mit Adjektiven zu:

Herbst	*Schmerz*	*verzeihen*	*empfinden*
Gefahr	*Ende*	*ärgern*	*nachdenken*
Kunst	*Raum*	*bedrohen*	*fragen*
Freund	*Mensch*	*entbehren*	*hindern*

3 a) Findet passende Nomen zu den folgenden Adjektiven, z. B.:
geschäftiges Treiben – geschäftliche Vereinbarung.

geschäftig	*– geschäftlich*	*kindisch*	*– kindlich*
unförmig	*– unförmlich*	*steinig*	*– steinern*
krankhaft	*– kränklich*	*herrlich*	*– herrisch*

b) Erklärt die unterschiedliche Bedeutung.

4 Bildet Nomen mit dem passenden Suffix **-ung** oder **-schaft:**

dichten	*bewegen*	*Freund*	*ermahnen*	*beobachten*	*leiden*
ausstellen	*lieben*	*entscheiden*	*bekannt*	*verbessern*	*bedeuten*
verwandt	*erzählen*	*erfahren*	*eigen*	*erkälten*	*leisten*

5 Bildet Nomen mit dem passenden Suffix **-heit** oder **-keit:**

tätig	*schön*	*sauber*	*pünktlich*	*frei*	*gesund*
wirklich	*zufrieden*	*krank*	*aufmerksam*	*traurig*	*gemein*
vergangen	*kostbar*	*berühmt*	*lesbar*	*fertig*	*gleichgültig*

6 Bildet Ableitungen zu den Verben „ziehen", „richten", „sprechen" mit den Präfixen *ent-, ver-, be-, aus-, an-, vor-, zu-.*

a) Schreibt alle Möglichkeiten auf.

b) Erklärt die Bedeutungen der abgeleiteten Verben.

Renate Weber

Adlerauge sucht Fahrrad!

München, Lindwurmstraße, ein stürmischer Herbsttag.
Ihr Name ist nicht Sherlock Holmes und nicht James Bond, aber das Detektivspielen ist den drei Jungen Dominik (12), Hauke (13) und Georg (12) schon vertraut. Ihre ungewöhnliche Lieblingsbeschäftigung bringt Spannung in die Freizeit. Die eifrigen Adleraugen behaupten, dass allein logisches Denken, messerscharfer Spürsinn und blitzschnelles Kombinationsvermögen von Bedeutung seien, und erklären, dass Jugendkrimis wie „Fünf Freunde“ und „TKKG“ keine Anleitung sind, weil deren meist gefährliche Fälle nur durch Glück und Zufall gelöst werden. Anders bei Sherlock Holmes, der ist für sie der meisterhafteste Detektiv aller Zeiten. Die Gründung der Kinderdetektei brachte etliche Schwierigkeiten mit sich. Mit unzähligen Flugblättern warben sie für ihr Spürbüro, erhielten dafür von ihren unverständigen Schulkameraden zumeist nur ein gelangweiltes Lächeln. Doch dann bekamen sie einige Aufträge – ohne entlohnt zu werden, „ist doch klar“. Welche Fälle gehören zu ihrer Detektivarbeit? Sie verschrecken kreative Graffitikünstler, die im Hof die Hauswände verunzieren, und suchen verschwundene Gegenstände. „Vorige Woche hatte unsere Deutschlehrerin ihre rostrote Handtasche an der Bushaltestelle verloren. Wir haben sogleich eine Suchaktion veranlasst, sie aber leider nicht wiederfinden können. Aber vor kurzem kam unserer Klassenkameradin Heike das Fahrrad vom Schulhof abhanden.“ Gestohlen? Mehrere Nachmittage halten die pfiffigen Jugendlichen die Augen offen, überprüfen alle Fahrradständer in ihrer Umgebung. Tatsächlich entdecken sie das vermisste Fahrrad, das Schloss war entfernt worden. Der unbekannte Täter konnte nicht gefasst werden.
„Habt ihr keine Heldenträume, die Übeltäter in Handschellen abführen zu dürfen?“ Hauke verneint. Kinder auf Verbrecherjagd sind für die Polizei nicht immer nützlich.
Ein Vertreter der Pressestelle der Münchner Polizei räumt ein: „Wir bekommen vor allem von Kindern immer sachdienliche Hinweise, die wir sehr ernst nehmen.“ Sein Ratschlag: „Wenn sie bemerken, dass etwas passiert, sollen sie den Notruf wählen und am Tatort verbleiben, bis wir eintreffen.“
So würden sich sicherlich auch die mutigen Adleraugen verhalten. Keine Starallüren: Sie gehen ins Bett, wenn Columbo über den Bildschirm flimmert, und vertreiben sich an regnerischen Tagen die Zeit mit Cluedo, dem kniffligen Detektivspiel.

7 In diesem Zeitungstext gibt es viele Zusammensetzungen und Ableitungen. Spürt sie auf und schreibt sie heraus:

a) Zusammengesetzte Nomen und Adjektive
b) Nomen mit den Suffixen **-ung** und **-keit**
c) Adjektive mit den Suffixen **-ig, -isch, -lich, -haft** und dem Präfix **un-**
d) Verben mit den Präfixen **ab-, be-, er-, ent-** und **ver-**

8 Markiert die Präfixe und Suffixe bei den herausgeschriebenen Wörtern verschiedenfarbig.

Wortfeldarbeit

Robert Wolfgang Schnell

Schau mal

„Schau mal, Liebchen, guck!“, ▒ die Mutter. „Ich will sehen“, ▒ Rena. „Du brauchst nur zu gucken, dann siehst du alles“, ▒ die Mutter. „Ich habe so viel erblickt“, ▒ sich der Großvater ▒, „dass ich gar nichts mehr sehen möchte.“ – „Glotz doch lieber“, ▒ Rudi. „Warum soll ich denn glotzen?“ Rena sah ihren Bruder an. „Gaff nicht so!“ Er zeigte ihr die Zunge. „Eine Sache sollte man richtig anpeilen, scharf hinblicken“, ▒ der Vater ▒ dem Gespräch ▒. „Jäger erspähen eine Sache, auch Indianer.“ Der Bruder wusste eben mehr als die anderen. „Dir werden sie noch die Augen öffnen!“ Großvater ▒ in sich hinein. „Ich habe ganz schön glubschen müssen im Leben um klarzukommen.“ – „Man kann auch so lange auf einen Punkt starren, bis man nichts mehr sieht.“ – „Du erkennst ja immer alles klar“, ▒ die Mutter dem Vater, „aber wie oft sind dir erst nachher die Augen aufgegangen.“ – „Ehe ich mir anmaße eine Sache zu überblicken, visiere ich sie lange an; ich bin nicht umsonst weitsichtig.“ Der Vater schien böse zu werden. „Am besten fixierst du, wenn du die Augen zukneifst, Rena“, ▒ der Bruder. „Es kommt auf den Gesichtspunkt an, wenn man etwas erkennen will.“ Der Vater legte ein abschließendes Gewicht auf diesen Satz, denn er behielt gern das letzte Wort. Aber er kannte seine Rena nicht. „In Berlin sagen sie kieken“, ▒ sie. „Wir haben eine Neue in der Klasse, die sagte wegen der blöden Marianne: Kiek mal, wie die kiekt!“ – „Kieken ist Dialekt“, ▒ der Bruder. „Man kann auch äugeln.“ – „Behaltet mal die Sache im Auge“, ▒ sich der Vater wieder, „wenn man vom Sehen spricht, sollte man sich orientieren und sein Augenmerk auf das Wichtigste richten um es aufs Korn nehmen zu können.“ – „Man kann auch luchsen und linsen.“ Der Bruder machte sich sehr breit am Tisch. „Aber nicht jeder Stier stiert.“ Opa ▒ wieder in sich hinein, man sollte wohl nicht begreifen, was er ▒. „Schluss mit der Seherei!“ Die Mutter klapperte mit den Tellern. „Ist denn kein Adlerauge da, das das Essen wahrnimmt?“ – „Bereits durchschaut“, ▒ der Bruder und nahm die Schnitte, auf der am meisten gekochter Schinken war. „Du hast genau gemustert!“ Der Großvater aß nämlich gekochten Schinken auch am liebsten. „Spioniert nicht so auf dem Teller herum“, ▒ der Vater, „gegessen wird von oben nach unten, nicht umgekehrt!“ – „Mir fällt es wie Schuppen von den Augen, wenn ich der Schnitten ansichtig werde, und ich erkenne meinen Hunger.“ Dabei fischte sich der Großvater unten den Camembert raus. „Er spürt den Käse auf“, ▒ Rena. „Ich nehme ihn aber vor aller Augen, mein Augenlicht hat noch sein volles Sehvermögen.“ – „Du redest Unsinn, Vater“, ▒ der Vater zu seinem Vater. „Ein alter Mann sollte so viel Einsicht haben, dass er einen Überblick hat, und so scharfsichtig sein nicht ein schlechtes Beispiel zu geben. Sonst verliert man ja die Perspektive.“ – „Ihr redet, als ob Zuschauer da wären“, ▒ die Mutter. „Rudi, lass das Blinzeln!“ – „Ich will besser sehen!“, ▒ Rudi. „Dann guck ordentlich hin!“, ▒ ihm die Mutter und schloss die Augen, als der Junge die fünfte Schnitte aß. Kalbsleberwurst war drauf.

1 a) Ein Wortfeld beherrscht diese Familie vortrefflich. Schreibt alle Verben heraus, die mit „sehen“ zu tun haben, und erweitert damit eure Wortfeldkartei.
b) Füllt die Lücken mit treffenden Begriffen aus dem Wortfeld „sagen“.

7 Satzglieder und Sätze verwenden

7.1 Wir machen genauere Angaben

Die adverbiale Bestimmung

Oskar, der freundliche Polizist

1 a) Erzählt, was in der Bildfolge dargestellt wird.
b) Mit welchen Worten verwarnt Oskar wohl den Radfahrer im zweiten Bild?
c) Die Geschichte könnte nach dem dritten Bild noch weitergehen. Erfindet einen Schluss.

Reporterin Nicki Neugierig hat den Vorfall mit dem Radfahrer zufällig beobachtet und sich schnell einige Notizen gemacht, weil sie darüber einen Artikel schreiben will. Leider hat die schnelle Nicki ihre Notizen so ungeordnet aufgeschrieben, dass ihr zwei Vorfälle, über die sie berichten möchte, durcheinander geraten sind. Hier ist die Seite aus ihrem Notizbuch:

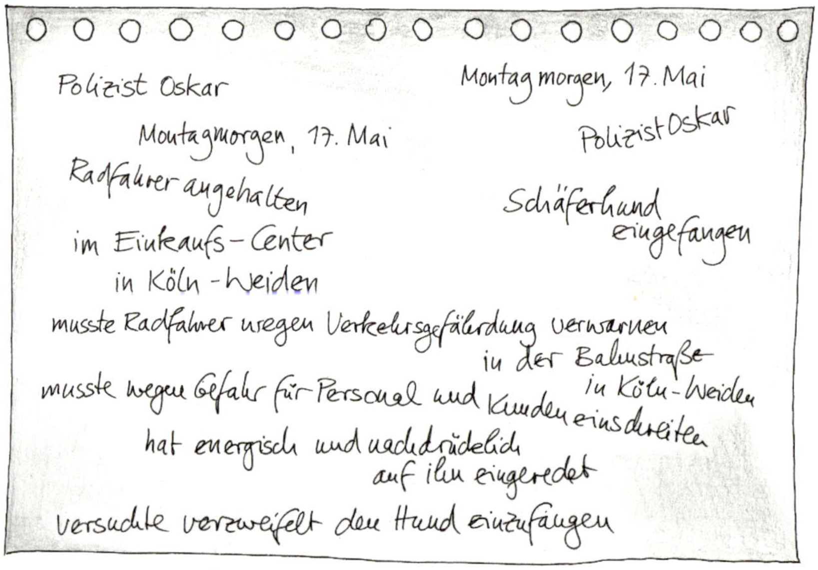

Mit Hilfe der folgenden Tabelle könnt ihr feststellen, was zusammenpasst:

1. Vorfall	2. Vorfall
Wer ...? Polizist Oskar ...	Wer ...? Polizist Oskar ...
Wen hat Oskar angehalten? ...	Wen ...? ...
Wann ...?	Wann ...?
Wo ...?	Wo ...?
Warum ...?	Warum ...?
Wie ...?	Wie ...?

2 a) Übertragt die Tabelle in eure Hefte. Schreibt dabei die Fragen im ganzen Satz auf und die passenden Antworten daneben.
b) Stellt fest, welche Satzglieder ihr mit den Fragen „Wer ...?“ und „Wen ...?“ ermitteln könnt.
c) Auch auf die übrigen Fragen erhält man Satzglieder als Antwort. Was lässt sich mit diesen Angaben jeweils zum Ausdruck bringen?

Satzglieder, die man mit den Fragen **Wann** ...?, **Wo** ...?, **Warum** ...?, **Wie** ...? ermittelt, heißen **adverbiale Bestimmungen** oder auch Adverbialien (Singular: das Adverbiale). Sie geben die näheren Umstände einer Situation an.

3 Versetzt euch in die Situation von Nicki Neugierig und schreibt einen Bericht über den Vorfall mit dem Radfahrer.

Über das zweite Erlebnis Oskars findet sich folgender Bericht unserer Reporterin in der Zeitung:

Polizist als Hundefänger

Köln, 18. Mai. Ein Schäferhund hat am Montagmorgen in Köln-Weiden den Polizeiposten auf Trab gebracht. Um elf Uhr wurde der Dienststelle von einem Busfahrer telefonisch mitgeteilt, dass sich in Müngersdorf ein Hund in seinem Fahrzeug aufgehalten habe ohne eine Fahrkarte zu lösen. Der Vierbeiner sei alleine nach Weiden gefahren und kurze Zeit später dort gemütlich ausgestiegen. Seit einer Viertelstunde streune er ziellos im Einkaufs-Center herum. Sofort setzte sich eine Streife in Marsch.

Nach einiger Zeit entdeckten die Beamten den Schäferhund in der Kaufhof-Passage. Dort lief er bellend auf einer Rolltreppe hin und her. Wegen der Gefahr für Personal und Kunden mussten die Beamten einschreiten. Einer der Polizisten versuchte verzweifelt den Hund einzufangen. Dem aber gelang es, die Wachmänner auszutricksen und sie eine halbe Stunde lang zum Narren zu halten. Der Polizist Oskar erwies sich jedoch als wahrer Hundekenner. In der benachbarten Fleischabteilung kaufte er eine Wurst und konnte damit das Tier problemlos einfangen. Der Besitzer konnte am Abend ermittelt werden.

4 a) Vergleicht den Bericht der Reporterin Nicki Neugierig mit ihren Notizen.

b) Übertragt das folgende Schema in euer Heft und sucht mit Hilfe der angegebenen Fragen möglichst viele adverbiale Bestimmungen aus dem Zeitungsartikel heraus.

adverbiale Bestimmungen der Zeit:	Wann …? Wie lange …? Seit wann …? am Montagmorgen, seit einer Viertelstunde, …
adverbiale Bestimmungen des Ortes:	Wo …? Wohin …? in seinem Fahrzeug, nach Weiden …
adverbiale Bestimmungen des Grundes:	Warum …? …
adverbiale Bestimmungen der Art und Weise:	Wie …? Auf welche Art und Weise …? telefonisch, …

c) Warum hat die Reporterin wohl so großen Wert auf die Verwendung von adverbialen Bestimmungen gelegt?

d) Wählt einzelne Sätze aus dem Zeitungsartikel aus und stellt mit Hilfe der **Weglassprobe** fest, wie sich die Aussagen ohne adverbiale Bestimmungen anhören würden, z. B.:

Ein Schäferhund hat ~~am Montagmorgen~~ ~~in Köln-Weiden~~ den Polizeiposten auf Trab gebracht.

Neben dem Bericht von Nicki Neugierig findet sich auf der gleichen Seite noch eine weitere Meldung über ein Ereignis mit einem Tier:

Essen, 18. Mai. Lebende Post fand ein 12-jähriger Schüler. Eine Schlange ringelte sich. Der Junge schlug die Briefkastentür zu und verständigte seine Eltern. Die Feuerwehr nahm sich der Schlange an. Das Tier stellte sich als harmlose Schmuckbaumnatter heraus.

5 a) Die Meldung ist irrtümlich so in die Zeitung geraten. Was stört euch an diesem Text?
b) Schreibt den Text Satz für Satz in eure Hefte und fügt dabei folgende adverbiale Bestimmungen an passenden Stellen ein:
gestern – im Briefkasten – in der Box – entsetzt – daraufhin
c) Durch **Umstellproben** könnt ihr schnell herausfinden, an welchen Stellen im Satz die adverbialen Bestimmungen besonders gut zur Geltung kommen. Vergleicht eure Lösungen.

In jeder Zeitung gibt es auch etwas zu lachen für die Leserinnen und Leser:

Die Verabreichung wohlschmeckender Kostproben muss in Delikatessen-Geschäften sachgemäß gehandhabt werden, wenn sie den Widerwillen des Käufers wirksam bekämpfen soll.

Auch perfekten Automobilisten entkommen gelegentlich noch einzelne Fußgänger. Oben finden Sie ein neuartiges System, dem selbst flinke Straßenpassanten auf die Dauer nicht gewachsen sind.

6 a) Wie kommt die komische Wirkung der Bildgeschichten zu Stande?
b) In den Texten finden sich einige adverbiale Bestimmungen. Sucht sie heraus und überlegt, warum sie für die Aussage wichtig sind.
c) Ordnet die adverbialen Bestimmungen nach den Wortarten, aus denen sie gebildet sind. Legt dazu eine Tabelle an:

adverbiale Bestimmungen
gebildet durch

Adjektiv	Präposition + Nomen	
sachgemäß	in	Delikatessen-Geschäften
...	...	

Ihr könnt nicht alle adverbialen Bestimmungen in eure Tabelle einordnen, weil es noch eine weitere Wortart gibt, aus der adverbiale Bestimmungen gebildet sein können. Zu dieser Wortart gehört das Wort „oben“ in der zweiten Bildgeschichte: „*Oben* finden Sie ein neuartiges System …“

> Die Wortart, zu der z. B. das Wort „oben“ gehört, nennt man **Adverb** (Umstandswort). Adverbien lassen sich nicht verändern.
> Beispiel: der Fußgänger *oben* – der ~~*obene*~~ Fußgänger

Krokodile hielten Feuerwehr in Atem

Soest. Zwei Krokodile sorgten am Donnerstagabend bei Polizei und Feuerwehr in Wickede für Aufregung. Ein Wanderzirkus, der dort sein Winterquartier aufgeschlagen hatte, meldete der Polizei gegen 17 Uhr, dass die beiden Tiere ausgebrochen seien. Während das kleinere, 2,5 Meter lange Reptil schnell eingefangen werden konnte, flüchtete der fünf Meter lange „Santos“ in einen nahen Teich. Gemeinsam mit der Krokodil-Dompteurin suchten Polizei und Feuerwehr mit einem Schlauchboot den kleinen See ab, bis sie das dressierte Tier in Ufernähe entdeckten. Da „Santos“ auf Zurufe nicht reagierte, stieg die Tochter des Halters kurz entschlossen ins Wasser, setzte sich rittlings auf den Rücken des Reptils und legte „Santos“ eine Schlinge um den Hals. Wegen des zentnerschweren Gewichts mussten zehn Mann anrücken um das Tier abzutransportieren. Gegen Mitternacht konnte „Santos“ erfolgreich in einen beheizten Zirkuswagen verfrachtet werden.

7 a) Überlegt, warum wohl über dieses Ereignis in der Zeitung berichtet wird.
b) Wie erreicht der Reporter, dass sein Bericht anschaulich und lebendig wirkt?
c) Sucht die adverbialen Bestimmungen aus dem Artikel heraus und ordnet sie zuerst nach den Wortarten, aus denen sie gebildet sind:

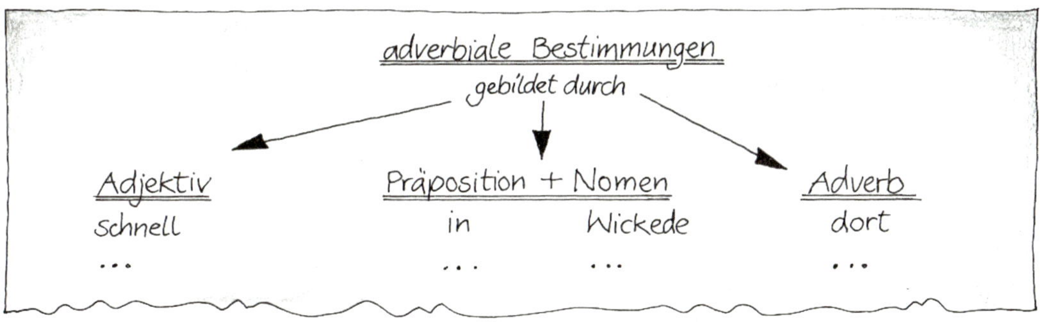

d) Legt dann eine weitere Tabelle an, in der ihr die Beispiele aus der Zeitungsmeldung nach inhaltlichen Gesichtspunkten ordnet:

adverbiale Bestimmungen der Zeit: am Donnerstagabend, …
adverbiale Bestimmungen des Ortes: …
adverbiale Bestimmungen des Grundes: …
adverbiale Bestimmungen der Art und Weise: …

Das Attribut

Auf einem Schulfest

Die Klasse 6 b der Geschwister-Scholl-Schule möchte auf dem Schulfest einen Basar veranstalten. Viele haben zu Hause oder bei Verwandten und Freunden etwas gefunden, was sich vielleicht für einen guten Zweck verkaufen lässt. Einige haben auch selbst etwas gebastelt. Andrea und Ingo meinen, man sollte auch für den Basar werben, damit möglichst viele Besucher darauf aufmerksam würden. Also hängen beide ein Plakat neben dem Schuleingang auf:

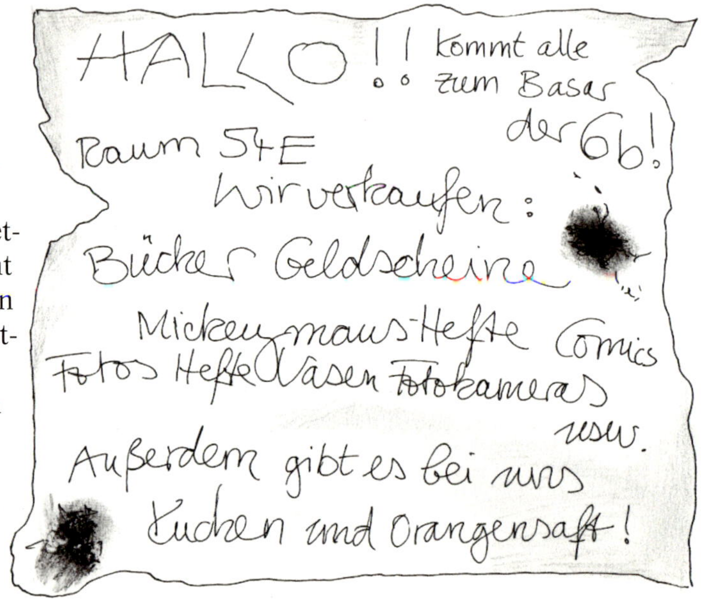

1 Viele Schüler/innen der 6 b sind gar nicht begeistert, als sie das Plakat sehen. Warum wohl?

Beate und Jörg entwerfen daraufhin ein anderes Plakat, das sie an Stelle des alten aufhängen wollen. Ihr Entwurf sieht so aus:

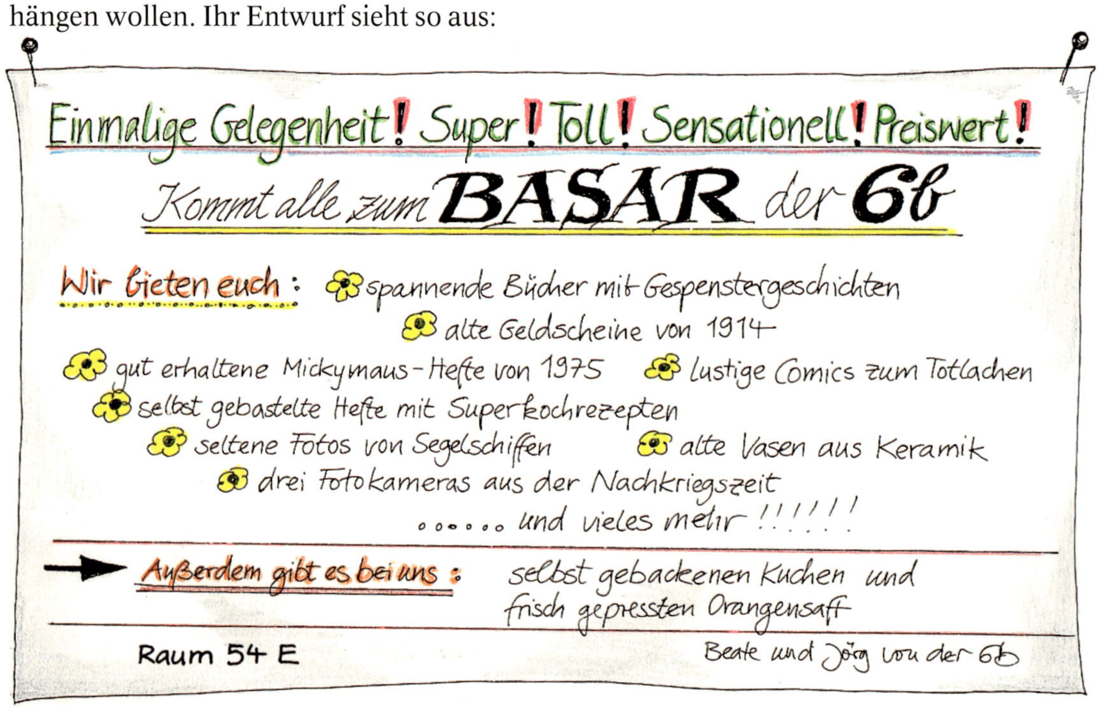

2 a) Vergleicht und beurteilt die beiden Plakate.
b) Untersucht, wie Beate und Jörg den ursprünglichen Plakattext sprachlich verändert haben.

Hier sind noch weitere Gegenstände, die die Schülerinnen und Schüler der 6 b anbieten wollen: *Petroleumlampe, Briefmarken, Tücher, Spielsachen, Fotos.*

3 Preist die Gegenstände auf ähnliche Weise an, wie es Beate und Jörg tun. Wählt dazu aus der folgenden Liste die passenden Angaben aus:
gut erhalten, aus Seide, aus Japan, selbst bemalt, von 1910, für Kleinkinder, ungestempelt, klein, verschieden, der 6 b

Um wirkungsvoll für etwas zu werben muss man die angebotenen Gegenstände treffend beschreiben. Sprachlich bedeutet dies, dass **Bezugswörter** (z. B. Nomen) durch nähere Angaben genauer bestimmt werden. Solche Angaben nennt man **Attribute.** Ein Attribut kann vor oder nach dem Bezugswort stehen. Es ist **Teil eines Satzglieds** und bleibt bei der Umstellprobe mit seinem Bezugswort verbunden.

4 a) Schreibt die Bezugswörter aus dem Plakat und die zugehörigen Attribute nach folgendem Muster in eure Hefte:

Attribut	+ Bezugswort	Bezugswort	+ Attribut
lustige	Comics	Comics	zum Totlachen
...	...	...	...
...		...	

b) Stellt fest, aus welchen **Wortarten** die Attribute gebildet werden, z. B:
Adjektiv; Präposition + Nomen ...
Schreibt die jeweiligen Wortarten hinter die Beispiele in eurer Tabelle.

Diane aus der 5a hat sich auf dem Basar umgesehen und von Patrick, der am Stand der 6b verkauft, einen Krimi erstanden. Schon hat sich Diane in die Handlung vertieft:

Mike Harvey, der Superdetektiv

„Ja, ja! Wie oft soll ich noch sagen, dass Sie richtig verbunden sind?! – Ja, hier ist das Büro des Superdetektivs!" Harvey, der sonst die Ruhe selbst war, schnaubte wütend ins Telefon neben seinem Bett. Schließlich war er durch das laute Klingeln frühmorgens aus dem Tiefschlaf gerissen worden. Am anderen Ende der Leitung war eine verzweifelte Jungenstimme: „Sie sind der einzige Detektiv, der mir helfen kann! Bitte! – Mein wunderbarer Hausaufgabengeist ist mir gestohlen worden!" – „*Was* ist dir gestohlen worden? Nun mal ganz cool und der Reihe nach, Kleiner!" Harvey, der Meisterschnüffler, war plötzlich wieder ganz fit. Sein kriminalistischer Spürsinn für außergewöhnliche Fälle war erwacht. Und dann wurde er Zeuge einer abenteuerlichen Geschichte: „Ja!", rief die aufgeregte Stimme aus dem Telefonhörer: „Das ist ein Computer, der sämtliche Hausaufgaben machen kann. Ich brauchte überhaupt nichts mehr für die Schule zu tun! Stellen Sie sich vor, das war so ein Ding mit verschiedenen Tasten, die man zum Einspeichern der Hausaufgaben bedienen muss, und schon kommen die fertigen Hausaufgaben heraus. Ich bin am Boden zerstört! Nur Sie, der Superagent, können mir helfen!" – „Ich komme sofort! Zeichne mir in der Zwischenzeit das fantastische Gerät einmal auf!", rief Harvey in das

1

Leider hört hier die erste Seite auf und Diane kann erst später weiterlesen.

5 In dem Krimi-Auszug finden sich verschiedene Attribute. Sucht sie mit ihren Bezugswörtern heraus:

Adjektivattribut: laute Klingeln
...
präpositionales Attribut: Telefon neben seinem Bett
...
Genitivattribut: Büro des Superdetektivs
...
Apposition (Nomen im gleichen Kasus wie das Bezugswort): Mike Harvey, der Superdetektiv
...

6 a) Schreibt die Geschichte zu Ende. Macht sie durch Attribute spannend.
b) Überlegt euch, wie der gestohlene „Hausaufgabengeist" wohl aussehen könnte. Erfindet selbst ein fantasievolles Gerät, malt es auf und beschreibt es.
c) Lest eure Beschreibungen in der Klasse vor, zeigt anschließend eure Bilder und vergleicht beides miteinander.

Satzgefüge und Satzreihe

Aus der Geschichte der Zeitung

Reporterin Nicki Neugierig ist gebeten worden an einem Jugendbuch zum Thema „Presse, Funk und Fernsehen“ mitzuarbeiten. Sie soll einen kurzen, aber für Jugendliche gut verständlichen Artikel über die ersten Zeitungen schreiben. Mit ihrem Entwurf, den sie mit Schreibmaschine geschrieben hat, ist sie aber nicht zufrieden. Daher macht sie sich am Rand noch einige handschriftliche Notizen, die sie für den endgültigen Artikel verwenden will.

Mit der Erfindung der Druckerpresse waren auch die Voraussetzungen für die Verbreitung von Zeitungen geschaffen. Eine der ältesten bisher bekannt gewordenen Zeitungen stammte aus Straßburg, und zwar aus dem Jahre 1609. Bis weit in das 19. Jahrhundert unterlag die Presse jedoch einer strengen politischen Zensur (Kontrolle). Es durften nur bestimmte Zeitungen erscheinen. Einige Schriftsteller und Journalisten wurden gnadenlos verfolgt und schwer bestraft. Erst nach 1848 kam es zu einer Flut von freien Zeitungsgründungen. Jedoch auch in der Folge war die Pressefreiheit immer wieder in Gefahr.

Johannes Gutenberg hatte sie Mitte des 15. Jahrhunderts entwickelt.

Sie erschien regelmäßig.

Die Landesfürsten fürchteten öffentliche Kritik ihrer Untertanen.

Sie waren von den Fürsten genehmigt worden.

Sie riefen in Flugblättern zur Opposition gegen die Politik ihrer Fürsten auf.

Die Pressefreiheit war erkämpft worden.

1 a) Überlegt, warum Nicki mit dem ersten Entwurf unzufrieden ist.

b) Schreibt den Artikel neu, indem ihr die handschriftlichen Ergänzungen an den markierten Stellen einfügt. Dabei könnt ihr an den eingefügten Sätzen Veränderungen vornehmen.

c) Stellt fest, was sich am Satzbau der Sätze ändert, wenn man sie auf folgende Weise verknüpft:

Es durften nur bestimmte Zeitungen erscheinen. ↓	*Sie waren von den Fürsten genehmigt worden.* ↓
Es durften nur bestimmte Zeitungen erscheinen,	*die von den Fürsten genehmigt worden waren.*

Bis weit in das 19. Jahrhundert unterlag die Presse jedoch einer strengen politischen Zensur. ↓	*Die Landesfürsten fürchteten öffentliche Kritik ihrer Untertanen.* ↓
Bis weit in das 19. Jahrhundert unterlag die Presse jedoch einer strengen politischen Zensur,	*weil die Landesfürsten öffentliche Kritik ihrer Untertanen fürchteten.*

Bei der Verknüpfung der Sätze auf S. 121 sind **Satzgefüge** entstanden. Ein Satzgefüge besteht aus mindestens einem **Hauptsatz** („Es durften nur Zeitungen erscheinen, …“) und einem **Nebensatz** („… die von den Fürsten genehmigt worden waren“).

2 Wodurch unterscheiden sich Nebensätze von Hauptsätzen? Formuliert eine Regel.

Nicki Neugierig könnte ihre kurze Abhandlung über die Anfänge des Zeitungswesens noch mit vielen Einzelheiten ergänzen. Die folgenden Artikel stellen nur eine kleine Auswahl dar.

Presse□rei□eit

Über die Zensur von Zeitungen

Auf die vielen Zensureingriffe, *die sich die Presse im Laufe der Jahrhunderte immer wieder gefallen lassen musste,* reagierten die Herausgeber politischer Zeitungen oft mit besonderen Formen des Protests. So formulierten sie kritische Ansichten derart geschickt, *dass die fürstlichen Zensurbehörden getäuscht wurden und die Zeitungen ohne weiteres gedruckt werden konnten.*

Weil die Zensur gegen Ende des 18. Jahrhunderts verschärft wurde, erschienen politische Artikel mit leeren Stellen im Text. Gelegentlich blieben auch ganze Seiten unbedruckt. Dann wusste jeder, *dass an dieser Stelle die fürstliche Zensur eingegriffen hatte.* Auf diese Weise konnten die Journalisten darauf aufmerksam machen, *wie schlecht es um die Meinungsfreiheit bestellt war.*

Da den Zensurbehörden diese Art des Protests jedoch zu auffällig erschien, mussten selbst die Leerstellen oftmals wieder beseitigt werden.

3 a) Die hervorgehobenen Sätze sind alle Teil eines Satzgefüges. Stellt fest, ob es sich dabei um Hauptsätze oder Nebensätze handelt.

b) Untersucht die Abfolge von Haupt- und Nebensätzen. Welche Möglichkeiten findet ihr im Text?

Zeitungen und ihre Nachrichten

(1) Überall auf der Welt gibt es heute Nachrichtenagenturen, die Presse, Funk und Fernsehen ständig über wichtige Ereignisse auf dem Laufenden halten. (2) In früheren Zeiten vergingen Tage und Wochen, bis die Bevölkerung über Vorfälle aus dem Ausland in Kenntnis gesetzt werden konnte. (3) Als zum Beispiel im Jahre 1789 die Französische Revolution ausbrach, mussten die

Berichterstatter erst nach Paris reisen um von dort in Briefen die deutschen Zeitungen zu informieren. (4) Der Transport der Nachrichten, der durch die Postkutsche oder durch reitende Kuriere erfolgte, war oft beschwerlich und langwierig. (5) Wenn dann die neuesten Nachrichten in den Zeitungen erschienen, waren sie eigentlich schon überholt. (6) So dauerte es 12 Tage, bis die „Weimarischen Anzeigen" im Jahre 1793 über die Aufsehen erregende Hinrichtung des französischen Königs Ludwig XVI. berichten konnten. (7) Erst durch die Entwicklung der Telegrafie, die das Nachrichtenwesen in der Mitte des 19. Jahrhunderts revolutionierte, konnten die Redaktionen der Zeitungen schneller über wichtige Ereignisse aus dem Ausland in Kenntnis gesetzt werden. (8) Nachdem sich auch die Eisenbahn als Verkehrsmittel durchgesetzt hatte, war ein weiterer Schritt auf dem Wege zu schnellerer Informationsübermittlung an die Presse getan.

(9) Außerdem waren leistungsfähigere Papiermaschinen entwickelt worden und schließlich arbeiteten auch die neuen Druckerpressen entschieden schneller als in den Anfängen der Zeitung.

4 a) Sucht die Wörter heraus, mit denen die Nebensätze eingeleitet werden.
b) Erstellt eine Tabelle mit den Einleitewörtern, die zusammenpassen:

die	bis
...	als
...	...

5 a) Erklärt die sprachlichen Veränderungen der beiden folgenden Beispiele:

Beispiel 1:

Durch eine *verbesserte* Technik ... wurde der Transport der Nachricht beschleunigt.

↓

Durch eine Technik, *die sich ständig verbesserte*, ... wurde der Transport der Nachricht beschleunigt.

Beispiel 2:

Wegen der schlechten Nachrichtenverbindungen ... erschienen die Meldungen verspätet.

↓

Weil die Nachrichtenverbindungen schlecht waren, ... erschienen die Meldungen verspätet.

b) Welche Satzteile werden durch die beiden Nebensätze ersetzt?

Nebensätze werden oft mit bestimmten Wörtern eingeleitet.
Wir unterscheiden dabei die Einleitung mit **Relativpronomen** (z. B.: *der, die, das; welcher, welche, welches*)
und die Einleitung mit **unterordnender Konjunktion** (z. B.: *bis, als*).

Nebensätze mit Relativpronomen heißen **Relativsätze**. Sie nehmen oft die Stelle eines Attributs ein.
Beispiel: *wichtige* Ereignisse → Ereignisse, *die wichtig sind*, ...

Nebensätze mit unterordnender Konjunktion nehmen oft die Stelle einer adverbialen Bestimmung ein. Man nennt sie dann **Adverbialsätze.**
Beispiel: *Nach dem Ausbruch der Französischen Revolution* mussten die Berichterstatter erst nach Paris reisen. → *Als die Französische Revolution ausbrach*, mussten die Berichterstatter erst nach Paris reisen.

6 Versucht in dem Artikel über „Zeitungen und ihre Nachrichten" (S. 122–123) weitere Sätze umzuformen.

a) Welche Attribute könnt ihr durch Relativsätze ersetzen?
b) Probiert auch, aus Relativsätzen Attribute zu bilden.
c) Ersetzt Adverbialsätze durch adverbiale Bestimmungen, wo es möglich ist.
d) Sucht adverbiale Bestimmungen, aus denen ihr Adverbialsätze formen könnt.

7 Untersucht den letzten Satz des Artikels „Zeitungen und ihre Nachrichten" (S. 122–123). Woran kann man erkennen, dass hier zwei Hauptsätze miteinander verbunden sind?

Ein zusammengesetzter Satz, der aus zwei oder mehr Hauptsätzen besteht, wird **Satzreihe** genannt. Die selbstständigen Teilsätze werden manchmal nur durch Komma voneinander abgegrenzt (z. B.: *Die Zeitungen unterlagen der Zensur, sie mussten von den Fürsten genehmigt werden*).
Meist werden die Teilsätze durch **nebenordnende Konjunktionen** miteinander verbunden (z. B.: *und, oder, denn*).

Zeitungen und ihre Leser

(1) Im 18. und 19. Jahrhundert wurde das Caféhaus zum wichtigsten Ort des politischen Meinungsaustauschs unter den Bürgern. (2) Hier lagen Zeitungen und Zeitschriften aus, es gab sogar bestimmte Räume für so genannte Lesegesellschaften. (3) Im Caféhaus diskutierte man nicht nur über politische Probleme, die in der Presse behandelt wurden. (4) Man las auch kulturelle Zeitschriften und man besprach leidenschaftlich und offen alle gesellschaftlichen Fragen, die durch die Zensur der Landesfürsten nicht in der Presse erwähnt werden durften. (5) Für die Bauern auf dem Lande und die Arbeiter in den Städten entwickelte sich das Wirtshaus zum wichtigsten Ort, an dem politische Meinungsbildung stattfand. (6) Auch hier lagen Zeitungen aus, die jeder lesen konnte.

8 Bestimmt die Sätze nach Satzgefüge und Satzreihe.

9 Sucht in Lexika unter den Stichwörtern „Zeitung“, „Flugblatt“ und „Pressefreiheit“ nach weiteren Informationen und tragt eure Ergebnisse in der Klasse vor.

7.2 Wir können Texte besser verstehen

Umstände genauer bestimmen

Wetterbericht (1)

Ein Tiefausläufer, der sich nur zögernd vom Ärmelkanal ostwärts bewegt, führt auch in den nächsten Tagen wolkenreiche und zugleich milde Meeresluft nach Deutschland. Heute bleibt es wechselnd bewölkt mit nur vereinzelten Auflockerungen. Örtlich kann es kurzfristig zu Schauern und Gewittern kommen. Die Höchsttemperaturen liegen tagsüber bei 20 Grad, nachts kühlt es sich auf 14 Grad ab. Es weht ein mäßiger Wind aus Süd bis Südwest.
Morgen hält die starke Bewölkung noch an, es kommt zu Schauern oder Gewittern, die Temperaturen liegen tagsüber bei 17 Grad. Erst am Sonntag ist mit vereinzelten Aufheiterungen und leichter Erwärmung zu rechnen.

Wetterbericht (2)

Schneefälle, Sturm und Eisglätte haben in weiten Teilen Deutschlands und in Westeuropa für ein Verkehrs-Chaos gesorgt. In Deutschland traf es die Länder Schleswig-Holstein, Niedersachsen und Mecklenburg-Vorpommern am schlimmsten. Das aufgepeitschte Ostseewasser setzte in Küstenstädten ganze Straßen unter Wasser und schleuderte Eisschollen aufs Land. Viele Bundes- und Landstraßen waren wegen meterhoher Schneeverwehungen nur schwer befahrbar. Fahrzeuge, die in den Schneemassen stecken geblieben waren, konnten oft nur mit Mühe freigeschaufelt werden.
In mehreren Gebieten fiel die Schule aus. In Hamburg musste der Flughafen Fuhlsbüttel

wegen vereister Piste für 30 Minuten gesperrt werden. Vorwürfe mussten sich die Streudienste im Regierungsbezirk Düsseldorf gefallen lassen. In vielen Fällen sei nicht ausreichend gestreut worden, sagte eine Sprecherin des Regierungspräsidenten. Der Landschaftsverband wies die Kritik entschieden zurück. In den meisten Fällen sei bereits in der Nacht gestreut worden.
Am heutigen Mittwoch ist erneut mit heftigen Schneefällen zu rechnen.

1 a) Vergleicht den Inhalt der beiden Wetterberichte aus der Tageszeitung. Welche Informationen werden jeweils vermittelt?
b) Beschreibt Gemeinsamkeiten und Unterschiede im Aufbau und in der sprachlichen Darstellung der beiden Texte.

2 a) In beiden Texten werden **adverbiale Bestimmungen** verwendet. Sucht möglichst viele heraus und bestimmt, welche Umstände sie angeben (Zeit, Ort, Grund, Art und Weise).
b) Warum sind adverbiale Bestimmungen notwendig für das Verfassen von Wetterberichten?

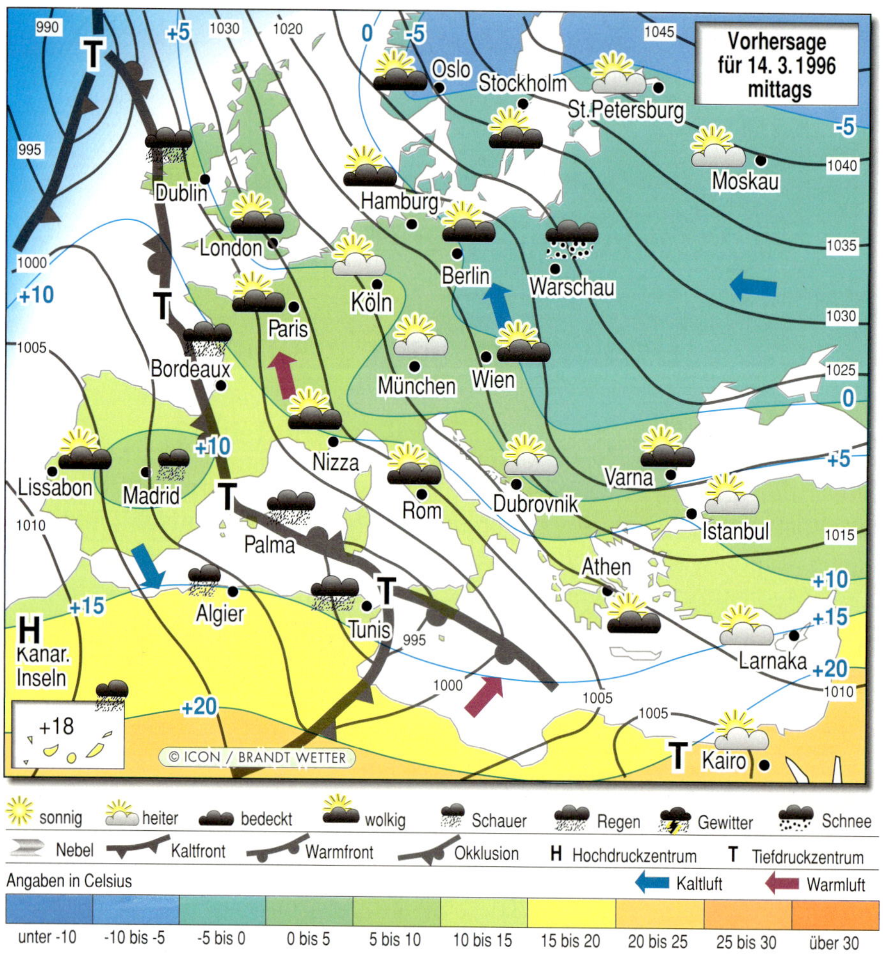

3 a) Untersucht und erläutert die hier abgebildete Wetterkarte.
b) Schreibt einen Wetterbericht zu dieser Karte.

Menschen und Dinge zutreffend charakterisieren

Gudrun Pausewang

Schulzeit in Wichstadtl

Gudrun Pausewang wurde 1928 in Wichstadtl (Ostböhmen) geboren. Der Ort heißt heute Mladkov und liegt in Tschechien. Als Lehrerin arbeitete Gudrun Pausewang in Südamerika und Deutschland. Ihre Kinder- und Jugendbücher wurden vielfach übersetzt und preisgekrönt.
Eine Geschichte von ihr findet ihr auf S. 21–26.

Ich sehe es noch vor mir, das zweistöckige, breite Gebäude mitten im Grünen hinter dem Bach, der aus Deutsch-Petersdorf herunterplätscherte. Unten links lag die Lehrerwohnung, rechts die tschechische Klasse, im ersten Stock befanden sich die beiden deutschen Klassen. Im einen Raum wurde das erste bis dritte, im anderen das vierte bis achte Schuljahr unterrichtet. Im Saal der „Großen" saß ich nur eineinhalb Jahre, weil ich dann ins Gymnasium überwechselte. Aber das Klassenzimmer der „Kleinen" habe ich noch in genauer Erinnerung. Welcher Wichstädter meines Alters sähe nicht noch die eindrucksvolle Bildertafel vor sich, die zwischen den beiden mittleren Fenstern hing? Sie stellte die abschreckende Geschichte eines Jungen dar, der verbotenerweise auf der Straße mit einem Ball spielte, natürlich unter ein Auto geriet, bandagiert im Krankenhaus lag um später einbeinig auf Krücken in die Schule zu humpeln und den Mitschülern sehnsüchtig beim Ballspiel zuzusehen.

Ludwig Harig

Das Klassenfoto

In seinem Buch „Weh dem, der aus der Reihe tanzt" beschreibt Ludwig Harig (geb. 1927) seine Kindheit und Jugend im Nationalsozialismus.
Er erinnert sich an einen Klassenkameraden aus dem ersten Schuljahr, einen französischen Jungen mit Namen René, der von allen als Außenseiter misshandelt wurde.
Als ihm als Erwachsenem ein Klassenfoto aus den dreißiger Jahren in die Hände fällt, versucht er René wieder zu erkennen. Er hat ihn als Jungen aus einem vornehmen Hause in Erinnerung.

Ich suchte weiter, ich fand ein Klassenfoto, auf dem alle noch so lebendig sind, wie sie damals waren. Ich streiche mit der Hand über das Papier, es ist nicht gelb und stumpf geworden. Doch je aufmerksamer ich in die vertrauten Gesichter schaue, umso gründlicher zerfasern mir die Bilder vor den Augen und mir scheint, als sei das Leben trügerischer als die Erinnerung. Ein Wahn, eine heillose Täuschung, denn ich sehe uns auf dem Foto vor der Backsteinmauer des Schulhauses stehen und sitzen, in vier Reihen hintereinander, doch nicht, wie ich es mir vorgestellt hatte, in gleich gemusterten Pullovern und Strümpfen, eingekleidet wie Soldaten im grauen Rock, René allein im farbigen Kittel und mit blitzenden Lackschuhen, o nein. Vielleicht ist es aber doch ein buntes Schürzchen gewesen, das René über den Kleidern trug, und die Erinnerung hat mich nur halb betrogen. Auf dem Foto sind wir ein bunt gewürfelter Haufen mit Trachtenjöppchen und Matrosenanzügen, gestrickten Pullovern und offenen Hemdkragen. Alle Jungen erkenne ich wieder, außer zweien, und der eine davon muss René sein. Doch welcher? Der Knabe mit der geschorenen Glatze oder der Knabe mit dem schwarzen Wuschelhaar? Keiner trägt goldbeknöpfte Schnallenschuhe, keiner einen Franzosenkittel. Ich zermartere mir das Hirn, ich drücke die Augen zu, als könnte es mir gelingen die wahrhaftigen Bilder zwischen den Lidern hervorzupressen. Doch nein, es konnte alles nicht so gewesen sein, wie ich es mir vorgestellt hatte. Da gab es kein Badezimmer und keine Kammerzofe und René hat sicher nicht nach Seife und Parfüm geduftet. Es waren arme Leute vom Grubenpfad und die Mutter war wohl keine Dame, die im schwarzen Renault durch das Dorf kutschiert wurde. Ich habe mich geirrt. Ich habe den Falschen für den Richtigen gehalten, habe aus dem Unreinen einen Unberührbaren gemacht, damit ich gar nicht schwer leiden sollte wegen unseres Folterns.

Walter Kempowski

Die Kugel

Walter Kempowski wurde 1929 geboren und war lange Jahre in Norddeutschland als Volksschullehrer tätig. Viele seiner Bücher handeln von den beiden Weltkriegen. Der folgende Text stammt aus einem Buch, in dem Walter Kempowski die Kindheit eines Jungen kurz vor dem Zweiten Weltkrieg beschreibt.

Der Großvater brachte ihm eine große blaue Porzellankugel mit. Oder war sie aus Glas, blau, mit einer weißen Spirale darin?

„Hier“, sagte der Großvater, „diese Kugel schenke ich dir, damit habe ich schon als Kind gespielt.“

Ein großer Junge auf der Straße sagte: „Woll'n mal sehen, ob sie das aushält“, und er warf die Kugel in die Luft. Sie zerplatzte auf dem Pflaster zu einem weißen Stern.

1 a) Sprecht über die Jugenderlebnisse. Was erscheint euch besonders auffällig daran?
b) Beurteilt Verhalten und Handlungsweisen der dargestellten Personen.

2 a) In den Texten finden sich zahlreiche **Attribute.** Sucht möglichst viele mit ihren **Bezugswörtern** heraus.
b) Stellt fest, welche Bedeutung die Attribute jeweils für die Darstellung haben: Führt Weglassproben durch.

3 a) Sicher habt ihr auch Klassenfotos aus eurer Grundschulzeit, vielleicht sogar von Eltern und Großeltern. Bringt sie mit in den Unterricht und beschreibt euren Gesamteindruck.
b) Wählt einzelne Abbildungen von Schülerinnen und Schülern auf den Fotos aus und beschreibt sie möglichst genau.
c) Schreibt ein besonderes Erlebnis aus den Anfängen eurer Schulzeit auf und tragt es der Klasse vor.

Mit dem Satzbau Wirkungen erzielen

Irmela Wendt

Porträt der Lehrerin Stephanie N.

Das Mädchen Stephanie wurde im Kriegsjahr 1916 während der Kirschblütenzeit geboren. Der Vater war zur selben Zeit bemüht möglichst viel Franzosen totzuschießen und selbst heil davonzukommen. Mit fünfzehn Monaten nannte Stephanie ihn den „schönen“ Papa, sobald er den Offiziersrock trug, sonst den „schwarzen“. Der Vater war ein nachdenklicher Mann.

Als der Krieg aus und für ihn verloren war, grübelte er unentwegt, wie Morden und Lieben zugleich in ihm möglich gewesen waren. Er verpasste darüber Beruf und Gelderwerb. Stephanie zog mit ihrer Mutter zur Großmutter aufs Land. Weil sie leicht lernte, durfte sie ein Gymnasium besuchen und danach Erziehungswissenschaften studieren. Kurz vor Ausbruch des Zweiten Weltkrieges verlobte sie sich mit einem Mitstudenten. Der Vater, der in einer kriegswissenschaftlichen Abteilung der Wehrmacht arbeitete, brach seine Schweigepflicht und erschreckte Stephanie mit der Nachricht, dass der polnische Angriff in Wahrheit von verkleideten Deutschen vorgetäuscht wurde. Stephanies Verlobter erwarb in Frankreich weiße Seide für das Hochzeitskleid. Als es genäht war, fiel er in Russland.

Stephanie wurde eine nachdenkliche Lehrerin. Sie versäumte zwar nicht den Schülern das Vorgeschriebene beizubringen, doch hauptsächlich dachte sie darüber nach, warum schon die Jungen auf dem Schulhof gegeneinander kämpfen. „Sie müssen etwas los werden“, sagte sie sich nach langem Beobachten, „Wut und Empörung sind der äußere Lack, darunter steckt irgendein Verlangen. Sie bedrängen andere damit und meinen, das mache sie frei.“ Es gehörte zu Stephanies täglichem Brot, das Lernen möglich zu machen, deshalb suchte sie unentwegt Möglichkeiten, in denen Kinder sich befreien lernen ohne andere zu schädigen. Als sie in den Ruhestand versetzt wurde, zur Zeit der späten Kirschernte übrigens, sagte sie: „Das kleine Einmaleins bringen wir Kindern in wenigen Wochen bei. Aber wie steht es mit dem großen, dem Einmaleins des Menschseins?“

Max Kruse

Auch ein Weihnachtsabend

Es ist dämmrig, grau in der Stube. Drüben sind schon ein paar Fenster erleuchtet. Die Straße unten ist fast menschenleer. Nur wenige Autos fahren noch.

Eine Strähne weißen Haares fällt über ihr Gesicht. Sie streicht sie mit der linken Hand nach hinten.

Auf dem Tisch steht eine Kerze. Sie brennt nicht. Drum herum liegen kleine Tannenzweige, daneben die Streichholzschachtel. Ein zarter Duft ist in der Stube.

Sie sitzt still und hört. Die Haustür klappt. Kinderfüße laufen die Treppe runter. Die haben es eilig! Der Fußboden vibriert. Das kommt von der Waschmaschine nebenan. Was die jetzt noch zu schleudern haben?

Die Klappe des Briefkastens schlägt. Sie steht auf und geht an die Tür. Sie presst das Ohr ans Holz. Unten scheint noch jemand zu sein, hier ist niemand mehr. Langsam schließt sie den Briefkasten auf. Sie kennt die Karte, sie kommt jedes Jahr. Der Lebensmittel-Kaufmann wünscht „Frohe Weihnachten“. Sie schlurft in die Stube zurück und lehnt die Karte an die Kerze.

Fröhliche Weihnachten – die Wände sind so dünn. Wittkes haben das Radio laut aufgedreht. Mit den Liedern kommt ihre Kindheit durch die Mauer. Sie hatten sich an den Händen gefasst, der Bruder im grauen Anzug – sie im weißen Kleid. Und sie sangen. Vater und Mutter sangen mit ihnen. Es roch nach Tannennadeln und Äpfeln.

Siebzig Jahre vorbei! Wohin? – Kalte, schneidende Nacht. Die Sterne glitzerten nicht nur am Himmel, auch im Schnee unter den Gaslaternen. Man bekam rote Ohren auf dem Weg zur Christmette. Hinterher in der Stube knallte der Kachelofen.

Jetzt ist es auch warm. Der Hausmeister hat gut eingeheizt. Wo das Öl doch so teuer ist. Die Heizkörper sind heiß. Nur ihre Hände sind kalt. Immer. Das kommt halt so: der Kreislauf.

Die Glocken beginnen zu läuten, draußen an der Kirche. Und überall in der ganzen Stadt. In dieser Stunde wurde damals die Tür zum Weihnachtszimmer geöffnet. Zu Hause. Und später hat sie es auch so gemacht, als ihr Bub noch klein war.

Nicht alle leben so lange wie sie. Zwei Kriege – und noch vieles andere gingen vorbei. Sie ist noch da und hört die Glocken läuten. Frohe Botschaft? Welche Botschaft?

Sie braucht nicht zu warten. Sie braucht keine Tür zu öffnen. Sie nimmt die Schachtel in die Hand und zündet ein Streichholz an. Zögernd hält sie es über den Tisch. Die Tannenzweige leuchten grün. Da steht die Glückwunschkarte des Kaufmanns.

Sie bläst das Streichholz wieder aus. Lange sitzt sie, während die Dunkelheit wächst.

1 a) Beschreibt die Personen, die im Mittelpunkt der Erzählungen von Irmela Wendt und Max Kruse stehen.
b) Welche der beiden Frauen würdet ihr gern über ihre Jugenderlebnisse befragen?

2 a) Untersucht den Satzbau der beiden Erzählungen. Welche Unterschiede in der Verwendung von **Haupt-** und **Nebensätzen** fallen auf?
b) Passt der Satzbau jeweils zum Inhalt der Erzählungen? Begründet eure Ansicht.

3 a) Nehmt euch einzelne Abschnitte aus den Erzählungen vor und versucht an geeigneten Stellen Nebensätze wegzulassen oder neu einzufügen.
b) Vergleicht eure Vorschläge mit den jeweiligen Originalsätzen und sprecht über die Wirkung eurer Veränderungen.

7.3 Wir lernen genauer zu schreiben

Adverbiale Bestimmungen und Attribute anwenden

Ihr könnt ein kleines Experiment mit der Sprache machen. Seht euch zu diesem Zweck die beiden Zeichnungen von Schiffen an. Es gibt Unterschiede, aber auch Ähnlichkeiten.

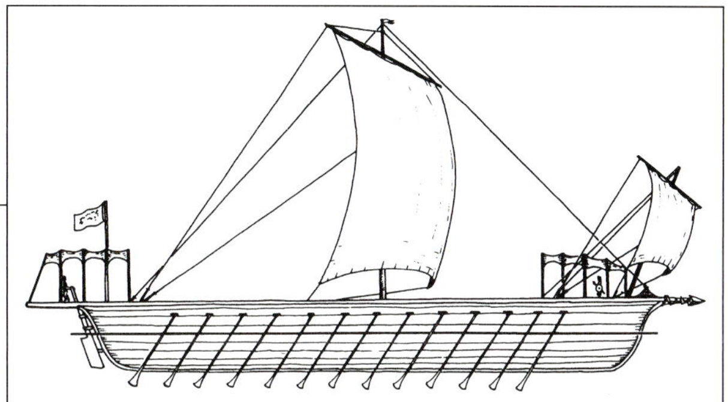

Römische Galeere

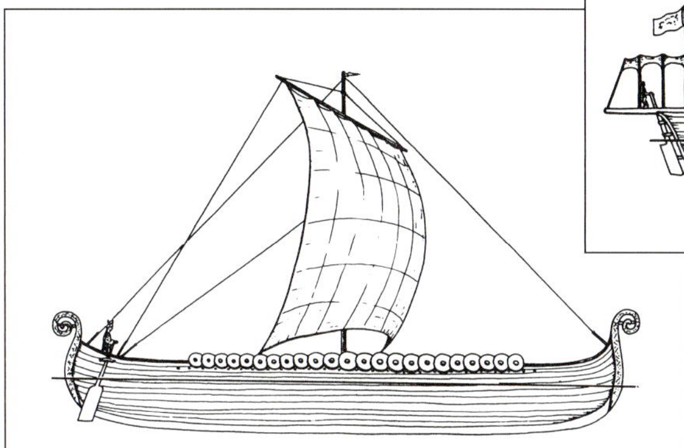

Wikingerschiff

Der folgende Lückentext passt trotz der Unterschiede der Schiffe für beide Typen. Nur wenn man die Lücken in dem Text mit den richtigen Attributen und adverbialen Bestimmungen ausfüllt, werden die Unterschiede zwischen den Schiffstypen deutlich.

(1) In der ■ Abbildung seht ihr ein ■ Schiff ■.
(2) Als Schiff ■ erlebte es seine Glanzzeit ■.
(3) Das ■ Segel war nur ein Hilfssegel.
(4) Daher verdankte das Schiff seine Schnelligkeit der Kraft ■.
(5) Das Schiff wurde von einer ■ Zahl ■ bedient.
(6) Die Ruderer saßen ■.

1 Aus eins mach zwei! Schreibt den Text zweimal ab. Lasst dabei viel Platz bei den Lücken.

a) Setzt in einem ersten Schritt die folgenden Wörter und Wendungen an passenden Stellen als **Attribute** in die Lücken ein. Für jede Lücke sind zwei Wörter oder Wendungen vorgesehen, sodass zwei unterschiedliche Texte dabei herauskommen:
einmastig (2x), ersten, zweiten, typisch (2x), des Nordseeraumes, für kriegerische Zwecke im ganzen Mittelmeerraum, des Mittelmeerraumes, für Entdeckungsfahrten und Raubzüge bis nach Grönland, groß (2x), von Eroberern, von Sträflingen, von Ruderern (2x)

b) Setzt in einem zweiten Schritt die folgenden Angaben als **adverbiale Bestimmungen** ein:
auf dem Schiff, im Schiffsrumpf, vom 11. bis 18. Jahrhundert, im 9. und 10. Jahrhundert

c) Ihr könnt beide Schiffstypen noch genauer beschreiben, wenn ihr euch zusätzliche Informationen aus einem Lexikon oder Schiff-Buch besorgt.

Werbetexte arbeiten immer wieder mit Attributen und adverbialen Bestimmungen um Produkte anzupreisen. Wenn man diese Attribute und adverbialen Bestimmungen ins Gegenteil verkehrt, erhält man merkwürdige und lustige Sätze, z. B.:

Unser frisches, hochwertiges Hundefutter aus edelstem Rindfleisch
lässt Ihren Liebling freudiger bellen!

↓

Unser altes, wertloses Hundefutter aus schlechten Fleischresten
lässt Ihren Liebling trauriger bellen!

2 a) Erläutert, um welche Art von Attributen und adverbialen Bestimmungen es sich in den Sätzen handelt.
b) Bildet nach dem gleichen Muster aus den folgenden Sätzen zwei entgegengesetzte Werbetexte.
– *Hallo, Jungen und Mädchen! ■ Schuhe sind für ■ Kinderfüße wichtig.*
– *Jetzt gibt es unsere ■ Kinderschokolade ■.*
– *■ Zahnpasta reinigt Kinderzähne ■ und ■.*
– *■ Haar ist der Ausdruck ■ Persönlichkeit.*
– *Jetzt gibt es ■ T-Shirts zum Preis für eins!*
c) Vergleicht eure Texte.

3 Schreibt selbst einen Werbetext, in dem ihr euch durch Ersetzen von Attributen und adverbialen Bestimmungen über ein Produkt lustig macht.

In den Texten dieses Kapitels ist euch an vielen Stellen das **Adjektiv** in unterschiedlichen Satzgliedern begegnet. Tatsächlich sind viele Adjektive Meister im Rollenspiel:

Wortart Adjektiv

Der Reporter berichtet

Diesen

Film muss man sich ansehen.

4 Erklärt, woran man die unterschiedliche Rolle des Adjektivs im Satz jeweils erkennen kann.

Gänsefeder und Tinte

Im 19. Jahrhundert, als die Kinder noch mit Gänsefeder und Tinte schreiben lernten, musste der Lehrer auch dafür sorgen, dass die Federn *sauber* angespitzt waren, denn die Kinder durften nicht mit *scharfen* Messern umgehen. Daher sammelte der Lehrer jeden Tag die *stumpfen* Federn ein und spitzte sie in *mühevoller, zeitraubender* Arbeit *sorgfältig* an. Am *nächsten* Morgen gab er die Federn zurück. Auch die *sachkundige* Herstellung der Tinte war eine der Aufgaben des Lehrers. *Umsichtig* und *geschickt* musste er seine Mischungen zusammenstellen und *lange* kochen lassen, bis eine *dicke, schwarze* Brühe entstand.

5 Schreibt die Adjektive heraus und ordnet sie in euren Heften nach ihrer Rolle im Satz:

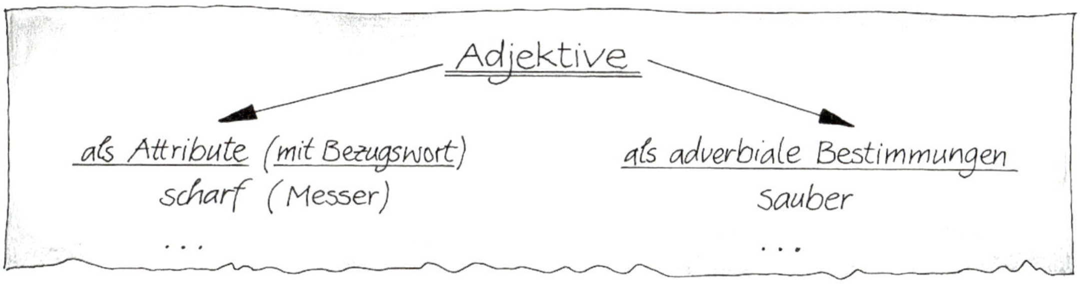

Wenn ihr unsicher seid, ob es sich bei einem Adjektiv um ein Attribut oder eine adverbiale Bestimmung handelt, könnt ihr die **Umstellprobe** anwenden:

Adverbiale Bestimmungen lassen sich wie alle Satzglieder umstellen.

Beispiel:
Die Federn waren *sauber* angespitzt.
Sauber waren die Federn angespitzt.

Attribute sind Teile von Satzgliedern und bleiben auch bei Umstellungen mit ihrem Bezugswort verbunden.

Beispiel:
Die Kinder durften nicht mit *scharfen* Messern umgehen.
Mit *scharfen* Messern durften die Kinder nicht umgehen.

6 Vergleicht eure Adjektiv-Listen.

Gedanken durch Satzreihen und Satzgefüge verbinden

Vom Streit der Haupt- und Nebensätze

Einst stritten sich die Hauptsätze mit den Nebensätzen. „Wir sind es allmählich leid, dass ihr uns auf Schritt und Tritt verfolgt!“, schrien die Hauptsätze. „Fast nie kann man sich ungestört und alleine bewegen, weil ihr euch immer mit euren Einleitewörtern an uns klammert! Ihr drängt euch noch, obwohl ihr vor uns und hinter uns genügend Platz habt, in unsere Mitte und reißt uns auseinander! Jetzt schneiden wir euch für immer ab!“
„Dann versucht es doch!“, antworteten die Nebensätze lachend. „Noch nicht mal bei euren Beschimpfungen kommt ihr ohne uns aus!“

1 a) Erklärt die Vorwürfe der Hauptsätze.
b) Sucht die Nebensätze in der kleinen Erzählung auf. Achtet dabei auf die Einleitewörter. Wo steht jeweils der zugehörige Hauptsatz?
c) Der Name „Nebensatz“ könnte ja bedeuten, dass diese Teilsätze nebensächlich sind. Was meint ihr dazu?

Die Erfindung der Brille

(1) Es gab Brillen. Kristalle wurden als Vergrößerungsgläser verwendet. *(da, bevor, die)*
(2) Italienische Glasbläser entdeckten im 13. Jahrhundert die vergrößernde Wirkung dicker Gläser. Sie lebten in Murano bei Venedig. *(nachdem, die)*
(3) Sie hielten das Herstellungsverfahren geheim. Es wurde später europaweit bekannt. *(obwohl, weil, das)*
(4) Das Augenglas fand schnell Verbreitung. Es entwickelten sich unterschiedliche Brillenformen. *(die, und)*
(5) So war die Lorgnette eine Brille an einem langen Stiel. Man hielt sie sich vor die Augen. *(als, mit dem)*
(6) Die erste Brille entstand im 18. Jahrhundert in England. Sie wurde mit Bügeln über den Ohren gehalten. *(die, und, indem)*

2 Die meisten Satzpaare lassen sich mit Hilfe von Relativpronomen oder unterordnenden Konjunktionen zu **Satzgefügen** zusammensetzen. In einem Fall entsteht auch eine **Satzreihe.**
a) Wählt jeweils eine passende **Konjunktion** oder ein **Relativpronomen** aus und bildet einen sinnvollen zusammengesetzten Satz.
b) Schreibt die zusammengesetzten Sätze auf und unterstreicht die Nebensätze mit Konjunktionen rot und die mit Relativpronomen grün.
c) Aus welchem Satzpaar habt ihr eine Satzreihe gebildet?

Der Bleistift als Schreibwerkzeug

___ man im 16. Jahrhundert große Graphitvorkommen in England entdeckt hatte, wurden bald auch die ersten Graphitschreiber verwendet. Diese frühe Form der Bleistifte eignete sich zunächst nur bedingt zum Schreiben, ___ das Material war zu weich. Man versuchte daher den schwarz färbenden Graphit zu härten, ___ man ihn mit anderen Stoffen mischte. Als besonders geeignet erwies sich schließlich eine Mischung, ___ aus geschlämmtem Graphit und Ton bestand. Dies sind heute noch die beiden wichtigsten Rohstoffe, ___ Bleistifte hergestellt werden. Daneben verwendet man heutzutage Fette und Wachse, ___ die Schreibfähigkeit auf diese Weise verbessert werden kann. Die Graphitlager in England sind längst erschöpft, ___ es gibt inzwischen andere Länder, ___ Graphit gefunden wird, z. B. Mexiko. Für den Holzkörper der Bleistifte verwendet man nur Hölzer, ___ sich nach einer besonderen Präparierung gut schneiden lassen. Heute legt man ganz besonderen Wert auf umweltfreundliche Materialien, ___ es um die Herstellung von Bleistiften geht.

3 In dem Text sind Lücken freigelassen für die passenden Konjunktionen und Relativpronomen.

a) Lest den Text und schreibt die folgenden Einleitewörter in der richtigen Reihenfolge in eure Hefte:
weil, indem, die (2x), aus denen, nachdem, denn, doch, in denen, wenn

b) Unterstreicht in euren Heften die **unterordnenden Konjunktionen** rot, die **Relativpronomen** grün und die **nebenordnenden Konjunktionen** doppelt rot.

c) Lest anschließend den Text mit den passenden Einleitewörtern.

Eine Erfindung von Oskar, dem freundlichen Polizisten

4 a) Erklärt, was auf den Bildern dargestellt wird.

b) Erfindet eine Geschichte zu der Bildfolge und schreibt sie in eure Hefte. Verwendet beim Schreiben möglichst genaue Angaben.
Ihr könnt z. B. so beginnen:

> *Eines Tages, als Oskar, der freundliche Polizist, schon frühmorgens in der Parkstraße auf Streife war, hörte er plötzlich hinter sich einen ohrenbetäubenden Lärm ...*

c) Was haltet ihr von der Erfindung Oskars? Schreibt eure Beurteilung auf und verwendet dabei Satzgefüge und Satzreihen, z. B. mit den Konjunktionen *weil, da, denn ...*

NACHDENKEN ÜBER SPRACHE

8 Satzzeichen setzen

8.1 Satzzeichen bei wörtlicher Rede, Satzverbindungen und Aufzählungen

Lesen und Schreiben im alten Rom

Auf der Abbildung seht ihr eine Schulszene aus dem alten Rom. Die Darstellung befindet sich auf einem Grabmal aus dem 2. Jahrhundert nach Christus, das man in Neumagen-Dhron an der Mosel gefunden hat.

1 Beschreibt die Schulszene und vergleicht sie mit eurem Schulalltag.

2 a) Zwischen dem Lehrer und dem Schüler rechts im Bild könnte sich ein Gespräch entwickeln. Worüber könnten die beiden reden?
b) Schreibt einen möglichen Dialog zwischen Lehrer und Schüler auf und achtet dabei auf die richtigen **Satzschlusszeichen.** Ihr könnt folgendermaßen beginnen:

> Schüler: Guten Morgen, Magister!
> Lehrer: Guten Tag, Marcus! ...
> Schüler: ...

3 Formt euren Dialog in eine kleine Erzählung um und denkt dabei an die richtige Verwendung der **Anführungszeichen:**

> „Guten Morgen, Magister!", sagte Marcus, als er den Unterrichtsraum betrat. Es war gerade zehn Uhr...

4 Überprüft die Zeichensetzung in den Dialogen und Erzählungen eurer Nachbarin oder eures Nachbarn.

Über antike Bücher

Die Schüler, die zu beiden Seiten des Lehrers sitzen, sind anscheinend ganz in ihre Buchrollen vertieft. Diese Rollen wurden aus der Papyrus-Staude hergestellt, weil das Mark dieser Pflanze nach dem Trocknen und Glätten gut beschriftet werden konnte. Man studierte den Text, indem man die zu lesende Buchrolle in die rechte Hand nahm und sie mit der linken Hand abrollte. Wenn man mit dem Lesen fertig war, wurde das „Buch" wieder in die rechte Hand zurückgerollt. Dabei wickelte sich der Papyrus-Streifen um einen in der Mitte steckenden Holzstab auf. Die Buchrollen erreichten Längen bis zu 10 Metern, ein größerer Umfang wäre zu unhandlich geworden. Unser Wort „Papier" erinnert noch an die Papyrus-Rollen und auch das lateinische Wort *volumen* für die beschriebene Rolle findet sich in der deutschen Sprache wieder. „Volumen" ist heute ein anderes Wort für „Umfang" oder „Rauminhalt".

5 a) In dem Text findet ihr zwei **Satzreihen** (Hauptsatz + Hauptsatz) und vier **Satzgefüge** (Hauptsatz + Nebensätze). Erklärt, wodurch sich Hauptsätze und Nebensätze unterscheiden.
b) Sucht die Satzreihen und Satzgefüge heraus und stellt fest, wo jeweils ein Komma stehen muss.
c) Formuliert Regeln.

In dem folgenden Text fehlen die Kommas in Satzreihen und Satzgefügen.

6 Lest die Sätze zunächst halblaut durch und achtet dabei auf **Sprechpausen.** Sie sind eine gute Hilfe beim Aufsuchen der Stellen, an denen ein Komma stehen muss.

Die Schulen im alten Rom

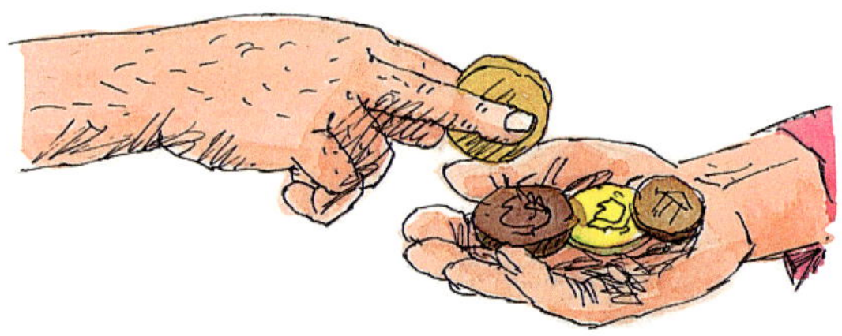

(1) Das Lesen in den Papyrus-Rollen erforderte große Konzentration weil die Buchstaben auf den Blättern zumeist ohne Wortgrenzen und Satzzeichen aneinander gereiht wurden. (2) In den Schulen die von Jungen und Mädchen gleichermaßen besucht werden konnten wurde demnach viel Zeit für das Erlernen des Lesens verwendet. (3) Der Erfolg war jedoch nicht selten zweifelhaft sodass der Ruf der Schulen oft sehr schlecht war. (4) Im Grunde konnte jeder der sich als gebildet betrachtete eine Schule eröffnen und meist waren es freigelassene Sklaven die sich mit einer großen Zahl von Kindern der wenig geachteten Tätigkeit des Lehrers widmeten. (5) Die Eltern mussten den Lehrer bezahlen doch oft erschienen die Kinder am Zahltag nicht mehr sodass der Lehrer das Nachsehen hatte. (6) Die harmonische Schulszene auf dem Grabmal spiegelt daher sicher nicht das öffentliche Schulwesen wider in dem es meist laut und undiszipliniert zuging. (7) Sie ist eher ein Abbild des häuslichen Privatunterrichts in vornehmen römischen Familien wo ein gelehrter „Grammaticus" für die Erziehung und Bildung verantwortlich war.

7 a) Bestimmt in jedem Satz zunächst die Haupt- und Nebensätze.
b) Diktiert euch die Sätze abwechselnd im Partnerdiktat. Achtet auf die richtige Kommasetzung.

Wie die Römer lasen

Manch einer, der heute ein Buch oder eine Zeitung liest, lehnt sich bequem zurück, hört Radio, trinkt Kaffee und blättert an uninteressanten Stellen seiner Lektüre einfach weiter. Die Römer hatten es nicht so leicht und bequem. Durch das Halten und Aufrollen der aneinander geklebten Papyrus-Blätter waren ihnen beim Lesen buchstäblich die Hände „gebunden“. Außerdem las man ein literarisches Werk nicht schweigend, sondern laut, selbst wenn man ganz allein im Raum war. Nicht zuletzt deshalb legten die Dichter großen Wert auf die Verwendung schöner, wohlklingender Wörter und Verse.

8 a) Schreibt die hervorgehobenen Wortgruppen in eure Hefte.
b) Untersucht, wo in diesen **Aufzählungen** Kommas gesetzt werden.
c) Formuliert Regeln zur Kommasetzung in Aufzählungen.

In dem folgenden Text fehlen die Kommas in den Aufzählungen.

9 Lest die Sätze zunächst mit Sprechpausen durch, damit ihr erste Hinweise für Kommastellen erhaltet.

Römerinnen in Schule und Beruf

(1) In den römischen Schulen wurden Jungen und Mädchen gemeinsam unterrichtet. (2) Nach der Grundschulzeit, die vom 7. bis zum 11. oder 12. Lebensjahr dauerte, ging der Anteil der Mädchen in den weiterführenden Schulen deutlich zurück. (3) Zu angesehenen gut bezahlten Berufen der gebildeten Männerwelt hatten Frauen kaum Zutritt. (4) So traf man nur selten auf eine Dichterin Malerin oder Philosophin.
(5) Stattdessen waren Frauen im Haushalt aber auch im Handel und Gewerbe tätig.
(6) Darüber hinaus gibt es Belege über die Arbeit von Frauen in der Viehhaltung beim Grasschneiden und beim Einbringen der Ernte. (7) Im sozialen Bereich finden wir Hebammen Ärztinnen und Erzieherinnen. (8) Schließlich betätigte sich eine große Zahl von Frauen in der Unterhaltungsbranche. (9) Jedoch war der Beruf der Tänzerin Schauspielerin oder Sängerin nicht sehr hoch angesehen. (10) Die meisten der berufstätigen Frauen entstammten übrigens den unteren ärmlichen Bevölkerungsschichten oder waren Sklavinnen. (11) Begüterte und vornehme Männer erlaubten ihren Frauen keine Berufstätigkeit.

10 Schreibt alle Aufzählungen in den Sätzen heraus und fügt die Kommas an den richtigen Stellen ein, z. B.:

(1) Jungen und Mädchen (kein Komma wegen **und**)
(2) ...

8.2 Satzzeichen in literarischen Texten erklären

Sicher kennt ihr viele Geschichten von Till Eulenspiegel oder Ulenspiegel, wie er früher genannt wurde. Eine der ältesten Sammlungen mit „Eulenspiegeleien“ stammt aus dem Jahre 1515. Sie wurde in Straßburg gedruckt. Rechtschreibung und Zeichensetzung, aber auch die Drucktypen der damaligen Zeit unterscheiden sich sehr von unseren heutigen Schreibgewohnheiten. Auch der Satzbau erscheint uns heute ungewöhnlich. Ihr findet im Folgenden einen Auszug aus einer Geschichte über Eulenspiegel. Rechtschreibung und Satzbau wurden ein wenig modernisiert, damit ihr den Originaltext besser versteht. Auch die Wörter wurden an einigen Stellen durch verständlichere ersetzt.
Die Zeichensetzung entspricht jedoch ganz dem Buch von 1515.

Eulen und Meerkatzen

Ulenspiegel sprach ja was soll ich aber backen, der bäcker war ein aufbrausender mann und wurde zornig und sprach voller spott, bist du ein bäckerknecht und fragst erst was du backen sollst, was pflegt man zu backen eulen oder meerkatzen und ging schlafen, da ging Ulenspiegel in die backstube und machte den teig zu eulen und meerkatzen die ganz backstube voll und buk sie Der meister stand am morgen auf und wollte ihm helfen, und als er in die backstube kam fand er weder wecken noch semmeln nur eulen und meerkatzen. Da ward der meister zornig und sprach, was hast du da gebacken. Ulenspiegel sprach was ihr mir befohlen habt, eulen und meerkatzen, der bäcker sprach was soll ich nun mit der narretei tun solches brot ist mir zu nichts nutze ich kann das nicht zu geld machen und ergriff ihn am hals und sprach bezahl mir meinen teig

1 a) Erzählt Anfang und Ende der Geschichte.
b) Welche Unterschiede zur heutigen Rechtschreibung und Zeichensetzung fallen euch auf?
c) Schreibt den Text ab und korrigiert dabei die Rechtschreibung und Zeichensetzung.

Rudolf Kirsten

Die andern haben's besser

„Wenn ich solch ein schönes Häuschen hätte wie die Schnecke, brauchte ich mich nicht in der Erde zu verkriechen", klagte ein Regenwurm.

„Und wie bequem wollte ich mir's darin machen!", sagte eine Grille.

„Ich habe eins", stöhnte die Schnecke, „und muss die Last Tag und Nacht mit mir herumschleppen. Was gäbe ich drum, wenn ich's los wäre!"

2 a) Erklärt in eigenen Worten, worüber sich die verschiedenen Tiere beklagen.
b) Formuliert die „Lehre" der Fabel. Geht dabei vom Titel aus.

3 a) Seht euch die einzelnen Sätze der Fabel an und begründet die Zeichensetzung.
b) Warum sind die Anführungszeichen notwendig für das Verständnis des Zusammenhangs?

Josef Reding

Hast du 'ne Macke?

Josef Reding wurde 1929 geboren und lebt im Ruhrgebiet. Reding hat viele preisgekrönte Jugendbücher geschrieben. Das abgedruckte Kindergedicht stammt aus den „Gutentagtexten", die 1974 erschienen.

Deine Puppe fiel auf die Backe.
Jetzt hat sie 'ne Macke
und jetzt sagst du: „Kacke!"
Und: „Aus ist's mit dem Schöngesicht!"
––– Nun wein mal nicht!
Um Macken und Wunden,
um Narben und Schrunden,
um Deulen und Beulen
soll man nicht heulen.
In einem Puppen-Großkaufhaus
Sieht eine wie die andere aus.
Doch mit 'ner Macke irgendwo
am Kopf, am Bein oder Popo
und mit 'nem Riss im Seidenkleid
ist sie eine Besonderheit.
Auch bei uns Menschen ist es so:
Hast du 'ne Macke, dann sei froh.
Dann kannst du hier auf Erden
kaum mehr verwechselt werden!

4 a) Erklärt, was man mit der Redewendung „Der/Die hat 'ne Macke!" in unserer Umgangssprache ausdrücken will.
b) Stellt fest, welchen Sinn diese Redewendung in dem Gedicht bekommt. Warum soll man sich über eine „Macke" freuen?

5 Mit welchem der folgenden Adjektive würdet ihr das Gedicht charakterisieren: „spannend", „ernst", „witzig", „lustig"? Begründet eure Wahl.

6 Untersucht die Zeichensetzung in dem Gedicht und erklärt sie.

Manchmal gehen Schriftstellerinnen und Schriftsteller in ihren literarischen Werken sehr frei mit der Zeichensetzung um, weil sie auf diese Weise bestimmte Wirkungen erzielen können. Auch der Schriftsteller Bertolt Brecht (1898 – 1956) hat gelegentlich von diesem Kunstgriff Gebrauch gemacht, so z. B. in einer Reihe von Fabeln, die er in Gedichtform für seinen Sohn Stefan geschrieben hat. Hier ein Beispiel:

Bertolt Brecht

Es war einmal ein Adler

Es war einmal ein Adler
Der hatte viele Tadler
Die machten ihn herunter
Und haben ihn verdächtigt
Er könne nicht schwimmen im Teich.
Da versuchte er es sogleich
Und ging natürlich unter.
(Der Tadel war also berechtigt.)

7 a) In dem Gedicht fehlen die meisten Satzzeichen. Trotzdem ist der Text gut zu verstehen. Woran liegt das wohl?
b) Wo müssten die fehlenden Satzzeichen eingesetzt werden?
c) Versucht eine Lehre für diese Fabel zu formulieren. Diskutiert eure Lösungen.

Manche Schriftsteller und Schriftstellerinnen nehmen sich große Freiheiten im Umgang mit der geschriebenen Sprache. Sie experimentieren mit Wörtern, Satzbau, Rechtschreibung und Zeichensetzung. Ein Beispiel für solche Sprachexperimente ist das vorliegende kleine Gedicht von Ullrich Remy (geb. 1949):

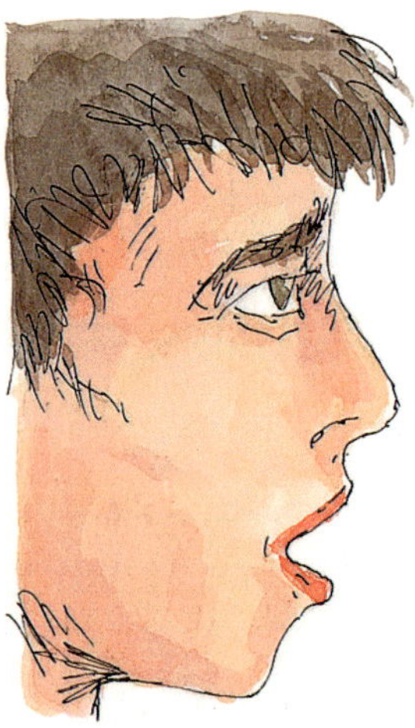

Ullrich Remy

ruf

ruf
mich wenn
du mich brauchst
ich brauch
deinen
ruf

8 a) Beschreibt, wie das Gedicht gestaltet ist.
b) Schreibt den Gedichttext in fortlaufenden Sätzen und mit normaler Rechtschreibung und Zeichensetzung auf. Wie verändert sich die Wirkung des Gedichts?

nmaregeln anwenden

alle Kommaregeln, die ihr kennen gelernt habt.
chließenden Übungen gebrauchen.

Kommas abgetrennt werden

	ze im ge	3. Wörter und Wortgruppen in **Aufzählungen**	4. **Wörtliche Rede** + nachfolgender Redebegleitsatz
	z + z *Andrea r,* bereitete sar vor.	3.1 Wörter Beispiel: Sie trägt einen *warmen, bequemen* Pulli.	4.1 Aussagesatz + Redebegleitsatz Beispiel: *„Ich schreibe dir bald“*, sagte sie. Der Punkt am Ende der wörtlichen Rede fällt weg, wenn der Redebegleitsatz folgt.
Konjunktion + Hauptsatz Beispiel: Wir wollten helfen, *doch* er ließ es nicht zu. Vor den Konjunktionen *aber, jedoch sondern, doch* u. a. steht immer ein Komma.	z + Nebensatz Beispiel: Ich kam zu spät, *weil ich verschlafen hatte.*	3.2 Wortgruppen Beispiel: Sie wollte um sechs Uhr *nach Hause kommen, Aufgaben machen, dann Tennis spielen.*	4.2 Fragesatz + Redebegleitsatz Beispiel: *„Wann schreibst du?“*, fragte sie mich. Das Fragezeichen in der wörtlichen Rede bleibt immer bestehen.
	2.3 Hauptsatz [Anfang] + Nebensatz + Hauptsatz [Ende] Beispiel: Das Buch, *das ich gelesen habe,* kann ich nicht mehr finden.	3.3 Vor den Konjunktionen *aber, jedoch, sondern, doch* u. a. steht immer ein Komma. Beispiel: Nicht nur in *guten, sondern auch in schlechten* Tagen war sie eine zuverlässige Freundin.	4.3 Ausrufsatz + Redebegleitsatz Beispiel: *„Halt! Stehen bleiben!“*, riefen die Polizisten. Das Ausrufezeichen in der wörtlichen Rede bleibt immer bestehen.
1.3 **Kein Komma** muss vor den Konjunktionen *und, oder, entweder ... oder, sowohl ... als auch* u. a. stehen. Man kann das Komma aber zur Verdeutlichung setzen. Beispiel: Herr Müller fuhr mit dem Fahrrad (,) *und* seine Tochter saß auf dem Rücksitz.		3.4 **Kein Komma** steht vor den Konjunktionen *und, oder, entweder ... oder, sowohl ... als auch* u.a. Beispiel: Wir fahren bei *sonnigem oder trübem* Wetter los.	4.4 **Aber:** Redebegleitsatz + wörtliche Rede Beispiel: Sie sagte: *„Ich schreibe dir bald.“* Steht der Redebegleitsatz vor der wörtlichen Rede, dann setzt man einen **Doppelpunkt.**

Schreibutensilien im alten Rom

Im Jahre 1875 machten Wissenschaftler bei Ausgrabungen in Pompeji einen einmaligen, Aufsehen erregenden Fund. Sie entdeckten in dem Ort, der 79 n. Chr. bei einem Ausbruch des Vesuvs verschüttet worden war, 150 hölzerne Täfelchen, die mit Wachs überzogen und beschriftet waren.
Nachdem man die Täfelchen gesäubert und genau untersucht hatte, stellte sich heraus, dass sie einst einem vermögenden Bankier gehört hatten. Dieser Mann hatte sich bestimmte Notizen darauf gemacht, die vor allem Auskunft über seine Geldgeschäfte gaben. Tatsächlich wurden derartige Täfelchen zur Zeit der Römer im Alltag immer dann verwendet, wenn man Rechnungen, Notizen, aber auch Liebesbriefe durch einen Sklaven überbringen ließ. Man ritzte die Schrift entweder mit einem spitzen Griffel aus Bronze oder mit einem Knochen ein. Wenn man das Geschriebene später löschen wollte, konnte man das Wachs mit der verbreiterten Oberseite des Griffels wieder glätten. Meist wurden mehrere Täfelchen mit einer Schnur zusammengebunden. Da manche dieser Schriftstücke einen persönlichen, privaten Charakter hatten, brachte man an der Stelle, wo der Faden geknüpft war, ein Wachssiegel an.
Natürlich wurden diese Täfelchen auch im Schulunterricht verwendet, weil man das Geschriebene immer wieder „auswischen" und berichtigen konnte. Die Schüler brachten übrigens nicht nur ein Wachstäfelchen, sondern meist mehrere mit zum Unterricht. Auch der jüngere Schüler, den man auf dem Neumagener Grabstein sieht, trägt einige Schreibtäfelchen bei sich.

1 Gebt für alle Kommas in diesem Text Regeln an. Orientiert euch an der Übersicht auf S. 143.

2 Lest den folgenden Text vor, in dem sämtliche Kommas fehlen.
Achtet dabei auf Sprechpausen um Hinweise für die Kommasetzung zu erhalten.

Tinte und Papyrus

(1) Wichtige Schriftstücke literarische Werke und Dokumente wurden mit schwarzer Tinte auf Papyrus-Blätter geschrieben.
(2) Daneben benutzte man sowohl rote Tinte als auch unsichtbare Geheimtinten die vor allem für das Abfassen von Liebesbriefen dienten. (3) In der römischen Kaiserzeit war der Bedarf an Papyrus so groß dass künstliche Pflanzungen angelegt werden mussten. (4) Die Verbreitung eines Buches erfolgte durch berufsmäßige Schreiber die von dem Original die Kopien herstellten. (5) Aus Sparsamkeitsgründen wurden die Papyrus-Rollen die man einmal beschriftet hatte gelegentlich sogar mit einem nassen Schwamm bearbeitet bis die Tinte kaum noch zu sehen war. (6) Wenn die Blätter noch halbwegs haltbar waren konnte man sie dann wieder verwenden. (7) Eine besonders abstoßende bösartige Methode der Bestrafung ließ sich der römische Kaiser Caligula einfallen. (8) Bei einem literarischen Wettbewerb zwang er die Dichter die seiner Meinung nach die schlechtesten Verse geschrieben hatten ihre Dichtungen von den Papyrus-Rollen abzulecken.

3 a) Diktiert euch den Text gegenseitig und gebt dabei die Kommas an.
b) Überprüft gemeinsam die Kommasetzung anhand der Übersicht auf S. 143.

4 a) Schreibt einen Artikel für die Schülerzeitung, in dem ihr darstellt, wie sich das Lesen und Schreiben heute von der Zeit der alten Römer unterscheidet.
b) Überprüft gegenseitig die Rechtschreibung und Zeichensetzung eurer Artikel.

9 Wie wird's geschrieben?

9.1 Nomen kann man gut erkennen

And after all the weather was ideal. Bill and Sue could not have had a more perfect day for a garden party if they had ordered it. Windless, warm, the sky without a cloud.

Il fait beau temps. Jean et René partent de Paris à bicyclette. Ils veulent aller à Reims. La route est bonne, et ils sont heureux.

L'Italia è una penisola che ha la forma di uno stivale. I suoi monti sono molto alti e il littorale è lungo. Ha pochi fiumi e quasi tutti sono di corso breve.

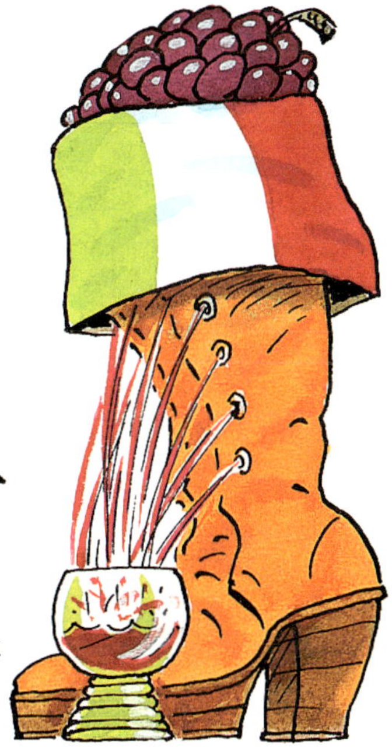

1 a) Welche Nomen kannst du in diesen Sätzen bestimmen?
b) Untersucht, welche Wörter hier, wie in vielen Fremdsprachen, großgeschrieben werden.

Schon aus der Grundschule weißt du, dass im Deutschen alle **Nomen großgeschrieben** werden. Wenn du beim Schreiben unsicher warst, hattest du bislang vor allem drei Entscheidungshilfen:

- die Bedeutung der Wörter: Nomen bezeichnen ...
- die Wortbildung: Typische Nomen-Endungen sind z. B. ...
- die Artikel-Probe: ...

2 a) Erkläre diese Entscheidungshilfen, indem du die Sätze ergänzt.
b) Suche Beispielwörter, an denen du diese Merkmale von Nomen zeigen kannst.

Die Geschichte von Mabsut

Mabsut war die Tochter Magdals, des Hundezüchters. Ein Schüler des Propheten, Muawija, nahm sie zur Frau und zog mit ihr nach Ägypten, dem Lande der Katzen. Ein herrliches Haus erhielt Mabsut. Es hatte drei Gärten und acht Badestuben, ein reich geschmücktes Zimmer für jede Stunde des Tages. Unzählige Diener lasen Mabsut jeden Wunsch von den Augen. Muawija brachte seiner Frau jeden Tag köstlichen Schmuck nach Hause, Ohrringe, Halsringe, Fingerringe, und umsorgte sie auf alle Weise. Aber Mabsut war unglücklich, sie sehnte sich nach ihrer Heimat, der weiten Wüste, zurück. Sie sang traurige Lieder:

O ihr zahmen Katzen dieses Landes,
Ihr schmeichelt mir, ihr seid so freundlich –
Doch tausendmal lieber ist mir
Ein Hund, der draußen bellt
Und das Haus umkreist.

(Beduinisches Märchen)

3 a) Obwohl ihr Mann sie sehr umsorgt, hat Mabsut Heimweh. Kannst du sie verstehen?
b) Sucht Gründe für eure Ansichten im Text.

Im Märchen werden viele Nomen von Wörtern begleitet, die die Aussagekraft der Nomen unterstützen. Sie haben aber nicht nur inhaltliche Bedeutung, sondern sie helfen auch dabei, Nomen im Satz zu erkennen.

Rechtschreibtipp

Wie erkennt man Nomen im Satz?
Folgende **Signale** können auf ein **Nomen** hinweisen:

- ein vorausgehender **Artikel,** z. B.: *die* Tochter, *ein* Schüler;
- der Artikel kann mit einer **Präposition** verschmolzen sein, z. B.: *zur* Frau (= zu der Frau);
- ein vorangestelltes **Pronomen** oder ein **Zahlwort,** z. B.: *dieses* Landes, *seiner* Frau, *jede* Stunde, *drei* Gärten;
- ein vorangestelltes **Adjektiv** (oft in Verbindung mit dem Artikel), z. B.: ein *herrliches* Haus;
- ein nachgestelltes **Attribut,** z. B.: ihrer Heimat, *der weiten Wüste.*

4 a) Schreibt aus dem Märchen alle Nomen mit ihren Signalwörtern heraus.
b) Unterstreicht die Signalwörter in verschiedenen Farben.
c) Einige Nomen des Textes werden nicht von einem Signalwort begleitet. Erkläre deinem Nachbarn/deiner Nachbarin, woran man trotzdem erkennen kann, dass es Nomen sind.

9.2 Im Lager der Sugamberer – Nominalisierungen

Wotan trifft Freya

Kinder verbringen Ferienzeltlager wie ihre germanischen Vorfahren

Wer von den 60 kleinen „Germanen“ aus dem Norden der Stadt sich auf geruhsame Sommerferien eingestellt hatte, wurde schnell eines Besseren belehrt. Denn Fürst Ragna nahm seine Schützlinge vom Stamm der Sugamberer hart ran. Das Lager war im Großen und Ganzen kein Honigschlecken, denn auf Elektrizität wurde vollkommen verzichtet. „Die Kinder sollen die Natur pur genießen, so wie es die Germanen taten“, erklärt der Stammeshäuptling, „aber kaltes Duschen macht bei diesen Temperaturen ja sogar richtig Laune.“

Die Kinder verbrachten ihre Zeit z. B. mit Axt- und Speerwerfen, Töpferei und Körbeflechten. Der neunjährige Serkan hatte zwar Schwierigkeiten die Sehne seines Flitzbogens straff zu spannen, ließ sich aber gern in die Kunst des Bogenschießens einweihen. Etwas schwieriger war es für Christina und Mareike, die sich mit dem Mahlen des Korns abmühten. „Es dauert drei Tage, bis man drei Kilogramm zusammen hat“, weiß Christina zu berichten, „dieses dauernde Stampfen und Drehen bringt einen ganz schön ins Schwitzen.“

„Und Hühnerrupfen wird auch nicht meine Lieblingsbeschäftigung“, meint Tim, „zuerst habe ich mich sogar ein bisschen geekelt.“ Aber sein Grinsen zeigt, dass es nicht so schlimm gewesen sein kann. Geschmeckt hat es anschließend allen bestens. Besonderen Anklang fanden die abendlichen Geschichten am Lagerfeuer. Julian schwärmt: „Es gibt nichts Spannenderes als germanische Sagen, wenn Fürst Ragna sie erzählt. Da kommt kein Video mit.“

Alle sind sich einig: „Das Lager der Sugamberer verdient eine Eins mit Sternchen.“

1 a) Unterstreicht auf einer Kopie alle Nomen des Textes.
b) Vergleicht eure Ergebnisse.

In dem Artikel über das Germanenlager (S. 147) werden einige Wörter großgeschrieben, die eigentlich nicht zur Wortart der Nomen gehören.

2 Schreibt diese Wörter heraus und bestimmt ihre ursprüngliche Wortart. Bestimmt auch, welche Signale für Nomen die Wörter begleiten, z. B.:

eines Besseren = unbestimmter Artikel + Adjektiv als Nomen
...

Rechtschreibregelung

Wörter anderer Wortarten schreibt man **groß,** wenn sie im Satz **als Nomen gebraucht** werden. Man erkennt das an der Verbindung mit einem der Nomen-Signale. Solche Wörter nennt man **Nominalisierungen.** Nominalisierungen, die aus mehreren Wörtern bestehen, schreibt man zusammen, z. B. das *Honigschlecken*, das *Bogenschießen*.

Das Leben in der Natur schärft die Sinne

Die Stadtkinder beobachten:

- Der Wind weht sanft. Die Kinder spüren das sanfte Wehen des Windes.
- Das Sonnenlicht flimmert im Laub. Die Kinder sehen ...
- In der Mittagszeit brennt die Sonne auf das Zeltdach. Die Kinder spüren ...
- Kaltes Wasser prickelt auf der heißen Haut. Die Kinder fühlen ...
- Die Abendsonne leuchtet über dem See. Die Kinder sehen ...
- Nach Sonnenuntergang steigen die Schwalben in den Abendhimmel auf. Die Kinder beobachten ...
- Eine stechlustige Mücke sirrt im dunklen Zelt. Die Kinder hören ...
- Äste knacken, wenn nachts ein Tier darüber läuft. Die Kinder hören ...
- Käuzchen rufen im nächtlichen Wald. Die Kinder hören ...

3 a) Vervollständigt die angefangenen Sätze nach dem vorgegebenen Muster.
b) Markiert die großen Anfangsbuchstaben der **nominalisierten Verben.**

Ein Zeitungsreporter kommt ins Lager

Die Kinder umringen den Zeitungsreporter. Sie erzählen aus dem Lagerleben:
Maja: „Wir hatten heute Nacht eine Maus im Zelt. Martin ist von ihrem FIEPEN wach geworden und hat sich sehr erschreckt. Sein Schrei hat uns alle geweckt. Nur Frieder mit seinem kräftigen SCHNARCHEN hat wieder nichts gemerkt.“
Oliver: „Dieses primitive LEBEN im Germanenlager macht richtig Spaß. Sogar mit diesem SPÜLEN und ABTROCKNEN kann man sich anfreunden, wenn man es mit mehreren macht.“
Jannis: „Bei der Nachtwanderung habe ich mit meinem lauten STÖHNEN den anderen einen schönen Schrecken eingejagt. Dann mussten wir im völlig düsteren Wald ein Stück Weg ganz allein gehen. Auch wenn ein paar JÜNGERE Angst hatten – da half kein JAMMERN, Fürst Ragna kannte kein ERBARMEN. Ehrlich, es war ganz schön gruselig. Zur Belohnung für unseren Mut bekamen wir nach dem WANDERN alle einen großen Becher Kakao.“
Sonia: „Vorgestern Nacht gab es ein gewaltiges Gewitter. Das BLITZEN und DONNERN hielt uns alle wach. Einmal habe ich voll in das ZUCKEN eines Blitzes hineingesehen. Ich war richtig geblendet. Welches LEUCHTEN ist schon so grell wie das von einem Blitz?“

4 a) Übertragt die Formulierungen, die Wörter in Großbuchstaben enthalten, in Normalschreibung in euer Heft. Kreist die großen Anfangsbuchstaben der Nominalisierungen ein.
b) Unterstreicht die Nomen-Signale.

Die meisten Nomen-Signale in diesem Text sind Pronomen. Du kennst bereits Personalpronomen und Possessivpronomen. Im Text kommen noch weitere Pronomen vor:
Demonstrativpronomen (hinweisende Fürwörter) sind Wörter wie *dieses* oder *jene*, mit denen man auf etwas zeigen oder hinweisen kann.
Indefinitpronomen (unbestimmte Fürwörter) sind Wörter wie *etwas, einige, viel,* mit denen man ungefähre Mengenangaben macht.

Rechtschreibregelung

In Verbindung mit den Indefinitpronomen *etwas, alles, nichts, einige, kein, viel, wenig, allerlei, ein paar, genug, manches* werden **Verben** und **Adjektive großgeschrieben**, z. B.: kein *J*ammern, alles *G*ute.
Weil solche Formulierungen häufig vorkommen, ist es am einfachsten, du lernst diese Pronomen als Nomen-Signale auswendig.

5 Bestimmt nun bei den herausgeschriebenen Formulierungen genau, zu welcher Pronomen-Art das jeweilige Nomen-Signal gehört, z. B.:

ihrem Fiepen = Possessivpronomen (+ nominalisiertes Verb)
...

Oliver sagt: „*Dieses primitive Leben* im Germanenlager macht richtig Spaß.“

6 Ist „Leben“ ein nominalisiertes Verb oder ein echtes Nomen?

Man kann an Olivers Satz ein Stückchen Sprachentwicklung beobachten, denn zahlreiche Nominalisierungen sind fester Bestandteil des Nomenwortschatzes geworden, z. B.: das *Essen*, der *Angestellte*, die *Grünen*, das *Vergissmeinnicht* ...

7 a) Sucht weitere Beispiele und legt eine Liste an.
b) Ergänzt die Liste, wenn ihr in anderen Texten solche Nominalisierungen entdeckt.

Vor der Abreise ins Lager der Sugamberer geben die Eltern ihren Sprösslingen viele Hinweise und gute Ratschläge mit auf den Weg:

alles Gute	Hast du auch ... eingepackt?
viel Spannendes	Wenn du Obst gegessen hast, besser ... trinken.
manches Lehrreiche	Hier ist noch eine Tüte von Oma. Sie hat dir ... eingepackt.
genug Warmes	Wie beruhigend, dass ... mitfahren. Die passen hoffentlich gut auf euch auf.
ein paar Ältere	Wenn du nass geworden bist, zieh dir rasch ... an, damit du dich nicht erkältest.
etwas Trockenes	Du kannst im Germanenlager bestimmt ... für Deutsch und Geschichte erfahren.
nichts Kaltes	Ich hoffe, dass ich bei deiner Rückkehr ... über dich zu hören bekomme.
allerlei Süßes	Du hast sicher ... zu erzählen, wenn du wiederkommst.
wenig Unangenehmes	Wir wünschen euch ... und viel Spaß!

8 a) Fügt die passenden Formulierungen in die Sätze ein und schreibt sie ab.
b) Markiere die Großbuchstaben nach den Indefinitpronomen.

Merkwürdige Briefe

Als es eines Nachmittags so heftig regnet, dass die Kinder lieber im Zelt bleiben, kommt einer auf die Idee gemeinsam Unsinnsbriefe zu entwerfen. Das geht so: Jeder Mitspieler unterteilt ein Blatt in drei Spalten. In der linken Spalte trägt jeder pro Zeile ein Indefinitpronomen ein und faltet die beschriebene Spalte weg. Nun wandern die Blätter einen Spieler weiter. Der Nächste schreibt in der mittleren Spalte in jede Zeile ein beliebiges Adjektiv. Der Dritte öffnet das Blatt wieder und fügt die Wörter, die in den Zeilen nebeneinander stehen, zu Ausdrücken mit nominalisierten Adjektiven zusammen, z. B.:

alles allerlei ...	witzig durstlöschend	alles Witzige ...

Nun schreibt jeder mit einem Ausdruck aus der dritten Spalte einen witzigen Satz über das Lagerleben. Die Blätter werden weitergegeben, bis alle Ausdrücke „verbraucht“ sind. Anschließend wird die Rechtschreibung kontrolliert und jeder liest einen Unsinnsbrief vor.

9 a) Schreibt in Kleingruppen solche Unsinnsbriefe.
b) An wen würdest du aus deinen Ferien solch einen Brief verschicken?

Versammlung an der Thingstätte

Nach fünf Tagen Lagerleben ist die Stimmung lange nicht mehr so gut wie zu Beginn. Manche der jungen „Germanen“ meckern über den fehlenden Strom, andere haben Appetit auf Pommes frites und Pizza, manche wollen Walkman hören, einige plagt einfach Heimweh … Da bittet Fürst Ragna alle zu einer Lagebesprechung auf den Thingplatz. Er eröffnet die Versammlung: „Das Leben in der Natur und das enge Zusammenleben mit anderen Kindern hier im Lager ist für viele von euch ungewohnt. Ich möchte, dass ihr sagt, was euch ärgert, aber auch, was euch bisher gefallen hat, damit wir über eure Kritik reden können.“

10 a) Formuliert die kritischen Äußerungen der Jungen und Mädchen und benutzt in euren Sätzen folgende Ausdrücke:

– beim Kochen – beim Schlafen – beim Wandern
– im Großen und Ganzen – im Allgemeinen – im Wesentlichen – im Einzelnen – im Folgenden
– im Argen liegen – im Dunklen tappen – im Freien übernachten
– mit Entsetzen – mit Vergnügen
– nach Belieben – nach Gutdünken
– vor lauter Lachen – vor Weinen
– zum Heulen – zum Schieflachen …

b) Bildet weitere Ausdrücke mit Nominalisierungen, die ihr für eure Kritik gebrauchen könnt.

Manche Kinder äußern ihre Meinung sehr deutlich:

„Ich finde am besten, …“
„Am liebsten würde ich …“
„Mich stört am meisten …“
„Am schlimmsten war für mich …“

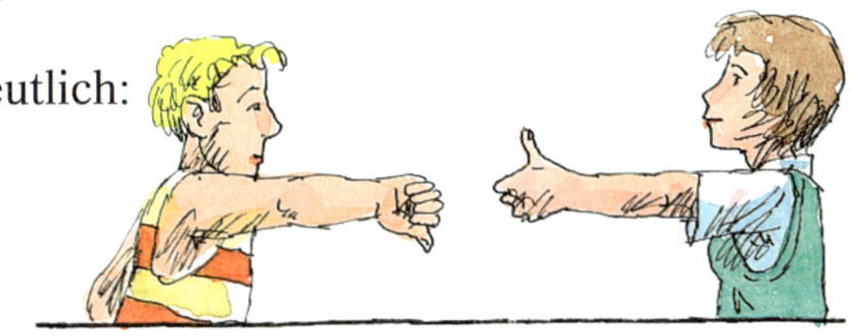

11 a) Setzt diese Sätze fort. Achtet besonders auf die Schreibung der unterstrichenen Ausdrücke.

b) Diktiert euch im Partnerdiktat weitere Meinungsäußerungen der Kinder, in denen sie Superlative mit „am“ verwenden.

Rechtschreibregelung

Adjektive im Superlativ mit „am“ (z. B.: *am schönsten*) werden **kleingeschrieben**; „am“ ist hier Bestandteil der Steigerungsstufe des Adjektivs und kein Nomen-Signal.

Achim Bröger

Ihr dürft mir nichts tun

Wir hatten einen bei uns in der Klasse. So fangen Schulgeschichten an. Aber Bernds Geschichte kann nicht so anfangen. Da wäre schon das erste Wort falsch. „Wir“ hatten Bernd nicht. Zwischen uns und ihm gab's kein Wir. Wir waren die Klasse. Bernd war erst mal nur ein Satz von Hopf, dem Klassenlehrer: „Wir bekommen einen Neuen. Der lag lange im Krankenhaus und wird vieles nicht mitmachen können. Kümmert euch um ihn. Gebt euch Mühe."

Bernd Braeckow kam. Am Anfang fiel vor allem seine Narbe auf. Diese lange rote Furche am Hinterkopf. Als hätten sie ihn da umgegraben. Bernds Narbe, die sich wegen seiner kurz geschnittenen Haare nicht übersehen ließ. Und das Tablettenschlucken fiel natürlich auch auf. Jede Stunde eine. Die Packung steckte in seiner Schultasche wie bei uns das Pausenbrot.

‚Was haben die nur mit seinem Kopf gemacht?', hatte ich mir oft überlegt und mir alles Mögliche vorgestellt. Aber fragen wollte ich ihn nicht danach, die anderen auch nicht. Und er erzählte nie irgendwas davon.

Er redete überhaupt nicht viel. Nach der Schule kam er stumm zur Fußballwiese mit und trug uns den Ball. Dann stand er neben dem Tor und sah mit seinen großen, vorstehenden Augen zu. Oder er stand daneben, wenn wir mit den Mädchen aus unserer Klasse Völkerball spielten. Bernd mit seiner Narbe am Hinterkopf und dem Tablettenröhrchen in der Tasche sah immer nur zu und sagte nichts. So war das jedenfalls am Anfang.

Einmal waren wir bei ihm eingeladen. Kuchen gab's und Kakao. Und das alles in einem kleinen Wohnzimmer. Wir saßen zu fünft auf einem weichen Sofa und versanken darin. Bernd zwischen uns. Seine Mutter saß im einzigen Sessel. Ein Vater hätte in diese Wohnung nicht mehr gepasst.

Seine Mutter meinte: „Ihr seid also Bernds Freunde." Wir nickten, obwohl das sicher nicht stimmte. Wie bei einem Krankenhausbesuch war das, stockend und leise. Keiner wusste, worüber man reden sollte, gespielt wurde auch nichts. Die Mutter saß daneben, beobachtete uns und sagte: „Greift doch zu. Fühlt euch wie zu Hause."

Wir blieben dann nicht lange. Eigentlich wollte ich den Bernd zu meinem Geburtstag einladen, weil er mir Leid tat. Aber mehr als acht Leute passten nicht in mein Zim-

mer. Bernd war zu viel. Er wurde auch sonst von niemandem eingeladen.

Eine Zeit lang ging Bernd noch stumm neben uns her und sah uns zu. Trug den Ball, stand neben dem Tor und wurde immer mehr übersehen. Aber plötzlich ließ er sich nicht mehr übersehen. Wenn ein Ball auf ihn zurollte, drosch er ihn weit in die Büsche. Dann rannte er weg und schrie aus sicherer Entfernung: „Ihr dürft mir nichts tun."

Das hatte uns auch unser Klassenlehrer gesagt: „Passt auf, dass keiner ihm was tut. Das könnte böse ausgehen."

Wir sahen hinter Bernd her. Einer meinte: „Komischer Kerl, hat bisher nie was gesagt und jetzt schreit er plötzlich los."

Als das öfters vorkam, hieß es: „Der ist unberechenbar. Das hat wohl was mit der Narbe am Kopf zu tun. Vielleicht sollte er mal andere Tabletten nehmen."

Dann begann Bernd zu schlagen. Er haute auf dem Schulhof dem Pit die Faust in den Magen, weil er ihn aus Versehen berührt hatte. Der starke Pit schnappte nach Luft. Bernd stand vor ihm, rot im Gesicht, und sagte: „Du darfst mir nichts tun."

„Der glaubt wohl, er kann sich alles erlauben. Nur weil er irgendwas am Kopf hat. So ein fieser Kerl." Mit dem Mitleid war's jetzt vorbei. Wir ließen ihn stehen. Unseren Ball trugen wir selbst.

Bernd schlug immer häufiger und schrie sein „Ihr dürft mir nichts tun!". Irgendwann erfuhr unser Klassenlehrer davon. Er sagte: „Schluckt's runter, auch wenn ihr wütend seid. Und fasst ihn bitte nicht an."

Wir fassten ihn nicht an. Und wir redeten kein Wort mit ihm, obwohl Bernd plötzlich überhaupt nicht mehr still war. Er schrie und tobte, wenn ihm eine Kleinigkeit nicht

passte. Bernd haute um sich, egal, wohin er traf, meldete jeden, der abschrieb oder in der Pause nicht auf den Hof hinunterging. Bernd Braeckow wirkte wie ausgewechselt. Wir standen da und schüttelten die Köpfe. Immer öfter sagte einer: „Der ist ja nicht normal. Jetzt dreht er völlig durch."
Als Bernd krank wurde, wollte ihm keiner die Schularbeiten bringen. Hopf musste erst einen bestimmen. Und er bat wieder: „Gebt euch Mühe mit ihm, auch wenn er anders ist." Noch drei Tage kam Bernd in die Schule. Dann blieb er für immer weg. Hopf sagte dazu: „Wir haben's nicht geschafft." Bernd hatte nur seine Narbe, seine Tabletten und keinen von uns. Deswegen kann ich nicht sagen: Wir hatten einen bei uns in der Klasse. Es gab kein Wir. Für kurze Zeit gab es den gleichen Klassenraum und die gleichen Lehrer. Sonst nichts.

1 Im Text taucht zweimal eine ungewöhnliche Formulierung auf: „Es gab kein Wir."
a) Wie verstehst du diesen Satz?
b) Warum wählt der Autor Achim Bröger wohl gerade diese Ausdrucksweise?

2 a) Formuliere gemeinsam mit deinem Nachbarn oder deiner Nachbarin Aussagen über Bernd Braeckow und die Kinder aus der Klasse, in denen ihr nominalisierte Wörter verwendet, z. B.:
Zwischen Bernd und der Klasse gab es nichts Gemeinsames.
Sein Schreien und Schlagen ging den Mitschülern auf die Nerven.
...
b) Unterstreicht die Nominalisierungen.
c) Erklärt euch gegenseitig, welche Wortart jeweils nominalisiert ist und an welchem Nomen-Signal man die Nominalisierung erkennt.

3 Hätte sich das Verhältnis zwischen Bernd und der Klasse auch anders entwickeln können? Macht Vorschläge.

Farbbezeichnungen

Ursula Wölfel

Die Geschichte vom grünen Fahrrad

Einmal wollte ein Mädchen sein Fahrrad anstreichen. Es hat grüne Farbe dazu genommen. Grün hat dem Mädchen gut gefallen. Aber der große Bruder hat gesagt: „So ein grasgrünes Fahrrad habe ich noch nie gesehen. Du musst es rot anstreichen, dann wird es schön." Rot hat dem Mädchen auch gut gefallen. Also hat es rote Farbe geholt und das Fahrrad rot gestrichen. Aber ein anderes Mädchen hat gesagt: „Rote Fahrräder haben doch alle! Warum streichst du es nicht blau an?" Das Mädchen hat sich das überlegt und dann hat es sein Fahrrad blau gestrichen. Aber der Nachbarsjunge hat gesagt: „Blau? Das ist doch so dunkel. Gelb ist viel lustiger!" Und das Mädchen hat auch gleich Gelb viel lustiger gefunden und gelbe Farbe geholt. Aber eine Frau aus dem Haus hat gesagt: „Das ist ein scheußliches Gelb! Nimm himmelblaue Farbe, das finde ich schön." Und das Mädchen hat sein Fahrrad himmelblau gestrichen. Aber da ist der große Bruder wieder gekommen. Er hat gerufen: „Du wolltest es doch rot anstreichen! Himmelblau, das ist eine blöde Farbe. Rot musst du nehmen, Rot!" Da hat das Mädchen gelacht und wieder den grünen Farbtopf geholt und das Fahrrad grün angestrichen, grasgrün. Und es war ihm ganz egal, was die anderen gesagt haben.

1 a) Wie hättest du an Stelle des Mädchens reagiert?
b) Kennst du ein Sprichwort, das zur „Geschichte vom grünen Fahrrad" passt?

In der Geschichte von Ursula Wölfel spielen Farben eine wichtige Rolle. Für Farbbezeichnungen gelten im Allgemeinen die Regeln der Groß- und Kleinschreibung, die ihr kennt.

2 a) Schreibt alle Farbbezeichnungen heraus und begründet jeweils, warum sie groß- oder kleingeschrieben werden, z. B.:
vom grünen Fahrrad – als Adjektivattribut verwendet
...
b) Führt die Umstellprobe durch bei allen Sätzen, in denen die Farbbezeichnung am Anfang steht, z. B.: *Dem Mädchen hat Rot auch gut gefallen.*
c) Formuliert Rechtschreibregelungen und sucht passende Beispielsätze:
Werden Farbbezeichnungen im Satz als Adjektivattribute oder adverbiale Bestimmungen verwendet, schreibt ..., z. B. ...
Wenn Farbbezeichnungen im Satz als Nomen ..., z. B. ...

Wir machen unsere Klasse bunt

Die 6 c ärgert sich schon lange über ihren Klassenraum. Ganz langweilig sehen die Wände aus, schon vom Hinsehen wird man müde – wenn dann noch die Unterrichtsstunde langweilig ist ... Darum schlägt die 6 c ihrer Klassenlehrerin, Frau Fischer, vor in einer Mal-Aktion die Wände farbig zu gestalten. Frau Fischer ist einverstanden. Aber wie soll die Klasse demnächst aussehen?

3 Du kannst dir die heftige Diskussion in der Klasse vorstellen. Schreibe sie auf. Achte besonders auf die Schreibung der Farbbezeichnungen.

9.3 Getrennt schreiben oder zusammenschreiben?

mäusebeinundpellkartoffel,
affenschwanzundfellpantoffel,
ziegenbockundkringelmaus
unddumusstraus.

Ochsen Schwanz und Torten Heber,
Affen Tanz und alles Kleber,
Kokos Nuss und Baby Brei
und du bist frei.

1 a) Bei diesen Versen, die Schülerinnen formuliert haben, ist nicht nur die Wortwahl ungewöhnlich. Beschreibt, was euch sonst noch merkwürdig vorkommt.
b) Welcher der beiden Abzählverse ist leichter lesbar?
c) Schreibt beide Vierzeiler in regelgerechter Schreibung in euer Heft.
d) Dichtet selbst ähnliche Abzählverse.

Wir sind es gewohnt, dass uns das Schriftbild eines Textes durch Groß- und Kleinschreibung, Getrennt- und Zusammenschreibung von Wörtern Lese- und damit Verständnishilfen gibt.

Rechtschreibtipp

Wenn mehrere Wörter zu einem sprachlichen Ausdruck verbunden sind, schreibt man sie normalerweise **getrennt**, z. B. *Auto fahren, spazieren gehen, daheim bleiben, laut singen, fertig sein.*

2

Schlange stehen – gemein wehtun – zurück sein – Kopf stehen – Klavier spielen
hell leuchten – kennen lernen – hastig essen – pleite sein – Eis laufen – zufrieden sein
sitzen bleiben – abhanden kommen – beiseite stellen – vorwärts gehen
Maß halten – aneinander denken – vorbei sein

a) Ordnet die Ausdrücke danach, welche Wortarten jeweils verknüpft sind. Legt eine Tabelle an.
b) Sucht für jede Spalte weitere Ausdrücke.

3 a) **Wörtermix:** Mischt Wortgruppen kräftig durcheinander, indem ihr Wörter aus Aufgabe 2 miteinander kombiniert, die üblicherweise nicht verbunden sind, z. B.:
Rad lernen – auswendig sein – lästig fahren ...
b) Tauscht eure Listen untereinander aus und bringt wieder Ordnung in den Wörtersalat. Könnt ihr mit manchen Wörtern mehrere Wortgruppen bilden?

Die Getrenntschreibung ist der Normalfall. Auf den folgenden Seiten werdet ihr einige Ausnahmen zu dieser Regel kennen lernen, die man entweder durch eine Probe ermitteln kann oder auswendig lernen muss. Dabei gilt der bekannte **Rechtschreibtipp:** Konzentriere dich beim Lernen und Üben auf die Ausnahmen!

Polizei auf der Baustelle

Aufregung in der 6 a. Julia hat in der kleinen Pause entdeckt, dass auf der Baustelle gegenüber der Schule mehrere Polizisten in heftige Diskussionen mit Bauarbeitern verstrickt sind. Was kann das bedeuten? Alle sehen der Szene vom Fenster aus so gespannt zu, dass sie das Eintreten von Frau Walther, ihrer Politiklehrerin, zuerst gar nicht bemerkt haben. Die Jungen und Mädchen rufen sie sofort zum Fenster und fragen sie, ob sie sich die Sache erklären könne.

Frau Walther sagt nach kurzem Zögern: „Ich vermute, die Polizei hat einen Hinweis erhalten, dass dort drüben Handwerker *schwarzarbeiten.* Ihr wisst, dass Menschen, die lange arbeitslos sind, sich manchmal darauf einlassen, ihre Arbeitskraft unter der Hand *feilzubieten.* Sie verdienen dann erheblich weniger als den Lohn, der vertraglich *festgesetzt* ist, und sind auch nicht versichert. Oft sind es ausländische Arbeitskräfte, die zu Hause noch weniger verdienen würden, als sie hier bekommen. Deswegen *halten* sie sich in ihrer Heimat für solche scheinbar verlockenden Angebote *bereit.* Ihnen wird dann manchmal noch *weisgemacht,* in Deutschland sei alles für sie ordentlich geregelt. Aber man kann sie ebenso wenig von Schuld *freisprechen* wie den Unternehmer. Denn natürlich verstößt Schwarzarbeit gegen unsere Gesetze.

Fachleute können leicht *hochrechnen,* welche Vorteile ein skrupelloser Bauunternehmer mit nur zehn solcher Arbeiter erwirtschaftet. Er zahlt weniger Lohn, er zahlt keine Steuern und keine Versicherungen und betrügt damit den Staat und die Arbeiter, er kann seine Leistungen beim Kunden billiger anbieten, dadurch erhält er leichter Aufträge. Ihr könnt euch vorstellen, wie das *weitergeht,* solange er nicht durch einen Hinweis *bloßgestellt* wird. Doch das kriminelle Handeln kann schief gehen, denn die Gewerbeaufsicht verfolgt alle Anzeigen und geht jedem Verdacht nach. So kann es zu Polizeiaktionen kommen wie auf der Baustelle gegenüber. – Jetzt haben wir schon ein wichtiges Kapitel aus unserem Politikunterricht angesprochen, das eigentlich erst viel später im Lehrplan vorgesehen ist. Wenn ihr *fernseht,* achtet einmal in den Nachrichten auf Meldungen über Schwarzarbeit."

4 Wenn ihr Fragen zu diesem Thema habt, könnt ihr vielleicht im Unterricht darüber diskutieren.

Der Text enthält eine Reihe von Verben, die mit Adjektiven zusammengesetzt sind.

Rechtschreibregelung

Bei Verbindungen von **Adjektiv und Verb** muss man eine **Probe** machen: Ergibt es einen Sinn, wenn man das Adjektiv **steigert,** dann wird getrennt geschrieben. Das ist meistens der Fall, z. B.: *hell leuchten* → heller leuchten, *schnell laufen* → schneller laufen.

Ist solch eine Steigerung nicht sinnvoll, dann bilden die Wortteile eine Einheit und werden zusammengeschrieben, z. B.: *fernsehen, hochrechnen, bloßstellen.*

5 Schreibt die hervorgehobenen Verben aus dem Text „Polizei auf der Baustelle“ heraus und führt jeweils die Steigerungsprobe für das Adjektiv durch.

6 Macht die Probe mit folgenden Ausdrücken:

> *brach ■ liegen – laut ■ singen – schnell ■ schreiben – kund ■ geben – wahr ■ sagen*
> *tief ■ tauchen – lang ■ weilen – gut ■ gehen – genau ■ nehmen – schwarz ■ fahren*

7 a) Legt eine Liste der Wörter an, die man zusammenschreibt. Denn nur die braucht ihr euch besonders einzuprägen.
b) Ergänzt die Liste, wenn ihr weitere Beispiele findet.

8 Ihr habt im Text „Polizei auf der Baustelle“ eine Reihe von Wörtern kennen gelernt, die ihr wahrscheinlich noch gar nicht so oft gelesen oder gehört habt.
a) Teilt die Liste der zusammengeschriebenen Verben untereinander auf und erläutert die Begriffe mit eigenen Worten. Natürlich könnt ihr Wörterbücher zu Hilfe nehmen.
b) Bildet zum Abschluss jeweils einen Beispielsatz, in dem der Begriff passend verwendet wird.
c) Stellt eure Worterklärungen anschließend allen zur Verfügung.

Wörter wie Steckbausteine

Die folgenden Wörter schreibt man in Verbindung mit Verben (außer mit „sein“) zusammen:

> *ab-, aus-, da-, dagegen-, daneben-, dazwischen-, durch-, entgegen-, gegenüber-, heran-, herbei-, herum-, hin-, hinauf-, hinein-, hinunter-, mit-, über-, umher-, vor-, voraus-, vorüber-, wider-, zurecht-, zuvor-, an-, bei-, dafür-, dazu-, entzwei-, überein-, nieder-, zwischen-, herüber-, zurück-, ein-, auf-, dar-, heraus-, unter-, weg-, nach-, davon-, vorbei-, her-, um-, fort-, voran-, weiter-, los-, vorher-, hinaus-*

9 a) Bilde mit diesen Wortbestandteilen zusammengesetzte Verben, z. B.: *abbeißen, ausgehen ...*
b) Schreibe sie alphabetisch geordnet in dein Heft. Markiere den ersten Wortbestandteil.
c) Führt mit euren Wortlisten ein Partnerdiktat durch.

10 Beschreibe in 10 Sätzen, was du heute auf dem Schulhof beobachtet hast. Benutze dabei möglichst viele Verben aus deiner Liste.

9.4 Mit Sprache kann man spielen: Bearbeite deine Fehler!

Erinnerst du dich an Sonia, Filippo, Andreas und Nicola? Die vier sind immer noch dicke Freunde. In ihrer neuen Schule fühlen sie sich inzwischen wie alte Hasen: Sie haben gelernt sich auf die wechselnden Fächer an jedem Schultag einzustellen und die Zeit für die Hausaufgaben vernünftig einzuteilen, damit auch noch Gelegenheit zum gemeinsamen Spielen bleibt.

Das hat nicht immer so gut geklappt, denn Ende der fünften Klasse schrieb Filippo allmählich immer schlechtere Noten in Deutsch und Englisch. Er machte in der Rechtschreibung jedes Mal viele Fehler. Vor jeder Arbeit wurde er nervöser, sodass er vor lauter Aufregung auch die Aufgabenstellungen nicht mehr richtig durchlas, nicht mehr klar denken konnte ... Es war wie ein Teufelskreis.

Nach einer weiteren schlechten Klassenarbeit in Deutsch stand Filippo mit seinen Freunden ganz niedergeschlagen auf dem Schulhof. Da taucht Martina, Sonias Patin aus der elften Klasse, auf: „Was ist denn mit euch los? Ihr seht ja aus, als wären euch gerade die Osterferien gestrichen worden.“ – „Da liegst du gar nicht so falsch“, meint Nicola und erzählt, warum sie alle so betreten dreinblicken. Martina gibt Filippo einen aufmunternden Klaps auf die Schulter. „Gegen Fehler in der Rechtschreibung kann man doch etwas tun. Am besten, wir treffen uns morgen Nachmittag alle bei mir. Dann zeige ich euch, wie ihr gemeinsam mit Filippo üben könnt. Einverstanden? Und bringt eure alten Karteikarten mit den Rechtschreibtipps mit!“

Am nächsten Tag stärken sich die vier erst einmal mit Orangensaft und Erdnüssen, die Martina bereitgestellt hat. Dann machen sie sich an die Arbeit. Sie breiten die Karteikarten auf dem Tisch aus und sprechen über ihre Erfahrungen mit den Rechtschreibtipps. Sonia sagt: „Mir haben die **Tipps zum richtigen Abschreiben** sehr geholfen. Und weil ich jetzt schon viel sicherer bin als im fünften Schuljahr, kann ich auch bei fremden Texten die meisten Wortgruppen nach dem Durchlesen auswendig hinschreiben. Wenn ich aber merke, dass der Text besonders schwierige Wörter enthält, dann markiere ich die. Beim Abschreiben weiß ich dann: Darauf muss ich besonders achten. Wenn nötig, schreibe ich diese Wörter einzeln ab, zum Beispiel Fremdwörter.“

Martina nickt: „Aber was macht ihr, wenn ihr ohne Vorlage schreiben müsst, zum Beispiel, wenn ihr in Biologie oder in Geschichte etwas diktiert bekommt?“ Sonia kichert: „Habt ihr heute in der Biostunde mitbekommen, wie Daniela *Zwerchfell* geschrieben hat? Mit *g*! Als ob wir über die Atmung bei *Zwergen* gesprochen hätten.“ Martina muss auch schmunzeln, meint dann aber: „Im Ernst – da sagst du etwas Wichtiges. Mitdenken hilft beim Schreiben eine Menge. Denn oft ergibt sich ja erst aus dem Sinnzusammenhang, welches Wort gemeint ist. Das **Teekesselchen-Spiel** funktioniert auch so. Denkt nur an den *Stiel* vom Besen und den *Stil* beim Schreiben oder die *Mine* des Bleistifts und die *Miene* als Gesichtsausdruck.“

1 a) Sammle für deine Rechtschreibkartei gleich klingende Wörter und überprüfe die Schreibung mit Hilfe eines Wörterbuchs.

b) Ergänze jeweils ein Stichwort, das dir hilft die Wortbedeutungen zu unterscheiden.

„Stimmt“, sagt Andreas, „wenn wir in Physik etwas diktiert bekommen, kann ich manchmal erst am Satzende entscheiden, ob es z. B. *dem Motor* oder *den Motor* heißen muss. Herr Heiser spricht so undeutlich. Und außerdem habe ich mir angewöhnt ganz oft die **Verlängerungsprobe** zu machen. Das kostet keine Zeit und macht beim Schreiben sicher.“ Nicola ergänzt: „Verlängern hilft auch bei Wortteilen aus zusammengesetzten Wörtern. Der *Handlanger* hebt eben keine *Hanteln*, sondern langt mit den *Händen* zu.“ – „Und umgekehrt hat *entdecken* nichts mit *Ende* zu tun“, erklärt Sonia. Nicola erhebt feierlich ihr Glas: „Es lebe das Stammprinzip!“

geschwind – ...	Erlaubnis – ...	stündlich – ...	Schlaglicht – ...
Schraubstock – ...	tödlich – ...	Strandbar – ...	abendlich – ...
gründlich – ...	randlos – ...	endlich – ...	Flugbahn – ...
Standbein – ...	Halbzeit – ...	unsagbar – ...	leblos – ...
Niemandsland – ...	wildfremd – ...	schädlich – ...	schweigsam – ...

2 a) Lies die Wörter aus dieser Liste laut. Du merkst, dass Aussprache und Schreibung voneinander abweichen. Suche Verlängerungsproben, mit denen du die Schreibung erklären kannst, z. B.: Schraubstock – schrauben.

b) Sucht zu den Wörtern aus der Liste weitere Begriffe mit demselben Wortstamm und schreibt eure Wortfamilien auf, z. B.: geschwind – Geschwindigkeit ...

c) Verfasse eine Geschichte, in der möglichst viele Wörter aus einer der Wortfamilien vorkommen.

Alle lachen über Nicolas Trinkspruch auf das Stammprinzip, nur Filippo macht ein säuerliches Gesicht. „Ihr habt’s gut“, mault er, „für euch ist das alles Spielerei, aber ich schreibe die schlechten Arbeiten.“

„Spielen ist ein gutes Stichwort“, schaltet sich Martina ein. „Ihr seid doch hier, damit wir gemeinsam überlegen, wie ihr Filippo helfen könnt. Vieles in der Rechtschreibung kann man wirklich im Spiel üben. Denkt nur an ‚Scrabble‘. Dabei kann man gut die Rechtschreibung üben, wenn alle ein **Wörterbuch benutzen** dürfen. Oder – im Auto haben mein Bruder und ich immer ‚Vorwärts – Rückwärts‘ gespielt und ‚Buchstaben austauschen‘.“

Vorwärts – Rückwärts

Man einigt sich auf ein Wort, z. B. *Figur.* Jede/r schreibt das Wort zweimal senkrecht auf ein Blatt, einmal von oben nach unten und daneben mit ein bisschen Abstand von unten nach oben. Dadurch stehen in jeder Zeile Anfangs- und Endbuchstaben, die Lücken dazwischen müssen so gefüllt werden, dass sinnvolle Wörter entstehen. Wenn man um die Wette spielt, kann das ganz schön spannend werden.

Buchstaben austauschen

Schreibt ein Wort mit vier Buchstaben auf, z. B. *Oper.*
Es geht darum, jeweils einen Buchstaben so auszutauschen, dass dadurch ein neues Wort entsteht, z. B. *Ober – aber* ...
Wenn ein Spieler keine Lösung findet, bekommt der andere einen Punkt, wenn er ein weiteres Wort weiß.
Sonst sucht man sich ein neues Startwort.

Das bringt auch Andreas auf eine Idee: „Wir können doch auch selber Rätsel basteln. **Silbenrätsel** zum Beispiel. Dabei übt man automatisch Rechtschreibung und Silbentrennung.“
Endlich erwachen auch bei Filippo die Lebensgeister wieder: „Wenn wir dazu die Wörter aus meiner Rechtschreibkartei verwenden, trainiere ich gleichzeitig an meinen Lieblingsfehlerwörtern.“
„Wie praktisch, dass du so eifrig gesammelt hast“, frotzelt Nicola.
„Zum Beispiel bei deinem Kampf mit dem **pf**.“

3 Bildet mit den nebenstehenden Silben Verben und sucht so viele Reimwörter wie möglich dazu.

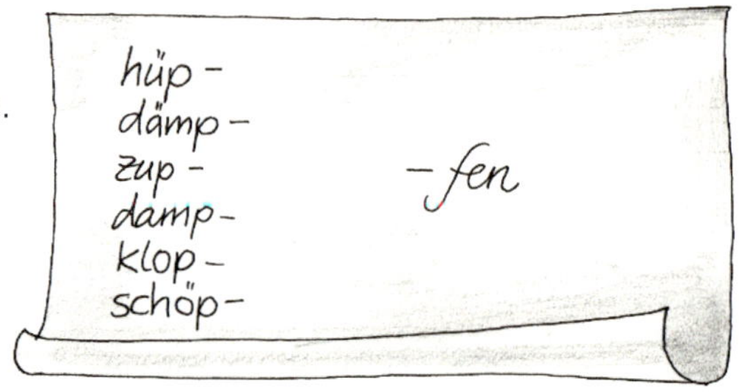

4 a) Auch hier könnt ihr zahlreiche Reimwörter finden. Schreibt sie zusammen mit der Pluralform des Nomens auf.
b) Dichtet damit witzige Zweizeiler.

5 Fügt die Silben aus diesem Silbenrätsel wieder zu Wörtern zusammen.

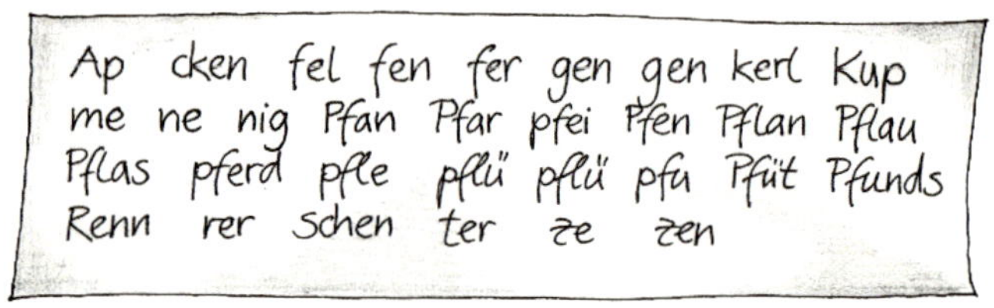

Martina hat noch weitere Vorschläge: „Ihr könnt auch die Wortlisten, die ihr zu bestimmten Rechtschreibregelungen und Tipps zusammengestellt habt, zum Spielen nehmen, zum Beispiel zum Geschichtenerfinden. Wichtig ist vor allem, dass ihr euch auf Fehler aufmerksam macht und immer gemeinsam auf die richtige Schreibung achtet. – So, genug geredet. Habt ihr Lust auf eine Runde Scrabble?“

6 Im Gespräch bei Martina werden die Rechtschreibtipps, die ihr kennt, an einigen Stellen ergänzt. Formuliert diese Hinweise gemeinsam als Tipps und übertragt sie auf eure Karteikarten.

7 a) Überlegt euch weitere Ideen zu Spielen mit Wörtern oder Sätzen. Auf den nächsten Seiten findet ihr dazu auch noch einige Anregungen.
b) Schreibt die Spielregeln auf und sammelt sie in einer Mappe für die ganze Klasse. Übrigens: Solche Schreibspiele eignen sich gut für Vertretungsstunden.

Auf den folgenden Seiten findet ihr einige Vorschläge, wie ihr die **Rechtschreibtipps spielerisch** noch einmal **anwenden** könnt.

Das Geheimnis der zwei Buchstaben: „ng" – „nk"

Stellt euch vor, nach einem Platzregen findet ihr auf dem Schulhof einen Zettel, auf dem man nur noch zwei Buchstaben entziffern kann: … **ng** … Den Rest hat der Regen verwaschen. Handelt es sich dabei um den Hilferuf eines verliebten Schülers: „Lass die Fin**g**er von Isabell!", das Aufstöhnen vor der großen Pause: „Ich habe Hu**ng**er", eine Verabredung unter Fünftklässlern: „Wir treffen uns um drei am Hinterausga**ng**"?

1 Stellt weitere Vermutungen an.

2 Am anderen Tag liegt da ein Zettel mit dem Wortrest … **nk** … !

Spiele um einen Laut mit zwei Schreibungen: „d" – „t"

3 Ihr bildet zwei Gruppen und bestimmt einen Spielleiter oder eine Spielleiterin. Der Spielleiter erhält die folgende Wörtersammlung, die ihr auch noch erweitern könnt:

tätlich	*nördlich*	*unerbittlich*	*waldreich*	*appetitlich*	*endlich*	*unersättlich*
friedlich	*Kultfilm*	*befremdlich*	*notgedrungen*	*schädlich*	*stattlich*	*unentgeltlich*
mündlich	*örtlich*	*behördlich*	*Schaltknopf*	*kindlich*	*südlich*	*unzeitgemäß*

a) Der Spielleiter nennt ein Wort. Der erste Spieler denkt sich eine **Verlängerungsprobe** aus, bei der man hören kann, ob im Wortinneren ein **d** oder ein **t** steht. Dann schreibt er beide Wörter auf ein Blatt oder an die Tafel, z. B.: *tätlich – Taten.*

b) Gelingt ihm das fehlerfrei, bekommt seine Mannschaft einen Punkt; macht er einen Fehler, darf ein Spieler aus der anderen Mannschaft übernehmen.

4 *Schild Geld Huld Gold Feld Schuld Spund Pfand Schund Verstand*

a) Sucht zu diesen Nomen Verlängerungen oder Ableitungen, bei denen das **d** zu hören ist, z. B.: *Schilder, Huldigung …*

b) Bildet Zusammensetzungen. Es gilt das Stammprinzip: Das **d** bleibt erhalten, z. B.: *Schildwacht, Geldbörse …*

c) Wer findet jeweils die meisten Wörter? Ihr könnt auf Zeit spielen und Punkte vergeben.

5 *kalt verbrannt Element Scheit nackt bunt Welt bereit Asphalt*

Mit diesen Wörtern kann man ein Dichterspiel zu zweit oder in einer größeren Runde spielen:

a) Zur Vorbereitung sucht jeder Reimpartner zu den Wörtern.
Vorsicht bei der Schreibung! Bei den Reimwörtern müssen Schreibweise und Aussprache nicht übereinstimmen, z. B. *kalt – Wald.*
In Zweifelsfällen solltet ihr die **Verlängerungsprobe** machen: *kälter – Wälder.*

b) Eine/r gibt auf einem Blatt einen Vers vor, der mit einem der Reimwörter endet; der/die Nächste dichtet einen zweiten Vers dazu, z. B.: *Die Gans im Ofen steht bereit …*
Jetzt kommt bald die Weihnachtszeit.

c) Zur Belohnung darf der Zweite einen neuen Zweizeiler beginnen.

Wie gemein: Fünf verschiedene Schreibungen für einen Laut

Klecks	*Gewächs*	*nachmittags*	*links*	*rings*	*Boxer*	*Eidechse*	*unterwegs*	*Praxis*
Knicks	*Büchse*	*Ochse*	*allerdings*		*Keks*	*Fuchs*	*Examen*	*Luchs*
Lachs	*Luxus*	*Wachs*	*schnurstracks*		*flugs*	*Dachs*	*Murks*	*rücklings*
mixen	*sechs*	*wechseln*	*Knacks*		*extra*	*Hexe*	*wachsen*	*Achse*

6 a) Ordnet die Wörter nach der Schreibung des **ks-Lauts** in einer Tabelle.
b) Die Schreibung vieler Wörter könnt ihr euch klarmachen, indem ihr **verwandte Wörter** sucht, z. B.: *Klecks – kleckern ...*
c) Probiert dieses Verfahren bei allen Wörtern aus der Tabelle aus. Bei welchen Wörtern funktioniert es nicht?

7 a) Formuliert mit den Begriffen aus der Tabelle „Kein-ohne"-Slogans, z. B.: *Kein Boxer ohne Shorts.*
b) **Partnerdiktat:** Diktiert euch eure Sprüche gegenseitig.

Mal umgekehrt: Zwei Laute – eine Schreibung

bevor	*brav*	*Vanille*	*Vase*	*Vater*	*Ventil*	*ver-*	*Vetter*	*viel*	*vielleicht*	*vorbei*
vierzig	*Vogel*	*Vokabel*	*Volk*	*voll*	*völlig*	*vom*	*von*	*vor*	*vor- vier*	*vorn*

8 Das **v** ist ein besonderer Buchstabe: Mal spricht man es wie ein f, mal wie ein w.
a) Schreibt die Wörter nach diesem Aussprache-Merkmal geordnet auf.
b) Sammelt weitere Beispielwörter. Wenn ihr bei der Schreibung unsicher seid, hilft euch ein Wörterbuch weiter. Kontrolliert eure neuen Beispiele gegenseitig.

9 a) Sortiert alle Wörter mit **v** nach Wortarten. Ihr braucht dazu eine Tabelle mit ziemlich vielen Spalten.
b) Die Vorsilben *ver-* und *vor-* lassen sich nicht einordnen. Sie können mit Begriffen aus vielen Wortarten Verbindungen eingehen. Bildet Wörter mit *ver-* und *vor-* und tragt sie in die entsprechenden Spalten eurer Tabelle ein.

10 Nutzt eure Wörterliste als Puzzleteile für das folgende Spiel.

Vetter Viktor vergisst viele Vokabeln

Jede/r teilt ein Blatt in drei Spalten ein und schreibt in die erste Zeile den Mustersatz: *Vetter Viktor / vergisst / viele Vokabeln.* Dann trägt jeder in der ersten Spalte ein neues Subjekt ein, reicht sein Blatt nach links weiter und schreibt auf das Blatt, das er bekommt, in die zweite Spalte ein neues Prädikat usw. Wer kein Wort mit **v** weiß, darf auch ein anderes nehmen, aber nur für Wörter mit **v** bekommt man einen Punkt. Wenn die Spalten voll sind, lest ihr eure Sätze vor.

Kurze/lange Vokale und s-Schreibung

f	l	l	u	a	n	u
a	e	l	m	t	n	m
n	c	e	m	t	i	m
n	k		e	e	g	i
e			r	r		

p	t	i	ü	c	i
i	t	t	l	k	t
n	e	t	l	e	z
n	r	a			e
e		g			

11 a) Die Spalten enthalten von oben nach unten gelesen lauter Wörter mit Doppelkonsonanten. Gesucht werden die Anfangsbuchstaben der Wörter. Von links nach rechts ergeben die Anfangsbuchstaben selbst zwei Wörter mit Konsonantenverdopplung.
b) Lest alle Lösungswörter laut: Wie sprecht ihr die betonten Vokale?
c) Schreibt die Wörter ins Heft ab und unterstreicht die Doppelkonsonanten.

12 a) Bastelt selbst solche Rätsel zu bestimmten Buchstabengruppen. Nehmt z. B. nur Wörter, die mit **ck** oder **tz** oder **ss** geschrieben werden. Am besten macht ihr vorher eine Liste.
b) Tauscht eure Rätsel untereinander aus.

13 Für die Ausdrücke in der rechten Spalte werden Wörter mit den Buchstaben der linken Spalte gesucht. Schreibt sie auf. (Ein Tipp: Jeder Punkt markiert einen fehlenden Buchstaben.)

äh.....	vergleichbar
.ah...	auf Rädern fortbewegen
.eh...	nicht da sein
...ah.	drohendes Unheil
.ah.	Zeitraum von 12 Monaten
.eh.	über ein bestimmtes Maß hinaus
.eh...	mit der Hand greifen
...uh	Fußbekleidung
.eh.	in hohem Maße
.oh.	männlicher Nachkomme
Uh.	Instrument zur Zeitangabe
.....äh.	etwa
.äh....	in der Zwischenzeit
.ah.	Rechnungseinheit
.eh.	zweistellige Zahl

14 *widersprechen Kilo Fabrik Benzin Apfelsine Maschine Liter gibt erwidern Linie Stil Mine*
Entwickelt zu diesen Wörtern mit lang gesprochenem **i** ein Rätsel nach dem Muster von Aufgabe 13.

15 Könnt ihr den Geheimkode knacken? Auf den ersten Blick sieht man nur, dass alle Wörter mit **ß** geschrieben werden. Aber **ß** kann doch nie am Wortanfang stehen …

ßiwe ßehien ßerüng ßiener ßuena ßuf
ßatres ßieglif ßeidrig ßehi ßotens ßerau
ßeischnel ßaps ßeso ßrog

a) Sortiert die Buchstaben neu und schreibt die Lösungwörter auf.
b) Lest eure Lösungen laut vor und achtet darauf, wie ihr die Vokale und Diphthonge aussprecht.

16 a) Stelle aus deiner Rechtschreibkartei eine Liste von Wörtern mit **lang gesprochenem Vokal** zusammen. Entwickle einen Geheimkode, dessen besonderes Merkmal der lang gesprochene Vokal am Wortanfang ist, z. B. *amet* (= Atem).
b) Tauscht eure Kodetafeln zum Entschlüsseln untereinander aus.

Franz Fühmann

Regennachmittage

Franz Fühmann erzählt in seinem Buch „Die dampfenden Hälse der Pferde im Turm von Babel" von fünf Kindern, die sich an verregneten Ferientagen die Zeit mit Sprachspielen und selbst erfundenen Geschichten vertreiben.

Am nächsten Morgen regnete es erst in Massen, dann in Maßen. Als Erster steckte Emmanuel seine Nase ins Nasse. Da sah er Caroline.
Sie ging langsam, als wollte sie, obwohl sie stark nieste, das Nieseln genießen, und nun blieb sie gar vor einer Grünfläche stehen, darin Streifen dickhalmigen dunklen und dünnhalmigen hellen Grases mit Blumenbeeten wechselten.
„Reiß kein Reis aus", warnte Emmanuel, „sonst nehm ich Reißaus."
„Das tu ich nicht", sagte Caroline, „ich überleg bloß, was das für Rasenrassen sind."
Emmanuel zuckte die Schultern.
„Es ist scheußlich, wie wenig wir von den Wiesen wissen", meinte Caroline.
„Wessen Wesen ist denn vollkommen?", meinte Emmanuel, „so weis, dass er alles weiß, ist keiner."
„Dass es so sein muss, das ist gar nicht schön", sagte Caroline traurig.
„Dies Muss ist so scheußlich wie Pflaumenmus", sagte Emmanuel, der Marmelade nicht mochte.
Sie drohten tiefsinnig zu werden, da kam Monica.

17 a) Warum klingt die Erzählung lustig? Beschreibt, wie hier mit Sprache gespielt wird.
b) Legt eine Liste mit allen ähnlich klingenden Wörtern des Textes an und erklärt ihre unterschiedliche Schreibung.
c) Sucht selbst ähnlich klingende Wörter und bildet damit (un-)sinnige Sätze.

10 Es war einmal … Alte und neue Märchen

10.1 Märchen aus alten Zeiten und fernen Ländern

1 In welchen Märchen kommen die Figuren vor, die ihr hier seht?

2 Erzählt einige dieser Märchen aus eurer Erinnerung.

3 Führt das folgende **Erzählexperiment** durch:

a) Sucht euch zu Hause oder in der Bücherei ein weniger bekanntes Märchen aus und erzählt es frei vor der Klasse. Tipps für die Vorbereitung:
   - das Märchen mehrmals laut lesen,
   - wiederkehrende Formulierungen (Zaubersprüche, wiederholte Aufträge usw.) auswendig lernen,
   - das Märchen ohne in den Text zu blicken ein- oder zweimal laut erzählen.

b) Nachdem eine/r von euch das ausgewählte Märchen vor der Klasse erzählt hat, erzählt jemand anderer es nach. Die Übrigen passen auf, wo die Nacherzählung von der ersten Fassung abweicht.

c) Vergleicht die Änderungen, die ihr bemerkt habt.

Die alten Märchen, bei denen neben dem Titel kein Autorenname steht, nennt man **Volksmärchen.** Sie sind lange vor der Zeit des Buchdrucks entstanden und wurden auf den Marktplätzen, in Wirtshäusern, in den Werkstätten oder im Kreis der Familien immer weitererzählt. Erst im vorigen Jahrhundert haben Schriftsteller und Gelehrte, die sich für die Geschichte von Sprache und Literatur interessierten, sie gesammelt und aufgeschrieben. Die bekanntesten dieser Märchensammler waren die Brüder Jacob und Wilhelm Grimm. 1812 erschien ihre erste Sammlung unter dem Titel „Kinder- und Hausmärchen“. Solche Volksmärchen gibt es in fast allen Ländern.

4 Könnt ihr erklären, warum es zu vielen Volksmärchen mehrere Fassungen gibt? Denkt an euer Erzählexperiment.

Fundevogel

Es war einmal ein Förster, der ging in den Wald auf die Jagd, und wie er in den Wald kam, hörte er schreien, als ob's ein kleines Kind wäre. Er ging dem Schreien nach und kam endlich zu einem hohen Baum und oben darauf saß ein kleines Kind. Es war aber die Mutter mit dem Kinde unter dem Baum eingeschlafen und ein Raubvogel hatte das Kind in ihrem Schoße gesehen: Da war er hinzugeflogen, hatte es mit seinem Schnabel weggenommen und auf den hohen Baum gesetzt.

Der Förster stieg hinauf, holte das Kind herunter und dachte: „Du willst das Kind mit nach Haus nehmen und mit deinem Lenchen zusammen aufziehn.“ Er brachte es also heim und die zwei Kinder wuchsen miteinander auf. Das aber, das auf dem Baum gefunden worden war und weil es ein Vogel weggetragen hatte, wurde „Fundevogel“ geheißen. Fundevogel und Lenchen hatten sich so lieb, nein, so lieb, dass, wenn eins das andere nicht sah, ward es traurig.

Der Förster hatte aber eine alte Köchin, die nahm eines Abends zwei Eimer und fing an Wasser zu schleppen und ging nicht einmal, sondern viele Mal hinaus an den Brunnen. Lenchen sah es und sprach: „Hör einmal, alte Sanne, was trägst du denn so viel Wasser zu?“ – „Wenn du’s keinem Menschen wiedersagen willst, so will ich dir’s wohl sagen.“ Da sagte Lenchen nein, sie wollte es keinem Menschen wiedersagen, so sprach die Köchin: „Morgen früh, wenn der Förster auf die Jagd ist, da koche ich das Wasser, und wenn’s im Kessel siedet, werfe ich den Fundevogel ’nein und will ihn darin kochen.“

Des andern Morgens in aller Frühe stieg der Förster auf und ging auf die Jagd, und als er weg war, lagen die Kinder noch im Bett. Da sprach Lenchen zum Fundevogel: „Verlässt du mich nicht, so verlass ich dich auch nicht“; so sprach der Fundevogel: „Nun und nimmermehr.“ Da sprach Lenchen: „Ich will es dir nur sagen, die alte Sanne schleppte gestern Abend so viel Eimer Wasser ins Haus, da fragte ich sie, warum sie das täte, so sagte sie, wenn ich es keinem Menschen sagen wollte, so wollte sie es mir wohl sagen; sprach ich, ich wollte es gewiss keinem Menschen sagen; da sagte sie, morgen früh, wenn der Vater auf die Jagd wäre, wollte sie den Kessel voll Wasser sieden, dich hineinwerfen und kochen. Wir wollen aber geschwind aufstehen, uns anziehen und zusammen fortgehen.“

Also standen die beiden Kinder auf, zogen sich geschwind an und gingen fort. Wie nun das Wasser im Kessel kochte, ging die Köchin in die Schlafkammer, wollte den Fundevogel holen und ihn hineinwerfen. Aber als sie hineinkam und zu den Betten trat, waren die Kinder alle beide fort; da wurde ihr grausam angst und sie sprach vor sich: „Was will ich nun sagen, wenn der Förster heimkommt und sieht, dass die Kinder weg sind? Geschwind hintennach, dass wir sie wiederkriegen.“

Da schickte die Köchin drei Knechte nach, die sollten laufen und die Kinder einfangen. Die Kinder aber saßen vor dem Wald, und als sie die drei Knechte von weitem laufen sahen, sprach Lenchen zum Fundevogel: „Verlässt du mich nicht, so verlass ich dich auch nicht.“ So sprach Fundevogel: „Nun und nimmermehr.“ Da sagte Lenchen: „Werde du zum Rosenstöckchen und ich zum Röschen darauf.“ Wie nun die drei Knechte vor den Wald kamen, so war nichts da als ein Rosenstrauch und ein Röschen obendrauf, die Kinder aber nirgend. Da sprachen sie: „Hier ist nichts zu machen“, und gingen heim und sagten der Köchin, sie hätten nichts in der Welt gesehen als nur ein Rosenstöckchen und ein Röschen oben darauf. Da schalt die alte Köchin: „Ihr Einfaltspinsel, ihr hättet das Rosenstöckchen sollen entzweischneiden und das Röschen abbrechen und mit nach Haus bringen, geschwind und tut’s.“ Sie mussten also zum zweiten Mal hinaus und suchen. Die Kinder sahen sie aber von weitem kommen, da sprach Lenchen: „Fundevogel, verlässt du mich nicht, so verlass ich dich auch nicht.“

Fundevogel sagte: „Nun und nimmermehr.“ Sprach Lenchen: „So werde du eine Kirche und ich die Krone darin.“ Wie nun die drei Knechte dahin kamen, war nichts da als eine Kirche und eine Krone darin. Sie sprachen also zueinander: „Was sollen wir hier machen, lasst uns nach Hause gehen.“ Wie sie nach Haus kamen, fragte die Köchin, ob sie nichts gefunden hätten; so sagten sie nein, sie hätten nichts gefunden als eine Kirche, da wäre eine Krone darin gewesen. „Ihr Narren“, schalt die Köchin, „warum habt ihr nicht die Kirche zerbrochen und die Krone mit heimgebracht?“ Nun machte sich die alte Köchin selbst auf die Beine und ging mit den drei Knechten den Kindern nach. Die Kinder sahen aber die drei Knechte von weitem kommen und die Köchin wackelte hintennach. Da sprach Lenchen: „Fundevogel, verlässt du mich nicht, so verlass ich dich auch nicht.“ Da sprach der Fundevogel: „Nun und nimmermehr.“ Sprach Lenchen: „Werde zum Teich und ich die Ente drauf.“ Die Köchin aber kam herzu, und als sie den Teich sah, legte sie sich drüberhin und wollte ihn aussaufen. Aber die Ente kam schnell geschwommen, fasste sie mit ihrem Schnabel beim Kopf und zog sie ins Wasser hinein: Da musste die alte Hexe ertrinken. Da gingen die Kinder zusammen nach Haus und waren herzlich froh; und wenn sie nicht gestorben sind, leben sie noch.

(aus der Sammlung der Brüder Grimm)

1 Malt die drei Verwandlungen und versucht zu erklären, was sie bedeuten.

2 a) Sucht Textstellen, in denen ihr etwas über das Aussehen und die Eigenschaften der Figuren dieses Märchens erfahrt. Wie stellt ihr euch die Figuren vor?
b) Könnt ihr erklären, warum die Figuren in dem Märchen nicht genauer beschrieben werden?
c) Kennt ihr Figuren aus anderen Märchen, die denen in „Fundevogel“ ähnlich sind?

3 a) Sucht aus dem Märchen alle Wiederholungen heraus, die euch auffallen.
b) Wiederholungen sind in Volksmärchen häufig. Welchen Zweck haben sie wohl?

Die Sterntaler

Es war einmal ein kleines Mädchen, dem war Vater und Mutter gestorben, und es war so arm, dass es kein Kämmerchen mehr hatte, darin zu wohnen, und kein Bettchen mehr, darin zu schlafen, und endlich gar nichts mehr als die Kleider auf dem Leib und ein Stückchen Brot in der Hand, das ihm ein mitleidiges Herz geschenkt hatte. Es war aber gut und fromm. Und weil es von aller Welt verlassen war, ging es im Vertrauen auf den lieben Gott hinaus ins Feld. Da begegnete ihm ein armer Mann, der sprach: „Ach, gib mir etwas zu essen, ich bin so hungrig.“ Es reichte ihm das ganze Stückchen Brot und sagte: „Gott segne dir's“, und ging weiter. Da kam ein Kind, das

jammerte und sprach: „Es friert mich so an meinem Kopfe, schenk mir etwas, womit ich ihn bedecken kann." Da tat es seine Mütze ab und gab sie ihm. Und als es noch eine Weile gegangen war, kam wieder ein Kind und hatte kein Leibchen an und fror: Da gab es ihm seins; und noch weiter, da bat eins um ein Röcklein, das gab es auch von sich hin. Endlich gelangte es in einen Wald, und es war schon dunkel geworden, da kam noch eins und bat um ein Hemdlein, und das fromme Mädchen dachte: „Es ist dunkle Nacht, da sieht dich niemand, du kannst wohl dein Hemd weggeben", und zog das Hemd ab und gab es auch noch hin. Und wie es so stand und gar nichts mehr hatte, fielen auf einmal die Sterne vom Himmel und waren lauter harte blanke Taler: Und ob es gleich sein Hemdlein weggegeben, so hatte es ein neues an und das war vom allerfeinsten Linnen. Da sammelte es sich die Taler hinein und war reich für sein Lebtag.

(aus der Sammlung der Brüder Grimm)

Das Töpfchen

Es war einmal und es war auch nicht. In früheren Zeiten war einmal eine arme Frau mit einer Tochter. Die Mutter spann vom Abend bis zum Morgen Garn, das Mädchen aber verkaufte es auf dem Basar und so verdienten sie ihren Lebensunterhalt.

Eines Tages hatte die Mutter wieder Garn gesponnen, es dem Mädchen gegeben und das Mädchen hatte das Garn auf dem Basar verkauft. Für dieses Geld kaufte sie statt des Brotes einen kleinen Topf, der zum Kauf angeboten wurde. An dem Topf hatte sie großen Gefallen, gab das Geld hin und erhielt ihn.

Als sie nach Hause kam, war kein Brot zum Essen da; denn in der Hand hatte sie nur den Topf. Die Mutter schlug das Mädchen tüchtig und warf den Topf auf die Straße. An jenem Tag legten sie sich hungrig schlafen.

Eine Hebamme kehrte von einer Wöchnerin zurück und sah auf der Straße einen schönen Topf liegen, nahm ihn, ging nach Hause, wusch und reinigte ihn, machte eine Weinblattroulade, setzte den Topf auf den Herd und kochte Essen.

Gerade als sie den Deckel hob und sich ans Essen setzen wollte, wurde an die Tür geklopft und jemand rief die Hebamme schnell zu einer Geburt.

Die Hebamme sagt: „Ich esse, wenn ich zurückkomme", lässt das Essen stehen und geht.

Der Topf steht – holterdiepolter – auf und geht schnurstracks zum Haus des Mädchens. Er klopft an die Tür, das Mädchen läuft zur Tür und fragt:

„Wer ist da?"

Der Topf antwortet:

„Das Töpfchen."

Das Mädchen fragt:

„Was ist darin?"

Er sagt:

„Eine kleine Weinblattroulade."

Das Mädchen holt die Weinblattroulade heraus und wirft den Topf auf die Straße.

Die Mutter und die Tochter setzen sich hin und lassen sich die Weinblattroulade gut schmecken.
Die Frau des Padischahs, die Sultanin, ging ins Bad, da sieht sie auf der Straße einen schönen Topf. „Nimm diesen Topf!“, sagt sie zu ihrer Zofe. Die Zofe nimmt den Topf und sie gehen ins Bad. Im Bad legt die Sultanin, als sie sich auszieht, ihre Diamanten und Perlen hinein. Sie gibt ihrer Zofe den Topf und steigt ins Bad.
Als die Zofe den Topf im Arm hält, wird sie vom Schlaf übermannt und der Topf geht schnurstracks zum Haus des Mädchens und klopft an die Tür. Das Mädchen fragt:
„Wer ist da?“
Der Topf antwortet:
„Das Töpfchen.“
Das Mädchen sagt:
„Was ist darin?“
Er sagt:
„Etwas Schönes.“

Das Mädchen nimmt die Diamanten und das Gold, zieht sich an und schmückt sich und wirft den Topf wieder auf die Straße.
Am nächsten Tag ging der Prinz ins Bad. Er sieht den Topf auf der Straße und sagt:
„Lala, nimm diesen Topf, was ist das für ein schöner Topf!“
Der Lala nimmt den Topf. Sie gehen in das Bad, der Prinz badet sich dort, reinigt sich und lässt sich rasieren. Der Topf nimmt den Prinzen – hopp – in sich auf und bringt ihn schnurstracks zum Haus des Mädchens.
Als er an die Tür klopft, fragt das Mädchen:
„Wer ist da?“
Er antwortet:
„Das Töpfchen.“
Sie fragt:
„Was ist darin?“
Er antwortet:
„Ein kleiner Bräutigam.“

Als das Mädchen den Deckel des Topfes aufhebt, steigt ein Prinz heraus, schön wie der Vollmond. Der Prinz aber mustert das Mädchen von oben bis unten: Sie ist ein Mädchen, auch so schön wie der Vollmond. Sie trägt Diamanten und Juwelen ...
Der Prinz fragt:
„Mädchen, heiratest du mich?“
Das Mädchen ist einverstanden. Sie machen vierzig Tage und vierzig Nächte lang Hochzeit und das Mädchen wirft den Topf nicht mehr auf die Straße ...
Sie haben das Ziel ihrer Wünsche erreicht, wir wollen auch unser Ziel erreichen.

(aus der Türkei)

1 Vergleicht das Grimm'sche Märchen von den Sterntalern (S. 168–169) mit dem Volksmärchen aus der Türkei.

2 Beide Märchen beginnen mit einer ganz ähnlichen Formulierung. Was sagt diese Eingangsformulierung über die Zeit aus, in der die Geschichten spielen?

3 *„Es war einmal ein kleines Mädchen. Vater und Mutter waren gestorben und es war so arm, dass es kein Zimmer mehr hatte, wo es wohnen konnte ...“*

So oder ähnlich würde es wohl klingen, wenn ihr das Märchen von den Sterntalern aufschreiben würdet.
a) Schreibt den ganzen Text in eure Sprache um.
b) Lest anschließend den Originaltext und eure Fassungen vor.
Beschreibt, wie sich die Wirkung des Märchens verändert hat.

4 Schreibt ein Märchen, in dem ein Alltagsgegenstand eine ähnliche Rolle spielt wie das Töpfchen in dem türkischen Märchen.

Der Puma, der zaubern konnte

Ein armer Mann und eine arme Frau, die in einem Hüttchen im Wald wohnten und als Tagelöhner ihr Brot verdienten, bekamen einen Sohn. Um die gleiche Zeit bekam dort in der Nähe auch ein Pumaweibchen ein Junges.
Ihr werdet fragen: Was hat das miteinander zu tun? Jeden Tag werden irgendwo Menschen geboren und Tiere werfen, oft ganz nah beieinander.
Wartet: Ich will es euch erzählen!

Als der Bursche noch ganz klein war, damals, als er nur ein Hemd angehabt hat, ist er einmal im Wald herumgelaufen und dem jungen Puma begegnet, und sie haben miteinander zu spielen angefangen. Und seit dem Tag sind sie wie Freunde gewesen.
Nun, die Jahre sind vergangen, aus dem kleinen Burschen ist ein Mann geworden und aus dem jungen Puma ein ausgewachsener großer. Aber trotzdem haben sie sich regelmäßig im Wald getroffen und sind echte Freunde gewesen. Der Mann hat geheiratet, der Puma ist ledig geblieben und hat stattdessen gezaubert. Bei wem er das Zaubern gelernt hat? Fragt mich nicht! Ich weiß es auch nicht!
Gut, der Mann hat also geheiratet und nach einem Jahr hat seine Frau ein Mädchen geboren, ein hübsches kleines Ding. Der Mann hat die Kleine in den Wald getragen und seinem Freund gezeigt.
„Allerliebst!“, hat der Puma gesagt. „Mach dir keine Sorgen um die Zukunft der Kleinen! Die Sache werde ich in die Hand nehmen.“
Das Mädchen ist herangewachsen, man hat sie Angelica gerufen und es ist aus ihr eine junge Frau geworden, so schön und sanft wie der Mond.
Nun hat es in jener Gegend einen reichen Gutsbesitzer gegeben, dem gehörte das halbe Land; der ist stolz und eingebildet gewesen und alle Leute haben zu ihm „Exzellenz“ sagen müssen, obwohl er gar nicht so exzellent gewesen ist.
Dieser Kerl (der Teufel soll ihn holen!) hat einen Sohn gehabt und eine Tochter. Der Bursche war brav und edel, das Mädchen ..., na ja ..., verzogen, wie vornehme Fräulein sind, und eingebildet wie der Vater.
Der Sohn aber, wie gesagt, so möchte man sich einen Schwiegersohn wünschen! Eines Tages, was macht der Bursche? Er geht durch den Wald und kommt zu dem Hüttchen. Und wie er gesehen hat: da wohnen arme Leute, hat er seine Geldbörse herausgenommen und hat die Hälfte davon aufs Fensterbrett gelegt. Dann ist er still davongeschlichen.
Niemand hat ihn gesehen. – Was heißt niemand? Zwei Augen haben ihn gesehen, denn der Puma hat sich gerade dort herumgetrieben.
„Brav, brav!“, hat der Puma gesagt. Es hat ihm gefallen, dass der Junge nicht so ist wie der Alte.
Nun, es ist nicht bei diesem einen Besuch des Burschen geblieben, und wie es so kommt, er ist dabei einmal dem Mädchen, der Angelica, begegnet. Wundert ihr euch, dass sie sich ineinander verliebt haben? Ich nicht.
Gut, das Mädchen hat seine Liebe den Eltern gestanden. Der Vater hat sich hinter den Ohren gekratzt und gemeint: „Der Fall liegt schwierig! Mit Seiner Exzellenz ist nicht zu reden. Ich will einmal meinen

Freund fragen.“ Und am anderen Tag ist er dorthin gegangen, wo er sich immer mit dem Puma getroffen hat.

„Du brauchst mir gar nichts zu erzählen!“, hat der Puma gesagt. „Ich habe ja schließlich selber zwei Augen im Kopf. Geh nur und schick mir den Burschen her!“

Der Bursche ist gekommen und der Puma hat zu ihm gesagt: „Frag deinen Vater, ob du deine Geliebte heiraten darfst! Dann wird er Nein sagen. Du aber frag: Warum nicht? – Dann muss er dir sagen, warum. Und dann sag zu ihm: Und wenn alle Bedingungen erfüllt sind? – So mach es und dann komm zurück und sag mir alles!“

Der Bursche ist also zu seinem Vater gegangen und hat gesagt: „Vater!“

„Ja?“

„Ich möchte gern heiraten.“

„So, wen denn?“

„Die Angelica.“

„Du bist verrückt! Erstens bist du noch zu jung, zweitens hat die Angelica eine zu dunkle Haut, drittens ist deine Angelica arm – ja, wenn sie wenigstens so viele Rinder hätte wie ich? –, viertens ist sie nicht von Adel.“

Der Bursche hat gesagt: „Und wenn alle diese Bedingungen erfüllt wären, dürfte ich sie dann zur Frau nehmen?“

Der Herr hat laut gelacht und hat erwidert: „Aber klar, mein Wort als Edelmann! Wenn sie hellhäutig, vermögend und von Adel ist, will ich selber für dich bei ihrem – haha – bei ihrem Herrn Papa um ihre Hand anhalten.“

„Gut, ich danke dir, Vater.“

Nun ist also der Bursche wieder in den Wald gegangen, hat den Puma dort getroffen und hat gesagt: „Also: Mein Vater hat die folgenden Bedingungen gestellt, dass erstens Angelica eine hellere Hautfarbe haben muss, dass sie zweitens reich sein muss – oder aber so viele Rinder besitzen wie er selbst – und dass sie außerdem und drittens von Adel sein müsse. Aber das ist ja alles unmöglich.“

„Was heißt unmöglich?“, sagt der Puma. „Wirf die Flinte nicht gleich ins Korn und lass mich machen! Seine Exzellenz wird sich wundern.“

Der Puma, was hat er gemacht? Er ist ins Gebirge gelaufen und hat einen Mondstein gesucht. Nur Zauberer wissen, wo so ein Mondstein zu finden ist, und da der Puma zaubern konnte, hat er auch einen gefunden. Dann ist er zum Hüttchen gelaufen und hat zu Angelica gesagt: „Los, zieh dich aus!“

„Warum?“

„Warum? Weil ich dich mit dem Mondstein abreiben muss, damit deine Haut weißer wird.“

„Aber ich schäme mich, mich nackt auszuziehen.“

„Mein Gott! Du wirst dich doch nicht vor einem Puma schämen? Gut, gut! Ich werde auch ein Auge zumachen und mit dem andern nur zwinkern!“

Nun, nach einigem Hin und Her hat sich die Kleine ausgezogen und der Puma hat sie mit dem Mondstein wie mit einem Stück Seife abgerieben.

Dann hat er sie mit einem Schwamm abgewaschen und: Das Mädchen war auf einmal weiß wie Milch! Ihre eigenen Eltern haben sie fast nicht mehr gekannt.

„So!", hat der Puma gesagt. „Das war das Leichteste! Jetzt kommt etwas Schwierigeres."

Was macht er? Er geht in seine Höhle und holt den Knochen von einem Büffel, aus dem macht er eine Flöte. Wie die Flöte fertig ist, fängt er an darauf zu blasen und zu singen:

„Eh, eh, eh,
Ich, der Puma, bin ein Büffel,
Uh, uh, uh,
Wo ist die Büffelkuh?"

Drei Tage und drei Nächte hat er geblasen, gesungen und getanzt. Auf einmal wird es ganz still: Und da steht ein riesiger Büffel.

Der Büffel ist zum Hüttchen gegangen und hat zu dem Mann gesagt: „Alter Freund, pass auf! Ich bin der Puma als Büffel. Führe mich zum nächsten Kampf der Stiere!" In jener Gegend ist es nämlich üblich gewesen, Stiere gegeneinander kämpfen zu lassen, und die Herde des unterlegenen Stieres hat dann immer dem Besitzer des Siegers gehört.

Der Vater von Angelica geht also hin zu jenem Herrn und sagt: „Exzellenz, wollen wir unsere Stiere kämpfen lassen?"

Der Herr hat gelacht und gesagt: „Meinetwegen, wenn du deine Herde unbedingt loswerden willst. Aber komme mir hernach nicht jammernd! Du kennst die Bedingungen. Ich will dir deine paar Kühe nicht wegnehmen, aber wie du willst."

Gut! Aber als der Herr den Büffelstier des Mannes gesehen hat, ist ihm doch warm geworden und er hat gesagt: „Ei verdammt, wie kommt der arme Schlucker zu einem so prachtvollen Viehstück!"

Es hat nur einen kurzen Kampf gegeben; der Stier des Reichen hat einen riesigen Schrecken vor seinem Gegner gehabt und ist davongerannt, als wäre der Teufel hinter ihm her. Seine Exzellenz hat sich fürchterlich geärgert, aber er war ein guter Verlierer und hat dem Mann seine ganze Herde überlassen, nachdem er den eigenen Stier selber erschossen hatte.

Man hat den Stier am Spieß gebraten und gemeinsam verzehrt. Beim Mahl ist auch die Angelica anwesend gewesen.

„Ei, ei: Wer ist denn diese hübsche Kleine dort?", hat er seinen Sohn gefragt.

„Das ist Angelica!"

„Nicht doch! Die da drüben mit der weißen Haut."

„Ja, das ist sie!"

„Nicht zu glauben! Schade, schade, dass sie nicht von Adel ist. Sie hätte so gut in meine Familie gepasst!"

Indessen ist der Büffelstier davongelaufen, und bei seiner Höhle angekommen, hat er sich so lange geschüttelt, bis sein Fell heruntergefallen ist. Da war er wieder der Puma.

Der Puma hat in seiner Kiste gesucht und er hat den Knochen eines Kondors herausgezogen. Aus dem Knochen hat er eine Flöte gemacht, und wie die Flöte fertig gewesen ist, hat er darauf geblasen und gesungen:

„Eh, eh, eh,
Ich, der Puma, bin ein Vogel,
Uh, uh, uh,
Ich fliege immerzu!"

Drei Tage und drei Nächte hat er so geblasen, gesungen und getanzt und auf einmal: Da sitzt ein großer schwarzer Adler!

Der große schwarze Vogel ist davongeflogen, ich weiß nicht, wie weit.

In einem andern Land, einem großen Reich, da hat es einen König gegeben, der hat so unter Kopfschmerzen gelitten, dass er seit Jahren kaum mehr hat schlafen können. Er hat alle Ärzte seines Landes rufen lassen, aber keiner hat ihm helfen können.

Da – eines Nachts –, was gibt es? Wie der König in seinem Bett sitzt und den schmerzenden Kopf in die Hand stützt, da flattert etwas: Ein großer schwarzer Adler kommt geflogen und setzt sich auf die Kante des Bettes.

Der schwarze Vogel sagt: „Geht es dir schlecht, König?“

„Ach, ach, ach“, jammert der König, „ich halte es nicht mehr lange aus und springe zum Fenster hinaus.“

„Nein, du brauchst nicht zu springen! Ich habe eine Medizin da, die wird dich heilen. Was gibst du dafür?“

„Das halbe Reich sollst du haben, wenn deine Medizin etwas taugt.“

„Nein, das halbe Reich will ich nicht, doch will ich Graf werden und meine Adoptivtochter Komtess!“

„Aber ja, meinetwegen Herzog und Herzogin.“

Da hat der Puma ihm ein Fläschchen gegeben, in dem ein Trank war, und kaum hat der König davon genippt, da war sein Kopfweh weg. Der König hat sich sehr gewundert und hat sich ganz erlöst gefühlt.

Am nächsten Tag hat der König seinen Kanzler rufen lassen und befohlen: „Schreibe sogleich eine Urkunde! Darauf soll stehen: *Der König ernennt hiermit den Inhaber zum Grafen von Kondor und Angelica zur Komtess. Ich, der König.*“

Man hat es so gemacht, unterschrieben und gesiegelt. Der schwarze Vogel hat die Urkunde genommen und ist zu seiner Höhle heimgeflogen. Dort hat er sich geschüttelt, bis das ganze Federkleid abgefallen ist.

Was hat der Puma dann gemacht?

Zuunterst in seiner Kiste lag ein Menschenknochen, ein Schenkelknochen. Aus dem hat der Puma eine Flöte geschnitzt.

Dann hat er darauf geblasen und gesungen:

„Eh, eh, eh,
Ich, der Puma, bin ein Mann!
Uh, uh, uh,
Vom Kopf bis auf die Schuh.“

Drei Tage und drei Nächte hat er so geblasen, gesungen und getanzt und auf einmal: Da steht ein eleganter Herr! Donnerwetter, so einen sieht man nicht alle Tage.

Der feine Herr ist zum Hüttchen gegangen und hat gesagt: „Angelica, komm heraus!“

Sie hat ihn zwar an der Stimme erkannt, aber – so ein vornehmer Herr – da ist sie doch unsicher geworden: „Bist du der Puma?“

„Was für eine Frage? Aber jetzt bin ich Graf Kondor und du bist Komtess.“

Angelica hat ihr bestes Kleid angezogen, der Herr hat eine Kutsche kommen lassen und sie sind zu Seiner Exzellenz gefahren.

Wie der Herr gehört hat, dass das ein Graf Kondor sei, hat er sich tief verbeugt und hat ihn in sein Haus geführt.

„Lieber Vetter“, hat der Graf herablassend gesagt, „meine Nichte und Adoptivtochter Angelica kennst du ja schon. Aber da habe ich nun gehört, du willst deinen Sohn nicht meine Angelica heiraten lassen. Das gefällt mir ganz und gar nicht, mein Bester. Ich fühle mich – ich muss schon sagen – sehr beleidigt!“

„Aber, Euer Gnaden“, sagt der Herr, „das ist ein Missverständnis! Das ist ein volles Missverständnis, nur wage ich es kaum, hochedler Vetter, Euch um die Hand der hochgeschätzten Komtess zu bitten.“

„Bitte und ich werde es mir überlegen, da dein Sohn ein sehr verständiger junger Mann sein soll.“

Kurz und gut, nach einigem Verhandeln hat der Graf sich herabgelassen seine Zustimmung zur Hochzeit zu geben, und jener Herr ist ganz klein geworden und hat allen Stolz abgelegt.
Dann ist der Graf zu seiner Höhle zurückgegangen, hat sich geschüttelt, bis die Menschenhaut abgefallen ist.
„Hol's der Teufel!", hat der Puma gesagt. „Es ist gar nicht so schön, ein Mensch zu sein."
Bald darauf hat es eine fröhliche Hochzeit gegeben, die sieben Tage gedauert hat.
Was dann noch gewesen ist?
Ich weiß es nicht.

(aus der Karibik)

1 An mehreren Stellen wendet sich der Erzähler direkt an sein Publikum. Sucht diese Stellen heraus und erklärt, warum der Erzähler das tut.

2 a) Unterteilt das Märchen in Erzählabschnitte. Legt dazu eine Übersicht an:

Zeile 1 bis Zeile 74	Man lernt alle wichtigen Figuren des Märchens kennen und erfährt, dass sich der Sohn des Gutsbesitzers in die arme Angelica verliebt.
Zeile 75 bis Zeile 125	Der Gutsbesitzer stellt seinem Sohn die Bedingungen für die Heirat mit Angelica.
Zeile … bis Zeile …	

b) Vergleicht eure Einteilungen und begründet sie.
c) Erzählt das Märchen abschnittsweise nach.

3 Wie in vielen Märchen spielt auch in diesem ein Tier eine besondere Rolle. Was unterscheidet dieses Tier von den Tieren, die ihr aus eurer Umgebung oder aus dem Zoo kennt?

4 Schreibt ein Märchen, in dem sich ein Mädchen oder ein Junge mit einem Tier (z. B. einem Fuchs, einem Habicht, einem Delphin oder einem Igel) anfreundet.

Die Königstochter in der Flammenburg

Es war einmal ein armer Mann, der hatte so viele Kinder als Löcher sind in einem Sieb und hatte alle Leute in seinem Dorfe schon zu Gevatter[1] gehabt; als ihm nun wieder ein Söhnlein geboren wurde, setzte er sich an die Landstraße um den ersten Besten zu Gevatter zu bitten. Da kam ein alter Mann in einem grauen Mantel die Straße entlang, den bat er und dieser nahm den Antrag willig an, ging mit und half den Knaben taufen. Der alte Mann aber schenkte dem Armen eine Kuh mit einem Kalb; das war an demselben Tage, an welchem der Knabe geboren, zur Welt gekommen und hatte vorn an der Stirne einen goldenen Stern und sollte dem Kleinen gehören. Als der Knabe größer

1 **Gevatter:** Taufpate

war, ging er mit seinem Rind, das war nun ein großer Stier geworden, jeden Tag auf die Weide. Der Stier aber konnte sprechen, und wenn sie auf dem Berg angekommen waren, sagte er zum Knaben: „Bleibe du hier und schlafe, indes will ich mir schon meine Weide suchen!“ Sowie der Knabe schlief, rannte der Stier wie der Blitz fort und kam auf die große Himmelswiese und fraß hier goldene Sternblumen. Als die Sonne unterging, eilte er zurück und weckte den Knaben und dann gingen sie nach Hause. Also geschah es jeden Tag, bis der Knabe zwanzig Jahre alt war. Da sprach der Stier eines Tages zu ihm: „Jetzt sitze mir zwischen die Hörner und ich trage dich zum König; dann verlange von ihm ein sieben Ellen langes eisernes Schwert und sage: Du wollest seine Tochter erlösen!“

Bald waren sie an der Königsburg; der Knabe stieg ab und ging vor den König und sagte, warum er gekommen sei. Der gab gern das verlangte Schwert dem Hirtenknaben; aber er hatte keine große Hoffnung seine Tochter wiederzusehen, denn schon viele kühne Jünglinge hatten es vergeblich gewagt, sie zu befreien. Es hatte sie nämlich ein zwölfhäuptiger Drache entführt und dieser wohnte weit weg, wohin niemand gelangen konnte; denn erstens war auf dem Wege dahin ein hohes unübersteigliches Gebirge, zweitens ein weites und stürmisches Meer und drittens wohnte der Drache in einer Flammenburg. Wenn es nun auch jemandem gelungen wäre, über das Gebirg und das Meer zu kommen, so hätte er doch durch die mächtigen Flammen nicht hindurchdringen können, und wäre er glücklich durchgedrungen, so hätte ihn der Drache umgebracht. Als der Knabe das Schwert hatte, setzte er sich dem Stier zwischen die Hörner und im Nu waren sie vor dem großen Gebirgswall. „Da können wir wieder umkehren“, sagte er zum Stier, denn er hielt es für unmöglich hinüberzukommen. Der Stier aber sprach: „Warte nur einen Augenblick!“, und setzte den Knaben zu Boden. Kaum war das geschehen, so nahm er einen Anlauf und schob mit seinen gewaltigen Hörnern das ganze Gebirge auf die Seite, also, dass sie weiterziehen konnten.

(aus Siebenbürgen)

1 Schreibt das Märchen zu Ende:
a) Lasst den Jungen mit dem Stier die beiden übrigen Aufgaben bewältigen.
b) Denkt euch einen typischen Märchenschluss für den Stier, den Jungen und die Königstochter aus.

2 Das Märchen von der Königstochter in der Flammenburg hat viele Gemeinsamkeiten mit dem Märchen vom Puma, der zaubern konnte (S. 171–175). Sucht sie heraus und schreibt sie in Stichwörtern auf.

3 Überlegt im Kunstunterricht, wie ihr die Flammenburg mit der Prinzessin und dem Drachen gestalten könnt.

10.2 Märchen frei gestalten und umerzählen

1 a) Bringt Gegenstände aus euch bekannten Märchen mit und ordnet sie ähnlich wie auf dem Foto an.
b) Lasst eure Mitschülerinnen und Mitschüler raten, aus welchen Märchen die Gegenstände stammen.
c) Ist der Gegenstand richtig erraten, erzählt ihr das betreffende Märchen.

2 a) Sucht euch ein Märchen aus, das sich mit wenigen Requisiten (Gegenständen) spielen lässt.
b) Überlegt euch in Gruppen, wie ihr das Märchenspiel vorbereiten müsst, und führt es vor.

Märchenbruchstücke

Text 1

Es waren einmal zwei kleine Mädel, die hatten Vater und Mutter verloren und mussten darum zu einem hartherzigen, geizigen Bauern auf den Hof. Sie hatten die Kühe zu hüten, aber nicht etwa auf der fetten Weide, deren Heu der Geizkragen verkaufte, sondern nur an den sandigen Wegrainen und schattigen Waldrändern, wo wenig wuchs. Da war es kein Wunder, dass die Kühe abends hungrig heimkamen und die armen Mädchen mit argen Schlägen empfangen wurden.

„Geht doch an den Lisseteich, dort wächst ja saftiges Grün!", maulte der Bauer. Aber die Mädel fürchteten sich; denn die Wasserlisse ist nicht weniger verrufen als anderswo der Wassermann. Wer zu nahe an den Teich kommt, wird von ihr hinabgezogen und muss ein Lissenkind werden, das im Wasser lebt, halb Mensch, halb Fisch. Na, und wer will denn das und will seine Seele verlieren unter dem Wasser, wo sie nicht aufsteigen kann zur ewigen Seligkeit? Als aber der garstige Geizknochen immer heftiger auf die kleinen Dinger einschlug, da sagten sie sich, bei der Lisse im Teich könne es auch nicht schlimmer sein, und sie trieben am nächsten Tage die Kühe zum Wasser ...

Text 2

Es war einmal ein Vater, der hatte einen Sohn, Peter hieß er, dem gefiel es nicht zu Haus, er forderte deshalb sein Erbteil, das waren zwanzig Taler, und ging damit in die weite Welt. Der Bursche hatte aber ein mitleidiges Herz und fühlte, was recht und unrecht war, und half, wo er helfen konnte. Wie er zum Dorfe hinaus und eine kurze Strecke fortgegangen war, kam ein Mann hinter ihm her, fing ein Gespräch mit ihm an und sagte, er wolle mit ihm wandern. Das ließ sich Peter wohl gefallen, denn der Mann sah so gut und brav aus, dass er ihn gleich lieb gewann und sich freute, dass er einen so wackeren Reisegefährten gefunden hatte.

[...]

„Nun leb wohl, jetzt hast du mich nicht mehr nötig; ich verlasse dich jetzt und die Welt. Meine Schuld, glaube ich, hab ich dir bezahlt. Leb wohl und sei glücklich!" Danach war er verschwunden. Peter setzte sich in seinen Wagen und war sehr traurig über den Abschied von seinem Kameraden und fuhr dann zurück nach dem königlichen Palast. Hier befolgte er alles getreulich, was ihm sein Gefährte gesagt hatte, und es kam auch alles so; er wurde so glücklich mit seiner Frau wie ein König, und später ist er auch König geworden und hat sein Land gut regiert bis an sein seliges Ende.

1 Stellt aus den Bruchstücken vollständige Märchen her.

2 Sucht passende Überschriften für eure Märchen.

Paul Maar

Die Geschichte vom bösen Hänsel, der bösen Gretel und der Hexe

Es war einmal eine alte Hexe, die hatte ihr ganzes Leben lang gearbeitet, hatte gezaubert vom frühen Morgen bis zum späten Abend, hatte gehext und Zaubersprüche aufgesagt jeden Tag und war nun in das Alter gekommen, wo ihre Zauberkraft nachließ und ihre Kräfte langsam schwanden.
Sie wurde aber nicht böse und giftig darüber wie manche andere Hexen, wenn sie so alt werden, sondern sagte sich: „Mit meiner Zauberkraft geht es zu Ende. Da will ich mir eine andere Beschäftigung suchen, damit ich nicht faulenzen muss und auf trübe Gedanken komme. Ich werde mein Haus zum schönsten Hexenhaus weit und breit machen!"
Und schon am nächsten Tag begann sie ihr Häuschen aufs Wunderlichste zu schmücken. Auf die Dachziegel legte sie Lebkuchen, die Wände verkleidete sie mit Brot und Kuchen, verziert mit Mandeln und Nüssen, ihre Glasfenster hängte sie aus und hängte neue ein, ganz aus weißem Zucker.
Das dauerte viele Wochen; jeden Tag musste die alte Frau in der Küche stehen und backen. Aber sie arbeitete unermüdlich und endlich war das Häuschen fertig.
Da war die Hexe stolz auf ihr Haus! Jeden Abend saß sie auf der Bank neben der Haustür, betrachtete die bunten Mauern, hexte mit ihrer versiegenden Zauberkraft mühsam noch einen roten Zuckerguss auf einen Kuchen oder verzierte einen Lebkuchen mit einer Nuss, wischte Staub und rieb dann die Zuckerscheiben glänzend.
Und wenn irgendein Tier an ihrem Haus vorbeikam, staunend stehen blieb und schließlich sagte: „So ein schönes Haus habe ich noch nie gesehen", wurde sie grün vor Stolz.
Eines Tages stand die Hexe gerade vor ihrem Backofen und wollte einen Lebkuchen backen, weil der Wind in der Nacht einen vom Dach geweht hatte. Da war es ihr, als knuspere draußen jemand an ihrem schönen Haus und breche ganze Stücke ab.
Ängstlich rief sie:
„Knusper, knusper, kneuschen,
Wer knuspert an meinem Häuschen?"
Von draußen antwortete ein dünnes Stimmchen:
„Der Wind, der Wind,
Das himmlische Kind!"

„Da bin ich beruhigt“, seufzte die Hexe erleichtert. „Es ist nur der Wind, der da draußen lärmt. Und ich hatte schon Angst, jemand wolle mein Häuschen zerstören.“
Wie sie das gerade sagte, zersprang ihre schöne Fensterscheibe, an der sie drei Wochen gearbeitet hatte, ein Mädchen griff nach den Splittern und aß sie auf! Mühsam humpelte die Hexe nach draußen um zu sehen, wer der Störenfried sei.
Vor dem Haus standen zwei Kinder, das Mädchen und außerdem ein Junge, rissen die Dachziegel herunter um sie aufzuessen, zerbrachen die Wand und zersplitterten die weißen Zuckerfenster. Da war die Hexe traurig und wütend zugleich.

1 Wie könnte die neue Fassung von Hänsel und Gretel weitergehen? Erzählt sie zu Ende.

2 Am Ende von Paul Maars Märchen heißt es, dass der Erzähler seine Fassung von der Hexe anvertraut bekommen habe. „Wenn das so ist“, antwortet ein Zuhörer, „dann möchte ich gerne einmal ‚Rotkäppchen‘ von einem Wolf erzählt bekommen.“ Vielleicht hat der Wolf dir seine Version erzählt? Schreibe sie für uns alle auf.

Das betrogene Rumpelstilzchen

3 Habt ihr euch das Rumpelstilzchen und die Müllerstochter, die Königin wird, so vorgestellt?

4 Erzählt das Märchen so, dass das Bild zu eurer Geschichte passt.

5 a) Sucht Märchen, in denen ein guter Held oder eine gute Heldin auf einen bösen Gegenspieler oder eine böse Gegenspielerin trifft.
b) Schreibt neue Märchenfassungen, in denen die Rollen von Gut und Böse vertauscht sind.

10.3 Es war einmal in einer weit entfernten Galaxie ...

Star Wars

Es war einmal vor langer Zeit in einer weit, weit entfernten Galaxie ein Junge, der auf den Namen Luke Skywalker hörte. Er war arm, hatte beide Eltern verloren und wohnte auf dem Gehöft von Onkel und Tante, die sich recht und schlecht durchs Leben schlagen mussten. Seiner Herkunft nach war Luke der Sohn eines Jedi-Ritters, doch wusste er davon nichts. Die Jedi-Ritter waren über tausend Generationen lang die Hüter des Friedens und der Gerechtigkeit in der Galaxis gewesen. Nun aber war das alte Reich mit seinen Jedi-Rittern und seiner gerechten Herrschaft längst untergegangen und ein finsterer Tyrann herrschte. Ihm war die schöne Prinzessin Leia, die Stieftochter eines Königs, der noch an der alten, guten Ordnung festhielt, in die Hände gefallen. Der Tyrann, der den Titel Imperator oder Kaiser führte, war ein unsagbar alter Mann, der über eine geheimnisvolle, magische Kraft verfügte, die so genannte „Macht“. Mit ihrer Hilfe wollte er auch die letzten Gebiete erobern, wo noch Friede und Freundlichkeit herrschten. Sein erster Diener war Lord Darth Vader, eine ungeheure schwarze Gestalt, dem die unheimliche dunkle „Macht“ auch zu Gebote stand.

Durch zwei Boten der Prinzessin erfährt Luke Skywalker von Leias Gefangennahme. Sofort will er aufbrechen um sie zu befreien. Unterstützt wird er von einem alten Einsiedler in der Nachbarschaft seiner Stiefeltern, dem weisen Obi-Wan Kenobi, der sich als Jedi-Ritter und Freund von Lukes Vater zu erkennen gibt. Er schenkt dem Jungen eine Wunderwaffe, das Laser-Schwert seines Vaters, und begleitet ihn zur nächsten Stadt, wo sie sich ein schnelles Fahrzeug besorgen wollen. Dort lernen sie den umherstreifenden Abenteurer Han Solo und seinen riesigen, affenartigen Gefährten Chewbacca kennen, mit denen sie bald Freundschaft schließen. Zusammen ziehen sie in Han Solos schnellem Gefährt, dem „Falken“, los um Prinzessin Leia zu retten. Die Befreiung gelingt ihnen, doch müssen sie noch viele schwere Aufgaben bewältigen und Abenteuer bestehen, bis am Ende der schreckliche Kaiser Palpatine besiegt und seinem finsteren Imperium der Untergang bereitet wird.

1 Wer von euch kennt die Geschichte, die hier in aller Kürze nacherzählt wurde, und kann mehr darüber berichten?

2 Vergleicht diese Geschichte mit den alten Volksmärchen. Was fällt euch auf?

3 Die folgenden Figuren spielen in „Star Wars“ eine wichtige Rolle. Welche typischen Märchengestalten erkennt ihr in ihnen? Legt eine Liste an:

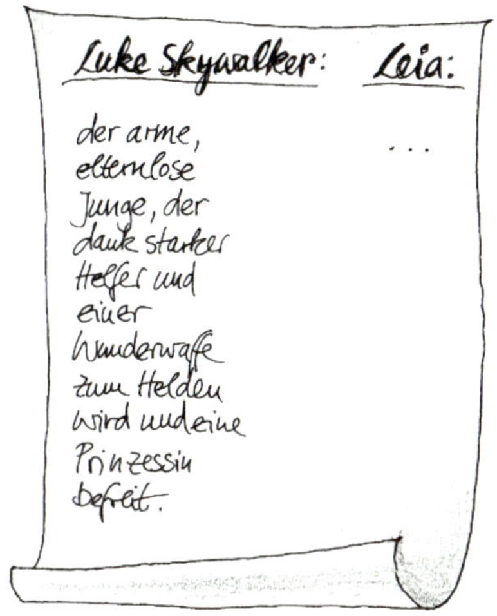

C-3PO und R2-D2

Obi-Wan Kenobi

Lord Darth Vader

4 Schreibt mit den Märchenfiguren aus „Star Wars“ Geschichten, die in der Welt der alten Volksmärchen spielen.

a) Zum Beispiel könntet ihr die Befreiung der Prinzessin erzählen und etwa so anfangen:

Von dem weisen Einsiedler erfuhren der Junge und seine Freunde, wo die mächtige Burg des schwarzen Ritters lag. Hans, der dem Jungen immer treu zur Seite stand, holte sein Flügelpferd Falke aus dem Stall und alle schwangen sich auf dessen Rücken, auch der zottelige, große Bär, den Hans immer mit sich führte. Sie wussten, dass noch nie jemand in die Burg des schwarzen Ritters eingedrungen war. Unüberwindlich hohe und dicke Mauern schützten sie ...

b) Erzählt andere Abenteuer aus „Star Wars“ als Volksmärchen.

5 Umgekehrt könnt ihr aber auch versuchen ein Volksmärchen als Sciencefiction-Geschichte zu erzählen. Etwa so:

Die grelle Sonne war gerade über dem Horizont der Sandwüste von Tatooine aufgegangen, als Ben Taylor, ein kleiner, drahtiger Kerl, auf der Roboterstation daranging, einem R2-D2 eine neue Außenhülle zu verpassen.
Er schnitt das Blech mit seinem Plasmabrenner gerade zurecht, als er ein kleines Geschwader Drusillen entdeckte, das in den Raum eingedrungen war. Diese an Libellen erinnernden Minihelikopter, die über ein automatisches Steuerungssystem verfügten, waren darauf programmiert, mit ihren rüsselartigen Ansaugschläuchen jede Art von Öl aufzunehmen, wo immer sie es aufspürten. Da am Ende ihres Ansaugschlauches eine äußerst harte Spitze saß, mit der sie Bleche leicht durchbohren konnten, stellten sie für jeden Roboter eine lästige Gefahr dar. Sie ließen sich gerade auf einen Kanister mit Maschinenöl herab, da richtete Ben seinen Plasmabrenner auf sie und drehte den Brennstrahl bis zum Ende auf. Volltreffer, das ganze Geschwader verschmolz zu einem unförmigen Metallklumpen und Ben lachte auf. „Es waren mindestens sieben“, sagte er bewundernd zu sich selbst, „sieben auf einen Streich! Das muss ich in der Raumhafenkneipe erzählen.“ Er stieg in seinen Raumgleiter und sauste los in Richtung Artana, der Stadt, wo sich der Raumhafen befand und wo sich immer allerlei Volk aus der ganzen Galaxie herumtrieb ...

a) Erkennt ihr das Volksmärchen wieder, das hier als Vorlage gedient hat?
b) Erzählt es als Sciencefiction-Geschichte zu Ende.

6 Sucht euch andere Volksmärchen aus und erzählt sie als Sciencefiction-Geschichten.

11 Lügengeschichten und Schelmenstreiche

11.1 Münchhausen, Eulenspiegel & Co.: Wir lesen vor

Gottfried August Bürger

Münchhausens Reiterkunststücke

Der wohl bekannteste Erzähler von Lügengeschichten ist der „Lügenbaron" Karl Friedrich Hieronymus Freiherr von Münchhausen. Von Beruf war er Offizier. Seinen Freunden pflegte er bei einer Flasche Wein die unglaublichsten Abenteuer- und Reisegeschichten aufzutischen. Sie wurden weitererzählt und später von dem Schriftsteller Gottfried August Bürger aufgeschrieben.

Die erste Reise, von der Münchhausen seinen Freunden erzählt, führt ihn nach Russland, wo er mit seinem Wunderpferd, einem Litauer, an einem Feldzug gegen die Türken teilnimmt.

Einem Manne, meine Herren, der einen Gaul, wie mein Litauer war, zu reiten vermochte, können Sie auch wohl noch ein anderes Voltigier-[1] und Reiterstückchen zutrauen, welches außerdem vielleicht ein wenig fabelhaft klingen möchte. Wir belagerten nämlich, ich weiß nicht mehr welche Stadt, und dem Feldmarschall war ganz er-

1 **voltigieren:** Kunstsprünge auf dem galoppierenden Pferd ausführen

staunlich viel an genauer Kundschaft gelegen, wie die Sachen in der Festung stünden. Es schien äußerst schwer, ja fast unmöglich, durch alle Vorposten, Wachen und Festungswerke hineinzugelangen, auch war eben kein tüchtiges Subjekt[2] vorhanden, wodurch man so was glücklich auszurichten hätte hoffen können. Vor Mut und Diensteifer fast ein wenig allzu rasch, stellte ich mich neben eine der größten Kanonen, die soeben nach der Festung abgefeuert ward, und sprang im Hui auf die Kugel, in der Absicht, mich in die Festung hineintragen zu lassen. Als ich aber halbwegs durch die Luft geritten war, stiegen mir allerlei nicht unerhebliche Bedenklichkeiten zu Kopfe. „Hum", dachte ich, „hinein kommst du nun wohl, allein wie hernach sogleich wieder heraus? Und wie kann's dir in der Festung ergehen? Man wird dich sogleich als einen Spion erkennen und an den nächsten Galgen hängen. Ein solches Bette der Ehren wollte ich mir denn doch wohl verbitten." Nach diesen und ähnlichen Betrachtungen entschloss ich mich kurz, nahm die glückliche Gelegenheit wahr, als eine Kanonenkugel aus der Festung einige Schritte weit von mir vorüber nach unserm Lager flog, sprang von der meinigen auf diese hinüber und kam, zwar unverrichteter Sache, jedoch wohlbehalten bei den lieben Unsrigen wieder an.

So leicht und fertig ich im Springen war, so war es auch mein Pferd. Weder Gräben oder Zäune hielten mich jemals ab, überall den geradesten Weg zu reiten. Einst setzte ich darauf hinter einem Hasen her, der querfeldein über die Heerstraße lief. Eine Kutsche mit zwei schönen Damen fuhr diesen Weg gerade zwischen mir und dem Hasen vorbei. Mein Gaul setzte so schnell und ohne Anstoß mitten durch die Kutsche hindurch, wovon die Fenster aufgezogen waren, dass ich kaum Zeit hatte, meinen Hut abzuziehen und die Damen wegen dieser Freiheit untertänigst um Verzeihung zu bitten.

Ein andres Mal wollte ich über einen Morast setzen, der mir anfänglich nicht so breit vorkam, als ich ihn fand, da ich mitten im Sprunge war. Schwebend in der Luft wendete ich daher wieder um, wo ich hergekommen war, um einen größern Anlauf zu nehmen. Gleichwohl sprang ich auch zum zweiten Male noch zu kurz und fiel nicht weit vom andern Ufer bis an den Hals in den Morast. Hier hätte ich unfehlbar umkommen müssen, wenn nicht die Stärke meines eigenen Armes mich an meinem eigenen Haarzopfe, samt dem Pferde, welches ich fest zwischen meine Knie schloss, wieder herausgezogen hätte.

2 **Subjekt:** hier abwertend im Sinne von zwielichtiger Mensch, Spion

1 Schon zu Anfang der Geschichte wird deutlich, dass der Baron mündlich vor einem Zuhörerkreis erzählt. Hebt beim Vorlesen durch Pausen und Betonung die Stelle hervor, an der das besonders erkennbar wird.

2 Münchhausen reiht hier mehrere kleine Geschichten aneinander, die man „Episoden" nennt.
a) Sucht die Stellen im Text heraus, an denen eine neue Episode beginnt.
b) Wie kann man diese Stellen beim Vorlesen für die Zuhörer markieren?

Für ein wirkungsvolles Vorlesen müsst ihr darauf achten, dass jeder Satz einen **Sprechbogen** bildet. Die Stimme hebt sich zu Beginn des Satzes und senkt sich am Ende:

> „Ein solches Bette der Ehren wollte ich mir denn doch wohl verbitten."

Viele Sätze sind durch Kommas untergliedert und damit auch ihre Sprechbögen. Vor jedem Komma hebt sich die Stimme leicht und macht eine kurze Pause:

> „Wir belagerten nämlich, ich weiß nicht mehr welche Stadt,
> und dem Feldmarschall war ganz erstaunlich viel an genauer Kundschaft gelegen,
> wie die Sachen in der Festung stünden."

3 Lest die Münchhausen-Erzählung ausdrucksvoll vor und macht dabei ihre Gliederung in Episoden deutlich.

Sid Fleischman

McBroom und die Stechmücken

Ein moderner Nachfolger Münchhausens ist der amerikanische Farmer McBroom, der mit Frau und 11 Kindern auf einem ungeheuer fruchtbaren Bauernhof lebt. Allerdings handelt es sich bei McBroom um eine erfundene Figur des Jugendbuchautors Sid Fleischman.

Ich spreche es ja nicht gerne aus, aber manche Menschen haben wirklich nicht die geringste Achtung vor der Wahrheit. Ein Fremder hat zum Beispiel behauptet, er sei auf einem Maultier an unserem wunderbaren Einhektarhof vorbeigeritten und von Spechten angegriffen worden. Das ist mal wieder glatt gelogen. Ehrlich! Es sind keine Spechte gewesen, sondern ganz gewöhnliche Präriestechmücken. Und noch dazu kleine. Diese Viecher werden hier draußen so groß, dass jedermann Maschendraht als Fliegengitter verwendet. Aber ich darf wirklich nichts Unfreundliches über diese sirrenden, schwirrenden, wütigen Biester mit ihren Stecknadelnasen sagen. Sie haben schließlich unseren Hof vor dem Ruin gerettet. Das ist während der großen Trockenheit gewesen, die im vergangenen Jahr bei uns geherrscht hat.

Trocken? Ach du liebe Güte! Unsere Kinder haben Kaulquappen gefunden, denen haben sie erst das Schwimmen beibringen müssen. Es hatte so lange nicht mehr geregnet, dass die Froschbabys noch niemals Wasser gesehen hatten.

Das ist wirklich die lautere Wahrheit, so wahr ich Josh McBroom heiße. Ehrlich, ich würde lieber ein Stinktier beim Schwanz packen, als die Unwahrheit zu sagen.

Na, ich schleich mich am besten in die Geschichte von der Trockenheit genauso ein, wie das die große Dürre bei uns gemacht hat. Ich kann mich noch daran erinnern, dass wir beim Pflügen waren, wie in jedem Frühling, und dass uns die Stechmücken wie immer geplagt haben. Diese blutdurstigen Räuber können ziemlich lästig werden, aber wir haben gelernt, wie man sie ablenkt.

Diese durstigen Dussel saufen nämlich alles, was nur rot ist. „Will*jill*hester*chester*peter*polly*tim*tom*mary*larry*und*kleinclarinda*!“, rief ich, „ich höre das Sirren der Stechmücken. Legt mal lieber ein Roterübenbeet an.“

Sowie die roten Beten reif wurden, schlugen die Stechmücken ihre spitzen Rüssel wie Strohhalme hinein. Und wie sie dann geschlemmt und geschmatzt haben! Sie saugten den Saft bis zum letzten Tropfen aus, sodass die roten Beten erblassten und wir sie als weiße Rüben ernten konnten.

Nicht alle Wörter eines Satzes werden beim Vorlesen gleich stark **betont;** die für den Sinn wichtigen werden mit größerem Nachdruck gesprochen. Besonderen Nachdruck, manchmal auch eine Steigerung der Lautstärke, erhält die Stimme an den Stellen, an denen im Text ein Ausrufezeichen steht.

1 a) Lest den Text still durch und merkt euch die Stellen, die ihr besonders betonen wollt.
b) Lest euch die Geschichte mehrmals vor und vergleicht eure Betonungen.

2 An einer Stelle beteuert McBroom die Wahrheit zu sagen.
a) Erläutert, was er damit bezweckt.
b) Überlegt, wie diese Stelle gelesen werden könnte.

3 Bildet eine Erzählkette: Eine/r fängt an und erzählt aus dem Stegreif McBrooms Geschichte weiter. Wer eine Fortsetzungsidee hat, kommt als Nächste/r dran. Denkt daran, dass McBroom eine Geschichte über die große Trockenheit erzählen will.

Wie Eulenspiegel einem Esel das Lesen beibrachte

Ähnlich bekannt wie die Geschichten des Lügenbarons Münchhausen sind die Streiche und Schelmenstücke Till Eulenspiegels. Sie lassen sich bis ins Mittelalter zurückverfolgen. Um 1500 wurden sie von dem Braunschweiger Zollschreiber Hermann Bote als Buch herausgegeben. Ob dieser Till Eulenspiegel wirklich gelebt hat, ist ungewiss. In der Stadt Mölln, die ihm zu Ehren einen Eulenspiegelbrunnen errichtet hat, soll er der Sage nach 1350 gestorben sein. Erich Kästner hat 12 der 95 „Historien“, wie Hermann Bote seine Geschichten nannte, in heutigem Deutsch nacherzählt.

Eine Zeit lang beschäftigte sich Eulenspiegel damit, dass er von Universität zu Universität zog, sich überall als Gelehrter ausgab und die Professoren und Studenten neckte. Er behauptete, alles zu wissen und zu können. Und er beantwortete tatsächlich sämtliche Fragen, die sie ihm vorlegten. Bei dieser Gelegenheit kam er schließlich nach Erfurt. Die Erfurter Studenten und ihr Rektor hörten von seiner Ankunft und zerbrachen sich den Kopf, was für eine Aufgabe sie ihm stellen könnten. „Denn so wie denen in Prag", sagten sie, „soll es uns nicht ergehen. Er soll nicht uns, sondern wir wollen ihn hereinlegen."

Endlich fiel ihnen etwas Passendes ein. Sie kauften einen Esel, bugsierten das störrische Tier in den Gasthof „Zum Turm", wo Eulenspiegel wohnte, und fragten ihn, ob er sich zutraue, dem Esel das Lesen beizubringen.

„Selbstverständlich", antwortete Till. „Doch da so ein Esel ein dummes Tier ist, wird der Unterricht ziemlich lange dauern."

„Wie lange denn?", fragte der Rektor der Universität.

„Schätzungsweise zwanzig Jahre", meinte Till. Und hierbei dachte er sich: Zwanzig Jahre sind eine lange Zeit. Bis dahin stirbt vielleicht der Rektor. Dann geht die Sache gut aus. Oder ich sterbe selber. Oder der Esel stirbt, und das wäre das Beste.

Der Rektor war mit den zwanzig Jahren einverstanden. Eulenspiegel verlangte fünfhundert alte Groschen für seinen Unterricht. Man gab ihm einen Vorschuss und ließ ihn mit seinem vierbeinigen Schüler allein. Till brachte das Tier in den Stall. In die Futterkrippe legte er ein großes altes Buch, und zwischen die ersten Seiten des Buches legte er Hafer. Das merkte sich der Esel. Und um den Hafer zu fressen, blätterte er mit dem Maul die Blätter des Buches um. War kein Hafer mehr zu finden, rief der Esel laut: „I-a, i-a!" Das fand Eulenspiegel großartig, und er übte es mit dem Esel wieder und wieder. Nach einer Woche ging Till zu dem Rektor und sagte: „Wollen Sie bei Gelegenheit einmal mich und meinen Schüler besuchen?"

„Gern", meinte der Rektor. „Hat er denn schon einiges gelernt?"

„Ein paar Buchstaben kann er bereits", erklärte Eulenspiegel stolz. „Und das ist ja für einen Esel und für eine Woche Unterricht allerhand."

Schon am Nachmittag kam der Rektor mit den Professoren und Studenten in den Gasthof, und Till führte sie in den Stall. Dann legte er ein Buch in die Krippe. Der Esel, der seit einem Tag kein Futter gekriegt hatte, blätterte hungrig die Seiten des Buches um. Und da Eulenspiegel diesmal überhaupt keinen Hafer ins Buch gelegt hatte, schrie das Tier unaufhörlich und so laut es konnte: „I-a, i-a, i-a!"

„I und A kann er schon, wie Sie hören", sagte Eulenspiegel. „Morgen beginne ich damit, ihm O und U beizubringen." Da gingen die Herren wütend fort. Der Rektor ärgerte sich so sehr, dass ihn bald darauf der Schlag traf. Und Till jagte den Esel aus dem Stall. „Scher dich zu den anderen Erfurter Eseln!", rief er ihm nach. Dann schnürte er sein Bündel und verließ die Stadt noch am selben Tag.

(nacherzählt von Erich Kästner)

Beim Vorlesen muss man besonders auf die **wörtlichen Reden** achten. Manchmal wird in dem **Redebegleitsatz** ein Hinweis darauf gegeben, wie die wörtliche Rede zu sprechen ist, zum Beispiel: „ ‚Ein paar Buchstaben kann er bereits‘, erklärte Eulenspiegel *stolz.*“
Fehlt ein solcher Hinweis, muss man sich selbst überlegen, wie die redende Person an der betreffenden Stelle wohl spricht.
Kommen mehrere Personen zu Wort, nennt man das ein **Wechselgespräch.** Dann ist es besonders wirkungsvoll, beim Vorlesen auch die Stimme zu wechseln. Eine gute Übung dafür ist es, den Text mit verteilten Rollen zu lesen.

1 Lest die Geschichte „Wie Eulenspiegel einem Esel das Lesen beibrachte“ mehrmals vor. Achtet darauf, wie die beteiligten Personen durch euer Vortragen dargestellt werden.

Geräusche und **Laute,** wie zum Beispiel Tierlaute, die im Text direkt wiedergegeben werden, sollten möglichst effektvoll nachgeahmt werden. Die Geschichte vom Esel, der das Lesen lernt, bietet dazu gute Gelegenheiten.

2 Übt die Textstellen mit Eselgeschrei zunächst einzeln und dann im Zusammenhang.

3 a) Erzählt oder lest in der Klasse weitere Streiche Eulenspiegels vor.
b) Schreibt auf, wer dabei hereingelegt wird.
c) Sucht nach Erklärungen dafür, warum diese Streiche so gern gehört und weitererzählt werden.

Eine unerfahrene Nachtigall

Eine ebenso bekannte und beliebte Figur wie Eulenspiegel in der deutschen Volksliteratur ist der Nasreddin Hodscha in der orientalischen. Nach glaubhaften Quellen hat er in der Türkei gelebt, doch werden seine Geschichten auch in allen benachbarten Ländern erzählt.

Eines Tages wollte der Hodscha frische Früchte essen, darum schlich er in einen fremden Garten. Dort kletterte er auf einen Baum und aß all die Früchte, die in seiner Reichweite waren. Etwas später kam der Besitzer des Gartens und fragte ihn böse: „Was machst du da oben?“
Der Hodscha versuchte sich herauszureden und antwortete süß: „Oh, mein Herr, ich bin nur eine Nachtigall und sitze hier oben und singe!“
Der Mann amüsierte sich darüber und sagte lachend: „Soso, du bist also eine Nachtigall? Dann lass mich mal ein Lied von dir hören!“
Der Hodscha machte komische Gesichtsausdrücke und gab merkwürdige Töne von sich.
Der Besitzer brach in Lachen aus und sagte: „Mann, was für ’ne Art von Singen ist das? Ich habe noch nie zuvor eine Nachtigall so singen hören!“
Der Hodscha erwiderte: „Ja, eine unerfahrene Nachtigall singt nun mal so!“

Der Wind tat es

Der Hodscha kletterte über den Zaun eines fremden Gartens und fing an, seinen Sack mit allem zu füllen, was er in seine Hände bekommen konnte.
Der Gärtner erwischte ihn und schrie: „Heh! Was machst du da?"
„Ich wurde von einem starken Wind hierher geblasen."
„Und wer hat das Gemüse herausgerissen?"
„Ich habe versucht mich daran festzuhalten, um zu verhindern, von dem Wind weggefegt zu werden."
„Aber wie kommt es dann, dass das Gemüse in diesem Sack ist?"
„Das ist wirklich komisch. Ich saß gerade hier und wunderte mich über dasselbe, als du hierher kamst."

Billige Esel

An jedem Markttag brachte der Hodscha einen Esel zum Markt und verkaufte ihn sehr billig. Der Preis, den er für seinen Esel verlangte, lag immer weit unter den Preisen seiner Konkurrenten.
Eines Tages sagte ein reicher Eselhändler zu ihm: „Ich weiß nicht, wie du es dir erlauben kannst, deine Esel so billig zu verkaufen. Ich lasse meine Diener das Heu von den Bauern stehlen und befehle ihnen auch, die Esel zu halten, ohne dass ich sie dafür bezahle. Und dennoch sind deine Preise niedriger als meine."
„Nun ja, das ist sehr verständlich", antwortete der Hodscha. „Du stiehlst Futter und Arbeitskraft. Ich stehle Esel!"

1. Vergleicht das Verhalten des Nasreddin Hodscha mit dem Till Eulenspiegels.

2. Wählt eine Hodscha-Geschichte aus und schreibt sie zur Vorbereitung für das Vorlesen ab.
   a) Kennzeichnet alle **Pausen** mit einem senkrechten Strich.
   b) Unterstreicht alle Stellen, die stärker **betont** werden sollen.
   c) Markiert die unterschiedlichen Sprecher bei der **wörtlichen Rede** verschiedenfarbig.

3. Achtet beim Vorlesen darauf, dass ihr hin und wieder bei den Sprechpausen aufschaut und – wie beim mündlichen Erzählen – **Blickkontakt** mit den Zuhörern aufnehmt.

4. Sucht weitere Geschichten vom Nasreddin Hodscha und bereitet sie für den Lesevortrag in der Klasse vor.

5 Veranstaltet mit den Geschichten vom Nasreddin Hodscha einen **Vorlesewettbewerb.**

a) Legt zur Bewertung des Vorlesens einen Beobachtungsbogen an. Ihr könnt dazu das folgende Muster verändern und erweitern.

Bewertungstabelle für den Vorlesewettbewerb

	−3	−2	−1	1	2	3
deutliche Aussprache						
angemessene Lautstärke						
angemessenes Lesetempo						
sinngemäße Betonung						
Gliederung des Textes durch Pausen						
lebendiges Vortragen von wörtlicher Rede und Geräuschen						
Blickkontakt mit Zuhörern						
...						

b) Vergleicht eure Wertungen und begründet eure Entscheidungen.

Lazarillo verschafft sich Brot

Etwa zur gleichen Zeit, als in Deutschland die ersten Eulenspiegel-Bücher in Umlauf kamen, entstand in Spanien der erste ***Schelmenroman****, der bald in ganz Europa Nachahmungen fand. Der Verfasser dieses Romans, der anonym bleibt, also seinen Namen nicht nennt, lässt einen Jungen sein abenteuerliches Leben erzählen.*

Der Junge heißt Lazaro, genannt Lazarillo. Er wird in einer Mühle im Fluss Tormes nahe bei Salamanca geboren. Schon früh verliert er seinen Vater und muss sich selbst sein Brot verdienen. Er hilft seiner Mutter, die als Magd in einem Wirtshaus arbeitet. Als Diener verschiedener Herren schlägt er sich mit List und Tücke durch. Er dient zuerst einem Blinden als Führer, der ihn fast verhungern lässt, nach dessen Tod, den Lazaro verschuldet, einem äußerst geizigen Priester.

Manches Mal dachte ich daran, diesem filzigen[1] Patron davonzulaufen, doch aus zwei Gründen unterließ ich's. Erstlich, weil ich meinen Beinen nicht traute, die vor lauter Hungerleiden so matt geworden waren, dass sie mich kaum noch trugen. Zum andern überlegte ich mir: Zwei Herren habe ich gehabt; der erste ließ mich fast verhungern, und als ich mich seiner entledigte, geriet ich an diesen, der mich mit seinem Geiz dicht an des Grabes Rand gebracht hat; wenn ich mich nun auch von ihm trenne und einem noch schlimmeren in die Hände falle, was anders habe ich dann zu gewärtigen als mein gewisses Ende? Also wagte ich nicht, mich von der Stelle zu rühren, denn ich glaubte fest daran, auf jeder weiteren Stufe fände ich noch größere Not, und stiege ich nur eine tiefer, so wäre es ganz aus mit Lazaro, und kein Mensch in der Welt würde mehr etwas von ihm sehen noch hören.

1 **filzig:** geizig

Während ich in solcher Bedrängnis war, vor der Gott jeden gläubigen Christen bewahre, und mir keinen Rat wusste, da ich's mit mir immer mehr bergab gehen sah, kam eines Tages, als der gottverdammte elende Geizkragen über Land gegangen war, zufällig ein Kesselflicker an meine Tür – in Wahrheit aber ganz gewiss ein Engel, den Gottes Hand selber mir in diesem Gewande zuführte. Er fragte mich, ob ich etwas auszubessern habe. „Ach", sagte ich so leise, dass er's nicht verstand, „da könntet Ihr gleich mich selber vornehmen, und es wär Euer Meisterstück, wenn Ihr mich wieder ins Lot brächtet[2]!"

Da aber keine Zeit mit hübschen Scherzen zu verlieren war, antwortete ich, erleuchtet vom Heiligen Geist: „Gevatter, ich habe den Schlüssel zu dieser Lade verloren und fürchte, mein Herr gibt mir eine Tracht Prügel dafür. Um Euer Seele Seligkeit willen, schaut doch nach, ob unter denen, die Ihr da habt, nicht einer passt; ich will's Euch lohnen."

Der Engel von einem Kesselflicker probierte einen Schlüssel nach dem andern von seinem großen Bunde, ich in meiner Hinfälligkeit half mit Beten nach, und ehe ich mich's versehe, erblicke ich das Angesicht Gottes, wie man sagt, in Gestalt der Brotlaibe in der Truhe. Da sie nun offen war, sagte ich: „Geld kann ich Euch für den Schlüssel nicht geben, aber nehmt hiervon Euren Lohn." Er suchte sich seinen Laib aus, der ihm am besten geraten schien, gab mir den Schlüssel und ging vergnügt von dannen, ich aber blieb noch vergnügter zurück. Doch rührte ich vorderhand nichts an, damit die Mauserei nicht noch auffälliger wurde, ja, mir kam's gar so vor, wie ich mich Herrn über einen solchen Schatz sah, als wagte sich der Hunger nicht mehr an mich heran. Der leidige Priester kam nach Hause, aber, Gott sei Dank, er merkte nichts von dem Brot, das der Engel mitgenommen hatte.

Am nächsten Tage öffnete ich mein Brotparadies, nahm einen kleinen Laib in beide Hände und grub die Zähne hinein, und rascher, als man zwei Credos[3] sagt, hatte ich ihn verschwinden lassen. Ich vergaß nicht, die Truhe wieder zu verschließen, dann machte ich mich in strahlender Laune daran, das Haus auszufegen, denn nun meinte ich, das Mittel gefunden zu haben, das meinem traurigen Lose hinfort abhülfe.

So verbrachte ich diesen und den nächsten Tag sehr wohlgemut. Aber es stand mir nicht in den Sternen geschrieben, dass diese Glückesfrist lange währen sollte, und am dritten Tage brach, just wie beim Dreitagefieber, das Unglück über mich Armen herein. Mit einem Male sah ich meinen Peiniger sich über die Truhe beugen, die Brote hin- und herschieben, zählen und abermals zählen. Ich tat, als kümmere es mich nicht, heimlich aber sandte ich ein Stoßgebet nach dem andern zum Himmel. „Heiliger Johannes!", flehte ich, „schlage ihn mit Blindheit!" Nachdem er eine lange Weile gerechnet und die Tage an den Fingern nachgezählt hatte, sagte er: „Wenn ich nicht die Lade stets so sorgsam verschlossen hielte, ich glaubte, jemand habe mir Brote herausgenommen. Aber von heute an will ich, allein schon, um jedem Argwohn Tür und Tor zu verriegeln,

2 **ins Lot bringen**: wiederherstellen

3 **Credo:** Glaubensbekenntnis

genau über sie Rechnung führen: Neun sind noch da und ein Stück."

Neun Plagen über dich!, knirschte ich im Stillen. Bei seinen Worten war mir, als durchbohre er mein Herz mit einem Pfeil, und mein Magen krampfte sich vor Hunger zusammen, er sah sich nun wieder auf sein altes Fasten gesetzt.

Kaum war mein Herr aus dem Hause, so öffnete ich die Truhe, um mich zu trösten, und wie ich das Brot erblickte, betete ich's auf den Knien an, aber eins zu nehmen wagte ich nicht. Ich zählte, wie viele es waren, ob sich der Elende vielleicht nicht zu meinem Glücke getäuscht hätte, und fand seine Rechnung richtiger, als mir lieb war. Nichts anderes blieb mir, als sie ungezählte Male, so zart ich's vermochte, zu küssen: Dabei knabberte ich von dem Angebrochenen winzige Stückchen ab, und so brachte ich diesen Tag hin, wenn auch nicht so frohen Herzens wie den vorigen. Da aber mein Hunger wuchs, zumal sich mein Magen in jenen zwei oder drei Tagen an etwas mehr Brot gewöhnt hatte, wurde mir sterbenselend, und sooft ich allein war, machte ich die Truhe auf und zu, auf und zu, um wenigstens, wie die Kinder sagen, für einen Augenblick das liebe Angesicht Gottes zu schauen. Und da mich Gott, der den Bedrängten beisteht, in solcher Not sah, gab er mir einen hilfreichen Gedanken ein, den bewegte ich in meinem Sinn hin und her, und schließlich sagte ich mir: Dieser gewaltige Kasten ist alt und an vielen Stellen morsch, und ob die Löchlein auch klein sind, man brauchte sich nicht zu wundern, wenn Mäuse hineinschlüpften und an dem Brote nagten. Ein ganzes zu nehmen, geht nicht an, denn er, dem es nichts macht, dass er mir's am Notwendigsten fehlen lässt, sähe hier gleich, was fehlt. So aber könnte man's anfangen ... Und ich machte mich daran, über einer der dürftigen Tischdecken, die es im Hause gab, von einem Brote winzige Krumen zu klauben, ließ das nächste ganz und fuhr bei einem andern fort, sodass schließlich an drei oder vier Broten etwas abgebröckelt war. Die Krümel pickte ich, wie man Zuckerperlen isst, mit der Zunge auf, und damit erquickte ich mich ein bisschen. – Wie mein Herr zum Essen nach Hause kam und die Truhe öffnete, sah er den Schaden und konnte nicht anders glauben, als dass er von Mäusen herrührte, denn ich hatte ganz genau nachgemacht, wie sie nagen. Er untersuchte die Lade von hinten und vorn, entdeckte ein paar Löchlein und war überzeugt, dass die Mäuse da hineingeschlüpft seien.

„Lazaro", rief er, „komm! Sieh, wie sie unser Brot über Nacht heimgesucht haben."

Ich tat sehr verwundert und fragte, wer das wohl getan habe. „Wer das getan hat? Mäuse natürlich. Die verschonen nichts!"

Wir aßen, und Gott wollte, dass ich auch dabei Glück hatte und mehr Brot zugeteilt bekam als den Kummerbissen, den er mir sonst zu geben pflegte, denn er schabte mit dem Messer alle die Stellen ab, die er von den Mäusen angeknabbert glaubte. „Das kannst du ruhig essen", sagte er, „Mäuse sind reinliche Tiere." Mit dieser Dreingabe, die ich mir mit meiner Hände Arbeit oder, genauer gesagt, durch meiner Nägel Arbeit erworben hatte, nahm unsre Mahlzeit diesmal ein Ende, obwohl mir war, als habe sie noch gar nicht angefangen.

1 a) Eine/r von euch spielt den Lazaro. Er wird auf den „heißen Stuhl" gesetzt und muss alle Fragen zu seinem Verhalten und zu seinen Einstellungen beantworten.
b) Lassen sich Lazaros Umgang mit der Wahrheit und seine Streiche mit denen der anderen Lügner und Schelme dieses Kapitels vergleichen? Begründet eure Ansichten.

2 Lest die Geschichte der Klasse vor. Denkt daran, dass in der Ich-Form aus der Sicht Lazaros erzählt wird. Wer vorliest, muss sich also in Lazaro hineinversetzen.

11.2 Wer einmal lügt …
Wir untersuchen die Lügensprache

Lügen in Sprichwörtern

Der Lügner fängt sich in der eigenen Schlinge.

Lügen haben kurze Beine.

Lug und Trug ist der Welt Acker und Pflug.

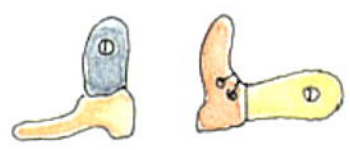

Lügen und Lawinen wachsen immer.

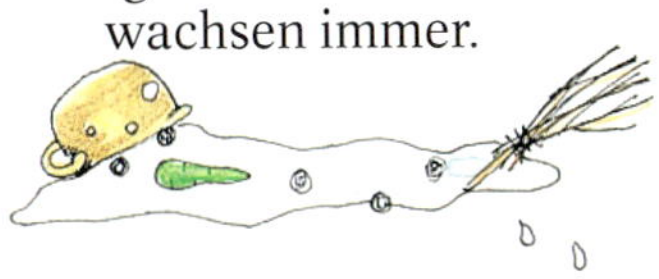

Was man herauslügt, kann man nicht wieder hineinlügen.

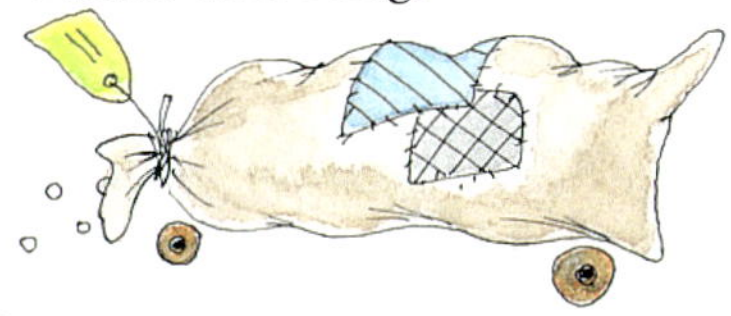

Jede Lüge will zehn andere zum Futter haben, wenn sie nicht sterben soll.

Mit Lügen und Listen füllt man Sack und Kisten.

Wer einmal lügt, dem glaubt man nicht, und wenn er auch die Wahrheit spricht.

Der Lügner und der Dieb wohnen unter einem Dach.

Lügen zerschmelzen wie Schnee.

Wer lügen will, muss ein gut Gedächtnis haben.

Allein lügt sich's am besten.

Wäre Lügen so schwer wie Steinetragen, würde mancher lieber die Wahrheit sagen.

1 a) Welche Sprichwörter lassen sich einem der Bilder zuordnen?
b) Begründet eure Zuordnungen und erklärt dabei die Bedeutung der Sprichwörter.
c) Malt oder zeichnet selbst Bilder oder Bildergeschichten zu den Sprichwörtern.

2 a) Jede/r sucht sich ein Sprichwort aus und schreibt dazu eine Geschichte. Das Sprichwort darf aber nicht im Wortlaut genannt werden.
b) Lest eure Sprichwort-Geschichten vor und lasst die anderen herausfinden, welches Sprichwort eurer Geschichte zugrunde liegt.

3 a) Ihr könnt zu den Sprichwörtern auch in Partner- oder Gruppenarbeit kleine Szenen erfinden, die ihr der Klasse vorspielt.
b) Beobachtet genau die Lügner in euren Spielszenen. Erkennt man an ihrem Verhalten, ihrem Gesichtsausdruck oder ihren Gesten, wann sie lügen?

4 Stellt eine Liste zusammen, in der ihr festhaltet, zu welchen Gelegenheiten mit welchen Absichten gelogen wird.

Alltagslügen

Ursel Scheffler

Der Lügenbeutel

Es war einmal ein Mann, der behauptete, alles Elend der Welt käme nur daher, dass die Leute nicht ehrlich zueinander wären. Er nahm sich daher vor die Welt von Lügen zu befreien. Deshalb kaufte er sich ein Schmetterlingsnetz und einen großen Sack und begann alle Lügen, denen er begegnete, einzufangen.

Die Leute wunderten sich über den komischen Mann, der durch die Straßen rannte, hinter den Leuten herlief und scheinbar sinnlos mit einem Schmetterlingsnetz in der Luft herumfuchtelte. Sie bemerkten gar nicht, dass es ihnen immer schwerer fiel, sich Lügen auszudenken. Lügen wurden allmählich Mangelware! Der Mann hatte seinen Sack an jedem Abend gestopft voll. Er entleerte den Sack in kleine lügendichte Abfallbeutel, verschnürte sie sorgfältig und warf sie in den Müllschlucker.

So machte er es jeden Tag. Aber schließlich musste er sich seine Beute immer schwerer erkämpfen. Weil die Leute auf der Straße keine Lügen mehr hatten, schnitt er sie sich aus Zeitungsseiten aus. Er sammelte sie an Fernsehtürmen und Telefonleitungen. Immer häufiger hatten die Zeitungen leere Seiten und die Fernseher Ton- oder Bildausfall. Die Telefonleitungen waren ständig gestört.

Der Lügensammler stellte betrübt fest, dass die Leute immer weniger miteinander redeten. Vermutlich, weil sie nicht so viele Dinge wussten, die wirklich wahr waren.

Jetzt reden sie wenigstens ehrlich miteinander!, dachte der Mann mit dem Lügenbeutel. Welch ein Glück!

Doch da wurde er zu seinem Entsetzen Zeuge eines Gesprächs auf dem Marktplatz. Zwei Frauen trafen sich am Gemüsestand.

„Schlechten Tag!", sagte die eine zur anderen.

„Dasselbe wünsch ich Ihnen auch!", war die Antwort.

„Wie es Ihnen geht, ist mir ziemlich egal. Aber es fällt mir auf, dass Sie sich verändert haben. Sie sind richtig fett geworden. Die modernen Röcke kleiden Sie gar nicht."

„Wie es mich ärgert, dass ich Sie treffe", sagte die dicke Frau. „Schon wenn ich Ihre Stimme höre, bekomme ich eine Gänsehaut. Ihre neue Frisur sieht aus wie Putzwolle und wenn Sie lachen, dann stört mich neben Ihrem Mundgeruch auch noch diese schreckliche Zahnlücke!"

Die Frau mit der Putzwollefrisur bekam einen knallroten Kopf. Sie kochte vor Wut! Weil ihr in der Erregung nicht die passende „Wahrheit" einfiel, nahm sie ihren Regenschirm und zerschlug ihn auf dem Kopf der anderen.

„Es tut mir so Leid!", sagte der Lügensammler und stellte seinen Sack auf die Erde um der misshandelten Frau wieder auf die Beine zu helfen.

„Ich hätte das nicht sagen dürfen!", jammerte die dicke Frau. „Aber es kam einfach so über mich!"

„Ich hätte nicht gleich zuschlagen dürfen", sagte die Frau mit der Putzwollefrisur. „Aber …"

„Ich weiß, ich weiß!“, sagte der Mann. „Die Wahrheit im falschen Augenblick, am falschen Ort ist manchmal sehr schmerzlich.“

„Die Wahrheit? Wie meinen Sie das?“, sagte die Frau mit der Putzwollefrisur und bog ihren Regenschirm wieder gerade. „Sie wollen doch nicht behaupten, dass das die Wahrheit ist, was sie eben gesagt hat?“ Drohend ging sie auf den Lügensammler zu.

Der tat rasch einen Griff in seinen Lügensack und sagte: „Ich finde, Sie sehen beide recht hübsch aus, meine Damen. Man muss nur Fantasie haben.“

„Finden Sie wirklich?“, fragte die Dicke und strich ihren unvorteilhaften Rock glatt.

„Was haben Sie denn in diesem komischen Sack?“, erkundigte sich die andere Frau.

„Lügen, lauter Lügen!“, seufzte der Mann.

„Das glaube ich nicht. Kann ich mal reinsehen?“

„Es ist gefährlich!“, warnte der Mann.

„Viel gefährlicher ist es, die Wahrheit zu sagen, das haben Sie doch eben gesehen!“, antwortete die dicke Frau.

Der Lügensammler wusste nicht, was er darauf antworten sollte.

„Er lügt!“, sagten die beiden Frauen wie aus einem Mund und sahen den Lügensammler vorwurfsvoll an.

Das konnte der Lügensammler natürlich nicht auf sich sitzen lassen. Er öffnete den Sack ein ganz kleines bisschen und ließ die beiden hineinsehen. Aber weil sich die meisten Lügen unsichtbar machen können, bemerkten sie nicht, wie sich eine nach der anderen davonstahl.

Seitdem gibt es wieder genügend Lügen auf der Welt.

Große und kleine, dicke und dünne Schwindeleien, Flunkereien, Betrügereien, aber auch kleine Nettigkeiten.

Und wenn sich die Leute auf der Straße treffen, sagen sie: „Guten Tag! Wie geht's?“ oder: „Sie sehen gut aus!“

Die Zeitungen haben wieder volle Seiten, die Fernsehsender ein volles Programm und die Telefonleitungen sind überlastet.

Aber leider schwirren auch wieder die Lügen durch die Luft und es bleibt jedem Einzelnen überlassen herauszufinden, was wahr ist und was nicht.

1 Schreibt auf, wo der Lügensammler überall Lügen finden kann.

2 a) Zeichnet einen dicken Lügensack und schreibt alle Arten von Lügen hinein, die in der Geschichte „Der Lügenbeutel“ vorkommen.
b) Welche Arten von Lügen gibt es sonst noch? Schreibt sie auch in euren Lügensack.
c) Versucht zu erklären, welche Absichten hinter den verschiedenen Arten von Lügen stecken. Legt eine Liste an.

3 Erzählt von euren eigenen Erfahrungen mit Lügen.

4 Denkt euch zu zweit oder in Gruppen Szenen aus, ähnlich wie die mit den beiden Frauen am Gemüsestand, und spielt sie der Klasse vor. Spielt sie zuerst so, als habe der Lügensammler alle Lügen eingesammelt, und dann so, als habe er den Lügensack wieder geöffnet.

Um die Wette lügen

Das Märchen vom Meisterlügner

Da war einmal im Land Ichweißnichtwo ein König. Dem konnte einer das Blaue vom Himmel herunter in die Ohren lügen, er konnte lügen, dass sich die eichenen Balken im Thronsaal bogen – der König hielt alles für wahr. Man konnte ihm erzählen, was man wollte, es gab nichts, das er am Ende nicht doch für möglich gehalten hätte. Viele Jahre war er nun schon König und tausendmal schon war es vorgekommen, dass einer seiner Minister oder Hofleute über irgendeine neue Kunde, die umlief, gesagt hatte: „Das ist eine Lüge!“ oder: „Das ist faustdick gelogen!“ oder: „Das glaubt ja kein Sterblicher!“ Der König ärgerte sich über sich selbst, weil er immer alles für wahr halten musste und noch kein einziges Mal in seinem Leben einem ins Gesicht hatte sagen können: „Du Großmaul, das lügst du!“ Einmal, ehe er starb, wollte er dies mit fester Überzeugung sagen können, und wenn er dafür sein Liebstes hergeben müsste. Darum ließ er in seinem Reich durch einen Herold verkünden: Wer eine so große Lüge tun könne, dass selbst der König sie nicht glaube, der solle seine einzige Tochter, die schöne Prinzessin, zur Frau bekommen.

Viele edle und unedle Lügenbeutel hatten nun schon versucht sich mit ihrer Schelmenkunst das Königstöchterlein zu erlügen; doch keinem war's gelungen. Sie hatten für ihre Dreistigkeit sieben Jahre in den Turm wandern müssen.

Da hörte auch ein wandernder Handwerksgeselle in einer fernen Stadt den Herold die königliche Botschaft verkünden. Der Geselle hielt sich für einen Erzlügner, dem nicht so leicht einer das Wasser halten konnte. Zudem dachte er, eines Königs schönes Töchterlein sei ein Preis, um den man schon ein paar saftige Lügen wagen könne. Also machte er sich auf den Weg zum Königsschloss.

Als er dem Torhüter und den Dienern Bescheid gab, was er hier wolle, rieten ihm alle wieder umzukehren. „Du wirst keine so große Lüge ersinnen können, dass der König sie nicht glaubt!“, sagten sie. „Es wird dir ergehen wie vielen andern vor dir: Du wirst in den Turm geworfen werden und sieben Jahre lang das Licht der Sonne nicht mehr sehen!“

Doch der Handwerksbursche ließ sich nicht einschüchtern. Er verlangte, sogleich vor den König geführt zu werden. Der König saß auf seinem Thron; die Tochter an seiner Seite. Sie war so schön, dass der Bursche die Augen schließen musste, als er sie nur mit einem einzigen Blick gestreift hatte.

Der König sprach: „Drei Lügen will ich dir gestatten. Wenn ich sie aber allesamt für wahr halte und dich nicht wenigstens einmal einen Lügner heiße, ist der Preis verscherzt und du siehst für sieben Jahre das Sonnenlicht nicht mehr!“ Da tat der Bursche noch einmal einen Blick zu der schönen Prinzessin hinüber – und wahrhaftig, sie lächelte ihm so freundlich und lieb zu, dass er keine Bange mehr hatte und gewiss war, dass er sie noch heute in seine Arme schließen werde.

„Zum Ersten also!“, begann der König. Er wies mit der Hand auf den Boden des Thronsaals, der mit Goldplatten belegt war, und fragte den Handwerksburschen: „Gelt, Junge, so einen kostbaren Boden hast du noch nirgends gesehen?“ – „Ei, warum nicht“, antwortete der. – „Wo?“, fragte der König. – „In meinem Heimatdorf, das gleich hinter dem gläsernen Wald rechts unterm Mond liegt und Lügmireins heißt.“ – „Und bei wem hast du einen solchen goldenen Boden gesehen?“ – „Na, wo auch? Daheim bei meinem Vater.“ – „Wer ist dein Vater?" – „Wer sollt er auch sein? Der Sauhirt in unserm Dorf." – „Wie viel Säue hat er zu hüten?" – „An die fünftausend." – „Und wie lange schon treibt dein Vater auf die Weide?" – „Jetzt geht's gerade ins hundertneunundvierzigste Jahr." – „Dass dein Vater in so viel Jahren mit so viel Säuen so viel Geld erspart hat, dass er in seine Stube einen goldnen Boden hat legen lassen können, das glaub ich gerne", sagte der König. Die erste Lüge war für ihn nicht groß genug gewesen. Der Bursche ließ sich aber dadurch nicht aus der Ruhe bringen.

„Zum andern also", fuhr der König fort, wies nach dem Fenster und sagte: „Geh dorthin und schau in den Garten hinab! Hast du deiner Lebtag schon einmal so große Rüben gesehen?" – „Ojemine!", versetzte der kecke Geselle. „Da sind die Euren vertrocknete Setzlinge gegenüber denen, die ich heute vor neunundneunzig Jahren weit hinterm Nirgendsmeer im Lande Eckumeck gesehen habe! Selbige sind so groß gewesen, dass unter ihrem Krautwerk sechzehntausend Soldaten beim größten Wolkenbruch unterstehen konnten, und ist keiner auch nur einen Tropfen nass geworden." Der König räusperte sich und sagte: „Nun ja, kann sich ein Schweinehirt einen goldenen Stubenboden leisten, so können auch im Land Eckumeck so große Rüben wachsen. Was ist nicht alles möglich unter der Sonne!"

Der König hob seine Hand, wies nach dem Fenster auf der andern Seite des Saales und sagte: „Zum Dritten also! Sieh dir die Tanne dort drunten im Park an – hast du jemals eine so hohe Tanne angetroffen?" Der lustige Geselle, der voller Lügen steckte, besann sich rasch auf eine, die so grausam erlogen war, dass es gewiss auf der ganzen Welt niemand gab, der sie glaubte. Dann begann er mit prahlerischer Stimme zu erzählen: „O du meine Güte! Dieses Tännlein hier? Das ist ja nur ein Besenreis gegen die Tannen, die ich dutzendweis im Himmeleieieigebirge gesehen habe! Ich habe wundershalber probiert, wie hoch wohl die höchste sein möge. Habe mir also zweiundzwanzigtausend Sparrennägel gekauft, habe einen nach dem andern in den Stamm geschlagen und bin drauf gipfelwärts geklettert. Denkt Euch! Bis in den siebten Himmel bin ich hinaufgekommen und die Tanne war immer noch nicht zu Ende! Weil ich nun aber schon einmal da war, dachte ich, ich könnte mir auch den Himmel ein bisschen ansehen. Ich traf viele alte Bekannte aus Lügmireins und aus dem Lande Eckumeck und erzählte ihnen, dass ich, noch ehe ein Jahr vergangen, des Königs schönes Töchterlein im Land Ichweißnichtwo als Gemahlin heimführen werde. Und sie glaubten mir alle bei ihrer Seele Seligkeit und wünschten mir von Herzen Glück dazu. Sie hätten mich gar zu gern zum Nachtessen eingeladen. Ich war jedoch darauf bedacht, vor dem Dunkelwerden wieder auf die Welt hinabzurutschen, und empfahl mich. Ums Leben hab ich aber nicht mehr die Tanne gefunden, an der ich heraufgestiegen bin. No, dacht ich, wartest, bis es Tag ist, und wollte mir im Himmel ein verstecktes Plätzchen zum Nachtlager suchen. Wie ich da so herumstolperte, stieß ich von ungefähr an ein Bollenfass, das bis über den Rand voll war mit Weizenkleie[1]. Holla! Du kommst mir gerade recht!, hab ich gedacht, – hab aus der Kleie ein Seil geflochten, es mit einem Dutzend der übrig gebliebenen Nägel am Himmelsfenster festgenagelt und mich an dem Kleieseil gemächlich auf die Welt herabgelassen. Ich war noch weit über den obersten Wolken, da ist das Trumm[2] ausgegangen. Jetzt was tun? Ich hab keine andre Wahl gehabt, als das Kleieseil oben abzuschneiden und am untern Ende wieder anzuknüpfen. Bis ich aber wieder auf festem Boden und geradewegs vor dem Tor zu Eurem königlichen Palast ankam, hat das Seil – Ihr mögt mir's glauben oder nicht! – nur noch aus lauter Knoten bestanden."

Da fuhr der König aus seinem Thronsessel auf und rief: „Das ist ja eine Lüge so groß wie das Seil, das du mir da vom Himmel heruntergelogen hast!"

„Gut", erwiderte freudestrahlend der Handwerksbursche, „und also bin ich Euer Tochtermann!", nahm die schöne Prinzessin, die ihn gar liebreich anlachte, bei der Hand und gab ihr den Verlobungskuss.

Der alte König legte ihre Hände ineinander und setzte dem wackern Gesellen seine Krone aufs Haupt – und so ist der Meisterlügner König im Lande Ichweißnichtwo geworden.

1 **Kleie:** Abfallprodukt beim Mahlen der Getreidekörner; Kleie besteht aus den Schalenschichten und den Keimlingen der Körner.
2 **Trumm,** hier: dickes Seil

1 a) Erklärt, wodurch sich die Lügen im „Märchen vom Meisterlügner" von den Lügen im alltäglichen Leben unterscheiden, die ihr im „Lügensack" (S. 195) gesammelt habt.
b) Vergleicht das Märchen mit den Geschichten von Münchhausen (S. 183–184) und McBroom (S. 185–186). – Schreibt Parallelen und Unterschiede heraus.

2 Der Meisterlügner beteuert, er habe im Lande Eckumeck Rüben gesehen, „so groß, dass unter ihren Blättern sechzehntausend Soldaten beim größten Wolkenbruch unterstehen konnten".
a) Findet eine Bezeichnung für diese Art Lügen.
b) Sucht in Gruppen aus den Lügengeschichten auf den Seiten 183–186 ähnliche Behauptungen heraus und schreibt sie auf.
c) Bildet zu folgenden Ausdrücken Sätze, wie sie die Lügner in den Geschichten verwenden:

3 Am Ende des „Märchens vom Meisterlügner" ruft der König:
„Das ist ja eine Lüge so groß wie das Seil, das du mir da vom Himmel heruntergelogen hast!"
Solche Vergleiche werden in Lügengeschichten oft und gern verwendet.
a) Wozu dienen solche Vergleiche?
b) Findet selbst solche Vergleiche und bildet Sätze damit.

4 Lügt um die Wette: Erfindet faustdicke Lügen und erzählt sie reihum in der Klasse.

11.3 Von den Meisterlügnern lernen: Wir schreiben ein Lügenbuch

Wie gehen die Meisterlügner vor? – Ein Untersuchungsbogen

Typische Merkmale	Münchhausen (S. 183-184)	Mc Broom (S. 185-186)	Meisterlügner im Märchen (S. 196-198)
	Zeilenangaben		
Übertreiben/Aufschneiden	Z. ...		
Beteuerungen die Wahrheit zu sagen			
Ankündigen oder Eingestehen der Lügen			
Lügenketten bilden			
Lügen steigern			
Um die Wette lügen			
Geschickte Ausreden erfinden			
...			

1 Besprecht den Untersuchungsbogen und überlegt, welche Änderungen oder Ergänzungen ihr vornehmen wollt.

2 a) Teilt die Arbeit in Kleingruppen auf. Jede Gruppe überträgt die Spalten des Untersuchungsbogens, die sie bearbeitet, in ihre Hefte.
b) Zeichnet den ganzen Untersuchungsbogen auf ein großes Plakat, auf dem ihr die Einzelergebnisse zusammentragt.
c) Die Klasse versammelt sich zum Auswertungsgespräch um das Plakat und die Gruppen tragen ihre Ergebnisse vor.

Lügengeschichten ergänzen und überarbeiten

An den folgenden Lügengeschichten aus einer 6. Klasse könnt ihr feststellen, worauf es beim Schreiben einer Lügengeschichte besonders ankommt.
Patrick beginnt seine Lügengeschichte so:

Die dunklen Bäume zogen langsam an mir vorbei. Viel zu langsam. Ich befand mich auf einer schier endlosen, stockfinsteren Landstraße. Mein halb verschrotteter (oje!) Wagen trug mich mit einer Spitzengeschwindigkeit von 80 km/h dahin. Bis nach Gummersbächlein waren es noch etwa 90 km. Ich überlegte gerade, ob ich mir statt dieses Autos, das von der Geschwindigkeit her einer Schnecke glich, einen Ferrari kaufen sollte, als die verdammte Karre plötzlich den Geist aufgab. Nun saß ich ganz schön in der Patsche. Nach zwei Minuten des stummen Dasitzens stieg ich aus um den Motor zu überprüfen. Doch zu meinem Entsetzen musste ich feststellen, dass ich meine Taschenlampe vergessen hatte. Also warten. Jedoch nur um festzustellen, dass hier anscheinend kein Mensch entlangfuhr. Gerade wollte ich wieder einsteigen, als ich ... Da fällt mir ein, ich habe mich noch gar nicht vorgestellt. Mein Name ist 008. Glaubt nicht etwa, dass ich hier versuche eine Lügengeschichte zu erzählen. Das, was ich erzähle, ist nur die Wahrheit und nichts als die Wahrheit. Ganz nebenbei, den Satz mit der Wahrheit hab ich mal bei einem Gericht aufgeschnappt. Eine Sache, die ich allerdings nicht kapiert habe. Also, wie gesagt: Gerade wollte ich wieder einsteigen, als ich unter einem Baum etwas funkeln sah ...

1 Patrick wählt wie alle Erzähler von Lügengeschichten die **Ich-Erzählform**. Könnt ihr erklären, warum das die bevorzugte Erzählform von Lügengeschichten ist?

2 Untersucht den Aufbau von Patricks **Erzählanfang**:
a) Wie viele Erzählschritte kann man unterscheiden?
b) Warum beginnt er nicht mit der Vorstellung des Ich-Erzählers?

3 Welche typischen Merkmale aus den Geschichten der Meisterlügner (S. 199) hat Patrick übernommen?

4 a) Sammelt Ideen, wie Patricks Geschichte weitergehen könnte, und haltet sie in Stichworten an der Tafel oder auf Folie fest.
b) Jede/r sucht sich eine Idee aus und schreibt die Geschichte zu Ende. Denkt dabei an Übertreibungen und Vergleiche.

Monikas Geschichte beginnt so:

Letzten Donnerstag kamen meine Freundin Cai und ich auf die Idee ins Kino zu gehen. Es liefen die Filme „Flintstones" und „Jurassic Park". Wir entschieden uns für „Jurassic Park", weil wir schon viel über ihn gehört hatten. Der Film fing um 15.00 Uhr an. Also schnappten wir uns unsere Räder und fuhren eine halbe Stunde vorher los. Kühler Wind und kleine Regentropfen kamen uns entgegen. Am Kino angekommen schlossen wir die Räder ab und holten uns Eintrittskarten für Jurassic Park. Wir konnten auch sofort hinein und setzten uns in die letzte Reihe. Die Lichter gingen aus und die Vorschau begann. Erst die von „Lion King" und dann die von „Richi Rich". Schließlich fing der Film an. Es wurde immer spannender und spannender. Als gerade eine Herde kleiner Dinos über einen Baumstumpf gesprungen war, fiel ein schwacher Lichtstrahl von der Tür herein. Ich drehte mich nach links und fing an zu schreien. Es sah aus, als säße ein kleiner Dino neben mir, der mich grinsend und Hamburger kauend anglotzte...

5 a) Was müsste an der Einleitung von Monikas Geschichte geändert werden, damit der Leser mit größerem Interesse weiterliest?

b) Schreibe den Anfang von Monikas Geschichte so um, dass die typische Einleitung einer Lügengeschichte entsteht.

6 Wer findet eine passende Fortsetzung?

Anja hat für ihre Lügengeschichte schon eine gute Einleitung und einen Schluss gefunden. Für den Hauptteil, den Kern der Geschichte, ist ihr aber noch nichts eingefallen:

Das Ungeheuer vom Wörthersee

Zuerst muss ich sagen, dass ich keine Lügengeschichte erzähle. Es ist alles wahr, was ich gleich berichte. Wisst ihr, ich kann einfach nicht lügen, schon von Geburt an nicht. Ganz anders als meine Freundinnen, die haben schon oft gelogen. Ich dagegen nie. Wenn das, was ich hier gleich erzähle, nicht stimmt, will ich in Grund und Boden versin ... Ahhhhhhhh. Wir fuhren zum Schwimmbad am Wörthersee. Als wir dort angekommen waren, liefen wir, nachdem wir uns umgezogen hatten, schnell ins Wasser. Das war so kalt wie das Wasser im Eismeer, aber erfrischend. Wir tollten etwas herum, doch dann erschraken wir. Da hatte doch etwas unter uns rumort. Oder nicht? Plötzlich wurden wir mit Macht in die Höhe geschleudert. Die Leute liefen schreiend davon. Eine Panik brach aus. Wir guckten uns um und starrten voller Schrecken in zwei riesige Augen. Wir entdeckten einen unförmigen Körper, der in verschiedenen Grüntönen schillerte. Wir plumpsten hinunter ins Wasser. Und dann erkannten wir jemanden sehr Bekannten: Nessie, das Ungeheuer von Loch Ness. Seine Augen funkelten uns an und wir schlotterten vor Angst. Doch plötzlich verzog sich Nessies Maul zu einem freundlichen Grinsen. Mit seinen Flossen teilte das Ungeheuer uns in Zeichensprache mit, dass es spielen wollte.

...

Doch dann wurde es dunkel und wir bekamen ein schlechtes Gewissen, da wir schon längst zurück sein sollten. Da nahm Nessie uns auf ihre kalte Schnauze und warf uns mit einem gewaltigen Schwung weit in die Luft. Wir landeten in einem hohen Bogen genau im Garten meiner Tante. Unsere Badesachen kamen hinterhergeflogen.
Leider konnten wir uns nicht mehr von Nessie verabschieden, da alles so schnell ging. Aber wenn unser freundliches Ungeheuer jetzt zuhört, grüßen wir es ganz herzlich.

7 Was gefällt euch an Anjas Einleitung und Schluss besonders gut?

8 Gestaltet den **Erzählkern,** das Spiel der Kinder mit dem Ungeheuer Nessie, möglichst lebendig aus.
a) Verwendet dabei wörtliche Reden.
b) Denkt euch Übertreibungen und übertreibende Vergleiche aus, wenn ihr Nessies Aussehen und Verhalten schildert.

Eigene Lügengeschichten schreiben

1 a) Jede(r) schreibt auf eine Karteikarte die Idee zu einer Lügengeschichte, zum Beispiel:

b) Sammelt die Karteikarten ein und lasst jede(n) in der Klasse eine Karte ziehen. Schreibt dann zu der Idee auf eurer Karte eine Lügengeschichte. Dabei könnt ihr euch auch in die Rolle eines der berühmten Meisterlügner versetzen.

2 Lest euch eure Lügengeschichten vor und wählt euren Meisterlügner oder eure Meisterlügnerin.

3 Sammelt eure Lügengeschichten und heftet sie zu einem Lügenbuch zusammen. Verseht das Buch mit Illustrationen. Das Buch gehört dann zu eurer Klassenbibliothek. Ihr könnt es beim nächsten Schulfest oder bei einem Elternabend vorstellen.

12 Lyrische Jahreszeiten

12.1 Die Farben der Jahreszeiten

Clemens Brentano

Frühes Liedchen

Frühling soll mit süßen Blicken
Mich entzücken und berücken,
Sommer mich mit Frucht und Myrten[1]
Reich bewirten, froh umgürten.

Herbst du sollst mich Haushalt lehren
Zu entbehren, zu begehren,
Und du Winter lehr mich sterben,
Mich verderben, Frühling erben.

1 **Myrten:** immergrüne Gewächse; galten bei den Griechen als Zeichen der Schönheit und Liebe

1 Auf den Collagen sind die vier Jahreszeiten nur mit Farben dargestellt. Ordnet die vier Bilder den einzelnen Jahreszeiten zu. Begründet eure Einschätzung.

2 Was fällt euch zu den einzelnen Jahreszeiten ein?

3 Vergleicht eure Einfälle mit den Erwartungen, die der Sprecher in dem Gedicht von Brentano an die vier Jahreszeiten stellt.

Pieter Brueghel d. Ä.:
Die Heimkehr der Herde
(1565)

Erich Kästner

Der September

Das ist ein Abschied mit Standarten[1]
aus Pflaumenblau und Apfelgrün.
Goldlack und Astern flaggt der Garten
und tausend Königskerzen glühn.

aus einer fast vergessenen Welt.
Das ist ein Abschied mit Gerüchen
Das ist ein Abschied mit Getümmel,
Das ist ein Abschied mit Posaunen,

Doch sind sie wohl nicht fromm genug.
Kartoffelfeuer qualmt im Feld.
Kuhglockenläutend ziehn die braunen
Luftschaukeln möchten in den Himmel.

mit Erntedank und Bauernball.
mit Huhn am Spieß und Bier im Krug.
Mus und Gelee kocht in den Küchen.
und bunten Herden in den Stall.

Die Stare gehen auf die Reise.
Altweibersommer weht im Wind.
Das ist ein Abschied laut und leise.
Die Karussells drehn sich im Kreise.
Und was vorüber schien, beginnt.

1 **Standarte:** Fahne

Elisabeth Borchers

September

Es kommt eine Zeit
da hat die Sonne
alle Arbeit getan
Die Äpfel sind rot
Die Birnen sind gelb
und die Marktfrauen rufen
Pflaumen schöne Pflaumen

Es kommt eine Zeit
da wird die Sonne müde
und immer kleiner

So klein wie eine Orange
die nach Afrika zurückrollt
wie ein Taler
der von einer Hand zur anderen wandert
wie der Knopf
vom Matrosenkleid

So klein wird die Sonne
dass der Himmel sie nicht mehr halten kann

Sie rollt übers Dach
rollt hintern Berg
jetzt kann sie keiner mehr sehen

1 Das Gedicht „Der September“ von Erich Kästner ist durcheinander geraten. Nur die Verse der ersten und der letzten Strophe stehen in der richtigen Anordnung. Schreibt die Verse ab und schneidet sie einzeln aus, sodass ihr ausprobieren könnt, wie das Gedicht ursprünglich gelautet haben könnte.

2 Elisabeth Borchers verwendet in der dritten Strophe ihres Gedichts drei **Vergleiche** um die abnehmende Kraft der Sonne im Herbst zu beschreiben. Sucht andere Vergleiche und setzt sie in das Gedicht ein.

3 Schreibt (z. B. für die Kinderpost in einer Tageszeitung oder für eure Schülerzeitung) eine kleine Stimmungsschilderung über den Herbst. Überlegt, an welchen Stellen ihr Vergleiche verwenden könnt um eure Schilderung möglichst ausdrucksvoll zu gestalten.

Hermann Hesse

September

Der Garten trauert,
Kühl sinkt in die Blumen der Regen.
Der Sommer schauert
Still seinem Ende entgegen.

Golden tropft Blatt um Blatt
Nieder vom hohen Akazienbaum.
Sommer lächelt erstaunt und matt
In den sterbenden Gartentraum.

Lange noch bei den Rosen
Bleibt er stehen, sehnt sich nach Ruh.
Langsam tut er die großen,
Müd gewordenen Augen zu.

Peter Hacks

Der Herbst steht auf der Leiter

Der Herbst steht auf der Leiter
Und malt die Blätter an,
Ein lustiger Waldarbeiter,
Ein froher Malersmann.

1 Vergleicht die Stimmung in den beiden Gedichten.

Garten, Sommer und Herbst treten in den Gedichten von Hermann Hesse und Peter Hacks als Personen auf, sie werden vermenschlicht. Diese Art der bildlichen Ausdrucksweise nennt man **Personifikation.**

2 Beschreibt die Wirkung der Personifikationen in den beiden Gedichten.

3 Das Gedicht von Peter Hacks geht eigentlich noch weiter. Schreibt es zu Ende. Die Reimwörter einer der nächsten Strophen könnten lauten:

... munter
... schöne
... bunter
... Töne

Theodor Fontane

Herr von Ribbeck auf Ribbeck im Havelland

Herr von Ribbeck auf Ribbeck im Havelland,
Ein Birnbaum in seinem Garten stand,
Und kam die goldene Herbsteszeit
Und die Birnen leuchteten weit und breit,
Da stopfte, wenn's Mittag vom Turme scholl,
Der von Ribbeck sich beide Taschen voll,
Und kam in Pantinen[1] ein Junge daher,
So rief er: „Junge, wiste 'ne Beer?"
Und kam ein Mädel, so rief er: „Lütt Dirn,
Kumm man röwer, ick hebb 'ne Birn."

So ging es viel Jahre, bis lobesam[2]
Der von Ribbeck auf Ribbeck zu sterben kam.
Er fühlte sein Ende. 's war Herbsteszeit,
Wieder lachten die Birnen weit und breit,
Da sagte von Ribbeck: „Ich scheide nun ab.
Legt mir eine Birne mit ins Grab."
Und drei Tage drauf, aus dem Doppeldach-
haus,
Trugen von Ribbeck sie hinaus,
Alle Bauern und Büdner[3] mit Feiergesicht
Sangen „Jesus meine Zuversicht",
Und die Kinder klagten, das Herze schwer:
„He is dod nu. Wer giwt uns nu 'ne Beer?"

So klagten die Kinder. Das war nicht recht,
Ach, sie kannten den alten Ribbeck schlecht,
Der *neue* freilich, der knausert und spart,
Hält Park und Birnbaum strenge verwahrt.
Aber der *alte*, vorahnend schon
Und voll Misstraun gegen den eigenen Sohn,
Der wusste genau, was damals er tat,
Als um eine Birn ins Grab er bat,
Und im dritten Jahr, aus dem stillen Haus
Ein Birnbaumsprössling sprosst heraus.

Und die Jahre gehen wohl auf und ab,
Längst wölbt sich ein Birnbaum über dem
Grab,
Und in der goldenen Herbsteszeit
Leuchtet's wieder weit und breit.
Und kommt ein Jung übern Kirchhof her,
So flüstert's im Baume: „Wist 'ne Beer?"
Und kommt ein Mädel, so flüstert's: „Lütt
Dirn,
Kumm man röwer, ich gew dir 'ne Birn."

So spendet Segen noch immer die Hand
Des von Ribbeck auf Ribbeck im Havelland.

1 **Pantinen:** Holzschuhe
2 **lobesam:** verdienstvoll
3 **Büdner:** Kleinbauern

Theodor Storm

Inserat

Die verehrlichen Jungen, welche heuer[1]
Meine Äpfel und Birnen zu stehlen
gedenken,
Ersuche ich höflichst, bei diesem Vergnügen
Womöglich insoweit sich zu beschränken,
Dass sie daneben auf den Beeten
Mir die Wurzeln[2] und Erbsen nicht zertreten.

1 **heuer:** in diesem Jahr
2 **Wurzeln:** Möhren

1 Könnte man die beiden Gedichte von Theodor Fontane und Theodor Storm auch als Herbstgedichte bezeichnen?

2 Beschreibt, welches Verhältnis der Inserent und der alte Ribbeck zu Kindern haben.

3 Untersucht Fontanes Gedicht genauer:
a) Fasst die Handlung in eigenen Worten zusammen.
b) Wie wird der alte Ribbeck dargestellt? Achtet auch auf die sprachlichen Mittel.
c) Stellt fest, welche Art von Reim das Gedicht aufweist.
d) Lernt das Gedicht auswendig und übt den Vortrag.

Gebrüder Limburg: Monatsbild „Februar“ aus dem Stundenbuch des Herzogs von Berry (um 1413)

Josef Guggenmos

Ich male mir den Winter

Ich male ein Bild,
ein schönes Bild,
ich male mir den Winter.
Weiß ist das Land,
schwarz ist der Baum,
grau ist der Himmel dahinter.

Sonst ist da nichts,
da ist nirgends was,
da ist weit und breit nichts zu sehen.
Nur auf dem Baum,
auf dem schwarzen Baum
hocken zwei schwarze Krähen.

Aber die Krähen,
was tun die zwei,
was tun die zwei auf den Zweigen?
Sie sitzen dort
und fliegen nicht fort.
Sie frieren nur und schweigen.

Wer mein Bild besieht,
wie's da Winter ist,
wird den Winter durch
und durch spüren.
Der zieht einen dicken Pullover an
vor lauter Zittern und Frieren.

1 a) Wodurch haben die Maler des Monatsbildes „Februar“ die Strenge des Winters ausgedrückt?
b) Welche Farben sind in dem Bild vorherrschend?

2 Vergleicht die Aussagen des Gedichts von Josef Guggenmos mit dem Monatsbild.

Der Winter

Es ist die Winterzeit herangekommen,
Die Feige knospet, zeitig wird der Reis,
Am zarten Halme volle Ähren prangen,
Doch welkt der Lotos von des Reifes Eis.

(aus: Ritusamhara, indische Gedichtsammlung, vor dem 4. Jh. n. Chr.)

Minamoto-No Muneyuki
Das Dorf in den Bergen

Das Dorf in den Bergen –
einsam ist es im Winter.
Es scheint, als wären
mit den Gräsern ringsum
auch die Menschen gestorben.

(Minamoto-No, ein Enkel des japanischen Kaisers Koko, starb 939 n. Chr.)

Annette von Droste-Hülshoff
Winter (1835/36)

Aus Schneegestäub und Nebelqualm
Bricht endlich doch ein klarer Tag;
Da fliegen alle Fenster auf,
Ein jeder späht, was er vermag.

Ob jene Blöcke Häuser sind?
Ein Weiher jener ebne Raum?
Fürwahr, in dieser Uniform
Den Glockenturm erkennt man kaum.

Und alles Leben liegt zerdrückt,
Wie unterm Leichentuch erstickt.
Doch schau! an Horizontes Rand
Begegnet mir lebend'ges Land.

1 a) In vielen Ländern der Erde und zu allen Zeiten mussten sich die Menschen mit dem Winter auseinander setzen. Warum haben sich Menschen wohl häufig nicht mit dem Winter anfreunden können?
b) Vergleicht, wie der Winter in den drei Gedichten beschrieben wird.

2 Schreibt ein Gedicht, das eher die Freuden des Winters hervorhebt. Bildet als Vorübung zunächst Reimwörter, z. B. zu: *Schnee, Frost, rodeln, Eis, Eiszapfen, Glätte, Schlitten, Kälte, knirschen, rutschen, frieren, zugefroren, eisig*

Vincent van Gogh: Blühende Pflaumenbäume (1888)

Dietmar von Eist

Ahi nu kumet uns diu zit
(um 1150)

Ahi nu kumet uns diu zit,
der kleinen vogelline sanc,
es gruonet wol diu linde breit,
zergangen ist der winter lanc,
nu siht man bluomen wol getan:
an der heide üebent sie ir schin.
des wirt vil manic herze fro:
des selben troestet sich daz min.

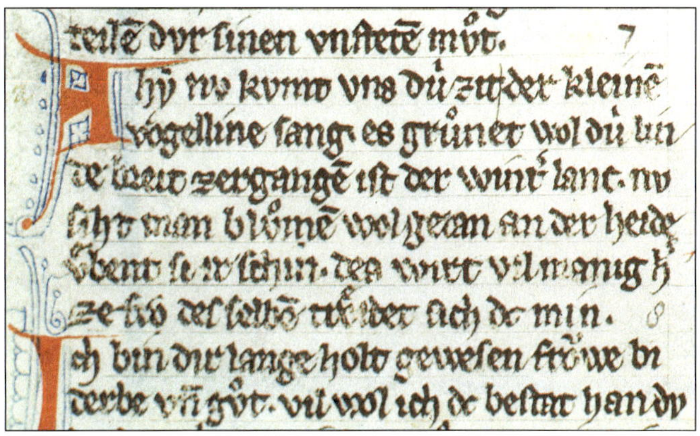

teile dvr sinen vnstete můt. 7
Ahy nv kumt vns dú zit der kleine
vogelline sang. es grůnet wol dú lin
de breit zergange ist der wint' lanc. nv
siht man blůme wol getan an der heide
ûbent se ir schin. des wirt vil manig h
ze fro des selbē trôstet sich de min.
Ich bin dir lange holt gewesen frôwe bi
derbe vñ gůt. vil wol ich de bestat han dv

Johann Wolfgang Goethe

Frühling übers Jahr (1816)

Das Beet, schon lockert
Sich's in die Höh,
Da wanken Glöckchen
So weiß wie Schnee;
Safran entfaltet
Gewalt'ge Glut,
Smaragden keimt es
Und keimt wie Blut.
Primeln stolzieren
So naseweis,
Schalkhafte Veilchen
Versteckt mit Fleiß;
Was auch noch alles
Da regt und webt,
Genug, der Frühling,
Er wirkt und lebt.

Eduard Mörike
Er ist's (1829)

Frühling lässt sein blaues Band
Wieder flattern durch die Lüfte;
Süße, wohlbekannte Düfte
Streifen ahnungsvoll das Land.
Veilchen träumen schon,
Wollen balde kommen.
– Horch, von fern ein leiser Harfenton!
Frühling, ja du bist's!
Dich hab ich vernommen!

Rainer Brambach
Das blaue Band (1983)

Das blaue Band, wie Mörike es sah,
flatternd in den Lüften, wo?
Ich sehe einen Kondensstreifen
quer über den Himmel gezogen –
aber die Amsel ist abends immer da
auf dem First gegenüber singt sie ihr Lied
unsäglich –

1 a) Findet ihr eure Erfahrungen und Erlebnisse mit dem Frühling in den Gedichten wieder?
b) Schildert in eigenen Worten die Eindrücke, die in den Gedichten Dietmars von Eist, Goethes und Mörikes mit dem Frühling verbunden werden.
c) Das Gedicht von Rainer Brambach, einem Schriftsteller aus dem 20. Jahrhundert, unterscheidet sich von den vorhergehenden. Besprecht, warum ein Dichter in unserer Zeit den Frühling anders erleben könnte als die Dichter früher.

2 Versucht einmal Mörikes Frühlingsgedicht in ein Wintergedicht umzuschreiben.
Es könnte so beginnen: *Winter lässt sein graues Band ...*

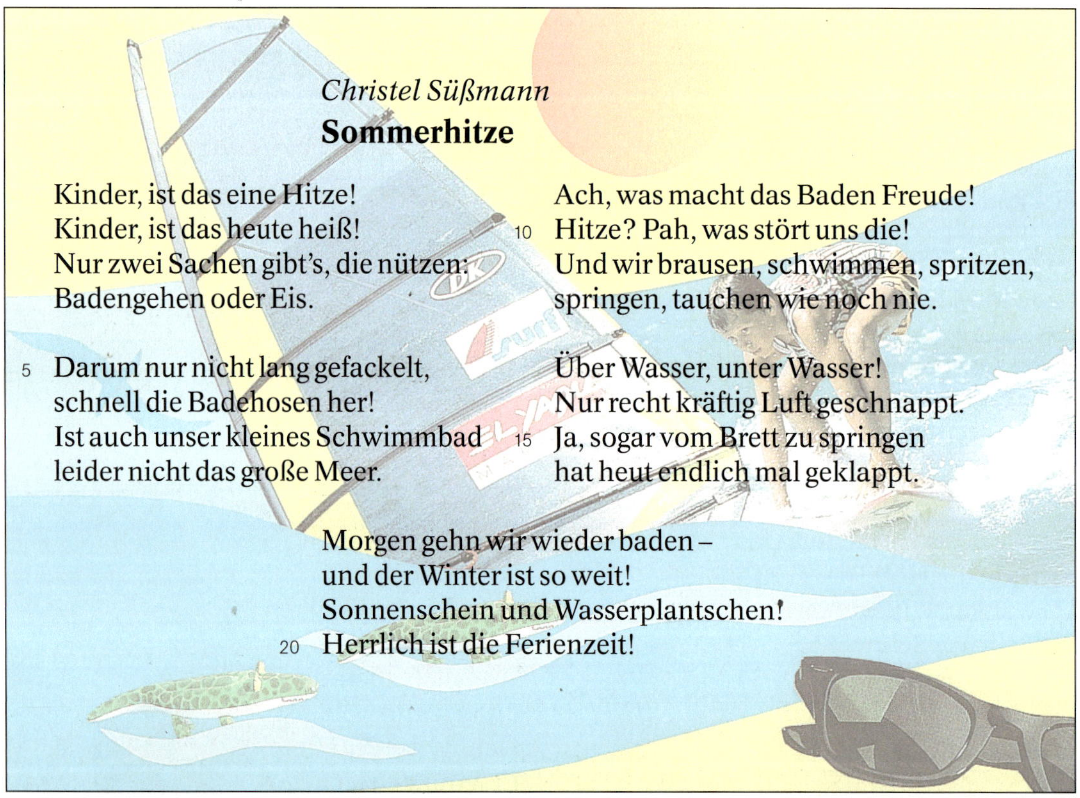

Christel Süßmann
Sommerhitze

Kinder, ist das eine Hitze!
Kinder, ist das heute heiß!
Nur zwei Sachen gibt's, die nützen:
Badengehen oder Eis.

Darum nur nicht lang gefackelt,
schnell die Badehosen her!
Ist auch unser kleines Schwimmbad
leider nicht das große Meer.

Ach, was macht das Baden Freude!
Hitze? Pah, was stört uns die!
Und wir brausen, schwimmen, spritzen,
springen, tauchen wie noch nie.

Über Wasser, unter Wasser!
Nur recht kräftig Luft geschnappt.
Ja, sogar vom Brett zu springen
hat heut endlich mal geklappt.

Morgen gehn wir wieder baden –
und der Winter ist so weit!
Sonnenschein und Wasserplantschen!
Herrlich ist die Ferienzeit!

Ilse Kleberger
Sommer

Weißt du, wie der Sommer riecht?
Nach Birnen und nach Nelken,
nach Äpfeln und Vergissmeinnicht,
die in der Sonne welken,
nach heißem Sand und kühlem See
und nassen Badehosen,
nach Wasserball und Sonnenkrem,
nach Straßenstaub und Rosen.

Weißt du, wie der Sommer schmeckt?
Nach gelben Aprikosen
und Walderdbeeren, halb versteckt
zwischen Gras und Moosen,
nach Himbeereis, Vanilleeis
und Eis aus Schokolade,
nach Sauerklee vom Wiesenrand
und Brauselimonade.

Weißt du, wie der Sommer klingt?
Nach einer Flötenweise,
die durch die Mittagsstille dringt,
ein Vogel zwitschert leise,
dumpf fällt ein Apfel in das Gras,
ein Wind rauscht in den Bäumen,
ein Kind lacht hell, dann schweigt es schnell
und möchte lieber träumen.

1 a) Beschreibt, wie das Gedicht von Ilse Kleberger aufgebaut ist.
b) Ergänzt die drei Strophen durch eigene Eindrücke vom Sommer.

2 Schreibt selbst kleine Sommer- oder Feriengedichte.

Dieter Höss

Die Lawine rollt

Sie rollen in die falsche Richtung,
erwartungsvoll, erfahrungsblind.
Sie wollen bis zur Selbstvernichtung
dorthin, wo schon die andern sind.

Sie bilden ganze Blechlawinen
und staunen, wenn sich diese stau'n.
Dann liegen sie wie Ölsardinen
und werden serienmäßig braun.

Dann streben sie auf Bergeshöhen –
mit Lift, versteht sich, und Gebrüll –
und hinterlassen, wenn sie gehen,
die Berge höher noch von Müll.

Dann nehmen sie, der Aussicht wegen,
einander jede Aussicht fort.
Und kaufen Kitsch um zu belegen:
Wo es auch sei – wir waren dort.

Dann fallen sie wie eine Seuche
in stille Urlaubsorte ein.
Ort, Essen, Preise, Leute, Bräuche –
nichts wird danach wie früher sein.

Dann richten sie mit kleiner Münze
Flurschäden[1] von Millionen an,
spielen als Kunze und als Hinze
einmal den tollen Max. Und dann?

Dann trollen sie sich, wie sie kamen,
erfahrungsarm, enttäuschungsreich,
beschau'n daheim die Farbaufnahmen
und sagen: Stimmt. Wo war das gleich?

1 **Flurschäden:** Zerstörungen in Feld und Wald

1 Auf welche Schattenseiten der „schönsten Zeit des Jahres" macht der Autor aufmerksam?

2 a) Sucht Vergleiche und neue Wortschöpfungen aus dem Text heraus und untersucht ihre Wirkung.
b) Was sagt die Schlussfrage über die Erlebnisse der Urlauber aus?

3 a) Sucht zu dem Gedicht von Dieter Höss passende Ausschnitte aus Reiseprospekten und Illustrierten.
b) Stellt Textpassagen und Bildmaterial zu einer Collage zusammen.

12.2 Gedichte – verdichtete Sprache

Erich Kästner

Im Auto über Land

An besonders schönen Tagen
ist der Himmel sozusagen
wie aus blauem Porzellan.
Und die Federwolken gleichen
weißen, zart getuschten Zeichen,
wie wir sie auf Schalen sahn.

Alle Welt fühlt sich gehoben,
blinzelt glücklich schräg nach oben
und bewundert die Natur.
Vater ruft, direkt verwegen:
„'n Wetter, glatt zum Eierlegen!"
(Na, er renommiert[1] wohl nur.)

Und er steuert ohne Fehler
über Hügel und durch Täler.
Tante Paula wird es schlecht.
Doch die übrige Verwandtschaft
blickt begeistert in die Landschaft.
Und der Landschaft ist es recht.

Um den Kopf weht eine Brise
von besonnter Luft und Wiese,
dividiert durch viel Benzin.
Onkel Theobald berichtet,
was er alles sieht und sichtet.
Doch man sieht's auch ohne ihn.

Den Gesang nach Kräften pflegend
und sich rhythmisch fortbewegend
strömt die Menschheit durchs Revier.
Immer rascher jagt der Wagen.
Und wir hören Vater sagen:
„Dauernd Wald und nirgends Bier."

Aber schließlich hilft sein Suchen.
Er kriegt Bier. Wir kriegen Kuchen.
Und das Auto ruht sich aus.
Tante schimpft auf die Gehälter.
Und allmählich wird es kälter.
Und dann fahren wir nach Haus.

1 **renommieren:** angeben, prahlen

1 a) Lest die Stellen des Gedichts vor, die ihr lustig findet.
b) Untersucht, welche sprachlichen Bilder zu der komischen Wirkung beitragen.

Vergleiche

Nicht nur in Gedichten finden Vergleiche aus der Natur und Tierwelt Verwendung. Sehr beliebt sind Vergleiche mit „tierischen" Verhaltensweisen auch in unserer Alltagssprache, besonders bei Beleidigungen:

Du isst ja wie ein Schwein.
Du benimmst dich wie ein Elefant im Porzellanladen.

1 a) Findet weitere Vergleiche, in denen Eigenschaften von Tieren mit menschlichen Verhaltensweisen in Verbindung gebracht werden.
b) Erklärt genau, wie die einzelnen bildlichen Verwendungen zustande kommen.

2 a) Erklärt die Bedeutung der Adjektive „moosgrün“, „rostbraun“, „pechschwarz“ …
b) Überlegt, warum man solche Adjektive bildet.
c) Bildet ähnliche Adjektive aus den folgenden Wörtern:

Schwefel	Veilchen	Rost	blau
Pech	Moos	Schnee	gelb
Wein	Gift	Sonnenblume	grün
Nacht	Kalk	Honig	rot
Zitrone	Rosen	Blut	schwarz
Kornblume	Laubfrosch		weiß

3 Verfasst ein Naturgedicht, in dem eure zusammengesetzten Adjektive vorkommen. Das Gedicht könnte zum Beispiel so beginnen:

Traumwald

Ich träumte von einem nachtschwarzen Wald
mit moosgrünen Bäumen, die waren steinalt,
…

4 a) Vergleicht eure Gedichte. Welche bildlichen Ausdrücke sind besonders gelungen?
b) Überlegt gemeinsam, wann sprachliche Bilder kitschig oder eindrucksvoll, langweilig oder interessant sind.

Metaphern

Georg Britting

Feuerwoge jeder Hügel

Feuerwoge jeder Hügel,
Grünes Feuer jeder Strauch,
Rührt der Wind die Flammenhügel,
Wölkt der Staub wie goldner Rauch.

Wie die Gräser züngelnd brennen!
Schreiend kocht die Weizensaat.
Feuerköpfige Blumen rennen
Knisternd übern Wiesenpfad.

Blüten schwelen an den Zweigen.
Rüttle dran! Die Funken steigen
Wirbelnd in den blauen Raum –
Feuerwerk ein jeder Baum!

1 Malt ein Bild zum Gedicht „Feuerwoge jeder Hügel“.

2 In Georg Brittings Gedicht wird die Landschaft mit vielen sprachlichen Bildern beschrieben. Stellt diese Bilder nach folgendem Muster zusammen:

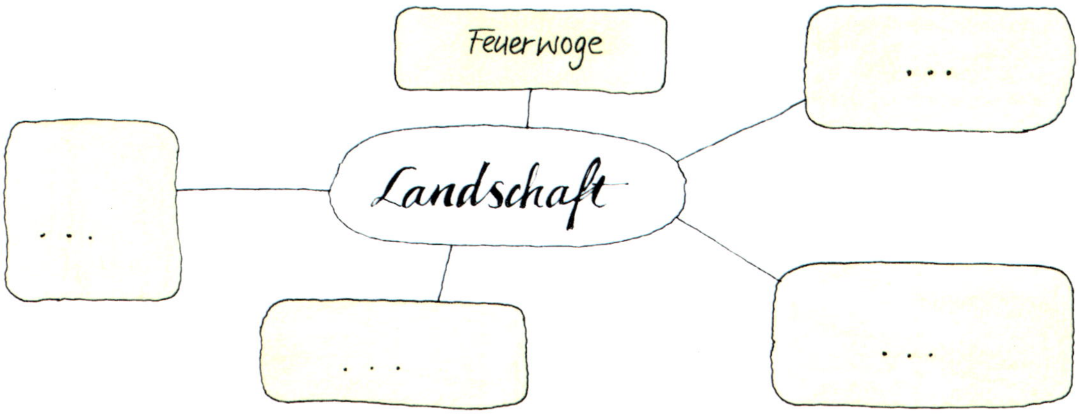

Sprachliche Bilder wie die in Georg Brittings Gedicht nennt man **Metaphern.** Metaphern sind Wörter mit einer übertragenen Bedeutung; die übertragene Bedeutung wird aber nicht durch ein Vergleichswort (z. B. „wie“) deutlich gemacht.

3 Erklärt die übertragenen Bedeutungen der Metaphern in dem Gedicht „Feuerwoge jeder Hügel“.

Viele übertragene Bedeutungen sind uns nicht mehr bewusst, weil die Wörter häufig verwendet werden. Metaphern, die wir benutzen ohne uns das verwendete Bild vorzustellen, nennt man **verblasste Metaphern,** zum Beispiel „Landzunge“: die „Zunge“ des Lands.

4 a) Versucht die Bilderrätsel zu lösen und dabei die übertragene Bedeutung zu erklären, z. B.:
Landzunge: Das Land ragt in Form einer Zunge ins Wasser.

b) Sucht selbst weitere Beispiele und zeichnet sie. Eure Mitschülerinnen und Mitschüler sollen sie erraten.

Eine besondere Wirkung lässt sich erzielen, wenn man gebräuchliche Metaphern in unerwarteter Weise verändert, z. B.: „Die Sonne *grinst*“ statt „Die Sonne lacht“.

5 Erfindet ungewöhnliche Metaphern zu den folgenden Beispielen und stellt sie in einer Tabelle zusammen:

- Die Bäume wiegen sich.
- Der Berg ruft.
- Die Nase läuft.
- Das Glück winkt.
- Stürme des Schicksals
- Es regnet Bindfäden.
- Der Wind fegt durch die Straßen.
- Wink des Schicksals
- jemanden auf den Arm nehmen
- etwas mit Füßen treten

Personifikationen

In Naturgedichten findet sich häufig eine besondere Form der Metapher, die **Personifikation;** das heißt: Pflanzen, Tieren oder Jahreszeiten werden menschliche Verhaltensweisen und Eigenschaften zugesprochen, zum Beispiel: „*Schreiend* kocht die Weizensaat“, „Blumen *rennen*“.

1 Verfasst ein Gedicht über den Wald im Frühling, in dem ihr Personifikationen verwendet.
a) Erstellt als Materialgrundlage eine Liste von Verben, die im Zusammenhang mit Menschen gebraucht werden:
lachen, umarmen, sich freuen ...
b) Sammelt Adjektive, die menschliche Eigenschaften beschreiben, z. B.:
aufgeregt, hoffnungsvoll ...
▶ S. 118–120 In eurem Gedicht könnt ihr sie als Attribute verwenden.

2 Überlegt gemeinsam, welche Wirkung die Verwendung der Personifikationen hat.

Gedichte schreiben

Ihr habt mehrere Möglichkeiten kennen gelernt Sprache bildlich zu gebrauchen.

Bei einem **Vergleich** werden zwei verschiedene Vorstellungen durch „wie“ miteinander verknüpft, z. B.:

„ist der *Himmel* sozusagen
wie aus blauem *Porzellan.*“

Bei einer **Metapher** wird eine Vorstellung ohne vergleichendes „wie“ in einen anderen Bedeutungsbereich übertragen, z. B.:

„*Feuerwoge* jeder Hügel“;
„*Feuerwerk* ein jeder Baum“.

Eine besondere Form der Metapher ist die **Personifikation:** Ein Gegenstand oder ein Begriff wird vermenschlicht, z. B.:

„Der Garten *trauert.*“

Vielleicht habt ihr Lust selbst Gedichte mit solchen sprachlichen Bildern zu verfassen. Gedichte kann man auch zu mehreren schreiben; oft gelingen so ganz besonders interessante oder lustige Texte. Die folgenden Arbeitsanregungen sollen euch dabei helfen.

Endlosgedicht

Jeder beginnt auf einem losen Blatt ein Gedicht zu schreiben, etwa die Überschrift und die ersten beiden Verse. Nach einer bestimmten Zeit geben alle ihre Blätter an ihre Nachbarinnen oder Nachbarn weiter, die die angefangenen Gedichte fortsetzen. Das Weitergeben wird nun mehrfach wiederholt, bis die Schlussrunde angekündigt wird: Alle müssen jetzt für die Gedichte, die sie gerade bearbeiten, einen sinnvollen Schluss finden.

Partnergedicht

Wenn ihr ein Gedicht zu zweit schreiben wollt, solltet ihr euch zunächst ein Thema oder eine Überschrift überlegen. Dann schreibt jeder eine erste Gedichtfassung. Im zweiten Schritt werden die Gedichte ausgetauscht, und der Partner überarbeitet das fremde Gedicht. Ihr könnt dabei einzelne Wörter, Verse oder ganze Strophen verändern oder umstellen. Vielleicht fallen euch ungewöhnliche Bilder oder treffende Reime ein, die zum anderen Gedicht passen. Dieses Tauschen und Überarbeiten könnt ihr mehrfach wiederholen, bis ihr der Meinung seid, dass ihr die beiden Gedichte eurer Klasse vortragen könnt.

Bildgedicht

Zunächst wird ein Thema oder eine Überschrift für die Gedichte festgelegt. Alle denken sich nun fünf bis sieben bildliche Ausdrucksweisen (Metaphern oder Vergleiche) aus, die zum Thema passen könnten, und schreiben sie auf ein Blatt. Die Blätter werden anschließend getauscht (zu zweit oder in Gruppen). Ihr könnt nun ein Gedicht schreiben, in dem die Metaphern und Vergleiche vorkommen, die ihr von euren Mitschülerinnen oder Mitschülern erhalten habt.

12.3 Monat für Monat …
Wir basteln einen lyrischen Kalender

Ein selbst gebastelter „lyrischer Kalender“ ist nicht nur ein schönes Geschenk für Eltern oder Großeltern, er könnte auch euren Klassenraum ein ganzes Jahr lang verschönern.

1
a) Ihr findet im Folgenden eine Auswahl von Gedichten, die ihr einzelnen Monaten zuordnen könnt.
b) Für Monate, zu denen ihr kein Gedicht findet, das euch gefällt, verfasst ihr selbst eines.
c) Ihr könnt auch in diesem Kapitel oder in eurer Bücherei nach anderen Gedichten für den lyrischen Kalender suchen.
d) Aus dem Gedicht von Christine Busta könnt ihr Anregungen für die Bilder in eurem Kalender gewinnen.

Olly Komenda-Soentgerath

Winter

Er hat sich übertroffen.

Weißer als weiß,
kälter als kalt,
toter als tot.

Doch in der Luft
tanzt dein Atem
lebendig, warm und nah.

Christine Busta

Wo holt sich die Erde

Wo holt sich die Erde die himmlischen
Kleider?
Beim Wettermacher, beim Wolken-
schneider.
Sie braucht keine eitlen Samte und Seiden,
sie nimmt, was er hat, und trägt froh und
bescheiden
das Regenschwere, das Flockenleichte,
das Schattenscheckige, Sonngebleichte,
das Mondgewobne und Sternbestickte,
das Windzerrissene, Laubgeflickte,
das Gockelrote, das Igelgraue,
das Ährengelbe, das Pflaumenblaue,
das Gräserkühle, das Nesselheiße,
das Hasenbraune, das Schwanenweiße –
und schlendert die Jahre hinauf und
hinunter:
je schlichter, je lieber, je schöner, je bunter.

Edith Linvers

Frühlingsahnung

Kreuz und quer über knackende Äste,
durch Wälder, über Hänge flitzen.
Den Kopf der Märzensonne entgegenstrecken,
an gar nichts denken,
die Arme ausgebreitet zum Himmel recken.

Unbeschwert, ganz wie einst als Kind,
fast übermütig mit einem Stock
Namen in die noch gefrorene Erde kritzeln.

Dir, dem ersten Grün,
den schon blühenden Weidekätzchen
verliebte Blicke schenken.

Vogelstimmen ringsherum,
mein Herz macht Freudensprünge.
Ich schnappe nach Luft.
Glückselig!
Kann den Frühling ahnen.

Rose Ausländer wird als Rosalie Beatrice Scherzer am 11. Mai 1901 in Czernowitz/Bukowina (Österreich) geboren. Nach vorübergehender Auswanderung in die USA, wo sie 1923 Ignaz Ausländer heiratet, kehrt sie 1931 in ihren Geburtsort (nun Rumänien) zurück. Sie schreibt Gedichte. 1939 erscheint ihr erstes Buch „Der Regenbogen“.
1941–1944 besetzen SS-Truppen Czernowitz. Rose Ausländer wird als Jüdin im Getto der Stadt gefangen gesetzt. Sie versteckt sich mit ihrer Familie in einem Keller und überlebt so, gesundheitlich schwer gezeichnet, diese Schreckenszeit. Nach der Befreiung des Gettos durch russische Truppen wandert sie erneut in die USA aus. 1949–1956 schreibt sie ihre Gedichte ausschließlich in englischer Sprache. 1965 übersiedelt sie in die Bundesrepublik nach Düsseldorf. Schwer krank verbringt sie ihren Lebensabend im Nelly-Sachs-Haus, dem Elternhaus der jüdischen Gemeinde in Düsseldorf. Sie erhält zahlreiche Literaturpreise für ihre nun wieder in deutscher Sprache geschriebenen Veröffentlichungen. Am 3. Januar 1988 stirbt Rose Ausländer in Düsseldorf und wird auf dem jüdischen Friedhof beerdigt.

Rose Ausländer
April

Da kommt er
wirft Luftlappen ins Gesicht
drückt Sonne auf den Rücken
lacht überlaut wickelt den
Park in grünen Taft zerreißt
ihn wieder stellenweise
pufft die Kinder spielt mit den
Röcken erschreckter Gouvernanten[1]
drückt alle Regenhebel
macht los die Nordhunde von den Ketten
und
lässt sie laufen nach Windlust

Ein toller Geselle
eine Art Eulenspiegel
auch gangsterhafte Gesten hat er
(jaja mein Lieber du
machst es uns nicht leicht
dich lieb zu haben)

und doch und doch
im Großen und Ganzen
ein prächtiger Kerl
dieser April

1 **Gouvernante:** Erzieherin

Ludwig Heinrich Christoph Hölty

Frühlingslied

Die Luft ist blau, das Tal ist grün,
die kleinen Maienglocken blühn
und Schlüsselblumen drunter;
der Wiesengrund
ist schon so bunt
und malt sich täglich bunter.

Drum komme, wem der Mai gefällt,
und freue sich der schönen Welt
und Gottes Vatergüte,
die diese Pracht
hervorgebracht,
den Baum und seine Blüte.

Ulla Hahn

Verregneter Sommer

Diesen Sommer seh ich
wie der Regen wirklich vom
Himmel fällt und strömt über
Bäume übern Farn übers Moos übers
Schneckenhaus bis ins Erdinnere.

Hahnenklee, Schwertlilien, Dotterblumen
plustern sich um verfächerte Bäche
und Tümpel. Überall drängen Flüsse und
Ströme an ihre Ufer und über
die Ufer hinaus.

In den Vorstädten laufen die Dächer
nach wie vielen Jahren ziegelrot an. Wetter
Hähne schalten die Flügel ein dass
die Tropfen stieben wie Tropfen stieben. Mit
Diamanten gar kein Vergleich.

Alle Wiesen grasgrün. Raben raben
schwarz. Rosen rot. Alles wie sichs gehört.
Wie jedes sich selbst gehört. Prall gefüllt
mit tief fliegenden Mücken drohen die
Schwalben zu platzen vor Glück.

Hilde Leiter

Besuch

Heute kommt der Sommer
zu mir.
Er kommt aus seinem
Waldviertler Giebelhaus,
hellgrün und weiß,
mit Bohnen im Garten,
Malven und Rittersporn.
Er duftet
nach herben Äpfeln,
sein Haar knistert in der Hitze
wie Spreißelholz.
Er geht durch den Staub
gedroschenen Korns.

Er öffnet das Tor –
das Hoftor –
das Scheunentor –
Sein Gastgeschenk:
Die glühende
rollende
Sonne …

Christine Busta

Der Sommer

Er trägt einen Bienenkorb als Hut,
blau weht sein Mantel aus Himmelsseide,
die roten Füchse im gelben Getreide
kennen ihn gut.
Sein Bart ist voll Grillen. Die seltsamsten Mären
summt er der Sonne vor, weil sie's mag,
und sie kocht ihm dafür jeden Tag
Honig und Beeren.

Ursula Wölfel

Oktober

Oktober kommt mit blauem Rauch,
der Wind will Äpfel pflücken
und gelbe Birnen gibt es auch
und Süßes reift im Brombeerstrauch,
du brauchst dich nur zu bücken!

So rot und gold wie Feuerschein
steht nun der Wald am Hügel.
Das Eichhorn sammelt Nüsse ein,
der Falter sitzt am warmen Stein
und breitet weit die Flügel.

Ein Spinnwebfaden fließt im Wald,
es raschelt auf den Wegen.
Der Häher schreit, die Nacht wird kalt
und auf die Wiesen wird sich bald
der erste Rauhreif legen.

Elisabeth Borchers

November

Es kommt eine Zeit
da lassen die Bäume
ihre Blätter fallen
Die Häuser rücken
enger zusammen
Aus den Schornsteinen
kommt ein Rauch

Es kommt eine Zeit
da werden die Tage klein
und die Nächte groß
und jeder Abend
hat einen schönen Namen

Einer heißt Hänsel und Gretel
Einer heißt Schneewittchen
Einer heißt Rumpelstilzchen
Einer heißt Katherlieschen
Einer heißt Hans im Glück
Einer heißt Sterntaler

Auf der Fensterbank
im Dunkeln
dass ihn keiner sieht
sitzt ein kleiner Stern
und hört zu

Joseph von Eichendorff

Weihnachten

Markt und Straßen stehn verlassen,
Still erleuchtet jedes Haus,
Sinnend geh ich durch die Gassen,
Alles sieht so festlich aus.

An den Fenstern haben Frauen
Buntes Spielzeug fromm geschmückt,
Tausend Kindlein stehn und schauen,
Sind so wunderstill beglückt.

Und ich wandre aus den Mauern
Bis hinaus ins freie Feld,
Hehres Glänzen, heilges Schauern!
Wie so weit und still die Welt!

Sterne hoch die Kreise schlingen,
Aus des Schnees Einsamkeit
Steigts wie wunderbares Singen –
O du gnadenreiche Zeit!

2 Bei der Herstellung eures lyrischen Kalenders könnt ihr folgendermaßen vorgehen:
a) Besorgt euch zunächst 12 Bögen farbiges Kartonpapier, das zu den einzelnen Monaten passt und auf die ihr eure Bilder kleben könnt.
b) Zur Ausgestaltung der Monatsblätter könnt ihr Wasserfarben oder Wachsmalstifte benutzen und auch Bilder aus Illustrierten oder Reiseprospekten verwenden.
c) Wählt eines oder mehrere kurze Gedichte aus (vielleicht auch nur einzelne Strophen oder Verse), die euren Monat zum Gegenstand haben und die euch besonders gut gefallen.
d) Ordnet nun Texte und Bilder so an, dass sich ein stimmungsvolles Ganzes ergibt.

3 Gestaltet auch ein Kalenderblatt zu einem 13. Monat, der allen euren Wünschen entspricht. Dazu würde ein Gedicht mit dem Titel „Mein Traummonat" gut passen.

13 Robin Hood – ein Medienheld

13.1 Geschichten über Robin Hood

England im 12. Jahrhundert, zur Zeit des Königs Richard Löwenherz. Robin Hood, der Sohn eines angelsächsischen Bauern, kämpft mit seinen Gefährten für die Rechte seines Standes und seines Volkes gegen die normannischen Herren Englands. Von ihm, seinem Mut, seiner Geschicklichkeit und seinem Gerechtigkeitssinn erzählen viele alte Balladen. Sie wurden als Flugschriften verbreitet und später aufgezeichnet. Die folgende Geschichte entstammt einem Jugendbuch, das die Abenteuer Robin Hoods und seiner Freunde neu erzählt.

Im Sherwoodwald bei Nottingham

Als Robin ein kräftiger junger Bursche von achtzehn Jahren war, veranstaltete der Sheriff von Nottingham einen Schützenwettkampf. „Da hol ich mir den ersten Preis", sagte Robin, nahm seinen Bogen aus Eibenholz und zwei Dutzend scharfe Pfeile und machte sich an einem schönen Maienmorgen auf den Weg um von seiner Heimatstadt Locksley durch den Sherwoodwald nach Nottingham zu wandern.

Bäume und Sträucher zeigten ihr erstes helles Grün, gelbe Schlüsselblumen und rosige

Anemonen säumten die Hecken, die wilden Apfelbäume blühten rosig, die Lerchen sangen und auch Robin pfiff fröhlich vor sich hin. Plötzlich stieß er auf ein Dutzend Jäger des Königs, die unter einem Baum auf dem weichen Waldboden saßen und es sich bei einer riesengroßen Pastete gut gehen ließen. Einer rief Robin mit vollem Mund zu: „Hallo, Kleiner, wohin willst du denn mit deinem Bogen, der nur einen Penny wert ist?"

Robin ärgerte sich und antwortete: „Mein Bogen und meine Pfeile sind genauso gut wie eure, und ich gehe zum Schützenfest nach Nottingham um mit anderen Freisassen[1] um den ersten Preis zu kämpfen."

„Du bist noch nicht ganz trocken hinter den Ohren und kannst kaum einen Bogen spannen", höhnte ein Jäger.

„Ich wette mit dem besten Schützen unter euch um zwanzig Taler, dass ich die Zielscheibe auf sechzig Ruten treffe", behauptete Robin kühn.

„Und morgen mischst du deine Milch schon mit Bier", spottete ein anderer Jäger.

Da wurde Robin richtig zornig: „Da, schaut! Dort tritt ein Rudel Rotwild auf die Lichtung. Es ist noch weiter als sechzig Ruten entfernt. Ich wette zwanzig Taler, dass ich den besten Bock treffe."

„Und ich wette zwanzig Taler, dass du weder den besten Bock noch ein anderes Tier triffst", entgegnete der Jäger, der Robin als Erster angesprochen hatte.

Robin nahm seinen Bogen, stützte die Spitze auf den Schenkel und legte einen Pfeil auf. Dann hob er den Bogen, zielte, und schon surrte die Bogenschnur, und der Pfeil schoss dahin wie ein Vogel vor dem Nordwind. Der edelste Hirsch des Rudels sprang hoch, stürzte getroffen zu Boden und sein Blut färbte das Gras rot.

„So, wie gefällt euch dieser Schuss?", rief Robin. „Ich wusste, dass ich die Wette gewinnen würde, und wenn es um dreihundert Pfund gegangen wäre!"

„Du bekommst keinen Penny!", schrie der Jäger wütend, der die Wette verloren hatte. „Jetzt schau, dass du weiterkommst, oder ich verwalke dich so, dass du nie wieder einen Bogen in die Hand nimmst!"

„Du hast das Wild des Königs erlegt und das Gesetz befiehlt, dass dir dafür beide Ohren abgeschnitten werden", rief ein anderer.

„Lasst ihn laufen, er ist ja noch jung", beschwichtigte ein Dritter. Robin erwiderte kein Wort. Er sah die Jäger mit bösem Gesicht an, machte auf dem Absatz kehrt und stapfte davon.

Jetzt hätte der Jäger, der die Wette verlor, gut daran getan, Robin in Ruhe zu lassen. Aber er ließ sich von der Wut hinreißen, sprang plötzlich auf und schickte ohne jede Warnung einen Pfeil hinter Robin her. „Dir will ich Beine machen!", schrie er.

Beinahe wäre es um Robin geschehen gewesen. Der Pfeil pfiff dicht an seinem Kopf vorbei. Robin wirbelte herum, riss den Bogen hoch und schoss zurück.

„Jetzt sag noch einmal, dass ich kein Bogenschütze bin!", rief er zornig.

Der Jäger stürzte mit einem Schrei zu Boden. Robins Pfeil hatte ihm das Herz durchbohrt. Ehe die anderen Jäger sich von ihrem Schreck erholt hatten, war Robin Hood im Wald verschwunden. Sie verfolgten ihn nicht, denn jeder fürchtete, dass es ihm so ergehen würde wie seinem Kameraden.

Robin rannte immer tiefer in den Wald hinein, das Herz voll Trauer und Verzweiflung, denn er hatte einen Menschen getötet. „Oh, ich wollte, ich wäre dir niemals begegnet!", klagte er. „Ich wollte, du hättest mich niemals angesprochen! Ich wollte, der rechte Zeigefinger wäre mir abgefallen, ehe ich den Pfeil abschnellen ließ! Ich habe unüberlegt gehandelt, und jetzt habe ich mein ganzes Leben lang Zeit, das zu bereuen!"

Robin wusste genau, dass er jetzt geächtet wurde, weil er das Wild des Königs erlegt

1 **Freisasse:** freier Bauer, dessen Land aber einem Fürsten gehörte

und einen Menschen getötet hatte. Zweihundert Pfund Belohnung wurden auf Robins Kopf ausgesetzt, und der Sheriff von Nottingham schwor sich, ihn selbst zu fangen, damit er das Geld in seinen eigenen Sack stecken konnte.

Aber Robin Hood versteckte sich gut und kam ein ganzes Jahr lang keinen einzigen Schritt aus dem Sherwoodwald heraus. Während dieser Zeit versammelten sich viele Freisassen um ihn, die genau wie er aus irgendeinem Grund geächtet worden waren. Manche hatten im strengen Winter Wild erlegt, weil sie gar nichts anderes zu essen finden konnten, waren von den Jägern des Königs dabei erwischt worden und geflohen um ihre Haut zu retten. Andere waren von ihren Höfen vertrieben worden um damit die Ländereien des Königs zu vergrößern. Wieder andere hatten ihre Felder an reiche Barone und Grafen verloren, denen sie nach einer schlechten Ernte die Abgaben nicht pünktlich zahlen konnten. Alle suchten im tiefen Sherwoodwald Schutz vor Unterdrückung und Ausbeutung. Sie wählten Robin Hood zu ihrem Anführer und schworen, sich an ihren Unterdrückern zu rächen und ihnen all das wieder abzunehmen, was sie von den Armen durch ungerecht hohe Pachtzinsen und Steuern und Strafen erpresst hatten. Die Freisassen schworen auch, allen Armen zu helfen und niemals Frauen und Kindern etwas zu Leide zu tun. Weit und breit merkten die Landleute bald, dass sie von Robin Hood und seinen Gefährten nichts zu befürchten hatten und in schlechten Zeiten immer Hilfe bei ihm fanden. Sie betrachteten ihn als einen der Ihrigen, liebten ihn und verbreiteten die Geschichten von seinen Heldentaten und Abenteuern im ganzen Land.

(erzählt von Howard Pyle/Inge M. Artl)

1 Beschreibt Robin Hood. Welche Eigenschaften könnt ihr seinem Verhalten entnehmen?

2 a) Sucht in einer Bücherei weitere Abenteuer Robins und seiner Freunde und schreibt sie auf.
b) Lest eure Erzählungen in der Klasse vor.

Robins bester Freund war John Little, der später Little John genannt wurde. Die beiden folgenden Texte handeln von der ersten, gar nicht freundschaftlichen Begegnung zwischen Robin und John.

Robin Hood kämpft mit Little John (1)

„So, jetzt kämpfen wir, bis einer von uns in den Bach fällt", rief Robin und sprang auf die kleine Brücke.
„Nur zu!" Der Fremde ließ seinen langen Stock wirbeln.
Nun begann ein Stockfechtkampf, an den die zwei sich noch lange erinnern sollten. Beide schlugen mit gleicher Kraft zu, beide fingen die Schläge mit der gleichen Geschicklichkeit mit den langen Knüppeln ab oder steckten sie mit demselben Gleichmut ein. Eine Stunde lang droschen sie aufeinander los, aber keiner wich auch nur einen Schritt zurück. Jeder hatte Beulen und blaue Flecken, aber keiner bat um Gnade und keiner fiel in den Bach. Hin und wieder hielten sie inne um zu verschnaufen, und jeder dachte bei sich, dass er noch niemals solch einen standhaften Gegner gehabt hatte. Endlich schlug Robin seinen Gegner so mächtig von der Seite auf die Rippen, dass dieser fast das Gleichgewicht verlor. Er fing sich jedoch wieder und sein nächster Schlag traf Robin so hart am Kopf, dass ihm schwarz vor den Augen wurde. Robin schlug mit aller Kraft blindlings zurück; der Fremde fing den Schlag auf, traf Robin noch einmal, und diesmal kippte Robin um wie ein Kegel auf der Kegelbahn und fiel in den Bach.
„Und wo bist du jetzt, mein stolzer Freund?", schrie der Fremde lachend.
„Im Bach", schrie Robin genauso lachend zurück, als er wieder auf die Beine kam und

ans Ufer watete, denn er war nicht nachtragend. „Gib mir deine Hand. Du bist ein standhafter, tapferer Bursche. Zwischen hier und Canterbury gibt es keinen Mann, der mich so besiegt haben könnte wie du."
Damit setzte Robin sein Jagdhorn an die Lippen und stieß dreimal hinein, dass das Echo weit durch den Wald hallte.
„Ich habe noch niemals solch einen standhaften Freisassen gesehen wie dich", gestand der Fremde.

(erzählt von H. Pyle/Inge M. Artl)

Robin Hood kämpft mit Little John (2)

„He, Zwerg!" Der Grüne kehrte zurück, ohne Bogen und Köcher, nur mit einem grob geglätteten Eichenstamm bewaffnet. Kampfbereit stülpte John die fest gewebte Kapuze über den Kopf. Der Fremde sprang auf den Steg und kam näher, spielerisch ließ er den Stock wirbeln, warf ihn von einer Hand in die andere. „Fällst du ins Wasser, Zwerg, und bist nicht tot, dann geb ich dir Zeit zu verschwinden. Ich verspreche es und ich halte mein Wort."

Der Fremde war dicht genug herangekommen. „Halt 's Maul!" John ließ ihm keine Zeit. Sein schwerer Stock zuckte wie ein Schlangenkopf vor und traf den Gegner an der Brust. Der Angeber taumelte. John drängte nach. Den ersten Hieb wehrte der Grüne ab. Der nächste aber durchbrach die Deckung. John nutzte jetzt beide Endstücke des armdicken Stamms. Hals. Kopf. Hals und wieder ein furchtbarer Stoß gegen das Herz. Der Fremde wurde von den Füßen gehoben und zurückgeschleudert, fand wieder keuchend seinen Stand auf dem Baumsteg. Das Wams war zerrissen. Unter der Kapuze quoll Blut hervor.

„Genug?" John wog den Kampfstock in den Fäusten.

Der Grüne schüttelte benommen den Kopf. Blut lief ihm über die Wangen.

„Spring ins Wasser und ich lass dich leben!", bot John an. „Darfst im Fluss weiter runterhüpfen wie 'n Frosch. Bis ich dich nicht mehr seh."

Der Gegner hatte sich wieder gefasst. Mit einem Mal bog er den Kopf zur Seite, als wollte er herausfinden, was hinter dem Riesen geschah. „Das nenn ich Glück!", keuchte er. […]

John blickte über die Schulter zurück. Der Moment genügte dem Grünen. Zwei Sprünge, er stieß das Ende des Stocks in eine Trittkerbe der Baumbrücke, stemmte sich hoch und flog, die Beine voran, wie ein Geschoss auf den Hünen zu. Beide Füße trafen den mächtigen Brustkorb. Die Wucht des Aufpralls brachte John ins Wanken, er stolperte, rücklings krachte er auf den Steg, rutschte, klammerte sich mit seinen Beinen fest, rutschte nicht ab, sofort hielt er den Kampfstock abwehrbereit quer vor dem Hals. Kein Angriff folgte. Nichts geschah. Wo war der Grüne? John setzte sich auf. Stierte den Stamm entlang, fand den Gegner nicht. Dann sah er die Hände, gleich vor seinen Sandalen. Die Finger krallten sich in die Rinde. John zog seine Beine an. Auf den Knien kroch er näher und beugte den Kopf hinunter. Da hing der Fremde, ruderte mit den Füßen über dem Wasser. Die Kapuze war verrutscht. Aus dem blutverschmierten Gesicht blickten klare, graue Augen zu ihm hoch, sie zeigten nicht eine Spur von Angst.

„Lass los", forderte John.

„Wenn ich wieder auf die Beine gekommen wär", stieß der Grüne zwischen den Zähnen hervor, „dann hätt ich dich jetzt, du Zwerg." – „Immer noch das freche Maul?" Der Hüne richtete sich zur vollen Größe auf. Von hoch oben starrte er auf den Gegner hinunter. „Lass los! Oder ich stopf es dir für immer."

„Ich hatte eben Pech. Aber sonst war es ein schönes Spiel, findest du nicht?"

John begriff den Fremden nicht. Ernst war es, blutiger Ernst. Und dieser Frosch redete einfach so daher. „Zum letzten Mal. Lass los!" Drohend hob er den Kampfstock, als wollte er Butter im Fass stoßen.

„Du tötest keinen Wehrlosen." Kühl und sicher blickten die grauen Augen.

Recht hat er, ärgerte sich John, noch mehr ärgerte es ihn, dass der Frosch es auch wusste. „Bist es mir eben nicht wert. Aber das, das hast du verdient." Langsam setzte er eine Sandale nach der anderen auf der Ferse vor und rollte die Ledersohlen über die verkrallten Finger.

„Verdammter Bastard!" Mit diesem Fluch stürzte der Grüne ins strudelnde Wasser.

John nickte zufrieden. Der Fremde wurde ein Stück mitgerissen, gelangte aus der Strömung ins seichtere Wasser. Von Stein zu Stein hangelte er auf das Ufer zu. John hetzte über die Baumbrücke, sprang und erwartete den Gegner stoßbereit.

„Ich gebe auf. Du hast gewonnen."

(neu erzählt von Tilman Röhrig)

3 Obwohl beide Texte von derselben Begebenheit erzählen, unterscheiden sie sich deutlich.
a) Vergleicht, was jeweils erzählt wird.
b) Untersucht, aus welcher **Perspektive** (Sichtweise) die Begegnung beschrieben ist. Erklärt, woran man das erkennen kann.
c) Welchen Text findet ihr spannender? Begründet eure Meinung.

4 Robins Freunde sitzen im Gebüsch und beobachten den Kampf aus dem Hintergrund. Bereitet euch in Gruppen vor und spielt die Szene aus dem Stegreif.

Mark Twain

Tom Sawyer spielt Robin Hood

„Halt!", rief Tom, „wer wagt es, den Sherwoodforst zu betreten ohne meine Erlaubnis?" – „Guy von Guisborne bedarf keines Sterblichen Erlaubnis. Wer bist du, dass du – e – dass du… " – „Dass du es wagen darfst, eine solche Sprache zu führen", half Tom flüsternd aus, denn sie spielten „getreu nach dem Buch". – „Wer bist du, dass du es wagst, eine solche Sprache zu führen?" – „Wer ich bin? Das fragst du noch? Ich bin Robin Hood, was dein klapperndes Gerippe bald erfahren soll." Sie zogen ihre hölzernen Schwerter und begannen einen regelrechten Kampf. Schließlich brüllte Tom: „Na, nun fall doch endlich! Warum fällst du denn nicht?" – „Ich? Fall du bitte!" – „Das ist ganz egal, ich kann doch nicht fallen! Steht's so vielleicht im Buch? Im Buch steht doch: ‚und mit einem gewaltigen Streiche von rückwärts stieß er den armen Guy von Guisborne zu Boden'; du musst dich also rumdrehen, dass ich dich von hinten niederhauen kann." Gegen eine solche Autorität ließ sich nichts einwenden. Joe drehte sich um, erhielt seinen Streich und fiel. Als er sich wieder aufrappelte, rief er: „Nun will ich dich doch aber mal totschlagen. – Was dem einen recht ist, ist dem andern billig." – „Aber das kann ich doch nicht, Joe. Es steht doch nicht so im Buch." – „Ich pfeif auf das Buch. So 'ne Gemeinheit."

5 Ihr kennt die Geschichten von Tom Sawyer und seinem Freund Joe. Warum wählen die beiden für ihr Spiel wohl eine Szene aus Robin Hood?

6 „Gegen eine solche Autorität ließ sich nichts einwenden." Diskutiert, was der Erzähler mit diesem Satz ausdrücken will.

13.2 Robin Hood in Funk und Film

Hörspiel und Drehbuch

Die folgenden beiden Texte erzählen die Geschichte vom Kampf zwischen Robin Hood und seinem späteren Freund Little John weiter. Der erste ist ein Hörspieltext, der zweite eine Drehbuchszene.

Robins Freunde (Hörspiel)

Waldstimmung: Raschelndes Laub, das Rauschen eines Baches, hin und wieder eine Vogelstimme.

SPRECHER: Plötzlich knackte es im Unterholz, und wie aus dem Boden gestampft tauchten drei Dutzend kräftige, gut bewaffnete Männer auf, die alle das gleiche jagdgrüne Wams trugen.

Knacken von Ästen, sich näherndes Stimmengemurmel, Schritte, Waffengeklirr.

WILL STUTLEY: Was ist hier los, Robin? Du bist ja nass bis auf die Haut!

ROBIN HOOD (*vergnügt*): Der Bursche dort hat mich verprügelt und dann ins Wasser geworfen.

WILL STUTLEY: Dann wird er ebenfalls verprügelt und ins Wasser geworfen. Auf ihn, Freunde!

Lautes zustimmendes Gebrüll der Männer.
Kampfgeräusche, krachende Holzknüppel, Rufen und Schimpfen, hin und wieder Gebrüll.

SPRECHER: Der Fremde schlug tapfer rechts und links mit dem Knüppel drauflos, und es setzte noch ein paar Beulen und blaue Flecken, ehe sie ihn überwältigen konnten.

Kampfgeräusche ebben ab, verstummen schließlich ganz; Atmen und Keuchen der erhitzten Männer.

(*von Christiane Setzkorn, nach Howard Pyle*)

Robins Freunde (Drehbuch)

Außen/Tag

SPRECHER: Jetzt sah ich ihn. Der grüne Zwerg stand knietief im kalten Wasser, unbewaffnet, doch etwas war merkwürdig …

Eine Brücke über einen Bach mitten im Sherwood Forrest. Gewitterwolken am Himmel. Robin Hood im Wasser, Little John von der Brücke auf Robin herabblickend.

ROBIN HOOD: He! Du Riese? Bis du es dir überlegt hast, darf ich dir wenigstens etwas auf meinem Jagdhorn vorblasen.

Robin setzt sein Horn an den Mund, noch zweifelnd.

LITTLE JOHN: Blas, so viel du willst! Hauptsache, du hältst dein Maul.

Robin bläst drei Töne, und wie hergezaubert erscheinen zehn oder zwölf Gestalten, alle in grüne Stoffe kleidet, mit Pfeil und Bogen im Anspann. Einige Pfeile fliegen haarscharf an Little Johns Füßen vorbei und bleiben in den Bohlen der Brücke stecken.

LITTLE JOHN: Eine Falle!

1. FREMDER: Na, Robin, warst wohl beim Schmied? Wer hat dich angeheizt? Und sauber gereckt hat er dich auch!

2. FREMDER: Und dann hat er dich gelöscht, wie's sich gehört.

3. FREMDER: Was jetzt, Robin?

Die Männer zeigen sich zu allem entschlossen und spannen ihre Bögen und zielen auf Little John.

ROBIN HOOD: Wartet, Freunde! Keiner schießt ohne meinen Befehl. Aber haltet unseren Ochsen gut in Schach!

SPRECHER: Der grüne Zwerg schien der Anführer der anderen zu sein. Sie hatten mich in der Falle. Wie sollte ich hier jemals lebend herauskommen? Ich hatte ihn geschont, das schien ein Fehler gewesen zu sein.

Robin Hood massiert sich seinen Oberarm, der vom Schlag Little Johns mitgenommen ist. Sein Gesicht ist schmerzverzerrt, doch zugleich fröhlich.

ROBIN HOOD: Einen Schlag hast du, Kerl. Ich dachte, mir platzt der Schädel.

LITTLE JOHN: Ich wünscht, ich hätt dir vorhin meinen Stock ins Maul gestampft.

ROBIN HOOD: Wünsch es dir nicht. Eh du zugestoßen hättest, wärst du tot gewesen. Keiner meiner Freunde hätte dich verfehlt.

SPRECHER: Er hatte Recht, die anderen Grünlinge waren so schnell und lautlos aus den Büschen aufgetaucht, keine Frage: Die hätten mich erledigt. Aber was sollte nun das ganze Spielchen?

Robin hat sich vor seinen Leuten wie ein König aufgebaut und wendet sich Little John zu.

ROBIN HOOD *(mit wichtiger Stimme):* Sag mir deinen Namen.

LITTLE JOHN: John.

ROBIN HOOD: Und wie noch?

LITTLE JOHN: Little, John Little.

Gelächter der Männer. Sie raunen das Wort „Little". Wieder Lachen.

ROBIN HOOD: Maul halten. Wer hat dich geschickt?

SPRECHER: Wie weit konnte ich ihm vertrauen?

Little John blickt zu Boden. Robin tritt dicht an ihn heran.

ROBIN HOOD: Wer ist dein Herr?

LITTLE JOHN: Niemand.

ROBIN HOOD: Du lügst.

SPRECHER: Ein Lügner – nein, das war ich nicht! Ich erzählte schließlich die Geschichte, wie die Männer des Sheriffs unser Dorf geplündert hatten.

Man sieht, wie Little John erzählt und nach und nach die Männer ihre angespannten Bögen abnehmen. Sie lauschen seinen Worten.

LITTLE JOHN: ... alle waren ermordet, als ich ankam.

ROBIN HOOD: Und weiter, John? Ich muss alles wissen.

Little John: Vier Mörder hab ich erschlagen. Einer ist entkommen. Ich bin sofort geflohen, weil doch der verdammte Sheriff seinem Knecht mehr glaubt als einem Unschuldigen.

Nicken der Männer.

ROBIN HOOD: Aber ich glaube dir. Jeder von uns kennt den elenden normannischen Schuft, diesen Tom de Fitz. Aber nach dem Winter, ich schwöre es, wird auch er uns richtig kennen lernen.

Zustimmendes Gebrumm der Männer.

ROBIN HOOD: Eins noch. Und wehe, du lügst! Wie hast du unser Tal entdeckt? Wieso kommst du aus dieser Richtung? Nur Eingeweihte kennen den Pfad.

LITTLE JOHN: Zufall. Weil ich gute Augen hab, da hab ich die Dächer vom Dorf irgendwo da oben gesehen. Und den Pfad. Na ja, weil ich Jäger bin.

ROBIN HOOD: Was meint ihr, Freunde?

Die Sonne bricht durch die Wolken und wirft ihr Licht auf die Männer und Robin.

ROBIN HOOD: John Little! Vor dir steht Robert Locksley, genannt Robin Hood. Und das hier, das sind meine Freunde. Um es kurz zu sagen: Wir alle sind Geächtete. Verjagte, Verurteilte, Gehetzte, du weißt selbst, wie schnell das kommt. Wer Glück hat und ihnen ent-

wischt, der flieht in die Wälder. Wohin sonst? Dir bleibt ja auch nichts anderes übrig. Bisher lebten viele von uns allein oder in kleinen Gruppen, aber ich, ich will mehr. Ich will eine Armee. Eine Bruderschaft der Geächteten.

LITTLE JOHN: Jetzt tut es mir …

ROBIN HOOD: Schon gut, John, das heilt schnell. Eins solltest du noch wissen: Wir sind keine Banditen. Wir sind freie Männer!

LITTLE JOHN: Du meinst, ich darf gehen?

ROBIN HOOD: Ich halte dich nicht mehr fest. Du bist frei.

LITTLE JOHN: Gut. Dann …

ROBIN HOOD: Halt, warte! Ich frage dich als freien Mann: John Little, willst du bei uns bleiben?

SPRECHER: Dieser Moment sollte mein Leben verändern …

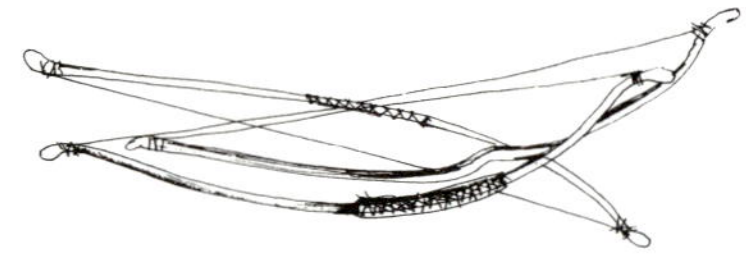

Little John ist sichtlich gerührt. Sein Blick fällt auf die Wunden, die er Robin beigebracht hat.

Die Männer heben stolz den Blick und nicken John zu.

John wendet sich zögernd ab, will gehen.

John dreht sich mit ernster Miene um.

1 Vergleicht die Hörspiel- mit der Drehbuchszene.
   a) Welche Gestaltungsmittel spielen außer der gesprochenen Sprache beim Hörspiel und beim Drehbuch noch eine wichtige Rolle?
   b) Welche Bedeutung hat der Sprecher in den beiden Szenen?

2 Versucht die Hörspielszene nachzuspielen und anschließend auf Kassette aufzunehmen.
   a) Überlegt euch, wie ihr die Geräusche erzeugen wollt. Probiert Verschiedenes aus und erstellt dann eine Liste:

Geräusch im Hörspiel	Wie machen wir es?
Windbö	Pusten mit dem Mund
Knacken der Äste	…
Vogelgezwitscher	Pfeifen und …
…	…

   b) Überlegt euch auch, wie die Stimmen klingen sollen:
   – Sind die Stimmen weit weg vom Mikrofon oder nah dran?
   – Welche „Farbe“ haben die Stimmen: Sind sie ernsthaft, traurig, lustig …?

3 Gestaltet **Hörszenen** in Gruppen:
a) Wählt eine Geschichte von Robin Hood aus diesem Kapitel (S. 223–228) oder sucht in eurer Bücherei nach anderen Robin-Hood-Geschichten, die ihr ausgestalten wollt.
b) Schreibt die Geschichte in eine Hörszene wie auf S. 229 um: In der linken Spalte stehen die Sprecher und der Redetext, rechts werden die Geräusche angegeben, mit denen ihr die Begebenheit veranschaulicht.
c) Probiert, wie die Geräusche erzeugt werden können, und übt das ausdrucksvolle Vortragen des Sprechtextes.
d) Nehmt eure Szenen auf Kassette auf. Eine/r sollte sich besonders um die Aufnahmetechnik kümmern.

4 Wählt einen Abschnitt aus dem Drehbuch und probt eine **Aufführung.**
a) Malt die Kulisse an die Tafel oder auf eine Tapetenrolle.
b) Macht euch mit dem Text vertraut und besorgt euch die notwendigen Requisiten (Gegenstände).
c) Nutzt bei den Proben auch die Möglichkeit in der Spielbewegung zu erstarren. Tauscht eure Beobachtungen aus und sprecht über die Wirkung der Standbilder.
d) Besetzt die Hauptrollen mehrfach. Die Rolleninhaber wechseln sich beim Spiel ab und sprechen jeweils aus der Rolle heraus über ihre Einstellungen, Gefühle und Absichten.

5 Wenn ihr über eine **Videokamera** verfügt, solltet ihr die geprobten Szenen aufnehmen.
a) Verständigt euch darüber, von wo aus ihr die Szenen aufnehmen wollt. Ihr könnt die Position der Kamera auch wechseln.
b) Überlegt, wie groß das Gefilmte erscheinen soll. Ihr könnt z. B. das Gesicht eines Sprechers oder einer Sprecherin ganz nah zeigen oder aber alle Darsteller von weitem.
c) Spielt euch die Aufnahmen vor und diskutiert Verbesserungsmöglichkeiten. Geht dabei von der Wirkung aus, die ihr erzielen wollt.
d) Erprobt nach der Besprechung neue Einstellungen.
Die Kameraführung könnt ihr verbessern, wenn die Schauspieler ab und zu in der Spielbewegung erstarren.

Robin Hood im Bild

Erst wenn ein Drehbuch geschrieben ist, kann mit den Aufnahmen für einen Film begonnen werden. Ein Drehbuch besteht – wie ein Theaterstück – aus einzelnen Szenen, wie ihr eine bereits kennen gelernt habt. In diesen Szenen kommen verschiedene Kameraeinstellungen vor, die hintereinander geschnitten werden. Die Regisseurin oder der Regisseur berät gemeinsam mit dem Kameramann oder der Kamerafrau, wie die verschiedenen Einstellungen aufgenommen werden sollen. Man unterscheidet die Einstellungen danach, wie groß der Bildausschnitt gewählt wird. Außerdem lässt sich der Standpunkt der Kamera verändern.

Die folgenden Zeichnungen zeigen solche Einstellungsgrößen und Kameraperspektiven:

Und nun gingen die beiden aufeinander los, als seien sie vom Teufel besessen. Keiner wollte den Weg räumen und so dauerte der Kampf stundenlang.
WUMM
5
Spring ins Wasser und ich lass dich leben, Giftzwerg!
6
Heftig krachten die Stöcke der beiden …
KRACH
KLONG
7
Halt's Maul, du Riesenbaby!!
8
Von wegen „Riesenbaby“ … Ich taumle … HILFE !!!
9
Ha! Ha!
PLATSCH
GURGEL
10

1 Habt ihr euch Robin Hood so vorgestellt?

2 Vergleicht die Bildfolge mit dem Text 1 auf S. 226.

3 Wie könnte man die verschiedenen Sprechblasen und Zwischentexte in einem Film umsetzen? Welche könnte man weglassen?

Die verschiedenen **Größen der Bildausschnitte** nennt man im Film (von ganz weit bis ganz nah): *Panorama, Totale, Halbtotale, Halbnah, Nah, Groß, Detail.*

4 Versucht alle Bilder einer dieser Einstellungsgrößen zuzuordnen, z. B.:

Bild 1 : Totale
...

Bei der **Kameraperspektive** unterscheidet man zwischen *Aufsicht* (auch *Vogelperspektive* genannt), *Untersicht (Froschperspektive)* oder *Normalsicht* (in Augenhöhe).

5 Gebt an, welchen Kameraperspektiven die Bilder entsprechen, z. B.:

Bild 1 : Aufsicht
...

6 Welche Wirkung kann durch die verschiedenen Einstellungsgrößen und Kameraperspektiven erzielt werden? Betrachtet besonders die Bilder 3/4, 7 und 12.

Robin-Hood-Filme

Dies sind Bilder aus einer neueren Verfilmung von „Robin Hood", die einige von euch vielleicht kennen.

1 a) Welche Wirkung haben die Bilder auf euch?
b) Versucht die Wirkung der Bilder zu erklären. Ihr könnt z. B. untersuchen
- die Wahl der Schauspieler,
- die Ausstattung (Kostüme, Landschaft ...),
- die Einstellungsgrößen,
- die Kameraperspektiven.

2 Wenn jemand aus der Klasse eine Robin-Hood-Verfilmung auf Videokassette besitzt oder besorgen kann, könnt ihr euch Teile des Films gemeinsam anschauen. Dabei könnt ihr z. B. herausfinden, warum der Film an einigen Stellen besonders spannend wirkt:
a) Stoppt den Film an einer spannenden Stelle. Seht euch die Szene dann mehrmals an.
b) Jede/r sollte sich dabei einen Schwerpunkt für seine Beobachtungen aussuchen, z. B.:
- Kameraperspektiven (Aufsicht, Untersicht, Normalsicht),
- Einstellungsgrößen (Panorama bis Detail),
- Schnittfolgen (viele, schnelle Schnitte oder lange Einstellungen?),
- Einsatz von Musik,
- ...

c) Tragt eure Ergebnisse zusammen und besprecht sie.

13.3 Medien im Alltag – ein Projekt der Klasse 6

Die Klasse 6 c der Erich-Kästner-Schule hat zum Thema „Medien“ ein Projekt durchgeführt. Als Erstes haben die Schülerinnen und Schüler gesammelt, welche Fragen sie besonders interessieren und welche Aktivitäten sie unternehmen könnten. Alle Vorschläge, Ideen, aber auch Fragen zum Thema wurden an einer großen Wand angeordnet.

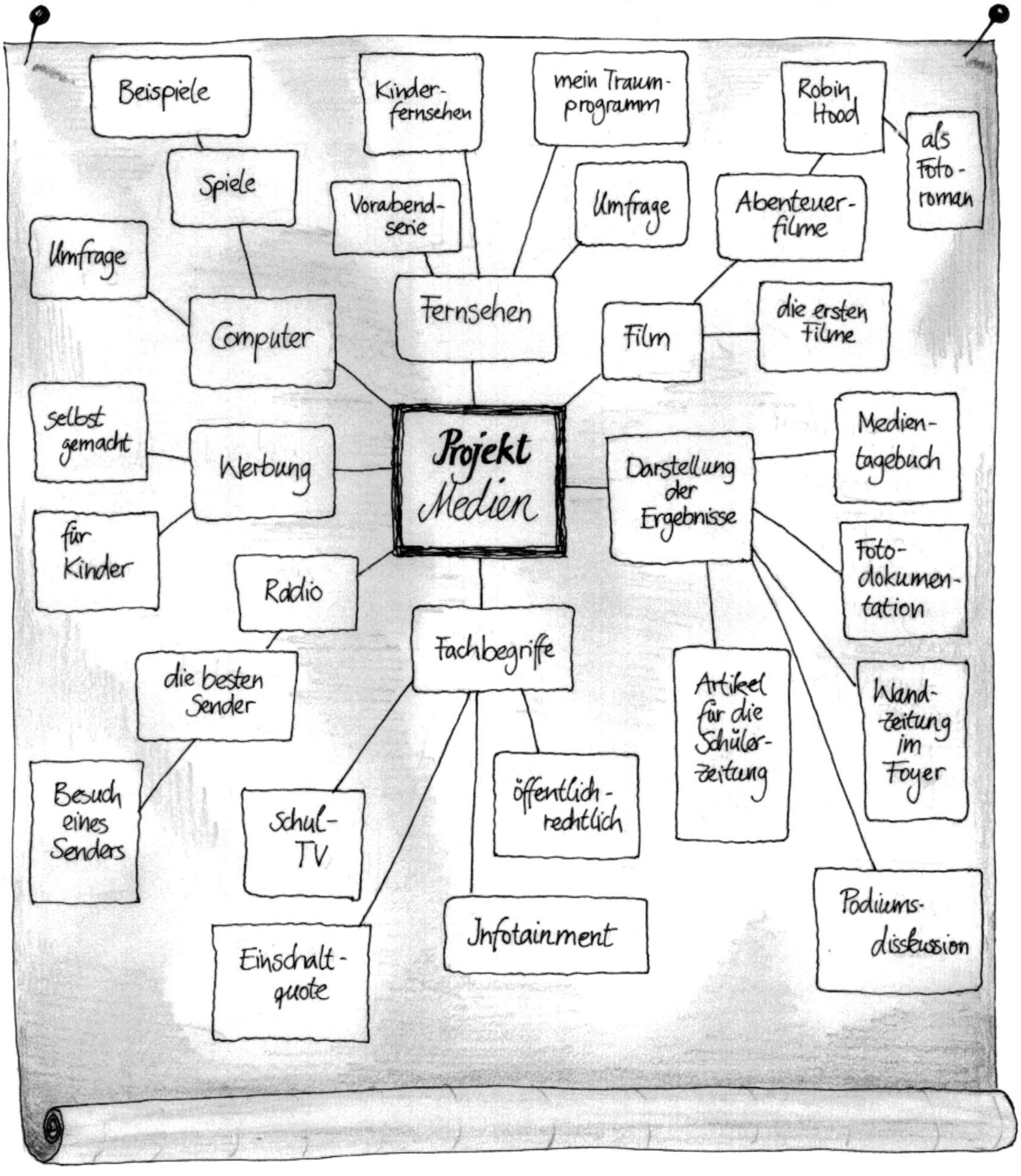

Natürlich hatten die Schülerinnen und Schüler viel mehr Ideen, als sich tatsächlich durchführen lassen. Sie mussten sich auf wenige Teilprojekte beschränken, die sie in Gruppen erarbeiteten (S. 239–242).

Moderner Robin Hood als Fotoroman

Einige Schülerinnen und Schüler haben eine moderne Robin-Hood-Geschichte erfunden und als Fotoroman gestaltet. Dabei wurden zunächst einzelne Ideen zu einer Handlung verbunden und anschließend Skizzen zu Fotos entworfen, die ähnlich wie in einem Comic die Geschichte darstellen sollten. Dabei haben sich die Schülerinnen und Schüler genau überlegt, was sie zeigen wollten und wie Einstellungsgröße und Kameraperspektive sein müssten. Folgende Fragen haben die Gruppen besonders beschäftigt:

- *Wem könnte ein moderner Robin Hood helfen?*
- *Wer ist der „Böse" in unserer Geschichte?*
- *Wo nehmen wir die Fotos auf? Ist es dort hell genug? (Und wer bringt einen Fotoapparat mit???)*
- *Welche Kostüme und Requisiten brauchen wir?*
- ...

Robin Hood und andere Abenteuerfilme

Eine Arbeitsgruppe hat sich zum Ziel gesetzt Abenteuerfilme zu untersuchen. Sie hat nach ihrer Beschäftigung mit Robin Hood einen Beobachtungsbogen zusammengestellt.

	1. Szene	*2. Szene*	
Kameraperspektiven			
Größe der Bildausschnitte			
Musik/Geräusche			
...			

Mit dem Beobachtungsbogen haben die Schülerinnen und Schüler mehrere Abenteuerfilme angesehen und ausgewertet. Danach konnten sie besser als bisher ihre Meinungen und Urteile über gelungene und misslungene Filmszenen begründen.

Umfrage zum Fernsehverhalten

Eine Gruppe hat einen Fragebogen erstellt um herauszufinden, wer wann welche Fernsehsendungen sieht. Mit diesem Fragebogen sind die Schülerinnen und Schüler in die Stadt gegangen und haben Passanten interviewt. Eine Schwierigkeit bestand darin, Fragen so zu stellen, dass man sie knapp beantworten kann. Hier sind einige Fragen der 6 c. Überlegt, warum die letzte Frage besondere Schwierigkeiten bereitete.

Angaben zur Person:
Geschlecht: M/W
Alter:
Beruf:
Frage 1: *Wie viel Zeit verbringen Sie täglich vor dem TV?*
Frage 2: *Welche Sendungen sehen Sie besonders häufig?*
Gameshows
Nachrichten
Spielfilme
Sportsendungen
...
...
Frage 7: *Was hätten Sie gerne anders?*

Bei der Auswertung haben die Schülerinnen und Schüler mehrere Möglichkeiten der Darstellung genutzt. Ihr müsst überlegen, welche Darstellungsart sich bei euren Ergebnissen am besten eignet.

Tortengrafik

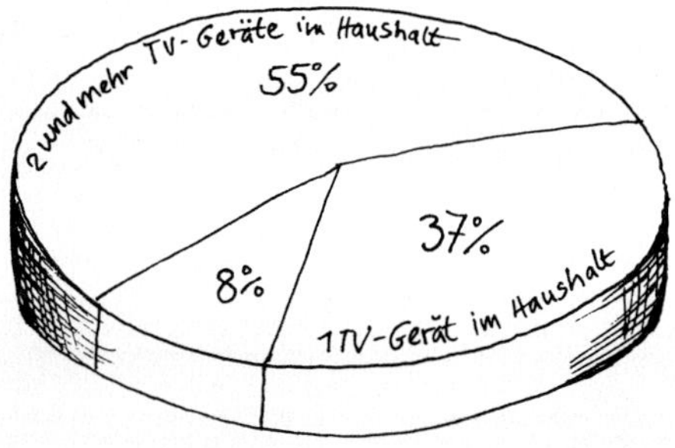

Säulengrafik

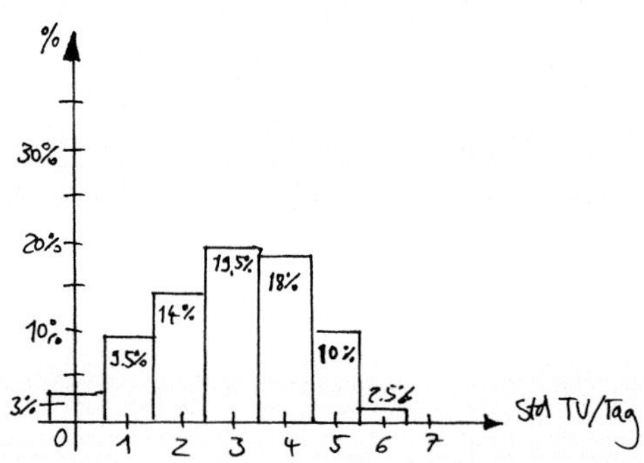

Kernaussagen in einem Satz:
Mehr als ein Drittel aller Berufstätigen ...
Nicht einmal die Hälfte aller Frauen sieht ...

Medientagebuch

Um herauszufinden, welche Rolle die verschiedenen Medien in ihrem Alltag spielen, haben einige Schülerinnen und Schüler ein Medientagebuch angelegt. Dazu erstellten sie zunächst gemeinsam eine Liste der verschiedenen Medien: *Buch, Walkman, Telefon ...*
Dann haben sie einen Tag lang ganz genau aufgeschrieben, wann ihnen welche Medien an welchen Orten begegnet sind:

Zeit	*Ort*	*Medium*
7.10 Uhr	*im Bett*	*Radiowecker*
7.25–35 Uhr	*Frühstückstisch*	*Comic*
7.45–55 Uhr	*im Bus*	*...*
...		

Danach hielten sie eine Woche lang (von Montag bis Sonntag) in einer Tabelle fest, welche Sendungen sie im Fernsehen gesehen haben:

Tag	*Titel*	*Art der Sendung*	*Uhrzeit*	*Dauer der Sendung*	*Mit wem?*
Mo.	*Lucky Lucke*	*Comicserie*	*16.50–17.20*	*30 Minuten*	*alleine*
Mo.	*Lindenstraße*	*Vorabendserie*	*18.05–18.40*	*35 Minuten*	*Mutter*
Mo.	*Länderspiel Deutschland gegen Wales*	*Sport*	*19.00–20.45*	*105 Minuten (15 Min. Pause)*	*Familie*
Di.	*Frühstücks-fernsehen*	*...*	*...*		

Abschließend werteten die Schülerinnen und Schüler ihre Tabellen aus: Sie haben die Durchschnittszeit errechnet, die jede/r täglich vor dem Fernseher verbringt, und eine Reihe von Fragen entwickelt:

- *Sehen wir oft Fernsehen, weil wir nichts anderes zu tun haben?*
- *Unternehmen wir wenig anderes, weil wir fernsehen?*
- *Sehen die Mädchen oder die Jungen mehr Fernsehen?*
- *Welche Sendungen werden verstärkt von Mädchen gesehen, welche von Jungen?*
- *...*

Hitliste der Lieblingssendungen

Eine Schülergruppe hat eine Hitliste ihrer Lieblingssendungen erstellt. Dann haben alle für die fünf beliebtesten Sendungen je drei **Adjektive** aufgeschrieben, die die Sendungen kennzeichnen sollten. Anschließend haben sie ausgewertet, warum bestimmte Adjektive besonders häufig verwendet wurden.

Zur Untersuchung der Sendungen haben sie einen Fragenkatalog entwickelt:

Was ist der Inhalt der Sendung?
Welche Personen kommen vor?
Welche Schauspieler spielen mit?
Hat die Sendung eine Botschaft?
Welche Art von Sendung (Spielfilm, Sportsendung, ...) ist es?
Welches Publikum könnte die Sendung ansprechen?
Wird die Sendung von Werbung unterbrochen?
Hat diese Werbung etwas mit dem Inhalt der Sendung zu tun?
Handelt es sich um eine Wiederholung?
Spielen Geld oder Gewalt eine besondere Rolle?
...

14 Ritter, Bauern und Soldaten

Mit der Eroberung Konstantinopels durch die Türken (1453), der Entdeckung Amerikas (1492) und der Reformation in Deutschland (ab 1517) beginnt ein neues Zeitalter in Europa. Das Mittelalter geht zu Ende.
Briefmarken erinnern heute an damalige Ereignisse und an Personen, die den Umbruch der Zeit einleiteten und die dafür manchmal ein sehr schweres Schicksal in Kauf nehmen mussten.

Der Wechsel von der alten zur neuen Zeit ist schwierig. Noch gilt in Europa überall die alte Ordnung: Der Papst und der Kaiser sind die höchsten Herren der Christenheit. Fürsten und Ritter haben die weltliche Macht, Bischöfe und Priester die geistliche. Die Bürger in den Städten und die Bauern auf dem Land leben unfrei und als Untertanen.
Gelehrte wie Johannes Kepler haben die Bahnen der Gestirne neu berechnet. Kopernikus entdeckt, dass die Erde rund und dass sie nicht der Mittelpunkt des Universums ist. Kolumbus bricht nach Westen auf, will die Erdkugel umrunden und in Indien ankommen. Er entdeckt Amerika. Der „Goldmacher“ Schwarz erfindet bei seinen Experimenten das Schießpulver („Schwarzpulver“) und in Mainz entwickelt Johann Gensfleisch, genannt Gutenberg, die Kunst des Buchdruckens mit beweglichen Buchstaben.

Die Ritterrüstungen schützen nicht mehr vor den Kanonen- und Gewehrkugeln. Nachdem einmal das Schießpulver erfunden ist, tauschen viele Ritter ihre schwere Rüstung gegen lange Lanzen, so genannte Hellebarden. Sie lassen sich von den Fürsten als Berufssoldaten („Landsknechte") anwerben. Einige tragen Gewehre, alle haben statt des Helms einen Hut mit einem riesigen Federbusch. Landsknechte kämpfen für Geld; im Heer des Kaisers gegen die Türken oder für reiche Städte und Landesfürsten gegen den Kaiser.

Der spanische König Karl V. ist zugleich auch deutscher Kaiser. Während er in Europa gegen den König von Frankreich, gegen italienische Städte oder deutsche Fürsten Krieg führt, erobern ihm Ritter in der „Neuen Welt" (Amerika) ganze Reiche. Man sagte: In seinem Reich „geht die Sonne nicht unter".
Aber es gibt auch sehr viele Formen des Machtmissbrauchs und der Ungerechtigkeit. Daher regt sich überall Widerstand. Der Machtanspruch des Papstes wird von Martin Luther und anderen angezweifelt. Die Bauern wollen ihr schweres Joch nicht mehr geduldig tragen und verlangen ein menschlicheres Leben.
Vieles von den Erfahrungen dieser Epoche ist in Bildern und Texten der Zeit festgehalten worden.

1 a) Informiert euch in einem Lexikon über die auf den Briefmarken dargestellten Ereignisse und Personen. Jeder übernimmt ein Stichwort.
b) Berichtet über das, was ihr herausgefunden habt.
c) Eure Ergebnisse könnt ihr auf einem Plakat darstellen.

2 a) Wenn ihr Briefmarken sammelt, bringt selbst welche mit, die an Personen oder Ereignisse erinnern, die mehr als 350 Jahre zurückliegen.
b) Erklärt euren Mitschülerinnen und Mitschülern, was auf den Briefmarken dargestellt ist.

14.1 Ein Bauernsohn möchte Ritter sein – und wird als Räuber gehenkt

Den Menschen fällt es schwer, sich auf die Veränderungen der Zeit einzustellen. Von zwei Freunden ist der eine ein Verfechter des Neuen, der andere möchte am Überkommenen festhalten. Oft verfeinden sich Eltern und Kinder.
Muss ein Mensch sein ganzes Leben lang das bleiben, als was er geboren ist: eine Fürstentochter eine Prinzessin, der Sohn eines Ritters ein Ritter, der eines Bauern ein Bauer? Helmbrecht, der Sohn eines Bauern, sieht das nicht ein. Er möchte ein Pferd und Waffen besitzen und das Leben eines Ritters führen. Sein Vater warnt ihn, denn er ist davon überzeugt, dass Gott jedem Menschen seinen Platz und Rang im Leben zugewiesen hat. In Träumen sieht er das böse Ende des Sohnes voraus.

Wernher der Gartenære

Helmbrecht

Auf einem stattlichen Hof saß ein Meier[1] mit Namen Helmbrecht. Er hatte einen Sohn, der nach ihm genannt war. Der Junge war jung, hübsch und eitel. Seine Mutter hatte ihm eine Mütze aus Samt machen lassen, reich bestickt. Der Bauer hätte seinen Sohn gern mit der Tochter des Nachbarn verheiratet, die eine reiche Mitgift erhalten würde. Der aber sagte:
„Wenn ich ein Pferd hätte, würde ich auch bei Hofe eine gute Figur machen. Denkst du vielleicht, dass man mir ansieht, dass ich einmal hinter dem Pflug gegangen bin wie der Ochse vorn? Schaff mir den Hengst, Vater! Ich will mein junges, frisches Leben nicht mit einem Bauernmenschen vertun!"
Sagt der alte Helmbrecht: „Versündige dich nicht, gib Acht, was ich dir sage. Wer seines Vaters Rat in den Wind schlägt, kommt zu Schanden. Die Adligen werden über dich lachen und du wirst die Bauern verachten. Und am Ende hassen dich auch die Bauern, denn einem Ritter sieht man manches nach, aber einem, der auch einmal ein Bauer war, nichts. Nimm ein Weib und bleib bei deinem ehrlichen Stand. Du rennst in dein Elend, wenn du deinen Willen bekommst."
Sprach da der Junge: „Rede nur zu, Vater, ich lasse mich von meinem Plan doch nicht abbringen."
Da kaufte ihm der Vater das Pferd und sagte: „Habe du deinen Willen und ich meine Ruhe."
Dann aber versuchte er noch einmal den Sohn zu überzeugen. Er sagte: „Schau, lieber Sohn, wenn du hinter dem Pflug bliebest, wärest du für viele Geschöpfe ein Wohltäter. Du nährtest alle wie ein Nährvater. Bleib ein Bauer, du unkluges Kind. Wie könnten der König und seine adeligen Damen leben, wenn es nicht Bauern gäbe?"

1 **Meier:** Pächter oder Verwalter eines Bauernhofs

Vergeblich suchte der Vater den Sohn zu halten, indem er ihm seine bösen Träume erzählte. In denen hatte er gesehen, wie sein Sohn blind und einbeinig über das Feld hinkte, wie er am Ende an einem Baum hing. Der Sohn lachte und sprach: „Der Traum bedeutet für mich Glück und Gesundheit. Denn, weißt du, Vater, je wüster, was einer träumt, desto schöner ist, was der Traum bedeutet."

Der junge Helmbrecht warf den Kopf nach hinten, meinte, er könnte jetzt Bäume ausreißen und der Vater sollte seine Moralpredigten lassen. Querfeldein trabte er davon.

Auf einem steilen Berg lag eine Burg. Da war ein Ritter, der einen wilden Haufen um sich versammelt hatte. Zu dem ging Helmbrecht und war bald im Rauben und Brennen des Gesindels einer der schlimmsten. Er konnte alles gebrauchen. Ob süß oder sauer, krumm oder grad, kostbar oder gering, ihm galt alles gleich. Den Männern raubte er die Röcke, den Frauen Pelze, Mieder. Bis aufs Hemd beraubte er sie. Im ersten Jahr lief alles nach Wunsch. Er lebte wie der Vogel im Hanfsamen. Als es Sommer wurde, wollte er nach Haus gehen, dem Vater zeigen, was für ein gewaltiger Ritter er geworden war.

Zu Hause erkannte man ihn zuerst nicht, dann mahnte und warnte ihn der Vater aufs Neue. Denn er erkannte wohl, dass die Art des Rittertums, dem sich sein Sohn verschrieben hatte, nichts mehr mit dem alten Rittertum zu tun hatte. Diese Ritter sprachen nur vom Rauben, Spielen und Saufen. Er wäre lieber ein ehrlicher Bauer als so ein Strauchritter, sagte er.

„Du meinst es ja gut", sagte der Junge, „aber du verstehst nichts vom Leben. Du denkst eben nur so weit, wie ein Bauer denken kann. Stell dir vor, wie die Bauern davonlaufen, wenn ich komme. Ich heiße nämlich ‚Der Bauernschreck'. Ich lasse mir von niemandem etwas gefallen. Und wenn da ein Bauer kommt, der an unserer Burg vorbei will, dem spanne ich die Gäule aus.

Kann seinen Dreckskarren selber ziehen. Den mache ich ihm auch um die Ladung leichter. Die Bauern ziehe ich ab und räuchere sie in ihrem eigenen Rauch. Manchmal hänge ich auch einen umgekehrt auf, mit dem Kopf in einen Ameisenhaufen, oder binde zwei zusammen, die hänge ich dann über das Brunnenrohr in ihrem Hof. Dadurch lernen sie mir ganz schnell zu sagen, wo sie etwas versteckt haben. Was sie haben, das gehört mir. Und wenn es zwanzig wären oder auch mehr, meine Leute und ich haben keine Angst."

Der Vater erschrak. Er sagte: „Von dem, was du da sagst, magst du ja mehr verstehen. Aber merk dir, wenn eure Zeit um ist, kommen die Schergen[2], und zwar rudelweise. Sie jagen euch dann vor sich her wie junge Hunde."

Da drohte der junge Helmbrecht: „Wenn du uns Reitersleuten so die Ehre abschneidest, schone ich auch deinen Hof nicht mehr. Bis jetzt hast du dein Viehzeug noch behalten. Aber damit ist es nun vorbei."

Dann holte er fluchend sein Ross aus dem Stall und ritt weg.

Es kam, wie es kommen musste. Bei einem Gelage, auf dem Helmbrecht seine Schwester mit einem seiner Kumpane verheiraten wollte, wurden die Raubritter in ihrem Schlupfwinkel von dem Richter und seinen Eisenreitern überrascht. Sie suchten sich zu verstecken, wurden aber gefangen. Man packte ihnen ihren Raub auf den

2 **Scherge:** Häscher, Gehilfe des Richters

Rücken, den mussten sie bis zum Gericht schleppen. Dann hob der Richter einen weißen Stecken vom Boden auf, schaute die Gefangenen der Reihe nach an, brach den weißen Ast langsam durch und ließ ihn zu Boden fallen. Dann deutete er mit dem Daumen hinter sich auf einen Baum. An den wurden alle, einer nach dem anderen, aufgehängt. Das war eine schlimme Hochzeitsfeier, dem Bräutigam hing der Strick statt der Braut am Hals, den Brauttanz tanzten sie drei Schritt über dem Rasen. Nur Helmbrecht, der als Letzter an die Reihe kam, schenkten sie das Leben, wie das der Blutschergen Brauch ist. Aber sie stachen ihm die Augen aus und hackten ihm die rechte Hand ab und den linken Fuß. Dann schnitten sie einen Haselstecken und gaben ihn dem Helmbrecht in die Hand. So führte ihn ein Knecht vor seines Vaters Hoftor.

Da kam der Meier aus dem Haus, einen Kienspan[3] in seiner Hand, und tat das Hoftor auf und sah die zwei und dass es sein Sohn war. Sprach der alte Helmbrecht: „Djö sallu[4], Ritter Augenlos. Habe ich dich auch recht höfisch gegrüßt?"

Sprach der Blinde: „Meier, ich bitt Euch um nichts als darum, dass ich heute Nacht hier bleiben kann. Ich will Euch meinen Namen sagen, erkennt mich um Gottes willen, ich bin's."

3 **Kienspan:** Fackel aus Kiefernholz
4 **Djö sallu:** Grüß Gott

Sagt der alte Helmbrecht: „Wer ich?"

„Der so heißt wie Ihr."

„So ist er blind geworden, der Bauernschreck, der sich nicht vor zwanzig Schergen fürchtete und vor keinem Richter. Querfeldein bist du geritten. Weißt du nicht mehr, wie du es mit den Bauern getrieben hast? Sie sind wahr geworden, meine Träume. Eher gäbe ich einem landfremden Streuner ein Obdach als dir." Damit schlug er mit seinem Kienspan nach dem Knecht, der Helmbrecht führte. Einen Blinden wollte er nicht schlagen. Dann warf er den Riegel vor die Tür und ging zurück ins Haus. Am Gartentor stand die Mutter, gab ihm ein Brot. Dann musste er gehen.

Zehn Monate irrte Helmbrecht umher. Versteckte und verkroch sich. Ein gehetzter Hase. Denn die Bauern wollten Rache nehmen. Vier von ihnen, deren Höfe nahe beieinander lagen, machten Jagd auf ihn. Des einen Weib hatte er bis aufs Hemd ausgeraubt. Der andere schrie: „Mir hat dieses Lochauge nicht das Schwarze unterm Nagel gelassen. Schier verhungert wäre ich." – „Bei mir hat er eingebrochen und meine Tochter vergewaltigt", rief der Dritte. „Und mein Kind hat er in einen Sack gesteckt und im Schnee liegen lassen", sagte der Vierte, „ich breche ihm das Genick, wenn ich ihn kriege." Weiß vor Zorn stürzten sie sich auf den Blinden. Sie zerfetzten auch die schöne Samtmütze, die er noch trug und die nicht einmal die Schergen ihm weggenommen hatten. Sie ließen ihm Zeit für die Beichte und das Vaterunser, taten ihm dann einen Strick um den Hals und henkten ihn auf einen dürren Baum. So ist der Traum, der noch ausstand, wahr geworden. Und damit endet die Geschichte vom Helmbrecht.

(nacherzählt von Margret und Karlheinz Fingerhut)

1 a) Stellt die unterschiedlichen Auffassungen von Vater und Sohn in einer Tabelle gegenüber.
b) Führt ein Streitgespräch zwischen Helmbrecht, seinem Vater, seiner Mutter und seiner Schwester.

Am Ende seiner Verserzählung meldet sich der Dichter, Wernher der Gartenære, zu Wort und sagt:

„Wo noch Kinder bei Vater und Mutter sind,
die über sich selbst bestimmen wollen,
die seien hiermit gewarnt.
Handeln sie so wie Helmbrecht,
dann sage ich ihnen zu Recht voraus,
dass ihnen geschehn wird wie Helmbrecht."

2 Könnt ihr diesen Worten entnehmen, wie der Dichter das Verhalten von Vater und Sohn bewertet?

3 a) Schlagt in der Bibel das Gleichnis vom verlorenen Sohn nach (Lukas 15, 11 – 32). Lest es laut in der Klasse vor und sprecht darüber, was es mit der Geschichte von den beiden Helmbrechts zu tun haben könnte.
b) Nach dem Tod des Sohnes erzählt der Pfarrer des Dorfes dem Vater das Gleichnis vom verlorenen Sohn. Schreibt auf, was der Vater daraufhin antwortet.

14.2 Götz von Berlichingen kämpft gegen die mächtigen Fürsten der Zeit um Gerechtigkeit für Ritter und Bauern

Ein Ritter sollte tapfer sein, den Schwachen und Bedrängten helfen und eine edle Gesinnung haben. Mit dem Adjektiv „ritterlich" ist dieses Verhalten noch heute gemeint. Der Ritter fühlte sich niemandem untertan als dem Kaiser, von dem er sein „Lehen" erhalten hatte; dieses bestand aus einer Burg und Dörfern, aus denen er von den Bauern Abgaben bekam. Dennoch war das Leben der Ritter recht hart: Die Burgen waren im Winter kalt und feucht, es gab Krankheiten und auch Hunger. Die Fürsten wohnten schon lange in bequemen und prunkvollen Schlössern. Sie suchten die freien Ritter unter ihre Herrschaft zu bringen.
Der Dichter Johann Wolfgang Goethe schrieb zweihundertfünfzig Jahre später (1771/73) ein Schauspiel, in dem der Ritter Götz von Berlichingen in einem Streit mit dem Fürsten liegt. Götz wird einer der Führer der aufständischen Bauern. Seine Frau Elisabeth und seine Schwester Maria erklären dem kleinen Sohn Karl, wie Götz seine Rolle als Ritter versteht.

Johann Wolfgang Goethe

Götz von Berlichingen

KARL: Aber muss dann der Vater ausreiten, wenn's so gefährlich ist?
MARIA: Es ist sein guter Wille so.
ELISABETH: Wohl muss er, lieber Karl.
KARL: Warum?
ELISABETH: Weißt du noch, wie er das letzte Mal ausritt, da er dir Weck mitbrachte?
KARL: Bringt er mir wieder mit?

ELISABETH: Ich glaub wohl. Siehst du, da war ein Schneider von Stuttgart, der war ein trefflicher Bogenschütz und hatte zu Köln auf'm Schießen das Beste gewonnen.

KARL: War's viel?

ELISABETH: Hundert Taler. Und darnach wollten sie's ihm nicht geben.

MARIA: Gelt, das ist garstig, Karl?

KARL: Garstige Leut!

ELISABETH: Da kam der Schneider zu deinem Vater und bat ihn, er möchte ihm zu seinem Geld verhelfen. Und da ritt er aus und nahm den Kölnern ein paar Kaufleute weg und plagte sie so lang, bis sie das Geld herausgaben. Wärst du nicht auch ausgeritten?

KARL: Nein! Da muss man durch einen dicken, dicken Wald, sind Zigeuner und Hexen drin.

ELISABETH: Ist ein rechter Bursch, fürcht' sich vor Hexen.

MARIA: Du tust besser, Karl, leb du einmal auf deinem Schloss, als ein frommer christlicher Ritter. Auf seinen eigenen Gütern findet man zum Wohltun Gelegenheit genug. Die rechtschaffensten Ritter begehen mehr Ungerechtigkeit als Gerechtigkeit auf ihren Zügen.

ELISABETH: Schwester, du weißt nicht, was du redst.

1 a) Erzählt die Geschichte vom Schneider aus Stuttgart in eigenen Worten nach.
b) Gestaltet die Szene aus, in der der Schneider Götz um Hilfe bittet.

2 In der Erzählung der Mutter heißt es: „Und da ritt er aus und nahm den Kölnern ein paar Kaufleute weg."
a) Überlegt euch, was da vermutlich geschehen ist.
b) Wie denkt ihr über das Verhalten des Ritters Götz von Berlichingen?

14.3 Don Quijote de la Mancha, der tapfere Ritter von der traurigen Gestalt

In Spanien schrieb Miguel de Cervantes am Anfang des 17. Jahrhunderts die Geschichte eines armen spanischen Edelmannes, der für sein Leben gern ein Ritter gewesen wäre. Don Quijote hatte eine Unzahl von Ritterromanen gelesen und bildete sich nun ein die Taten seiner Fantasiehelden in der Wirklichkeit wiederholen zu müssen. Aber die Wirklichkeit war nicht mehr so, wie sie in den Büchern stand.

Längst gab es in Spanien keine Ritter mehr, die hoch zu Ross durch das Land zogen und mit Schwert und Lanze für das Recht kämpften. Don Quijote glaubte jedoch alles, was er las; und voll Begeisterung für Tapferkeit, Ritterlichkeit im Kampf gegen Zwerge, Zauberer, Riesen um die Gunst schöner Edelfrauen „holte er die eiserne Rüstung seines Urgroßvaters vom Boden, putzte und kratzte den Staub, die Spinnweben und den Rost weg, reparierte den Helm und das Visier, kletterte in die Rüstung hinein, band den Helm fest, zog sein Pferd aus dem Stall, das so dürr war wie er selber, stieg ächzend hinauf, setzte sich zurecht und ritt davon" (Erich Kästner). Mit ihm zog sein Nachbar Sancho Pansa, ein gut-

gläubiger Bauer, den Don Quijote zu seinem Schildknappen befördert hatte. Da kein Pferd mehr vorhanden war, ritt Sancho Pansa auf einem Esel.
Der hagere Don Quijote und der dicke Sancho Pansa bestehen viele Abenteuer. Diese gehen immer ähnlich aus: Die beiden Kämpfer für die Gerechtigkeit erhalten schlimme Prügel, weil Don Quijote die normalen Leute – Händler, Mönche, Bauern – für Ritter, Riesen oder Zauberer hält, gegen die er kämpfen muss.

Miguel de Cervantes

Eine Schlacht und viele verlorene Zähne

Don Quijote und sein Knappe waren eine ganze Weile schweigend durch die Lande geritten. Niemand hielt sie auf und keiner schien auf sie zu warten.

„Gestrenger Herr! Wäre es nicht gescheiter, wir zögen wieder heim?", fragte schließlich Sancho den fahrenden Ritter neben sich.

„Was redest du da?", fragte Don Quijote den Schildknappen.

„Ich meine, dass uns die Abenteuer, die wir suchen, immer tiefer ins Unglück bringen", antwortete Sancho. „Es ist gerade Erntezeit und da werden wir gewiss zu Hause gebraucht."

Don Quijote schüttelte unwillig den Kopf: „Wie unerfahren du doch in den Dingen des Rittertums bist, lieber Sancho! Was gibt es Ehrenwerteres auf dieser Welt, als fahrender Ritter zu sein? Und was bringt größeren Genuss, als in die Schlacht zu ziehen und seinen Feind zu besiegen?"

„Das kann schon sein, Euer Gestrengen", erwiderte Sancho. „Nur ist uns noch kein einziger Sieg gelungen. Denn den gegen den Biskayer, wenn Ihr Euch erinnern wollt, habt Ihr mit einem halben Ohr und dem halbierten Helm teuer genug bezahlt. Ansonsten gab's ja nur Prügel und nochmals Prügel."

„Das kränkt mich ja auch, lieber Sancho", sagte Don Quijote. „Aber ich werde mir jetzt ein Schwert besorgen, von so meisterlicher Hand geschmiedet, dass es mich vor jedem Zauber schützt. Ich weiß von einem solchen aus meinen Büchern. Dann werde ich in Zukunft so gut wie unbesiegbar sein."

„Und was habe *ich* davon?", fragte Sancho.

„Wart nur ab, mein lieber Knappe. Es kann auch für dich nur besser kommen."

Als sie so ins Gespräch vertieft über die Lande zogen, entdeckte Don Quijote plötzlich am Horizont eine Staubwolke: „Siehe da, Sancho! Eine Heerschar rückt gegen uns vor. Nun naht die Stunde meines Glücks."

„Das scheinen sogar zwei Heere zu sein", stellte der Knappe fest. „Auf der anderen Seite der Straße naht noch eine zweite Staubwolke!"

„Wie wunderbar!", rief Don Quijote. „Dann werden sie sich hier vor unseren Augen eine dramatische Schlacht liefern."

„Und was sollen wir dabei tun?", fragte Sancho.

„Natürlich den Schwächeren beistehen!", rief Don Quijote. Und dann schwärmte er seinem Schildknappen von berühmten Rittern, Königen und Kaisern vor, die in seinen Büchern gigantische Schlachten geschlagen und dabei Ruhm und Unsterblichkeit gewonnen hatten.

Dabei redete er sich in eine solche Begeisterung, dass sogar Sancho wieder davon angesteckt wurde.

„Wenn das so ist", rief der Knappe, „bin ich natürlich dabei. Nur – was mache ich mit dem Grauen? Ich kann doch nicht mit einem Esel in einen solchen Kampf ziehen!"

„Da hast du Recht, guter Sancho", stimmte Don Quijote zu. „Am besten, du lässt ihn laufen. Als Sieger werden uns sowieso genug Pferde als Beute zufallen. Da werde ich

wahrscheinlich auch meine gute Rosinante gegen einen edlen Araber tauschen."

Inzwischen waren die beiden Staubwolken näher gekommen.

„Hörst du das Wiehern der Rosse, das Schmettern der Trompeten und den dumpfen Schlag der Trommel?", rief Don Quijote erregt.

„Ich höre nur Schafe blöken", stellte Sancho in trockenem Ton fest.

„Das liegt an deiner Furcht!", rief der Ritter und gab Rosinante die Sporen. „Auf in den Kampf!"

So jagte er dem entgegen, was er für Kampfgetümmel hielt, in dem er, seinem ritterlichen Auftrag gemäß, eiligst für Ordnung zu sorgen hatte!

„Haltet ein, gestrenger Herr!", schrie Sancho dem wild gewordenen Ritter nach. „Es sind weder Riesen noch Ritter! Weder Kaiserliche noch Königliche, die Ihr da seht! Kehrt um! Es sind ja nur Schafe, die Ihr angreifen wollt!"

Doch Don Quijote ließ sich durch nichts und niemand aufhalten. So schnell ihn Rosinante nur tragen konnte, stürzte er sich in die Staubwolken.

„Auf, ihr tapferen Ritter!", rief er mit lauter Stimme. „Ihr, die ihr unter der Fahne des großen Kaisers Pentapolín kämpft – folgt mir und seht, wie ich Rache üben werde an seinem Feinde Alifanfarón von Trapobana!"

Und in dieser Art und ohne Sinn und Verstand hörte Sancho seinen Herrn viele Namen rufen, die er aus den versponnenen Romanen kannte.

Dabei schwang Don Quijote seine hölzerne Lanze, hieb mit aller Macht auf die vermeintlichen Gegner ein, als wären es wirklich seine Todfeinde, und rief: „Wo bist du, übermütiger Alifanfarón? Kämpfe gegen Don Quijote de la Mancha!"

Die Antwort war verzweifeltes Blöken von verschreckten Schafen!

Zugleich riefen die Hirten, die bei den Herden waren: „Hör endlich auf, du Wahnsinniger! Du tötest unsere armen Tiere!"

Der rasende Ritter schien weder zu sehen noch zu hören, was wirklich um ihn war.

„Ich allein will Mann gegen Mann gegen dich bestehen, Alifanfarón, und Strafe an dir vollziehen für das, was du dem tapferen Pentapolín angetan hast!" Mit diesen Worten sprengte er kreuz und quer durch die Schafherden ... bis die Schäfer zur Notwehr griffen: Sie nahmen faustgroße Steine und schleuderten diese gegen den Ritter, dass es fürchterliche Folgen hatte.

Als sich Don Quijote so mit einem Male am Boden liegen sah, hielt er sich im ersten Moment für tot. Dann fiel ihm sein Wunderbalsam ein, von dem er noch ein kleines Fläschchen unter seiner Rüstung trug. Doch kaum hatte er den Zaubertrank in Händen und führte ihn zum Mund ... da flog ein letzter Stein und zerschlug nicht nur die teure Flasche, sondern auch noch einige Zähne ...

„Ojemine!", jammerte Sancho, der aus einiger Entfernung das Unglück seines Herrn miterleben musste.

Die Hirten, die glaubten, sie hätten den Verrückten umgebracht, trieben in Eile ihre Herden zusammen, luden die toten und verletzten Tiere auf und ergriffen die Flucht.
Sogleich eilte Sancho zu seinem Herrn. „Hab ich Euch nicht gewarnt, herzliebster Herr?", sprach er voller Mitleid. „Hab ich nicht gesagt, dass es blökende Schafe waren?"
„Das ist ja die Gemeinheit!", klagte Don Quijote. „Mein Feind, dieser verfluchte Zauberer, hat das feindliche Heer in eine Schafherde verwandelt. Wenn du mir nicht glaubst, Sancho, so besteige deinen Esel und reite hinter ihnen her! Du wirst sehen: Nun sind sie wieder Menschen, wie ich sie dir zu Anfang beschrieb."

(nacherzählt von Dirk Walbrecker)

1 Lest die Geschichte mit verteilten Rollen vor. Berücksichtigt dabei auch den Erzähler.

2 Vergleicht Don Quijote und Sancho Pansa.
a) Sucht aus dem Text alle ***Beobachtungen*** heraus, die Don Quijote und Sancho Pansa machen. Ordnet ihnen dann die unterschiedlichen ***Bewertungen*** zu, die sie ihnen geben.
b) Beschreibt den Charakter der beiden.
c) Malt ein Bild von Don Quijote und Sancho Pansa nach euren Vorstellungen.

3 Don Quijote und sein Knappe müssen noch zahlreiche Abenteuer bestehen. Einige von ihnen sind auch später immer wieder neu erzählt worden.
a) Beschafft euch aus der Bücherei eine Fassung dieser Abenteuer, wählt eines aus und erzählt es vor der Klasse nach.
b) Ihr könnt eure Erzählungen auch aufschreiben und zu einem „Don-Quijote-Buch" zusammenstellen.

14.4 Das Leben der Bauern: Arbeit und Not

Der Bauer in der Geschichte „Helmbrecht" (S. 245–247) hat einen eigenen Hof. Die meisten Bauern im 15. und 16. Jahrhundert hatten das nicht. Sie waren Leibeigene, das heißt, sie arbeiteten auf den Feldern ihrer adeligen oder geistlichen Herrn und erhielten dafür ein kleines Stück Land zur Pacht. Sie lebten elend und in ständiger Angst vor immer neuen Abgaben an ihre Herren. Die folgende Schilderung stammt aus einem heutigen Jugendbuch.

Manfred Mai

Ein harter Arbeitstag

Mit dem ersten Hahnenschrei wurde Martin wach. Er reckte und streckte sich auf seinem Strohsack, schloss die Augen noch einmal und wollte sich umdrehen.
„Nichts da!" Der Vater stieß ihn mit dem Fuß an. „Aufstehen! Und du auch", sagte er zu Martins Schwester Anna.
Die beiden standen auf und rieben sich den Schlaf aus den Augen. Die Mutter stellte eine Schüssel mit Haferbrei auf den Tisch. Martin und Anna setzten sich auf die Holzbank und löffelten den Brei aus der Schüssel. Auch der Vater aß von dem Brei.

„Genug jetzt“, sagte er schließlich. „Wir müssen an die Arbeit.“
Er holte die Kuh aus dem Stall und führte sie zum nahen Acker. Martin und Anna trugen einen Korb mit Rübensetzlingen hinterher. Der Morgen war frisch. Tau lag auf dem Gras. Martin und Anna spürten die feuchte Kühle unter ihren nackten Füßen.
Auf dem Acker spannte der Vater die Kuh vor den Pflug und drückte die Pflugschar in den Boden. Martin musste die Kuh führen, damit die Furchen gerade wurden. Anna steckte die Setzlinge in die Furchen und bedeckte sie mit Erde.
„Hüh!“, rief der Vater, dem die Kuh zu langsam zog. „Du sollst die Kuh führen, nicht bremsen, du Nichtsnutz!“
Martin schlug die Kuh mit einem Stecken. Aber die Kuh konnte den Pflug nicht schneller ziehen. Sie war trächtig und würde bald kalben. Als sie etwa die Hälfte der Arbeit geschafft hatten, blieb die Kuh stehen.
„Hüh!“, rief Martin und zerrte am Kopfstrick. Aber die Kuh machte keinen Schritt mehr.
Der Vater ließ den Pflug los. „Was ist jetzt schon wieder?“, schimpfte er. Er riss Martin den Stecken aus der Hand und schlug damit auf die Kuh ein. „Hüh! Willst du wohl ziehen, du faules Stück!“ Die Beine der Kuh knickten ein, sie sackte zu Boden. Martin trat mit dem Fuß gegen ihren prallen Leib. „Auf!“
Der Vater stieß Martin zurück. „Schluss! Die kann nicht mehr.“ Er hieb mit dem Stecken so über einen Stein, dass Martin und Anna zusammenzuckten. „Lauf und hol die Mutter!“, befahl der Vater Anna.
Anna lief so schnell sie konnte. Der Vater und Martin spannten die Kuh aus und trugen den Pflug an ihr vorbei. Dann legte der Vater Martin einen Strick über Schulter und Brust und band sich selbst den anderen um. „Wenn die Kuh nicht mehr ziehen kann, müssen wir anschirren!“
Martin erschrak – und nickte.

Anna kam mit Mutter angelaufen.
„Gerechter Gott!“, rief die Mutter.
„Nimm den Pflug“, sagte der Vater.
„Aber das ist doch …“
„Die Rüben müssen heute noch gesetzt werden“, schnitt ihr der Vater das Wort ab. „Morgen und übermorgen muss ich für den Herrn arbeiten.“
Die Mutter seufzte und stellte sich hinter den Pflug. Der Vater und Martin hängten sich mit ganzer Kraft in die Stricke und zogen den Pflug vorwärts.
Als die Sonne schon hoch am Himmel stand und Martin sich noch einmal mit letzter Kraft bis zum Ende des Ackers geschleppt hatte, blieb der Vater stehen. Auch er atmete schwer. „Zeit fürs Vesper“, sagte er.
Die Mutter holte Brot und Käse und sogar ein Stück Speck. Anna lief zum Bach und holte Wasser. Sie gab dem Vater den Krug. Der reichte ihn Martin und ließ ihn zuerst trinken. Das hatte er noch nie getan und Martin war richtig stolz. Er fühlte sich wie ein Mann, obwohl er erst dreizehn war.
Während sie aßen und tranken, hörte Anna Hundegebell und Hufschlag.
„Die Herren jagen wieder“, rief sie.
„Wenn sie nur nicht...“ Die Mutter brach den Satz ab, denn schon sah sie zwei Hirsche um ihr Leben rennen, dicht gefolgt von bellenden Hunden und den Reitern. Und alle kamen genau auf ihren Acker zu.
„Nein!“, rief sie und schlug die Hände vors Gesicht. Der Vater ballte die Fäuste und stieß einen Fluch aus. Martin sah die Hirsche und Hunde über den so mühsam, ja qualvoll gepflügten Acker jagen und er sah die vielen Reiter heranpreschen. Plötzlich

sprang er auf und stellte sich ihnen in den Weg. Ein Pferd scheute und warf beinahe seinen Reiter aus dem Sattel. Ein zweiter Reiter versetzte Martin einen Fußtritt, dass der zu Boden taumelte. „Aus dem Weg, Bauernlümmel!“ Dann ritten alle schnell weiter. Die Pferdehufe zertrampelten viele Rübensetzlinge oder wirbelten sie durch die Luft.

Der Vater trug Martin aus dem Acker und legte ihn auf die Wiese. „Dummer Bub“, sagte er. „Du kannst dich den Herren doch nicht in den Weg stellen.“

„Aber die Rüben“, stöhnte Martin und richtete sich langsam auf.

Die Mutter gab ihm Wasser zu trinken.

Anna strich ihm liebevoll übers Gesicht.

„Tut's weh?“

Martin schüttelte den Kopf. „Nicht arg.“

„Dann müssen wir ...“ Der Vater drehte sich um – die Reiter kamen zurück.

Die Mutter fing an zu beten. Anna drückte sich fest an Martin.

Die Herren zügelten ihre Pferde. „Her mit dem Lümmel!“

„Herr“, sagte der Vater, „wir haben die Rüben heute Morgen gesetzt ...“

Da zischte die Reitpeitsche des Herrn nieder und zog einen roten Striemen über das Gesicht des Vaters. „Habe ich dich nach deiner Meinung gefragt?“ Der Herr sah Martin an. „Steh auf!“

Anna wollte ihren Bruder nicht loslassen.

Nun fetzte die Reitpeitsche auf ihren Rücken.

Martin stand schnell auf.

„Wegen dir sind uns die Hirsche entkommen“, sagte der Herr und zog die Peitsche über Martins Gesicht. „Ich sollte dir dafür die Augen ausstechen lassen.“

Die Mutter fiel vor dem Herrn auf die Knie. „Erbarmen, Herr, habt Erbarmen. Er ist doch noch ein Kind.“

„Ein Kind?“ Der Herr lachte bitter. „Ein verdammter, aufsässiger Bursche ist das, der die schlimmste Strafe verdient hat. Aber damit ihr seht, wie gut ihr es bei mir habt, bekommt er nur zehn Hiebe mit der Peitsche.“ Er winkte zwei Männer zu sich. Die packten Martin, rissen ihm sein Leinenhemd vom Leib, banden ihn an einen Baum und peitschten ihn aus. Der Vater, die Mutter und Anna mussten zusehen. Martin stöhnte vor Schmerz und biss sich die Lippen blutig. Aber er schrie und weinte nicht.

„Das soll dir und euch allen eine Lehre sein“, sagte der Herr. Dann gab er seinem Rappen die Sporen und ritt mit seinem Gefolge davon.

Der Vater schnitt die Fesseln auf und Martin sackte zusammen. Die Mutter kühlte Martins geschundenen Rücken mit einem nassen Tuch.

„Da haben wir noch einmal Glück gehabt“, sagte der Vater.

Die Mutter nickte. „Dem Vater im Himmel sei Dank!“

„Glück?“ Martin biss vor Schmerz und Wut ins Gras. Dann drehte er sich langsam um. „Glück?“, fragte er noch einmal. „Die ganze Arbeit war umsonst. Alles haben sie zerstört. Und wir müssen uns vom Herrn auch noch schlagen lassen. Nein, das ist kein Glück, das ist Unrecht!“

„Sei still, Junge!“, sagte der Vater scharf. Martin schwieg. Aber er schwor sich, dieses Unrecht nicht länger zu erdulden.

Das ist eine erfundene Geschichte und trotzdem ist sie wahr. Denn solche Dinge waren vor fünfhundert Jahren sehr oft möglich.

1 Der junge Bauer beredet sein Erlebnis mit Gleichaltrigen im Dorf. Die Meinungen prallen aufeinander. Einige warnen vor vorschnellen Handlungen. Einer kennt das Schicksal des jungen Helmbrecht.

a) Schreibt in Gruppen Spieltexte. Legt die Personen, den Spielort und die Requisiten fest.

b) Führt die Szene in der Klasse auf.

14.5 Die Bauern und Martin Luther

Martin Luther, ein junger Mönch in Wittenberg, sah die Ungerechtigkeiten seiner Zeit. Er war fromm und suchte nach einem Leben, das Gott gefallen müsste. Deshalb störte ihn, dass sich der oberste Herr der Christenheit, der Papst in Rom, wie ein weltlicher Fürst in die Politik mischte, Paläste bauen ließ und mit kirchlichen Ämtern Handel trieb. Er sah auch das Elend der Bauern, ihr Leiden unter der Fron (Abgaben und Dienst auf den Feldern der Herren) und befand, dass sie nicht christlich behandelt wurden. Er forderte eine umfassende Erneuerung der Christenheit. Alles, was Menschen tun oder lassen, sollte allein durch die Heilige Schrift gerechtfertigt sein. In der Bibel stand aber nicht, dass die Menschen in Herren und Knechte, Ritter, Mönche und Bauern unterteilt sein müssten. Ein geflügeltes Wort der Zeit fasst das zusammen: „Als Adam grub und Eva spann, wo war denn da der Edelmann?"

Adam und Eva (15. Jahrhundert)

Titelseite einer Druckschrift von 1521: Ein Bauer berichtet einem Ritter über die Ereignisse von Worms

Eine der verbreitetsten Schriften Luthers hatte den Titel: „Von der Freiheit eines Christenmenschen." Sie beginnt mit dem Satz: „Ein Christenmensch ist ein freier Herr aller Dinge und niemand untertan." Die Bauern verstanden den Satz so, dass auch sie als Christen den Anspruch auf mehr Freiheit hätten.

Auf dem ersten Reichstag, den der eben neu gewählte Kaiser Karl V. 1521 in Worms abhielt, sollte Luther bekennen, dass er sich in seinen Schriften geirrt hatte. Da er das aber nicht tat, wurde die Verbrennung seiner Schriften angeordnet. Er selbst und seine Anhänger wurden vom Papst verdammt und vom Kaiser für vogelfrei erklärt. Im Volk genoss Luther trotzdem großes Ansehen.

In der Geschichte „Ein harter Arbeitstag“ (S. 252–254) wird erzählt, wie der Ritter mit seinem Gefolge über die Felder der Bauern wegreitet, ohne Rücksicht auf deren Arbeit. Auch so etwas stand nicht in der Bibel und sollte aufhören. Die Bauern „rotteten sich zusammen“. Sie fassten ihre Forderungen nach einer gerechten und christlichen Ordnung der Gesellschaft in zwölf Artikeln zusammen. Am Ende des letzten stand:
„Wenn einer oder mehrere der hier gestellten Artikel dem Worte Gottes nicht gemäß sein sollten, so wollen wir Abstand davon nehmen, sobald man uns es anhand der Bibel erklärt.“

Titelseite einer Druckschrift von 1525 mit den zwölf Artikeln der Bauern

An den Christli-
chen Adel deutscher Nation
von des Christlichen standes besserung.
D. Martinus Luther

Titelseite von Martin Luthers Schrift „An den Christlichen Adel deutscher Nation“

Luther wusste wie die Bauern, dass es gegen Gottes Gebote verstieß, wenn Menschen wie Arbeitstiere gehalten und behandelt wurden. Er ermahnte die Herren in seiner Schrift „An den Christlichen Adel deutscher Nation“ zu mehr Gerechtigkeit. Aber er verurteilte gleichzeitig scharf den Aufstand der Bauern. Er schrieb, es sei für einen Christen besser, Unrecht zu leiden als Unrecht zu tun.
Um seine Vorstellungen von einem neuen Christentum im Volk zu verbreiten, schrieb Luther Lieder, die im Gottesdienst und zu Haus gesungen werden konnten. Dazu gehören auch einige Weihnachtslieder, die ihr vielleicht kennt („Vom Himmel hoch, da komm ich her“). Seine Ratschläge für das Verhalten in der Welt fasste er in Fabeln (eine davon findet ihr auch im Kapitel „Wir schreiben Fabeln“ auf Seite 85).

Martin Luther

Ein feste Burg

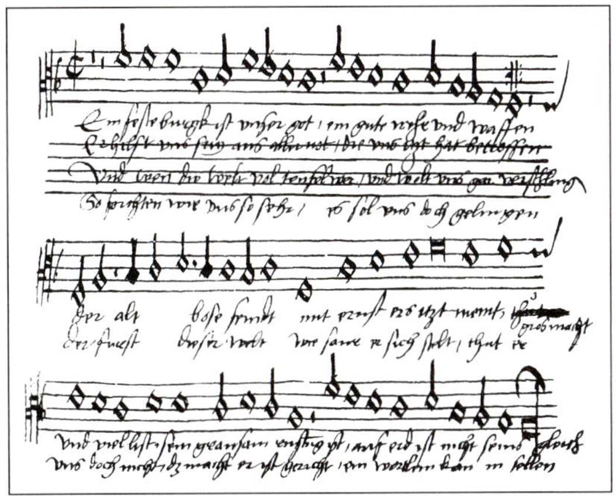

Ein feste Burg ist unser Gott,
Ein gute Wehr und Waffen.
Er hilft uns frei aus aller Not,
Die uns jetzt hat betroffen.
Der alt böse Feind,
Mit Ernst er's jetzt meint.
Groß Macht und viel List
Sein grausam Rüstung ist.
Auf Erd ist nicht seinsgleichen.

Mit unsrer Macht ist nichts getan.
Wir sind gar bald verloren.
Es streit't für uns der rechte Mann,
Den Gott hat selbst erkoren.
Fragst du, wer der ist?
Er heißt Jesus Christ,
Der Herr Zebaoth,
Und ist kein andrer Gott.
Das Feld muss er behalten.

Und wenn die Welt voll Teufel wär
Und wollt uns gar verschlingen,
So fürchten wir uns nicht so sehr,
Es soll uns doch gelingen.
Der Fürst dieser Welt,
Wie saur er sich stellt,
Tut er uns doch nicht.
Das macht, er ist gericht't.
Ein Wörtlein kann ihn fällen.

1 a) Wie stellt das Lied Gott, wie den Teufel vor?
b) Beschreibt in eigenen Worten, um was es Luther in den hier abgedruckten Strophen geht.

Martin Luther

Der Doktor im roten Barett[1]

Ein Löwe, Fuchs und Esel jagten miteinander und fingen einen Hirsch. Da hieß der Löwe den Esel das Wildbret teilen. Der Esel machte drei Teile. Darüber wurde der Löwe zornig und riss dem Esel die Haut über den Kopf, dass er blutüberströmt dastand, und hieß den Fuchs das Wildbret teilen. Der Fuchs schob die drei Teile zusammen und gab alles dem Löwen. Darüber lachte der Löwe und sprach: „Wer hat dich so teilen gelehrt?" Der Fuchs zeigte auf den Esel und sprach: „Der Doktor da im roten Barett."

Diese Fabel lehrt zwei Dinge. Das erste: Herren sehen auf ihren Vorteil und man soll mit den Herren nicht Kirschen essen, sie werfen einen mit den Stielen. Das andere: Der ist ein weiser Mann, der sich durch eines anderen Unfall belehren lässt.

1 **Barett:** Kopfbedeckung eines Universitätslehrers

2 „Niemand will die Wahrheit hören und ertragen, aber man kann doch auf die Wahrheit nicht verzichten. Deshalb wollen wir sie schmücken und als liebliche Fabel einkleiden."
a) Erläutert diese Aussage Luthers am Beispiel der Fabel „Der Doktor im roten Barett".
b) In welcher Situation könnte ein Bauer sich in einer Versammlung auf diese Fabel Luthers berufen?
Erfindet eine kurze Rede.

14.6 Studenten und Bauern bei Hans Sachs

Hans Sachs lebte als angesehener Bürger in der freien Reichsstadt Nürnberg. Er schrieb zahlreiche Gedichte, Lieder, Streitgespräche und auch Fastnachtsspiele, in denen er über die Menschen seiner Zeit spottete ohne sie zu verletzen. Die Verse, die Hans Sachs seine Personen sprechen lässt, heißen „Knittelverse", weil sie oft nicht gut zu der alltäglichen Sprechmelodie passen. Beim Sprechen hat man das Gefühl, man fährt über einen Knüppeldamm. Das hat heute eine komische Wirkung. In der folgenden modernisierten Fassung des Spiels sind am Ende diese Verse in der Originalsprache „eingebaut". Der zweite Teil des Spiels wird nur noch erzählt.

Hans Sachs

Der farendt Schuler im Paradeiß

DIE BÄURIN: Ach, wär doch mein erster Mann noch am Leben. Der war freundlich. Mein jetziger ist geizig. Er will reich werden und ich habe es nicht gut bei ihm.

DER FAHRENDE SCHÜLER: Ach, liebe Frau, kann ich einen Augenblick hereinkommen? Ich bin hungrig und bitte um eine milde Gabe. Ich komme geradewegs aus Paris.

BÄURIN: Aus dem Paradies kommt ihr? Da muss ich doch gleich was fragen. Habt ihr dort vielleicht meinen Mann gesehen? Der ist nämlich vor kurzem gestorben. Ein Jahr ist es her, dass er tot ist.

SCHÜLER: Es waren so viel Seelen dort, dass ich schon wissen müsste, was er anhatte. Vielleicht erinnere ich mich dann.

BÄURIN: Das kann ich genau sagen: Er hatte einen blauen Hut auf und einen Rock an, der war nicht mehr ganz neu, aber er hatte keinen anderen.

SCHÜLER: Jetzt erkenne ich ihn wieder. Er geht herum ohne Hosen und Hemd. Er wickelt sich immer in sein Leichentuch. Und dann hat er auch kein Geld. Er muss bei den anderen Seelen immer betteln, wenn er mal einen mittrinken will. So elend geht es ihm.

BÄURIN (jammert): O du armer Mann, kein Geld und nichts anzuziehen im Himmel. (fragt dann vertraulich) Ach, lieber Herr, sagt mir, fahrt ihr wieder ins Paradies?

SCHÜLER: Morgen mach ich mich auf die Reise und bin dann in vierzig Tagen dort.

BÄURIN: Ach, würdet ihr etwas für meinen Mann mitnehmen?

SCHÜLER: Ja, Frau, das will ich gerne tun. Aber beeilt euch, ich muss weiter.

(Die Bäurin schnürt dem Schüler ein schönes Bündel mit Kleidung, Hose, Jacke, Hemd, seine Tasche, Stifte, ein Taschenmesser, alles, was ihr Mann im Leben gebraucht hat. Sie gibt dem Schüler auch noch zwölf Taler Zehrgeld mit. Der Schüler bedankt sich für alles im Namen des Verstorbenen.)

SCHÜLER: O wie wird ihn das freuen, wenn er mit andern am Feiertag etwas trinken kann und Karten spielen und Spaß haben.

BÄURIN: Wie lange werdet ihr ausbleiben? Wann kriege ich Nachricht?

SCHÜLER: Das kann lange dauern. Der Weg ist sehr beschwerlich.

BÄURIN: Wenn er wieder was Geld braucht, um im Himmel mal seinen Wein zu trinken, dann gebt ihm diese alten böhmischen Münzen. Die habe ich beiseite geschafft, ohne dass mein Mann davon etwas weiß.

(Der fahrende Schüler geht ab, der Bauer kommt nach Haus.)

BÄURIN: Ach, lieber Mann, freu dich mit mir, ich muss dir was Schönes sagen.

BAUER: Na, was ist's?

BÄURIN: Ein fahrender Schüler hat meinen alten Mann im Paradies getroffen. Es geht ihm dort nicht gut. Er hat nur das an, was er bei seiner Beerdigung trug, und er hat kein Geld.

BAUER: Und hast du ihm nichts geschickt?

BÄURIN: Doch, eine Hose, Jacke, Hemden, auch ein bisschen Geld, das ihm drüben so sehr fehlt.

BAUER (beiseite): Du dumme Kuh. (zur Bäurin) Das hast du gut gemacht, Liebe. (nach einer Pause) In welche Richtung ist der Student denn abgezogen?

BÄURIN: Die untere Straße lang. Er trägt das Bündel auf dem Rücken.

BAUER: Du hast ihm viel zu wenig mitgegeben. Sattel mir gleich das Pferd. Ich will ihm nachreiten und ihm auch noch zehn Gulden mitgeben.

BÄURIN: Das ist lieb von dir, dass du meinen früheren Mann so achtest. Ich will dir, wenn du tot bist, auch immer etwas nachschicken. (Sie geht ab.)

BAUER *(spricht zu ihm selb)*:

Ach, Herr Gott, was hab ich ein Weib
Die ist an Seel, vernunfft und leib
Ein Dildap[1]*, Stockfisch, halber Nar,*
Irs gleich ist nit in unser Pfarr[2]*,*
Die sich lest überreden leider,
Und schickt irem Man gelt und kleider,
Der vor eim Jar gestorben ist,
Durch des farenden Schulers list.
Ich wil nach reitn, thu ich in erjagen,
So wil ich im die haudt vol schlagen
In niederwerfen auff dem feldt,
Im wider nemen Kleidr und Gelt,
Darmit wil ich denn heimwartz kern
Und mein Weib wol mit feusten bern[3]*,*
Des ploben[4] *geben umd die augen*
Das sie ir thorheit nit kün laugen[5].

(Der Bauer reitet dem Schüler nach. Der sieht ihn kommen, versteckt den Beutel im Gebüsch und tut, als warte er auf jemanden. Der Bauer fragt, ob er einen Mann mit einem Packen Kleider auf dem Rücken gesehen habe. Ja, dort in den Wald sei der gelaufen, sagt der Schüler. Der Bauer ist begierig den flüchtigen Schüler zu fangen, kann aber im Wald nicht reiten. Deshalb bittet er sein Gegenüber, doch sein Pferd einen Augenblick zu halten, damit er dem Kleiderdieb nachspringen könne. Der nimmt das Pferd, der Bauer rennt in den Wald. Der Schüler sagt sich: Renn nur hin, du Esel. Dein Pferd ist gut bei mir aufgehoben. Wie fröhlich lacht mir heute das Glück. Die Frau verschafft mir Geld und Kleider, der Mann schenkt mir noch ein Ross dazu. Ich muss nur sehen, dass ich bald hier wegkomme. Er steigt auf das Pferd und sprengt davon. Der Bauer kommt unverrichteter Dinge aus dem Wald zurück. Sein Pferd und der Schüler sind weg. Er begreift sehr schnell, was passiert ist. Der Schelm hat ihn hereingelegt. Er sagt sich: „Ich wollte meine Frau verhauen, eine viel größere Tracht Prügel verdiente ich selbst. Ich muss eine Ausrede finden." Er geht nach Haus zurück und sagt seiner Frau, dass er dem Schüler das Geld und auch das Pferd gegeben habe, damit der schneller ins Paradies komme. Die Frau ist glücklich und erzählt die Geschichte überall im Dorf herum.)

1 **Dildap:** läppischer, dummer Mensch
2 **Pfarr:** Gemeinde
3 **bern:** schlagen
4 **ploben:** blaue Flecke
5 **laugen:** verleugnen

1 „Übersetzt" die alten Verse des Hans Sachs (Zeilen 92–108) in unsere heutige Sprache.

2 Schreibt den Schlussteil des Spiels in einen Dialog um.

3 Führt das ganze Stück auf.

14.7 Bauern und Soldaten im Dreißigjährigen Krieg

Die Bauernaufstände der frühen Neuzeit wurden blutig niedergeschlagen. Die Lage der Bauern verbesserte sich in den nächsten hundert Jahren nicht. Im Gegenteil. Im Dreißgjährigen Krieg (1618 – 1648) waren sie erneut die Opfer. Denn nun lebten sie nicht nur in Abhängigkeit von ihren Herren, sondern auch in der Angst vor den umherziehenden Landsknechten, die sich bei ihnen nahmen, was sie brauchten. In dem Roman „Der abenteuerliche Simplizissimus“ (1668) erzählt der Dichter Hans Jakob Christoffel von Grimmelshausen das Leben eines Bauernjungen, der erst Soldat, dann Einsiedler wird. Der Junge trifft in der folgenden Geschichte auch einen Einsiedler, als er von zu Hause weggelaufen ist, weil sein elterlicher Bauernhof von Soldaten zerstört wurde.

Jacques Callot: Kriegsübel (1633)

Hans Jakob Christoffel von Grimmelshausen

Simplizius Simplizissimus

EINSIEDLER: Wie heißt du?

SIMPLIZIUS: Ich heiße Bub.

EINSIEDLER: Ich sehe wohl, dass du kein Mädchen bist, wie haben dich Vater und Mutter gerufen?

SIMPLIZIUS: Ich habe keinen Vater und keine Mutter gehabt.

EINSIEDLER: Wer hat dir denn das Hemd gegeben?

SIMPLIZIUS: Na, mein Meuder[1].

EINSIEDLER: Wie nannte dich denn dein Meuder?

SIMPLIZIUS: Sie hat mich Bub genannt und Strolch, ungeschickter Tölpel und Galgenvogel.

EINSIEDLER: Sag mir, liebes Kind, wer ist denn deiner Mutter Mann gewesen?

SIMPLIZIUS: Niemand.

EINSIEDLER: Bei wem hat denn dein Meuder nachts geschlafen?

SIMPLIZIUS: Bei meinem Knan[2].

EINSIEDLER: Wie hat dich denn dein Knan genannt?

SIMPLIZIUS: Er hat mich auch Bub genannt.

EINSIEDLER: Wie hieß aber dein Knan?

SIMPLIZIUS: Er heißt Knan.

EINSIEDLER: Wie hat ihn aber dein Meuder gerufen?

1 **Meuder:** Dialektausdruck für „Mutter“

2 **Knan:** Dialektausdruck für „Vater“

SIMPLIZIUS: Knan und auch Meister.

EINSIEDLER: Hat sie ihn niemals anders genannt?

SIMPLIZIUS: Doch.

EINSIEDLER: Wie denn?

SIMPLIZIUS: Rülp, grober Bengel, volle Sau und anders, wenn sie geschimpft hat.

EINSIEDLER: Du bist ein unwissender Tropf, dass du weder deiner Eltern noch deinen eignen Namen weißt!

SIMPLIZIUS: Aber du weißt's doch auch nicht.

EINSIEDLER: Kannst du auch beten?

SIMPLIZIUS: Nein, unser Ann und mein Meuder haben immer das Bett gemacht.

EINSIEDLER: Danach frage ich nicht, sondern ob du das Vaterunser kannst?

SIMPLIZIUS: Ja.

EINSIEDLER: Nun, so sprich's.

SIMPLIZIUS: Unser lieber Vater, der du bist Himmel, heiliget werde Nam, zu kommes d' Reich, dein Will scheh Himmel ad Erden, gib uns Schuld, als wir unsern Schuldigern geba, führ uns nicht in kein bös Versucha, sondern erlös uns von dem Reich, und die Kraft und die Herrlichkeit in Ewigkeit, Ama.

EINSIEDLER: Bist du nie in die Kirchen gegangen?

SIMPLIZIUS: Ja, ich kann gut klettern und hab einen ganzen Sack voll Kirschen gepflückt.

EINSIEDLER: Ich spreche nicht von Kirschen, sondern von der Kirchen.

SIMPLIZIUS: Haha, Kriechen – das sind so kleine Pfläumlein!

EINSIEDLER: Weißt du nichts von unserm Herr Gott?

SIMPLIZIUS: Ja, der ist daheim an unserer Stubentür gestanden auf dem Hausaltar, mein Meuder hat ihn von der Kirchweih mitgebracht und hingeklebt.

EINSIEDLER: Ach, gütiger Gott, nun erkenne ich erst, was für eine große Gnade du dem schenkst, dem du deine Weisheit mitteilst. Höre, du Simpl – denn anders kann ich dich nicht nennen –, wenn du

das Vaterunser betest, so musst du so sprechen: Vater unser, der du bist im Himmel, geheiliget werde dein Name, zu uns komme dein Reich, dein Wille geschehe auf Erden wie im Himmel, unser täglich Brot gib uns heute, und …

SIMPLIZIUS: Gelt du, auch Käs dazu?

EINSIEDLER: Ach, liebes Kind, schweige und lerne, das ist dir nötiger als Käs. Du bist wohl ungeschickt, wie dein Meuder gesagt hat; einem solchen Dummkopf, wie du bist, steht es nicht an, einem alten Mann in die Red zu fallen, sondern zu schweigen, zuzuhören und zu lernen. Wüsste ich nur, wo deine Eltern wohnen, so wollte ich dich gern wieder zu ihnen hinbringen und es nicht versäumen, sie zu lehren, wie sie Kinder erziehen sollen.

SIMPLIZIUS: Ich weiß nicht, wo ich hin soll – unser Haus ist verbrannt, und mein Meuder weggelaufen und wiedergekommen mit dem Ursele, und mein Knan auch, und unser Magd ist krank gewesen und ist im Stall gelegen.

EINSIEDLER: Wer hat denn das Haus verbrannt?

SIMPLIZIUS: Es sind so eiserne Männer gekommen, die sind so auf Dingern gesessen, groß wie Ochsen, haben aber keine Hörner; dieselben Männer haben Schafe und Kühe und Säu gestochen, und da bin ich auch weggelaufen, und da ist danach das Haus verbrannt gewesen.

EINSIEDLER: Wo war denn dein Knan?

SIMPLIZIUS: Die eisernen Männer haben ihn angebunden; da hat ihm unsere alte Geiß die Füß geleckt, da hat mein Knan lachen müssen und hat denselben eisernen Mannen viel Silberstücke gegeben, große und kleine, auch hübsche gelbe Pfennige und sonst schöne glitzerige Dinger und hübsche Schnür mit weißen Kügelein.

EINSIEDLER: Wann ist dies geschehen?

SIMPLIZIUS: Wie ich die Schaf hab hüten sollen, sie haben mir auch mein Sackpfeif nehmen wollen.

EINSIEDLER: Wann hast du die Schaf hüten sollen?

SIMPLIZIUS: Hörst du's nicht, als die eisernen Männer gekommen sind, und danach hat unser Ann gesagt, ich soll auch weglaufen, sonst würden mich die Soldaten mitnehmen; sie hat aber die eisernen Männer gemeint, und da bin ich weggelaufen und bin hierher gekommen.

EINSIEDLER: Wo willst du aber jetzt hin?

SIMPLIZIUS: Ich weiß wirklich nicht, ich will bei dir hier bleiben.

EINSIEDLER: Das ist weder für dich noch für mich gut. Iss, dann will ich dich wieder zu Leuten führen.

SIMPLIZIUS: Sag mir doch, was Leut für Dinger sind!

EINSIEDLER: Leut sind Menschen wie ich und du; dein Knan, dein Meuder und Ann sind Menschen und wenn viele zusammen sind, werden sie Leut genannt.

SIMPLIZIUS: Haha.

EINSIEDLER: Nun geh und iss!

Das war unser Gespräch. Der Einsiedler schaute mich dabei oft seufzend an; ich weiß nicht warum. Vielleicht, weil er so großes Mitleid mit meiner Einfalt und Unwissenheit hatte, oder aus einem andern Grund, den ich allerdings erst später erfuhr.

1 Lest den Text mit verteilten Rollen vor. Überlegt vorher, wie ihr die beiden Personen sprechen müsst.

2 Was erfahrt ihr aus der Rede des Jungen über die Vorgänge auf dem Bauernhof?

3 Charakterisiert den jungen Simplizius.
a) Beschreibt, was er von der Welt weiß.
b) Was fällt euch an seiner Sprache auf?

15 Theater spielen

15.1 „Die große Plage“ Szenen eines Theaterstücks von Hans-Peter Tiemann

Die Geschichte, die wir als Theaterstück auf die Bühne bringen wollen, spielt in einer ganz normalen Stadt, vielleicht sogar in eurer Stadt, und sie handelt von ganz normalen Erwachsenen. Und natürlich ist unsere Geschichte wahr, so wahr, wie die meisten erfundenen Geschichten wahr sind...

Szene „Die Leidenden im Park“

Die Menschen in unserer Stadt werden von einer fürchterlichen Plage heimgesucht, einer Plage, die so schlimm ist, dass sich abends viele, mit Schlafanzügen und Nachthemden bekleidet, in den Park zurückziehen müssen.

1. STUHL: Oooh!
2. STUHL: Oooh!
1. STUHL: Das Leben ist eine Qual!
2. STUHL: Es ist fürchterlich!
1. STUHL: Grauenhaft!
2. STUHL: Unerträglich!
1. STUHL: Es ist nicht mehr auszuhalten!
2. STUHL: Oh diese Plage, diese entsetzliche Plage!

3. STUHL *(hat bislang geschlafen, schreckt plötzlich auf)*: Hilfe! Da sind sie wieder!
4. STUHL: Paul, bitte schlaf weiter, du hast nur geträumt!
3. STUHL: Aber ich hab sie ganz genau vor mir gesehen…
1. STUHL *(zum 2. Stuhl)*: Manchmal beruhigt es mich, dass wir nicht die Einzigen sind, die leiden müssen.
2. STUHL: Du sagst es, Luise, die ganze Stadt leidet!
6. STUHL *(betritt mit einer Decke in der Hand die Bühne)*: Entschuldigung, haben Sie wohl noch ein Plätzchen frei? Ich halte es daheim einfach nicht mehr aus.
1. STUHL *(während sich der 6. Stuhl niederlässt)*: Wie viele sind es denn bei Ihnen?
6. STUHL *(hat es sich inzwischen bequem gemacht)*: 12! – Ein ganzes Dutzend!
2. STUHL: Um Gottes willen!
1. STUHL: Da können wir ja noch von Glück sagen …
2. STUHL: Wir haben nämlich nur 6.
1. STUHL: 3 Große und 3 Kleine.
2. STUHL: Die Kleinen sind die schlimmsten!
6. STUHL: Wem sagen Sie das, junger Mann, wem sagen Sie das … Wie schön, dass wir hier wenigstens Ruhe vor ihnen haben.
1. STUHL: Mein Mann und ich, wir kommen jede Nacht hierher in den Park …
2. STUHL: Woanders ist man ja nicht vor ihnen sicher.
3. STUHL: Es geht nicht … *(springt auf)* … es geht einfach nicht mehr … *(tritt vor die anderen)* Hat jemand von Ihnen vielleicht einen Strick dabei?
2. STUHL: Luise – er will sich umbringen!
1. STUHL: Mein Herr, tun Sie nichts, was Sie später einmal bereuen werden!
3. STUHL: Keine Angst, der Strick ist nur für meine Frau …
2. STUHL: Hast du das gehört, Luise!
3. STUHL: Es ist nur … ihr Stuhl, er knarrt so fürchterlich … meine Nerven halten das nicht mehr aus, ich muss ihn festbinden.
5. STUHL: *(Sein Wecker klingelt, er wacht auf und gähnt lautstark.)*
1. STUHL: Psst! – Können Sie nicht leise sein!
5. STUHL: Entschuldigung … es ist nur so schön, geweckt zu werden und zu wissen, dass man in aller Ruhe wieder einschlafen kann. Gute Nacht!
3. STUHL: Wenn ich noch einmal nachfragen dürfte, haben Sie vielleicht einen Strick für mich?
1. STUHL: Leider nicht – es lohnt sich ohnehin nicht mehr. In einer halben Stunde geht die Sonne auf. Dann ist es mit der Ruhe hier auch vorbei.
2. STUHL: Dann beginnt die Plage aufs Neue.
1. STUHL: Ooh!
2. STUHL: Ooh!

Das Lied der Geplagten

Von morgens um 6 bis abends um 10,
Wohin wir auch blicken, wohin wir auch gehn,
Sie tanzen uns auf der Nase herum,

Sind immerzu frech und fürchterlich dumm.
Sie lassen uns keinen Moment lang in Ruh,
Sie hören uns nicht mal mehr zu!

Wir sind am Ende, wir sind k.o.,
Wir werden unsres Lebens nicht mehr froh!
Kann denn keiner unsre Qualen lindern?
Ach bitte, befreit uns von den Kindern!

1 An welcher Stelle des Textes habt ihr gemerkt, was mit der Plage gemeint ist?

2 Lest oder spielt die Szene mit verteilten Rollen. Versucht dabei die Gefühle der Erwachsenen deutlich zum Ausdruck zu bringen.

3 a) Das „Lied der Geplagten“ lässt sich als „Sprechgesang“ gemeinsam sprechen. Achtet dabei auf den Rhythmus.
b) Ihr könnt (vielleicht im Musikunterricht) eine kleine Melodie oder sogar eine Begleitung dazu erfinden.

4 Die Brüder Grimm haben eine Geschichte aufgeschrieben, die ebenfalls von einer großen Plage handelt. Sie heißt „Die Kinder zu Hameln“. Wer die Geschichte kennt, kann sie in der Klasse erzählen.

Szene „Kinderfängerlied“

Die Erwachsenen leiden entsetzlich unter der „Plage“. Eine Demonstration wird organisiert, sogar eine Partei gegen Kinder gegründet. Alle fordern, dass etwas geschehe. Der Bürgermeister hat schließlich eine Idee: Ein Kinderfänger soll die Bewohner von ihrer Plage befreien. Aus den zahlreichen Bewerbern, die aus dem ganzen Land angereist sind, wird der beste ausgewählt. Der Kinderfänger stellt sich vor.

KINDERFÄNGER: Die Tage des Leidens sind endlich gezählt!
Denn vor euch steht der, den man dazu erwählt,
Diese Stadt von den Kindern, den wilden, den bösen,
Auf einfache Art radikal zu erlösen!
Für das, was ich vorhab, will ich wenig Lohn.
Ich entführ' eure Kinder, ob Tochter, ob Sohn.
Ich bring sie dahin, wo sie euch nicht mehr stören.
Für etwa zehn Jahre sollt ihr nichts mehr hören
Von ihnen und ihrem Kindergeschrei.
Anschließend komme ich dann vorbei,
Mit den Kindern natürlich, die dann alt und klug,
Erwachsen, gesittet und vornehm genug!
Falls jedoch vor dem Ablauf der Frist
Jeder Bürger der Überzeugung ist,
Dass man nicht kinderlos warten kann,
Ja dann, ja dann, ja dann …
Doch darüber wollen wir heute nicht sprechen,
Denn jetzt muss ich gehn mit den Bösen, den Frechen,
Hinaus aus der Stadt und ganz weit in die Ferne.
Lebt wohl, meine Bürger, ich helfe euch gerne!

5 Wie versteht ihr die Zeile „Ja dann, ja dann, ja dann …“?

6 Überlegt, mit welchen Versprechungen der Kinderfänger Kinder aus der Stadt locken könnte.

Szene „Im Laufstall"

Alle Kinder folgen dem Kinderfänger aus der Stadt. Alle Kindergärten und Schulen können geschlossen werden, ebenso alle Spielplätze und Sandkästen. Der Bürgermeister sieht große Aufgaben vor sich: Er will gemeinsam mit Architekten die Stadt der Zukunft bauen – mit Parkplätzen, Einkaufszentren und Supermärkten.
Die folgende Szene ereignet sich etwa zwei Wochen nach dem Auszug der Kinder aus der Stadt. Herbert, mit Anzug und Krawatte bekleidet, hockt in einem Laufstall, seine Frau Elfriede steht verärgert daneben.

ELFRIEDE: Herbert, komm da bitte sofort heraus!

HERBERT *(verspielt):* Aber Elfriede, lass mich doch!

ELFRIEDE: Findest du es nicht albern, mit 45 Jahren in einem Laufstall zu sitzen? Und das in deiner Position als Finanzbeamter! – Was sollen die Leute nur denken?

HERBERT: Sag mal, hast du den Teddy gesehen?

ELFRIEDE: Herbert, bitte beantworte meine Frage! – Du kommst von der Arbeit und kletterst in diesen fürchterlichen Laufstall – findest du das normal?

HERBERT: Sei nicht kindisch, Elfriede! – Sag mir lieber, wo der Teddy geblieben ist!

ELFRIEDE: Endlich sind wir unseren Lars-Hendrik los, endlich haben wir Zeit für uns – da hast du nichts Besseres zu tun, als diesen Laufstall zu besteigen! – Früher hast du wenigstens noch ab und zu eine Flasche Bier getrunken oder eine Zigarette geraucht – heute verlangst du dein Breichen und den Beruhigungssauger – Herbert, sei endlich wieder ein Mann!

HERBERT: Erst wenn Teddy wieder da ist!

ELFRIEDE: Teddy gibt es nur, wenn Herbert ganz lieb ist! – Ach, Unsinn! – Komm jetzt, aber schnell! Wir bekommen gleich Besuch! – Ulrike und Willi kommen zum Abendessen!

HERBERT: Bringen die Kinder mit?

ELFRIEDE: Woher sollten sie! – Du weißt doch, dass die Kinder fort sind!

HERBERT: Schade! *(Es klingelt an der Tür.)*

ELFRIEDE: Das werden sie sein. *(Sie öffnet die Tür.)* Hallo, kommt herein!

ULRIKE: Hallo, Elfriede!

ELFRIEDE: Hast du Willi nicht mitgebracht?

ULRIKE: Doch, er ist noch unten. *(ruft)* Willi, wo bleibst du denn?

7 Wie entsteht in dieser Szene die komische Wirkung?

8 Der Schluss der Szene fehlt noch.
a) Überlegt, wieso Willi zögernd die Treppe heraufkommen könnte.
b) Schreibt dann ein möglichst knappes Ende der Szene.

Szene „Die Rückkehr des Kinderfängers"

Die Ruhe und Zufriedenheit der Menschen ist nur von kurzer Dauer: Der Lärm der Bauarbeiten treibt sie nachts wieder in den Park und die allermeisten beginnen ihre Kinder wirklich zu vermissen. Der Bürgermeister versucht die aufgebrachten Menschen zu beruhigen:

(Alle Bürger bedrängen den Bürgermeister.)

BÜRGERMEISTER: Meine Damen und Herren, beruhigen Sie sich doch! Was wollen Sie denn?

ALLE: Die Kinder!

BÜRGERMEISTER: Nun werden Sie nicht unvernünftig. Sie wissen genau, dass die Kinder nicht in unser modernes Stadtbild hineinpassen. Was uns fehlt, sind …

ALLE: Die Kinder!

BÜRGERMEISTER: Nicht doch, meine Herrschaften! – Uns fehlen Supermärkte, Hochhäuser, moderne Straßen und …

ALLE: Die Kinder!

BÜRGERMEISTER: Uns fehlt zur Zeit noch das Vertrauen, das Vertrauen der Bürger in meine Politik!

ALLE: Pfui!

(Auf der anderen Seite der Bühne ist inzwischen der Kinderfänger erschienen. Man bemerkt ihn. Alle wenden sich vom Bürgermeister ab.)

KINDERFÄNGER: Ihr habt mich gerufen, so bin ich erschienen.
Ein zweites Mal, sagt ihr, soll ich euch dienen.
Euer Leben ist traurig und ganz ohne Glück,
Deshalb wünscht ihr noch heute die Kinder zurück.
Doch wenn ich mich umseh in euren Straßen,
Auf Plätzen, in Häusern, in Höfen und Gassen,
Dann muss ich bekennen, die Stadt ist modern.
Doch Kinder, das glaubt mir, die leben nicht gern
An so einem Ort, wo Beton und Asphalt
Viel wichtiger sind als Blumen und Wald.
Bevor ich die Kinder an diesen Ort bringe,
Versprecht mir ein paar ganz wichtige Dinge:
Seht zu, dass die Stadt wieder lebenswert ist,
Schafft Plätze zum Spielen, ich hoffe, ihr wisst,
Was Kinder begehren, was Kinder vergnügt!
Dann seht ihr sie wieder, doch weh' ihr betrügt!

9 Der Kinderfänger stellt in den letzten vier Zeilen Bedingungen für die Rückkehr der Kinder auf.
a) Überlegt euch weitere Forderungen, die der Kinderfänger stellen könnte.
b) Versucht die Forderungen in demselben Rhythmus und Reimschema auszudrücken wie der Kinderfänger.

10 Erfindet einen anderen Schluss für das Stück.

15.2 Das Stück vollenden: Neue Szenen schreiben

Bevor ihr das Stück probt und aufführt, solltet ihr weitere Szenen selbst entwickeln. Dazu findet ihr hier einige Anregungen. Ihr könnt in folgenden Schritten vorgehen:

1 Alle lesen sich zunächst die folgenden sechs Szenenvorschläge durch.

2 Bildet Gruppen und verteilt die Szenen.

3 a) Schreibt eure Ideen zur Ausgestaltung der Szenen auf.
b) Überarbeitet sie sprachlich so, dass sie zu den vorgegebenen Szenen passen.

Szene „Die Demonstration"

Zur Demonstration gegen die große Plage machen sich auch Hannelore und Walter auf.

HANNELORE: Walter, bitte sei vorsichtig!

WALTER: Ich weiß genau, was ich mache – und du solltest endlich einsehen, dass wir uns wehren müssen!

HANNELORE: Walter, ich habe Angst ... wenn uns die Leute sehen.

WALTER: Meine Güte, bist du naiv. Die Leute sollen uns doch sehen. Dies ist schließlich eine Demonstration!

HANNELORE: Demonstrieren gehört sich nicht für anständige Leute. Das hast du selbst einmal gesagt.

WALTER: Bei uns ist das etwas anderes. Wir demonstrieren schließlich nicht gegen Atomkraftwerke oder gegen die Regierung. Wir demonstrieren gegen Kinder!

HANNELORE: Und wenn es zu Krawallen kommt?

WALTER: Wie soll es zwischen uns beiden zu Krawallen kommen?

HANNELORE: Ich habe trotzdem Angst.

WALTER *(gibt ihr das Schild)*: Hier, halt mal, ich werde jetzt einen Sprechchor anstimmen. – Moment *(sucht in den Taschen)*, wo hab ich denn den Zettel ...

HANNELORE: Sei bitte leise, Walter!

WALTER: Hoppe, hoppe Reiter, wenn er fällt, dann schreit er ... Nein, das war falsch ... hier: Hoppe, hoppe Reiter, so geht's nicht mehr weiter! – Hoppe, hoppe Pferdedreck, Kinder müssen weg, weg, weg! *(Walter wiederholt diese Zeilen. Hannelore stimmt zögernd mit ein.)*

In diesem Moment betritt ein bunter Demonstrationszug die Bühne. Man trägt Spruchbänder und Schilder, auf denen verschiedene Forderungen/Parolen gegen Kinder notiert sind. Die Demonstranten sprechen im Chor:

„Hi, ha, ho, wir haben's satt,
Kinder raus aus unsrer Stadt!"

Man stellt sich mit Blick zum Publikum auf. Hannelore und Walter gehen in der Menge auf.

1. SPRECHER: Liebe Freunde und Mitbürger! *(Applaus von den anderen Demonstranten)* – Als Sprecher der Bürgerinitiative „Ohne Kinder leben" möchte ich jetzt eine Revolution verlesen!

2. SPRECHER *(korrigiert ihn)*: Resolution!

1. SPRECHER: Genau! – Hiermit fordern wir die verantwortlichen Politiker dieser Stadt auf, endlich etwas gegen die unerträgliche Kinderplage zu unternehmen. – So darf es nicht weitergehen!

3. SPRECHER *(eine Großmutter im Kreise anderer Großmütter)*: Der Verein der garstigen Großmütter schließt sich dieser Forderung an. Früher waren wir stolz auf unsere Enkelkinder – heute haben wir genug von ihnen! *(Zustimmung ringsum)*

4 Schreibt Parolen und Forderungen der Demonstranten auf.

5 a) Es nehmen auch der „Verein der grantigen Gartenfreunde", der „Verband der leidenden Lehrer" und weitere Organisationen an der Demonstration teil. Schreibt kurze Reden, die die Vorsitzenden dieser Vereine auf der Demonstration halten könnten.
b) Sucht nun die witzigsten Redebeiträge aus und verbindet sie zu einer Szene.
c) Am Ende könnte ein Monolog des Bürgermeisters stehen, der die Idee hat, einen Kinderfänger anzustellen. Diese Idee verrät er allerdings noch nicht, sodass die Spannung am Ende der Szene erhalten bleibt.

Szene „Bewerber"

Diese Szene spielt im Vorzimmer des Bürgermeisters; drei oder vier Bewerberinnen und Bewerber für die Aufgabe des Kinderfängers haben sich auf Grund einer Stellenanzeige eingefunden und sind alle überzeugt davon, dass sie – und nur sie! – die Aufgabe lösen können. Die Szene wird besonders lustig, wenn alle, die sich bewerben, eine besondere Eigenart haben, zum Beispiel
- ein moderner Psychologe mit einem Pendel, der aber immer selbst einschläft;
- Mr. Lollicatcher, der mit den Mitteln der Süßwarenindustrie arbeitet;
- Grobian Greiff, der Diplomkinderfänger mit eher brutalen Methoden usw.

Die Szene könnte so beginnen:

1. BEWERBER: Wann geht es denn endlich weiter?
2. BEWERBER: Haben Sie denn überhaupt Erfahrung?
1. BEWERBER: Das geht Sie gar nichts an!
3. BEWERBER: Auf jeden Fall bin *ich* hier richtig. *(Er liest aus der Zeitung die Anzeige vor.)*...

6 Gestaltet zunächst die Stellenanzeige. Überlegt dabei, welche Qualitäten für die Aufgabe gefordert sind.

7 a) Legt für alle in der Gruppe die Rolle eines konkreten Bewerbers fest.
b) Beschäftigt euch kurze Zeit still mit eurer Figur. Überlegt dabei, welches die herausragenden Fähigkeiten sind, die euch besonders geeignet erscheinen lassen für den Beruf des Kinderfängers.
Macht euch dazu Stichworte.

8 Eine wichtige Rolle könnte auch der Sekretär oder die Sekretärin des Bürgermeisters spielen.

9 a) Spielt die Szene und zeichnet den Dialog mit einem Kassettenrekorder auf.
b) Abschnitte, die euch besonders gelungen sind, solltet ihr sofort aufschreiben.

Szene „Auszug der Kinder aus der Stadt"

In dieser Szene könnt ihr einen besonderen Trick anwenden. Die Darsteller auf der Bühne berichten über ein Geschehen, welches das Publikum nicht sehen kann. Die Technik, die man **Mauerschau** nennt, wurde schon in den Schauspielen des griechischen Altertums angewendet: Vier bis sechs Erwachsene stehen auf der Bühne und blicken – vielleicht durch Ferngläser – in Richtung Publikum, als gäbe es dahinter etwas zu sehen.

10 Erprobt unterschiedliche Möglichkeiten die Szene zu beginnen.

11 a) Überlegt, was den Kindern während des Zuges alles passieren kann.
b) Wie werden die Erwachsenen darauf reagieren?

Szene „Stadtplanung"

Die Zeit der Kinderlosigkeit ist angebrochen, ein neues Zeitalter beginnt, das findet jedenfalls der Bürgermeister. Er hat zwei Architekten bestellt um mit ihnen gemeinsam die Stadt der Zukunft zu planen.

12 Was kann jetzt wohl alles in der Stadt wegfallen?

13 Was werden die Erwachsenen mit dem neuen Platz anfangen?

14 Bürgermeister und Architekten übertreffen sich gegenseitig mit fantastischen Vorschlägen, wie die Stadt der Zukunft wohl aussehen könnte.

Szene „Ersatzkinder"

Der Bürgermeister hat Kinderersatz versprochen. Und nun ist es so weit. Vier bis fünf Erwachsene stehen in der Schlange vor der städtischen Ausgabestelle des Kinderersatzes und unterhalten sich. Die Erwachsenen haben verschiedenartige Erwartungen und Meinungen.

15 Schreibt ein Streitgespräch zwischen zwei Erwachsenen, von denen der eine alles für leere Versprechungen hält, während der andere den Bürgermeister verteidigt.

16 a) Sammelt Ideen für mögliche „Ersatzkinder".
b) Überlegt, welche Ideen sich besonders witzig ausgestalten lassen.

Szene „Die Leidenden im Park 2“

Auf der Flucht vor den lärmenden Baggern und Bauarbeiten treffen sich einige Erwachsene wieder mit ihren Liegestühlen im Park. Sie regen sich über die Veränderungen auf und wünschen sich ihre Kinder zurück. Dabei kommen ihnen Dinge, die sie früher geärgert haben, plötzlich ganz niedlich vor: „... wie Jens mich immer getreten hat ...“ – „... und wie Lisa mit den Fingerfarben umgehen konnte, das ganze Wohnzimmer war von ihr gestaltet ...“

17 Überlegt, welche Figuren auftreten sollen, und verteilt die Rollen.

18 Die Szene könnte so beginnen: Zu den Leidenden im Park kommt eine neue Person hinzu. Gemeinsam regen sie sich zunächst über den Lärm der Bauarbeiten auf.

19 Wonach könnten sich die Erwachsenen sehnen? Lustig wirkt es z. B., wenn sie sich nach Dingen sehnen, die sie früher bei ihren Kindern besonders geärgert haben.

20 Der Schluss der Szene könnte ein direkter Übergang sein in die Szene „Die Rückkehr des Kinderfängers“ (S. 267).

15.3 Das Stück spielen: Tipps, Tricks und Übungen

Auf der Bühne sprechen

Wenn ihr das Stück „Die große Plage“ aufführen wollt, können euch einige Regeln und Übungen helfen. Ganz entscheidend für das Gelingen eurer Aufführung ist, wie ihr auf der Bühne sprecht! Es wäre schade, wenn der Kinderfänger zwar ein schönes Kostüm hat, aber kaum jemand versteht, was er sagt.

Richtiges Atmen

Das Wichtigste beim Sprechen auf der Bühne ist die **Atmung.** Richtiges Atmen lässt sich trainieren. Bei den folgenden Übungen solltet ihr fest auf beiden Beinen stehen, als hätten eure Fußsohlen Saugnäpfe, die sich am Boden festhalten. Eure Schultern hängen locker herunter, als seien eure Arme aus Blei. Ihr atmet ganz tief und ruhig ohne die Schultern anzuheben.

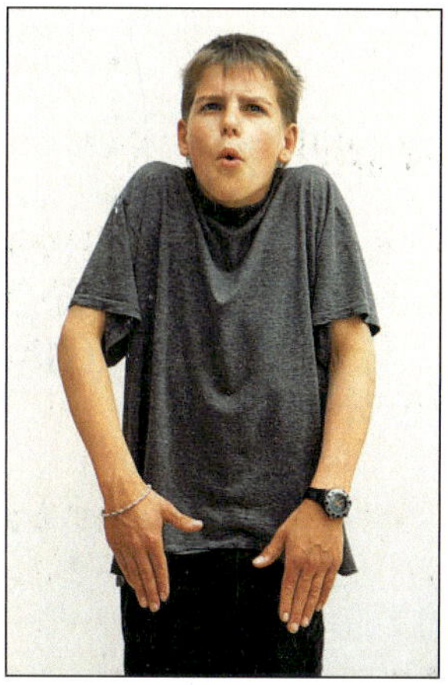

Falsches Atmen

1 **Luftballon:** Stell dir vor, dein Bauch ist ein großer, aufgeblasener Luftballon. Langsam lässt du mit einem „Schsch…" die Luft heraus. Beim Einatmen: Die Hand unterhalb des Bauchnabels auf den Bauch legen und in die Hand hineinatmen. Mehrfach wiederholen!

Wie weit eine Stimme im Zuschauerraum trägt, hängt vom Stimmvolumen ab. Auch das Stimmvolumen lässt sich vergrößern. Wenn ihr die folgende Übung *regelmäßig* durchführt, werdet ihr nach einiger Zeit – wie von selbst – kräftiger sprechen.

2 **„Tour de Trance":** Alle stehen im Kreis und hüpfen ganz sacht und ohne große Anstrengung auf den Zehenspitzen. Auf jedes zweite Wippen sprechen nun alle im Chor folgende „Texte":

– Mon-tag, Diens-tag …
(weiter bis)
Sonn-tag
– Ja-nu-ar, Fe-bru-ar …
(weiter bis)
De-zem-ber
– Eins, zwei, drei … *(weiter bis)*
neun-zehn, zwan-zig
– Zwan-zig, neun-zehn …
(weiter bis)
zwei, eins

Die letzte Textreihe wird gesteigert gesprochen, das heißt zum Ende hin lauter werdend, aber ohne zu schreien!

Wenn wir lauter sprechen (oder gar schreien), klingt unsere Stimme schnell kreischend. Wir neigen dazu, mit der Tonlage nach oben zu gehen, weil wir unsere Stimmbänder zusammenziehen. Dagegen hilft die folgende Übung:

3 **Treppensprechen:** Ihr beginnt die Wörter ganz leise zu sprechen und steigert dann die Lautstärke. Dabei geht die Stimme aber, wie auf einer Treppe, nach unten! Am besten steht ihr im Kreis und sprecht jedes Treppenwort gemeinsam. Versucht dabei, die Konsonanten besonders deutlich auszudrücken.

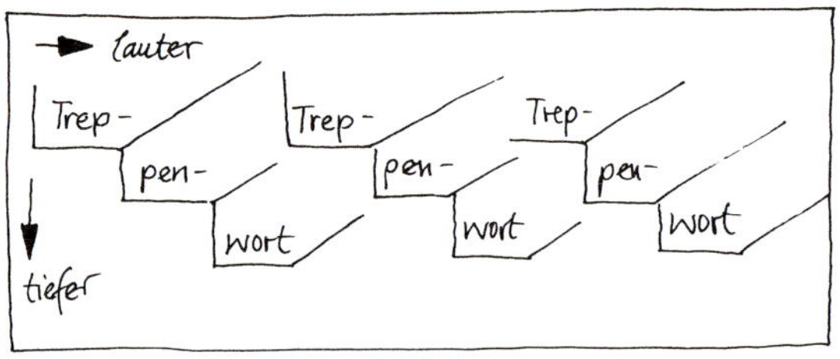

je dreimal:	fürchterlich, widerlich, grauenhaft, entsetzlich, kinderlieb, vorsichtig, Mitbürger, Sandkasten, Bürgermeister, Kinderfänger
im Wechsel	
je zweimal:	Verzeihung/Verneigung, Regierung/Bedienung, Erfahrung/Bezahlung, Behausung/Behauptung, Supermarkt/superstark
je zweimal:	Kindergeschrei, erwachsenenfreundlich, Feuerwehreinsatz, Kleinkinderspielplatz, Tomatensalat, Schnuckilein

Wenn schon die ersten Rollen verteilt sind und die Szenen geprobt werden, ist folgende Übung hilfreich:

4 **Teledialoge:** Die Beteiligten stehen möglichst weit auseinander im Raum und sprechen (oder flüstern) ihren Text so, dass die anderen ihn deutlich verstehen können. So gewöhnt ihr euch an das Sprechen im großen Raum.

Für das Bühnensprechen bei euren Proben und Aufführungen solltet ihr euch an die fünf goldenen Regeln halten:

Regel 1

Auf und hinter der Bühne wird nicht gegessen! (Keine Kaugummis!)

Regel 2

Nicht schreien! (Wer schreit, wird heiser!)

Regel 3

Endungen deutlich aussprechen! (Flüstern üben!)

Regel 4

Zum Publikum gewandt sprechen!

Regel 5

Für die letzte Reihe sprechen!

5 a) Nennt Gründe für diese Regeln.
b) Stellt auf Grund der Erfahrungen bei euren Proben weitere Regeln für das Bühnensprechen auf.

Theater: Mehr als Worte

Bevor ihr eine Szene spielen könnt, müsst ihr nicht nur üben den Text zu sprechen. Auch eure **Körpersprache** drückt etwas aus: eure Gesichter, eure Haltung, eure Bewegungen. In manchen Szenen kann die Körpersprache sogar wichtiger sein als der Text.

1 Lest die Szene „Im Laufstall“ (S. 266).

2 Übt zuerst die **Mimik:** Probiert vor einem Spiegel Gesichtsausdrücke zu finden, die zu den Gefühlen von Herbert oder Elfriede passen.

3 Probt in Gruppen die Szene als **Pantomime:**

a) Je zwei versuchen ohne Worte nur durch Mimik, Gestik und Körperhaltung den Konflikt zwischen Elfriede und Herbert auszudrücken.
b) Die anderen beobachten das Spiel und machen sich Notizen für ihre eigenen Versuche.
c) Wenn jemand einen Gesichtsausdruck oder eine Körperhaltung besonders gelungen findet, kann er „stopp“ rufen. Die Spielenden erstarren dann in ihrer Bewegung, sodass die Beobachter sich zu dem **„Standbild“** leichter Notizen machen können.
d) Wenn alle durchgespielt haben, besprecht ihr, welche Darstellungen ihr überzeugend fandet. Versucht eure Ansichten zu begründen.

4 Spielt die Szene „Im Laufstall“. Ihr könnt dabei von eurer Pantomime ausgehen und den Text an den geeigneten Stellen einbauen.

5 Überlegt, bei welchen Szenen ihr sonst noch die Körpersprache besonders üben wollt.

Vom Textbuch zur Aufführung

Ilona, die mit ihrer Gruppe die Szene „Die Demonstration“ (S. 268/269) bearbeitet hat, hat ein **„Textbuch“** erstellt. Sie hat alles, was sich beim Proben bewährt hat, in ihrer Textkopie notiert: die Textänderungen, Bühnengänge, …

Requisiten: Demoschilder, Zettel für Walter

Erst: Walter auf der Bühne / rechts

Licht an 70%

HANNELORE: Walter, bitte sei vorsichtig! (hinter der Bühne)

WALTER: Ich weiß genau, was ich mache • und du solltest endlich einsehen, dass wir uns wehren müssen! — • W. wendet sich nach hinten!

HANNELORE: Walter, ich habe Angst … wenn uns die Leute sehen. → Auftritt H. / blickt ins Publikum

WALTER: Meine Güte, bist du naiv. Die Leute sollen uns doch sehen. Dies ist schließlich eine Demonstration! — betont! ⇒ W. geht zur Bühnenmitte

HANNELORE: * Demonstrieren gehört sich nicht für anständige Leute. Das hast du selbst einmal gesagt. — *(verächtlich) ⇒ H. bleibt stehen

WALTER: Bei uns ist das etwas anderes. Wir demonstrieren ~~schließlich~~ nicht gegen Atomkraftwerke oder gegen die Regierung. Wir demonstrieren gegen Kinder! → H. geht zu W.

HANNELORE: * Und wenn es zu Krawallen kommt? — *(ängstlich)

WALTER: ♀ Wie soll es zwischen uns beiden zu Krawallen kommen? Hä? — ♀ (stöhnt, wie zu einem dummen Kind:)

HANNELORE: Ich habe trotzdem Angst.

WALTER *(gibt ihr das Schild)*: Hier, halt mal, ~~ich werde jetzt einen Sprechchor anstimmen~~. – Moment *(sucht in den Taschen)*, wo hab ich denn den Zettel … ⇒ W. geht zur Bühnenmitte

HANNELORE: Sei bitte leise, Walter!

WALTER: * Hoppe, hoppe Reiter, wenn er fällt, ~~dann schreit er~~ … Nein, das war falsch … hier: Hoppe, hoppe Reiter, so geht's nicht mehr weiter! – Hoppe, hoppe Pferdedreck, Kinder müssen weg, weg, weg! *(Walter wiederholt diese Zeilen. Hannelore stimmt zögernd mit ein.)* — *(Sprechgesang) ⇒ erst W., dann H. im Kreis gehend

— andere Demonstranten treten auf und stimmen mit ein!

In diesem Moment betritt ein bunter Demonstrationszug die Bühne. Man trägt Spruchbänder und Schilder, auf denen verschiedene Forderungen/Parolen gegen Kinder notiert sind. Die Demonstranten sprechen im Chor:

„Hi, ha, ho, wir haben's satt,
Kinder raus aus unsrer Stadt!“

Licht auf 100%

Man stellt sich mit Blick zum Publikum auf. Hannelore und Walter gehen in der Menge auf.

1 a) Versucht die Szene so zu spielen, wie es Ilonas Regieanweisungen vorsehen.
b) Besprecht, welche Ergänzungen oder Veränderungen man an den Regieanweisungen vornehmen könnte.

2 Haltet die Inszenierung eurer Szenen in ähnlicher Weise schriftlich fest.

Zum Theaterspielen sind die verschiedensten Gegenstände, so genannte **Requisiten,** notwendig. Mit Hilfe eines einzigen Requisits lässt sich oft eine ganze Figur treffend darstellen, zum Beispiel der Kinderfänger mit Hilfe einer Flöte.

3 a) Versucht in der Bewerberszene für jeden Bewerber ein Requisit zu finden, mit dem dann die ganze Zeit gespielt werden kann.
b) Überlegt euch auch zu den anderen Figuren in der „Großen Plage“ passende Requisiten.

Eine Szene kann ganz unterschiedliche Wirkungen erzielen, je nachdem, vor welchem Hintergrund sie spielt. Das **Bühnenbild** kann sehr aufwendig gestaltet sein, manchmal sind aber auch sparsame Mittel sinnvoll um die Szenen zur Geltung zu bringen.

4 a) Überlegt, ob das Bühnenbild in eurem Stück wechseln oder in allen Szenen dasselbe bleiben soll.
b) Sammelt – vielleicht auch im Kunstunterricht – Ideen zur Gestaltung eures Bühnenbildes.
c) Besprecht, welche Ideen am besten zu dem Stück passen und sich in der Zeit, die euch zur Verfügung steht, auch umsetzen lassen.

Wichtig für ein wirkungsvolles Theaterspiel ist auch die **Beleuchtung.** Vielleicht hat eure Schule eine eigene Bühne und sogar eine Beleuchtungsanlage. Wenn nicht, könnt ihr euch mit zwei oder drei Overhead-Projektoren oder Diaprojektoren behelfen. Mit bunten Folien oder farbigen Dias lassen sich beeindruckende Stimmungen erzeugen.

5 a) Erprobt verschiedene Möglichkeiten der Beleuchtung an einer ausgewählten Szene.
b) Was euch am besten gefallen hat, wird im Textbuch festgehalten.

Wenn ihr mit den **Proben** beginnt, können auch diejenigen, die gerade nicht auf der Bühne stehen, wichtige Aufgaben übernehmen.
Gerade zu Beginn eurer Proben ist es ganz wichtig, dass ihr nicht nur die Szenen *spielt.* Ihr solltet euch auch immer wieder gegenseitig **beobachten.** Am einfachsten ist folgendes Vorgehen:

6 a) Jeder Darsteller auf der Bühne sucht sich einen Partner als Beobachter, der ihm besonders genau zuschaut und alles Auffällige notiert.
b) Ihr könnt dazu einen Beobachtungsbogen entwerfen:

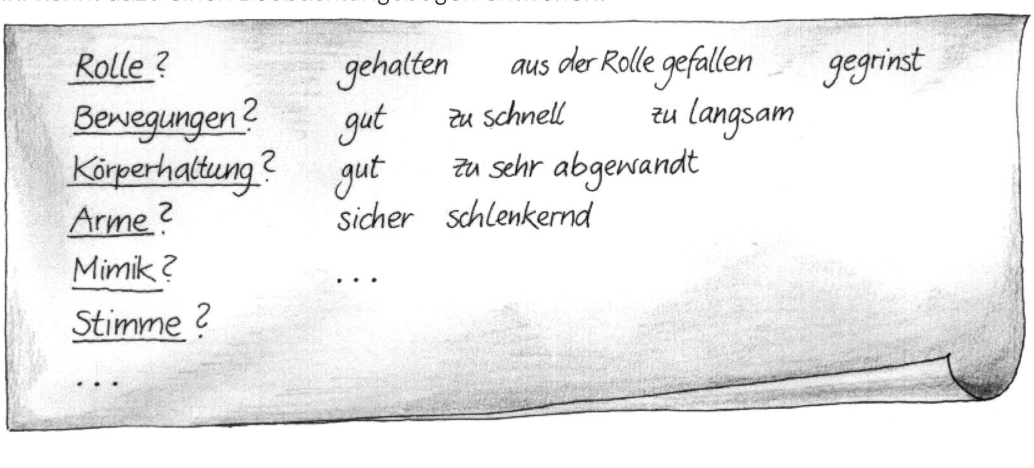

Soufflieren (= Vorsagen) bedeutet den Darstellern flüsternd ein Stichwort zu geben, wenn sie „hängen“, also wenn sie ihren Text vergessen haben. Wer souffliert, steht hinter oder neben der Bühne, sodass das Publikum ihn nicht sehen kann. Souffleure und Souffleusen müssen den gesamten Text vor sich haben und die ganze Zeit still mitlesen, damit sie immer wissen, an welcher Stelle sich das Stück gerade befindet.

7 Übt das Soufflieren mit Hilfe der folgenden Anregungen:

- Je früher ihr beim Proben anfangt zu soufflieren, desto besser. Die Darsteller können dann auch schneller ohne Textblätter spielen. Wer souffliert, ahnt dann oft die Stellen, an denen „Hänger“ passieren.
- Flüstern üben! Ihr souffliert dem Darsteller, nicht dem Publikum.
- Stichworte – nicht ganze Texte soufflieren! Die ersten drei oder vier Worte reichen meistens, damit sich die Darsteller wieder an ihren Text erinnern.
- Erst denken, dann soufflieren! Manchmal gibt es gewollte Sprechpausen, das heißt: Die Darsteller sagen absichtlich nichts. Wer dann souffliert, macht sich sehr unbeliebt.

Wenn ihr das Theaterprojekt durchführt, solltet ihr einen **„Fahrplan“** erstellen. In diesem Fahrplan stehen alle wichtigen Aufgaben („Stationen“) eures Projekts mit den entsprechenden „Abfahrts- und Ankunftszeiten“. Außerdem steht im Fahrplan, wer für welche Aufgaben verantwortlich ist. Deshalb sollte der Plan auch für alle sichtbar im Klassen- oder Probenraum aufgehängt werden.

Aufgabe	Zeit	verantwortlich ?
restliche Szenen schreiben	bis Herbstferien	alle in den Gruppen
Rollen ausprobieren und verteilen	bis 1.10. (alte Szenen) bis 20.10. (neue Szenen)	alle / Herr Ganser
Text lernen u. Szenen proben	ab sofort	alle in den Gruppen
Lieder üben	1. Woche nach den Herbstferien	Sänger / Frau Mundt
Presse-Info	bis 20.10.	Uwe / Natascha
Schülerzeitungsartikel	bis 14.10.	Andrea / Elli
Programmheft – gestalten – kopieren	 20.10. – 31.10. 2.11.	 Maria / Uwe Maria / Uwe
Requisiten komplett ?	bis Herbstferien	Anne
Bühne gestalten	2./3./4.11.	Jörg / Micha / Svenja
Generalprobe	5.11. 18.30 Uhr	
Premiere	6.11. 18.30 Uhr (anschließend Premierenfeier)	

8 a) Erstellt einen Fahrplan für euer Theaterprojekt und hängt ihn im Probenraum auf.
b) Ergänzt den Fahrplan im Verlauf des Projekts.

1 Sprechen und Schreiben

1.1 Diskutieren und Argumentieren

In einer Diskussion kann man verschiedene ▶ S. 27–28 **Handlungen** feststellen: etwas vorschlagen, ablehnen, etwas einwenden, abwägen, argumentieren, einen Vorschlag erweitern, schweigen, vom Thema ablenken, jemanden angreifen oder verteidigen, vermitteln usw. ▶ S. 30 Schülerinnen und Schülern, die noch nicht so gut diskutieren können, fällt es schwer, einen gedanklichen Zusammenhang mit dem herzustellen, was die Vorredner/innen gesagt haben. Vielen gelingt es nicht, einen Aspekt erst auszudiskutieren, bevor sie mit etwas Neuem beginnen. Die Diskussion springt dann meist hin und her; dabei wird kaum etwas geklärt. Geübte Diskussionsteilnehmer/innen können dagegen

- an etwas **anknüpfen,** was eine/r der Vorredner/innen gesagt hat, und dann
- einen eigenen Gedanken so daran anschließen, dass ein **neuer Gesichtspunkt** deutlich wird.

In Diskussionen gibt es zwei verschiedene **Vorgehensweisen**, die sich oft überschneiden: **überzeugen** und **überreden.** Wenn ▶ S. 37–38 man mit **Argumenten** überzeugt worden ist, kann man etwas einsehen. Wenn man mit unsachlichen Mitteln, z. B. mit „Killerphrasen", überredet worden ist, gibt man zwar dem Drängen eines anderen nach, aber man fühlt sich unter Druck gesetzt und nicht überzeugt. Oft merkt man zunächst gar nicht, dass man überredet worden ist.

1.2 Auffordern und Appellieren

Auffordern bedeutet, jemanden nachdrücklich bitten etwas Bestimmtes zu tun oder zu lassen. Dies kann auf unterschiedliche Weise geschehen:

- durch sprachliche Äußerungen (z. B. Aufforderungssatz: „Komm her zu mir!", aber auch Fragesatz: „Willst du nicht herkommen?") oder
- durch indirekte Hinweise (Gesten oder Zeichen).

Will man jemanden besonders dringlich beeinflussen oder mahnen etwas zu tun, dann ▶ S. 76–80 nennt man dies **Appellieren.** Appelliert wird zum Beispiel in Reden, Flugblättern, Plakaten oder in der Werbung.

Wenn man andere dazu bringen möchte, etwas Bestimmtes zu tun, kann man nicht nur ihren Verstand, sondern auch ihre Gefühle ansprechen. Man kann zum Beispiel an das Gemeinschaftsgefühl appellieren: „Mach doch bitte mit, wir sind doch gute Freunde, sei kein Spielverderber."

Oft wird auch versucht andere zu warnen, indem man auf die Folgen ihres Verhaltens hinweist: „Ihr wollt wohl so lange warten, bis ein Unfall geschieht!"

1.3 Informieren, Beschreiben, Berichten

▶ S. 62–64 Wenn man **Informationen** aus Sachtexten zusammenfassen will, sollte man die wichtigsten Aussagen unterstreichen. Allerdings sollte man nicht zu viel unterstreichen, sonst findet man das Wichtige später nicht so schnell wieder. Die Informationen können am Textrand durch ein Stichwort zusammengefasst werden. Abschließend werden die Informationen übersichtlich geordnet abgeschrieben. Die Ordnung hängt von der Art der Texte ab; ein Beispiel: Ursachen – Folgen – Möglichkeiten der Änderung.

Wenn man etwas **beschreibt,** muss man vor- ▶ S. 67–69, 72–75 her klären, **für wen** und **zu welchem Zweck** dies geschieht. Die Genauigkeit der Beschreibung hängt davon ab, was die Zuhörer oder Leser bereits wissen. Fachbegriffe („Tretlager", „Federgabel" usw.) sollten nur dann ohne zusätzliche Erklärung verwendet

werden, wenn der Zuhörer oder Leser sie auch versteht.
Beschreibungen können sich auf Gegenstände, Personen, Tiere oder Vorgänge beziehen. Wenn du jemandem etwas beschreibst oder erklärst, achte vor allem auf die richtige **Reihenfolge,** die **Genauigkeit** der Darstellung und den Gebrauch des **Präsens.**

Berichtende Texte sollen informieren. Wenn man über ein vergangenes Ereignis berichtet, muss man überlegen, zu welchem Zweck die Hörer/innen oder Leser/innen die Information benötigen. **Berichte in Zeitungen** geben in der Regel Antworten auf die Fragen: Wer? Was? Wo? Wann? Wie? Warum? Mit welchen Folgen? ▶ S. 42
Wenn in einer Zeitungsredaktion oder in einer Polizeistation ein **Unfallbericht** verfasst wird, dann sollten die Verfasserinnen und Verfasser ▶ S. 43–48

- Vermutungen von Tatsachen unterscheiden können und auf die Mitteilung von Vermutungen verzichten;
- Ereignisse sachlich wiedergeben, also die persönliche Betroffenheit nicht einfließen lassen;
- alles relativ knapp mitteilen, indem sie Wichtiges von Unwichtigem unterscheiden und auf die Erwähnung von Nebensächlichem verzichten;
- die richtige zeitliche Reihenfolge der Ereignisse einhalten.

In berichtenden Texten tauchen verschiedene Tempusformen der Vergangenheit auf:
Beim mündlichen Berichten über etwas Vergangenes verwendet man oft das **Perfekt** („Ich *habe vergessen* …").
Bei schriftlichen Berichten wird dagegen meist das **Präteritum** benutzt („Schwere Verletzungen *erlitt* …").
Bei Vorzeitigkeit wird in beiden Fällen das **Plusquamperfekt** verwendet. („Nachdem der Lastwagen die Ladung *verloren hatte,* fuhren zwei Pkw …").

1.4 Erzählen

Wenn man etwas **anschaulich erzählen** will, sollte man sich Ereignisse und Figuren genau vorstellen. Man malt sich aus, wie etwas aussieht, riecht oder sich anfühlt; welche Laute oder Geräusche zu hören sind usw. Beim Schreiben kann man treffende Verben, veranschaulichende Adjektive oder Vergleiche verwenden.
Neben der **äußeren Handlung** kann man auch das **innere Geschehen** wiedergeben. Dabei macht man klar, welche Gefühle und Gedanken das Geschehen bei jemandem auslöst. Das innere Geschehen kann man dem Erzähler oder einer der Figuren zuordnen.
Aufbau einer Erzählung (Erzählplan): Wenn du etwas erzählen willst, kannst du dir deine Ideen erst einmal ungeordnet ausmalen. Dann solltest du dir eine sinnvolle Reihenfolge überlegen, in der du deine Einfälle aufführst:

- Was gehört an den **Anfang** meiner Geschichte?
- Was soll im **Mittelpunkt** der Geschichte stehen?
- Womit **schließe** ich die Geschichte **ab**?

Achte darauf, dass du im Hauptteil den **Höhepunkt** möglichst spannend erzählst. Hilfreich sind dabei wörtliche Rede und der Übergang in die Gegenwartsform (Präsens).

Nacherzählen: Wenn man eine Geschichte nacherzählt, gibt man mit eigenen Worten die Ereignisse in der gleichen Reihenfolge wieder, wie der Autor oder die Autorin sie erzählt hat. Das Nacherzählen soll lebendig und möglichst genau sein. Die Zeitstufe der Textvorlage wird beibehalten; meist ist es das Präteritum.
Beim mündlichen Nacherzählen kann man sich auf eine Gliederungsskizze stützen, die die einzelnen Erzählschritte in Stichpunkten oder Zwischenüberschriften festhält. Das Erzähltempus ist hier zumeist das Perfekt.

2 Grammatik und Rechtschreibung

2.1 Wortarten

Nomen (Substantiv): Eigennamen, Personen, Lebewesen, Dinge, Begriffe usw. werden durch Nomen (Substantive/Hauptwörter) bezeichnet: „Jutta", „Kind", „Ameise", „Stuhl", „Schönheit".
Jedes Nomen hat ein grammatisches Geschlecht **(Genus),** das man an seinem Artikel (Begleiter) erkennen kann: Ein Nomen ist entweder **Maskulinum** (männlich), z. B. „*der* Löffel", oder **Femininum** (weiblich), z. B. „*die* Gabel", oder **Neutrum** (sächlich), z. B. „*das* Messer".
Das grammatische Geschlecht muss mit dem natürlichen Geschlecht nicht übereinstimmen; so kann „*das* Kind" sowohl einen Jungen als auch ein Mädchen bezeichnen.
Nomen haben meist einen **Singular** (Einzahl): „das Kind"; häufig haben sie auch einen **Plural** (Mehrzahl): „die Kinder".
In Sätzen erscheinen Nomen immer in einem bestimmten **Kasus** (grammatischer Fall). Der Kasus ist meist am Artikel des Nomens zu erkennen und manchmal auch an der Endung des Nomens. Im Deutschen gibt es vier Kasus. Man kann den Kasus eines Nomens und seines Begleiters durch Fragen ermitteln:
Der **Nominativ** antwortet auf die Fragen „Wer …?" oder „Was …?": „*Wer* rettete den Jungen? – *Die Feuerwehrleute* retteten den Jungen." – „*Was* hat zuerst nicht funktioniert? – *Eine Drehleiter* …"
Nach dem **Genitiv** fragt man „Wessen …?": „*Wessen* Drehleiter funktionierte nicht? – Die Drehleiter *der Feuerwehrleute* …"
Mit der Frage „Wem …?" ermittelt man den **Dativ:** „*Wem* dankten die Eltern für die Rettung? – Die Eltern dankten *den Feuerwehrleuten* …"
Den **Akkusativ** erhält man auf die Fragen „Wen …?" oder „Was …?": „*Wen* haben die Anwohner benachrichtigt? – *Die Feuerwehrleute* …" – „*Was* haben die Feuerwehrleute repariert? – Die Feuerwehrleute haben *die Drehleiter* …"
Wenn man ein Nomen und seinen Artikel in einen Kasus setzt, nennt man das **deklinieren** (beugen).

Artikel (Begleiter) stehen in demselben Kasus wie die Nomen, die sie begleiten. Man unterscheidet den **bestimmten** Artikel „der, die, das" und den **unbestimmten** Artikel „ein, eine".

Adjektive (Eigenschaftswörter) dienen dazu, Personen, Dinge usw. genauer zu beschreiben. Man benutzt hierfür die Grundform des Adjektivs, den **Positiv,** z. B. „alt". Will man zwei Dinge oder Personen miteinander vergleichen, so braucht man den **Komparativ** des Adjektivs: „Melanie ist *älter* als Anne." Bei Vergleichen zwischen mehreren Dingen oder Personen kann man das Adjektiv noch weiter steigern und den **Superlativ** bilden: „Von den drei Schwestern ist Maria *am ältesten.*" Man kann die meisten Adjektive steigern, aber es gibt Ausnahmen wie „einzig" oder „tot".
Steht ein Adjektiv als **Attribut** vor einem Nomen, stimmt es mit ihm in Kasus, Genus und Numerus überein („der *spannende* Film"). ▶ S. 132
Als **adverbiale Bestimmungen** werden Adjektive nicht gebeugt („Der Reporter berichtet *spannend.*").

Pronomen (Stellvertreter) können an Stelle eines Nomens oder einer Wortgruppe mit Nomen gebraucht werden. Sie werden wie die Nomen dekliniert.
Wörter wie „ich, du, er/sie/es" sind **Personalpronomen.** Wörter wie „meine, deine, seine" usw. heißen **Possessivpronomen** (besitzanzeigende Pronomen).
Demonstrativpronomen (hinweisende Pronomen) sind Wörter wie „dieses" oder „jene", mit denen man auf etwas zeigen oder hinweisen kann. ▶ S. 149
Indefinitpronomen (unbestimmte Pronomen) sind Wörter wie „etwas", „einige", „viel" mit denen man ungefähre Mengenangaben macht. ▶ S. 149
Relativpronomen wie „der", „die", „das" leiten Nebensätze ein. ▶ S. 123–124
Bei der Verwendung von Pronomen muss man besonders darauf achten, dass immer

deutlich ist, worauf sich das Pronomen **bezieht.** Sonst kann es zu Missverständnissen kommen wie in den Sätzen: „Die Zoobesucher freuten sich über die Affen. *Sie* lausten sich gegenseitig."

Präpositionen sind Wörter wie „in", „auf", „nach", „vor". Sie drücken oft ein örtliches (*vor* dem Haus) oder zeitliches (*vor* einer Stunde) **Verhältnis** aus.
Die Präposition steht vor einem Nomen (mit oder ohne Begleiter) oder einem Pronomen. Sie bestimmt den Kasus des nachfolgenden Worts oder der Wortgruppe (*auf dem Fahrrad; nach kurzer Zeit; bei ihm*).

▶ S. 117 **Adverb,** Plural: Adverbien (Umstandswort): eine Wortart, die man leicht mit dem Adjektiv verwechseln kann. Das Adverb ist aber im Gegensatz zum Adjektiv nicht flektierbar: „morgens", „abends", „probeweise", „heimwärts".

Verben (Tätigkeitswörter) geben an, was ist, was geschieht oder was jemand tut, z. B. „haben", „regnen", „gehen".
Wenn wir Verben in Sätzen verwenden, bilden wir aus dem **Infinitiv** (Grundform) des Verbs meistens die **Personalform,** z. B.: „gehen – er geht." Setzt man Verben in die verschiedenen Personalformen, nennt man dies **konjugieren** (beugen).
Die Befehlsform des Verbs ist der **Imperativ.** Er kann an Einzelne oder an mehrere Personen gerichtet sein: „Geh(e)!" – „Geht!"
Verben sagen uns, *wann* das im Satz Mitgeteilte passiert. Sie lassen sich in verschiedene **Tempora** (Zeitformen) setzen: Mit dem **Präsens** können wir ausdrücken, dass etwas in der Gegenwart geschieht: „Ich *lese* gerade." Im Präsens stehen auch solche Aussagen, die immer gelten, z. B.: „Ferien *machen* Spaß." Mit dem **Futur** können wir auf Zukünftiges verweisen: „Ich *werde* ans Meer *fahren.*" Häufig benutzen wir Zeitangaben um die Zukunft anzuzeigen, die Verbform kann dann im Präsens bleiben, z. B.: „*Morgen fahre* ich ans Meer."
Vergangenes wird in mündlichen Erzählungen meist im **Perfekt** ausgedrückt („ich *habe gesehen*", „ich *bin gegangen*"), bei schriftlichen Erzählungen und Berichten steht meist das **Präteritum** („ich *ging*", „ich *sah*").
In beiden Fällen wird bei Vorzeitigkeit das **Plusquamperfekt** verwendet („ich *hatte erfahren*", „ich *war gekommen*"). ▶ S. 44

Konjunktionen: siehe S. 283.

2.2 Wortbildung

Viele Wörter sind aus verschiedenen Wortbausteinen zusammengesetzt. Der bedeutungstragende Kern heißt **Stamm**. Die angefügten Elemente nennt man **Präfix** (vor dem Stamm) und **Suffix** (nach dem Stamm). Fügt man an einen Stamm Präfixe oder Suffixe an, so nennt man diese Art der Wortbildung **Ableitung**. Dabei kann sich die Wortart ändern: ▶ S. 93–95

Präfix	+ Stamm	+ Suffix	= abgeleitetes Wort
	teil	*-en*	*teilen*
Vor-	*teil*		*Vorteil*
un-	*teil*	*-bar*	*unteilbar*

Fügt man zwei oder mehr Wortstämme zusammen, so nennt man diese Art der Wortbildung **Zusammensetzung.** Man kann Wörter aus Nomen, aber auch aus Adjektiven und Verben zusammensetzen. Manchmal braucht man ein Fugenelement um die Wörter zu verbinden: ▶ S. 96–99

Wortstamm	+ Fugen-element	+ Wortstamm	= zusammen-gesetztes Wort
Arm-		*Band*	*Armband*
Schwan-	*en-*	*Hals*	*Schwanenhals*
Geburt-	*s-*	*Tag*	*Geburtstag*
geh-		*Stock*	*Gehstock*
Bild-		*schön*	*bildschön*

Die Teile einer Zusammensetzung nennt man **Grundwort** und **Bestimmungswort.** Das Grundwort steht immer an letzter Stelle, es enthält den Grundbegriff, der durch das Bestimmungswort näher bestimmt wird: ▶ S. 98

zusammengesetztes Wort	= Grundwort	+ Bestimmungswort
Ein *Gartenhaus* ist	ein *Haus,*	*das im Garten steht.*

Wörter mit dem gleichen Stamm sind sprachlich verwandt und werden deshalb ▶ S. 99–100 **Wortfamilie** genannt.
Die Wörter einer Wortfamilie können gebildet werden durch
- Präfixe: finden – *er*finden – *be*finden;
- Suffixe: brauchen – brauch*bar* – Brauch*tum*;
- Zusammensetzungen: bilden – Bild*hauer* – *Spiegel*bild.

Eine Gruppe von sinnverwandten Wörtern bildet ein **Wortfeld.** ▶ S. 100–101
Wörter mit fast gleicher Bedeutung heißen **Synonyme:** „trödeln" – „bummeln".
Gleichlautende Wörter, die zwei oder mehr Bedeutungen haben, nennt man **Homonyme.** ▶ S. 102–103 Welche Bedeutung gemeint ist, wird nur im Sinnzusammenhang klar:
„Der *Hahn* tropft. – Der *Hahn* kräht. – Der *Hahn* wird gespannt."

2.3 Satzarten

Einfache Satzarten: Wir reden und schreiben in Sätzen. Je nachdem, ob wir etwas aussagen (mitteilen, behaupten), fragen oder jemanden auffordern wollen, verwenden wir einen **Aussage-, Frage-** oder **Aufforderungssatz.**
In der gesprochenen Sprache erkennen wir die Satzart an der Stimmführung, in der geschriebenen Sprache an den **Satzschlusszeichen:** Punkt, Frage- und Ausrufezeichen. In vielen Situationen verwenden wir aber zum Auffordern auch Frage- oder Aussagesätze, z. B.: „Gibst du mir mal das Buch?" oder: „Du könntest endlich aus dem Weg gehen." Hinter einem Fragesatz verbirgt sich manchmal auch eine Aussage: „Machen wir nicht alle Fehler?" Wie die Sätze gemeint sind, schließen wir aus dem Tonfall oder aus dem Zusammenhang.

▶ S. 124 Die **Satzreihe** besteht aus selbstständigen **Teilsätzen (Hauptsätzen).** Die Teilsätze werden manchmal nur durch Komma voneinander getrennt: „Das Plakat war fertig, es sollte sofort aufgehängt werden." Meist werden sie jedoch durch **nebenordnende Konjunktionen** miteinander verbunden: „Gutenberg war verschuldet, *doch* er arbeitete weiter an seiner Erfindung."

▶ S. 121–124 Ein **Satzgefüge** ist zusammengesetzt aus mindestens einem Hauptsatz und mindestens einem Nebensatz, der zumeist mit einer unterordnenden Konjunktion oder einem Relativpronomen eingeleitet wird. Die Teilsätze werden durch Komma abgetrennt:
„Es gibt Regen, *wenn* die Bewölkung zunimmt."
Nebensätze sind untergeordnete Teilsätze in einem Satzgefüge. Sie zeichnen sich durch folgende Merkmale aus:
- Die Personalform des Verbs steht am Ende.
- Zumeist findet sich ein Einleitewort (Konjunktion, Relativpronomen), das den Bezug zum Hauptsatz herstellt.
- Sie können in der Regel (besonders in der Schriftsprache) nicht alleine stehen.

Nebensätze mit Konjunktion nehmen oft die Stelle einer adverbialen Bestimmung ein: ▶ S. 113–117

„*Wegen der Glätte* ↓ kam es zu Auffahrunfällen."
„*Weil es glatt war,*

Nebensätze mit Relativpronomen nehmen oft die Stelle eines Attributs ein: ▶ S. 118–120

„Die *neu erbauten* Häuser wurden vom Erdbeben zerstört."
„Die Häuser, *die neu erbaut worden waren,*

Relativpronomen sind z. B. „der", „die", „das" oder „welcher", „welche", „welches". ▶ S. 123–124 Als Einleitewörter zu einer bestimmten Gruppe von Nebensätzen stellen sie den Bezug zu einem Nomen oder Pronomen im Hauptsatz her (daher heißen sie auch „bezügliche Fürwörter"). Sie dürfen nicht verwechselt werden mit „der", „die", „das" in der Funktion des Artikels oder Demonstrativpronomens. Probe: Nur das Relativpronomen kann durch „welcher, welche, welches“ ersetzt werden:

„*Die* Häuser, *die* neu erbaut worden waren, …“

„~~Welche~~ Häuser, *welche* neu erbaut worden waren, …“

▶ S. 123–124 **Konjunktionen** sind nicht deklinierbare oder konjugierbare Wörter, die Sätze und Teile von Sätzen miteinander verknüpfen. Man unterscheidet

- **nebenordnende Konjunktionen**, z. B. „und“, „oder“, „aber“. Sie verbinden Wörter, Wortgruppen und Sätze, die grammatisch gleichrangig nebeneinander stehen;
- **unterordnende Konjunktionen**, z. B. „weil“, „da“, „obwohl“, „wenn“, „als“, „nachdem“, „dass“. Sie leiten eine bestimmte Gruppe von Nebensätzen ein. Sie binden diese Nebensätze an einen übergeordneten Teilsatz (Hauptsatz).

2.4 Satzglieder

Ein Satz setzt sich aus verschiedenen **Satzgliedern** zusammen. Ob ein einzelnes Wort oder eine ganze Wortgruppe ein Satzglied bildet, erkennt man daran, dass man Satzglieder innerhalb eines Satzes umstellen kann ohne den Sinn des Satzes zu verändern. Wir nennen dieses Verfahren **Umstellprobe.** Beispiel: ▶ S. 133

„ Die Feuerwehrleute | retteten | den Jungen.
– Den Jungen | retteten | die Feuerwehrleute.“

Der Kern des Satzes ist das **Prädikat.** Prädikate werden durch Verben gebildet. Es gibt einteilige Prädikate (z. B. „Sie *retteten* ihn.“) und zweiteilige Prädikate: „Sie *haben* ihn *gerettet.*“ Der Teil des Prädikats, der im Aussagesatz nach dem ersten Satzglied steht, ist die Personalform des Verbs: „Sie *haben* ihn gerettet.“

Um die weiteren Satzglieder im Aussagesatz zu bestimmen stellen wir vom Prädikat ausgehend Fragen. Die erste Frage lautet: „Wer …?“ oder „Was …?“, die Antwort darauf ist das **Subjekt,** die wichtigste Ergänzung zum Prädikat: „*Wer* hat ihn gerettet? – *Sie* haben ihn gerettet.“
Subjekt und Prädikat sind eng miteinander verbunden. Sie stimmen in der Person (1., 2. oder 3. Person) und im Numerus (Singular oder Plural) überein.
Mit „Wen …?“ oder „Was …?“ erfragen wir das **Akkusativobjekt:** „*Wen* haben sie gerettet? – Sie haben *ihn* gerettet.“
Mit „Wem …?“ fragen wir nach dem **Dativobjekt,** mit „Über was …?“, „Auf was …?“, „Für was …?“ usw. nach dem **Präpositionalobjekt.** Beispiel:

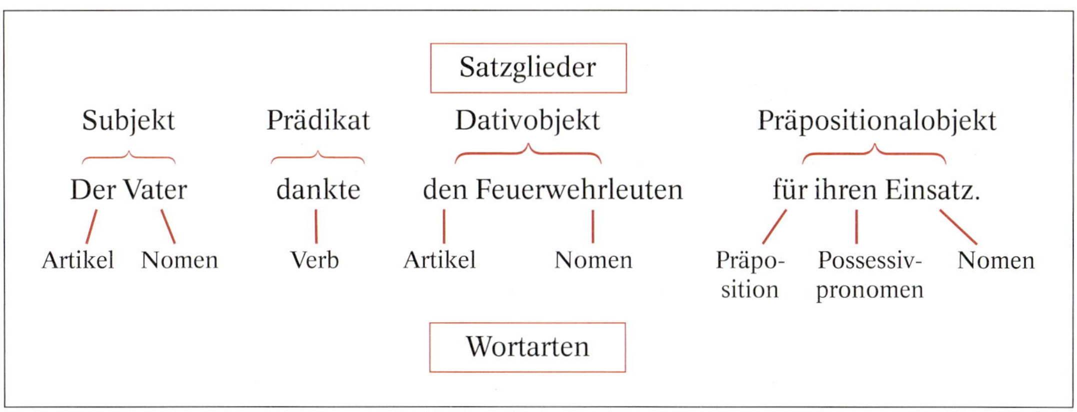

Das **Genitivobjekt** wird nur noch selten gebraucht. Wir erfragen es mit „*Wessen* …?“: „Wessen erinnerte er sich? – Er erinnerte sich *des Vorfalls.*“

Satzglieder, die man mit den Fragen „Wann …?“, „Warum …?“, „Wie …?“ ermittelt, heißen **adverbiale Bestimmungen** oder auch Adverbialien (Singular: das Adver- ▶ S. 113–117

biale). Sie geben die näheren Umstände eines Geschehens oder einer Handlung an (daher auch die Bezeichnung „Umstandsbestimmung").
Man unterscheidet
- **adverbiale Bestimmungen der Zeit:** „Wann treffen wir uns? – Wir treffen uns *am Montag.*"
- **adverbiale Bestimmungen des Ortes:** „Wo …? – Wir sehen uns *in der Schule.*"
- **adverbiale Bestimmungen des Grundes:** „Warum …? – *Wegen des Regens* kamen wir nicht nach Hause."
- **adverbiale Bestimmungen der Art und Weise:** „Wie …? – Er folgte uns *neugierig.*"

Adverbiale Bestimmungen können gebildet sein aus
- einem Adjektiv: „Er lief *schnell* weg."
- einem Adverb: „Wir führen *morgens* unseren Hund aus."
- einer Nominalgruppe mit Präposition: „Wir sehen uns *am Abend.*"

▶ S. 118–120 **Attribute** sind immer **Teil eines Satzglieds**, also keine selbstständigen Satzglieder. Sie stehen vor oder hinter ihren **Bezugswörtern** (z. B. Nomen) und bestimmen sie näher. Als Attribute kommen u. a. vor:
- Adjektive („*neue* Bücher") und adjektivisch gebrauchte Partizipien („*spielende* Kinder")
- Pronomen („*unsere* Schule") und Zahlwörter („*drei* Äpfel")
- Nomen im Genitiv („die Abfahrt *des Zuges*")
- Nomen mit Präposition („das Spiel *ohne Grenzen*")
- Adverbien („die Häuser *dort*")

Eine Form des Attributs ist auch die **Apposition:** „Herr Schäfer, *unser Lehrer*, organisierte mit uns den Basar." Die Apposition ist in ihrem Kern stets ein Nomen („Lehrer"). Sie folgt dem Bezugswort („Herr Schäfer") und steht im gleichen Kasus wie das Bezugswort (hier: Nominativ).

Wir können Satzglieder nicht nur umstellen, wir können sie auch durch andere Wörter oder Wortgruppen ersetzen. Dieses Verfahren nennen wir **Ersatzprobe,** Beispiel:

„[Der Vater] [dankte] [den Feuerwehrleuten.] – [Die Mutter] [dankte] [ihnen.]"

Mit der **Weglassprobe** können wir prüfen, welche Satzglieder in einem vollständigen Satz unbedingt notwendig sind, umgekehrt können wir mit der **Erweiterungsprobe** ausprobieren, um welche Satzglieder sich ein Satz sinnvoll erweitern lässt. ▶ S. 115
Die Proben bieten gleichzeitig Hilfen Sätze wirkungsvoll auszugestalten, z. B. bestimmte Satzglieder hervorzuheben (Umstellprobe), Gleichförmigkeit zu vermeiden (Ersatzprobe) und Sätze zu straffen (Weglassprobe) oder auszuschmücken (Erweiterungsprobe).

2.5 Rechtschreibung

Tipps zum Rechtschreiben

Das **Wörterbuch** – dein starker Helfer: Man kann nicht alles wissen, man muss nur wissen, wo es steht. Das gilt auch bei der Rechtschreibung. Jeder kann Fehler vermeiden, wenn er bei Zweifeln über die richtige Schreibweise im Rechtschreib-Wörterbuch nachsieht.

Schreibweisen ausprobieren: Um zu durchschauen, wie Wörter geschrieben werden, kannst du verschiedene Proben anwenden:
- ▶ S. 161 das **Wort verlängern**, z. B.: „Glas – Gläser – des Glases – glasig", „heiß – heißer";
- ein **verwandtes Wort** suchen: „willst – wollen", „Baum – Bäume"; ▶ S. 162
- ein zusammengesetztes Wort in seine **Bestandteile** zerlegen: „Sperrmüllplatz – Sperr + müll +platz".

Richtiges **Abschreiben** von schwierigen Wörtern:
1. Lies dir das ganze Wort genau durch.
2. Überlege, was dir daran schwierig erscheint.

3. Gliedere das Wort in Teile, die du schon kennst; präge dir besonders die Teile ein, die neu für dich sind.
4. Schreibe das Wort jetzt auswendig hin.
5. Kontrolliere deine Schreibung.

Beim **Abschreiben fremder Texte** sollte man die Vorlage erst vollständig durchlesen und schwierige Wörter markieren, damit man beim Abschreiben dieser Wörter besonders sorgfältig vorgeht. Oft handelt es sich dabei um Fremdwörter.
Beim **Mitschreiben** eines unbekannten Textes ergibt sich oft erst aus dem Sinnzusammenhang, welches Wort an einer bestimmten Stelle gemeint ist. Erst dann kann man entscheiden, wie das Wort zu schreiben ist. Oft hilft die Verlängerungs- oder die Verwandtschaftsprobe weiter.

Die **Silbentrennung:** Mehrsilbige Wörter trennt man nach Sprechsilben, die man bei langsamem, betontem Sprechen hören kann, z. B.: „o-ben", „Dumm-heit", „dummer-wei-se", „lis-tig". Das bedeutet auch: Einsilbige Wörter kann man nicht trennen.

Zwei Grundsätze der deutschen Rechtschreibung

Im Deutschen wird vieles so geschrieben, wie man es spricht. Das nennt man das **Lautprinzip** der Schreibung. Darum ist es wichtig, genau hinzuhören, wenn man etwas aufschreibt. Wortstämme werden möglichst überall gleich geschrieben. Das nennt man das **Stammprinzip** in der Schreibung. Also schreibt man „**Weg**" und „**Wege**", auch wenn die Laute am Wortende unterschiedlich gesprochen werden; also schreibt man „**Räu**ber" mit „**äu**", weil es zu „rauben" gehört.

Kurze und lange Vokale

Ob ein Vokal (Selbstlaut) kurz oder lang gesprochen wird, bestimmt mit über die Schreibung der nachfolgenden Konsonanten. Nach **betonten kurzen Vokalen** folgen fast immer **zwei Konsonanten.** In den meisten Fällen kann man sie beim Hören gut unterscheiden: „Hund, Topf, Karte, denken..."
Hört man nur einen Konsonanten, wird der beim Schreiben verdoppelt, z. B. „kna**bb**ern, Koffer, Ba**ll**, schwi**mm**en, i**rr**en, verge**ss**en...". Es gibt zwei Sonderfälle: Statt verdoppeltem **k** schreibt man **ck**, statt verdoppeltem **z** wird **tz** geschrieben.
Die meisten **betonten langen Vokale** (a, e, o, u) schreibt man mit einfachem Buchstaben. Zu einem kleinen Teil werden sie mit nachfolgendem **h** geschrieben. Das **h** erscheint sehr oft – aber nicht immer! – in den Verbindungen **hl, hm, hn, hr** und bleibt auch in den verwandten Wörtern erhalten.
Die meisten Wörter mit **lang gesprochenem i** werden im Deutschen mit **ie** geschrieben. Nur in den Pronomen ihm/ihn/ihr wird das lang gesprochene **i** als **ih** geschrieben.

Die Schreibung des s-Lautes

Die Unterscheidung zwischen **stimmhaftem s** (z. B. in „Wiese") und **stimmlosem s** (z. B. in „Fuß") ist bei der Rechtschreibung wichtig. Wer den s-Laut nicht unterschiedlich spricht, weil er z. B. aus Süddeutschland stammt, muss sich die Wortbilder einprägen. Das **stimmhafte s** wird immer als **s** geschrieben. Steht im Infinitiv ein stimmhaftes **s**, bleibt die s-Schreibung in allen Verbformen erhalten: „rasen, rast..."
Nach **langem Vokal** und nach **Diphthong** (Doppellaut) kann **s** oder **ß** stehen.

- Mit Hilfe der Verlängerungsprobe kann man entscheiden, welche Schreibung **am Wortende** die richtige ist. Bleibt der s-Laut stimmlos, steht **ß**: „Fuß / Füße".
- Hört man **im Wortinnern** am Silbenanfang einen stimmlosen s-Laut, wird **ß** geschrieben: „au - ßen".

Wechselt bei Verbformen die Vokallänge, dann verändert sich die Schreibung: Nach kurzem Vokal steht **ss**, nach langem Vokal und Diphthong steht **ß**, z. B.:

„essen – Er *isst* den Apfel."
aber:
„Er *aß* allein."

Groß- und Kleinschreibung: Nomen und Nominalisierungen

Alle **Nomen** und **Satzanfänge** werden großgeschrieben.
Typische Nomenendungen sind *-heit* / *-keit* / *-nis* / *-ung* / *-tum* / *-schaft* / *-in*.

▶ S. 146 Folgende **Signale** können darauf hinweisen, dass **ein Nomen** folgt:

- ein vorausgehender Artikel, manchmal mit einer Präposition verschmolzen,
- ein vorangestelltes Pronomen oder Zahlwort,
- ein vorangestelltes Adjektiv oder Partizip (oft in Verbindung mit dem Artikel),
- ein nachgestelltes Attribut.

Manchmal stehen Nomen ganz ohne Begleiter im Text. Dann muss man von ihrer Bedeutung oder der Wortbildung auf die Großschreibung schließen.

▶ S. 147–150 Wörter **anderer Wortarten** schreibt man **groß**, wenn sie im Satz **als Nomen gebraucht** werden. Man erkennt das an der Verbindung mit einem der Nomensignale.

Nominalisierte Wörter nehmen die Eigenschaften von Nomen an, können also dekliniert werden und bilden oft auch Singular und Plural.

Nominalisierungen, die aus mehreren Wörtern zusammengesetzt sind, schreibt man zusammen: „das Bogenschießen".

In der Verbindung mit den **Indefinitpronomen** *etwas, alles, nichts, einige, kein, viel, wenig, allerlei, ein paar, genug, manches* werden **Verben und Adjektive großgeschrieben:** „kein Jammern", „alles Gute".

▶ S. 151 Adjektive im Superlativ mit „am" (z. B. „am schönsten") werden kleingeschrieben.

▶ S. 153–154 Werden **Farbbezeichnungen** im Satz **als Adjektivattribute** oder **adverbiale Bestimmungen** verwendet, schreibt man sie **klein**: „Ich mag die *grüne* Mütze." „Sie hat das Rad *rot* gestrichen."

Wenn Farbbezeichnungen im Satz **als Nomen** eingesetzt werden, z. B. auch in Verbindung mit Präpositionen, schreibt man sie **groß**: „Mir gefällt *das Rot* deines Kleides." „Man überquert die Straße *bei Grün*."

Getrennt schreiben oder zusammenschreiben? ▶ S. 155

Wenn mehrere Wörter zu einem sprachlichen Ausdruck verbunden sind, schreibt man sie normalerweise **getrennt.**

- Das gilt für alle Ausdrücke, in denen **zwei Verben** miteinander verbunden sind: „spazieren gehen", „kennen lernen", „sitzen bleiben".
- Das gilt für die meisten Ausdrücke, in denen **Nomen und Verb** miteinander verbunden sind: „Schlange stehen", „Auto fahren", „Klavier spielen".
- Das gilt für die meisten Ausdrücke, in denen **Adverbien und Verben** verknüpft sind: „aneinander denken", „beiseite stellen", „vorwärts gehen".
- **Verbindungen mit sein** schreibt man immer getrennt: „fertig sein", „pleite sein", „vorbei sein", „zufrieden sein".
- Die meisten Verbindungen von **Adjektiv und Verb** schreibt man getrennt: „laut singen", „hell leuchten", „hastig essen".

Bei der Verbindung von **Adjektiv und Verb** ▶ S. 156–157 muss man eine **Probe** machen. Ergibt es Sinn, wenn man das Adjektiv **steigert,** dann wird getrennt geschrieben: „bekannt machen / bekannter machen", „nahe bringen / näher bringen".
Ist solch eine Steigerung nicht sinnvoll, dann bilden die Wortteile eine Einheit und werden zusammengeschrieben: „fernsehen", „kundgeben" , „langweilen" , „bloßstellen", „hochrechnen".

2.6 Zeichensetzung

Mit dem **Punkt** kennzeichnet man den Schluss eines **Aussagesatzes.**

Das **Ausrufezeichen** steht nach **Ausrufen, Aufforderungen, Wünschen, Anreden**: „Komm bitte morgen!" – „Bitte Ruhe!"

Nach der **Anrede in Briefen** kann man ein Ausrufezeichen oder ein Komma setzen. Nach dem Ausrufezeichen wird groß weitergeschrieben, nach dem Komma klein:

„Liebe Heike!
Wir haben schöne Ferien verbracht ..."

Das **Fragezeichen** setzt man am Ende des **Fragesatzes:** „Wann bist du nach Hause gekommen?"

▶ S. 143 Durch **Kommas** abgetrennt werden

- Teilsätze in der **Satzreihe** (Hauptsatz + Hauptsatz): „Wir betraten das Haus, es war nichts zu hören.“
  Vor den Konjunktionen *aber, jedoch, sondern, doch* u.a. steht immer ein Komma: „Ich dachte lange nach, aber der Titel des Buches fiel mir nicht ein.“
  Vor den Konjunktionen *und, oder, entweder … oder, sowohl … als auch* u. a. muss **kein Komma** stehen, man kann aber das Komma zur Verdeutlichung setzen: „Herr Müller fuhr mit dem Fahrrad(,) und seine Tochter saß auf dem Rücksitz.“
- Nebensätze im **Satzgefüge:** „Das Bild zeigt zwei Schüler, *die konzentriert lesen*.“
  Eingeschobene Nebensätze schließt man durch Kommas ein: „Der Schüler, *der am Rand des Bildes zu sehen ist*, trägt seine Schreibtäfelchen bei sich.“
- Wörter und Wortgruppen in **Aufzählungen:** „Die Schüler tragen einen *bequemen, weiten* Umhang.“ – „Du wolltest doch früh *nach Hause kommen, Aufgaben machen, dann Tennis spielen*.“
  Ein Komma steht immer vor den Konjunktionen *aber, jedoch, sondern, doch* u. a.: „Das *alte, aber wertvolle* Schulrelief kann man im Trierer Landesmuseum sehen.“
  Kein Komma steht vor den Konjunktionen *und, oder, entweder … oder* u. a.: „Der Schüler hebt die Hand *entweder zum Gruß oder zur Entschuldigung.*“
- **Appositionen:** „Oskar, *der freundliche Polizist*, konnte den Fall schnell lösen.“
- **Orts- und Zeitangaben:** „Köln, *den 10. September 1998*“
- **Nachgestellte Erläuterungen:** Sie werden oft mit Wörtern wie *nämlich, und zwar, vor allem, das heißt (d. h.), zum Beispiel (z. B.)* eingeleitet: „Das römische Schulrelief wurde in der Eifel ausgegraben, *und zwar* im Jahre 1884.“
- **Anreden:** „*Heiko*, gib mir bitte das Buch bald zurück.“

Wörtliche Rede

Die wörtliche Rede in einer Geschichte steht in **Anführungszeichen.** Die Satzzeichen ändern sich, je nachdem ob der Redebegleitsatz vor, inmitten oder nach der wörtlichen Rede steht:

- Zwischen einem einleitenden Redebegleitsatz und der wörtlichen Rede steht ein **Doppelpunkt:**
  Oskar fragte den Motorradfahrer: „Warum sind Sie so schnell gefahren?“
- Der eingeschobene Redebegleitsatz wird durch **Kommas** abgetrennt: *„Ich gehe“, sagte Oskar, „in das Musikgeschäft auf der anderen Straßenseite.“*
- Der nachgestellte Begleitsatz wird durch ein **Komma** von der wörtlichen Rede abgetrennt: *„Ich schreibe dir bald“, sagte sie.*
  „Warum kommst du zu spät?“, fragte die Lehrerin.
  „Halt! Stehen bleiben!“, riefen die Polizisten.

3 Umgang mit Literatur

3.1 Der Erzähler / Die Erzählerin

Bei epischen Texten (Erzählungen, Romanen) muss man darauf achten, *wer* erzählt: einer der Beteiligten oder ein außenstehender Berichterstatter.
Der **„Erzähler“** oder die **„Erzählerin“** kann die Personen, von denen die Geschichte handelt, auch wörtlich reden lassen.

Der Erzähler ist nicht einfach der **Autor** einer Geschichte. Ein männlicher Autor

kann z. B. eine Frau erzählen lassen und umgekehrt.
Erzählungen sind vom Autor oder der Autorin mit Fantasie aus wirklichen Erfahrungen heraus **erfunden.**
Ich-Erzählung: In einer Ich-Erzählung ist der Erzähler oder die Erzählerin selbst in das Geschehen verwickelt; der Erzähler schildert Ereignisse aus seiner persönlichen Sichtweise (Perspektive). Was andere Figuren in der Geschichte denken und fühlen, kann er nur vermuten.

Er-/Sie-Erzählung: In einer Er-/Sie-Erzählung vermittelt der Erzähler dem Leser die Geschichte oft so, als sei er allwissend; manchmal weiß er sogar mehr als die handelnden Figuren in einer Geschichte. Er kann sich in das Innere aller Figuren hineinversetzen und schildern, was sie denken und fühlen. In das Geschehen der Er-/Sie-Erzählung ist der Erzähler in der Regel nicht selbst verwickelt. Er ist ein Beobachter, der überall dabei sein kann, sogar gleichzeitig an verschiedenen Orten.

3.2 Volksmärchen

▶ S. 165–182

Fantastisch-wunderbare, frei erfundene Geschichten, die keinen namentlich bekannten Autor haben, heißen **Volksmärchen.** Sie sind lange vor der Zeit des Buchdrucks entstanden und von Generation zu Generation weitererzählt worden. Häufig veränderten sie sich dabei, sodass es zu vielen Volksmärchen verschiedene Fassungen gibt. Später haben Schriftsteller und Literaturwissenschaftler diese Märchen gesammelt und aufgeschrieben. Die berühmteste Sammlung deutscher Volksmärchen stammt von den Brüdern Jacob und Wilhelm Grimm.

Hauptmerkmale:

- Die **Figuren** werden nur in einigen, für die Handlung wesentlichen Eigenschaften vorgestellt (Gut-böse-Schema). Häufig haben sie auch keinen Namen oder einen Allerweltsnamen wie Hans und Grete.
  Die **Heldinnen und Helden** erscheinen zunächst schwach, unterdrückt oder dumm. Oft handelt es sich um Bauern, Handwerksgesellen, arme Leute, Bettler oder Kinder. Durch starke, oft mit magischen Kräften ausgerüstete Helfer (sprechende Tiere oder Gegenstände, Zauberwesen) siegen am Ende die Heldinnen/Helden. Die Helfer der Bösen sind dagegen in der Regel tollpatschig und ungeschickt.
- **Ort und Zeit** sind nicht genauer bestimmt. Es heißt nur: „Es war einmal …"
- Das **Handlungsschema** ist oft so, dass die Heldin/der Held eine Reihe von Aufgaben bewältigen muss (häufig sind es drei) und am Ende eine Belohnung gewinnt (Happy-end).
- **Übernatürliche Mächte** (Gott, Teufel, Hexen, Feen, mit magischen Kräften ausgestattete Tiere usw.) greifen wie selbstverständlich ins Alltagsleben ein.
- Die **Sprache** ist altertümlich, aber einfach und schlicht. Häufig sind **Wiederholungen, Redensarten und feststehende Floskeln** (Zaubersprüche, Einleitungs- und Schlussfloskeln). Diese sprachlichen Merkmale lassen sich durch das mündliche Weitererzählen erklären, ebenso wie die Vorliebe für bestimmte, als magisch geltende Zahlen: drei, sieben, zwölf.

3.3 Lügengeschichten

▶ S. 183–202

Lügengeschichten erzählen von ganz unmöglichen oder bis zur Unwahrscheinlichkeit übertriebenen Begebenheiten. Im Gegensatz zu den Lügen im Alltag will der Erzähler von Lügengeschichten seine Zuhörer/innen nicht täuschen, er will sie mit seinen fantastischen Erfindungen unterhalten. Daher gibt er augenzwinkernd zu verstehen, dass er das Blaue vom Himmel herunterlügt. Häufig tut er das gerade dadurch, dass er allzu auffällig betont die reine Wahrheit zu sagen.

In vielen Lügengeschichten werden **Lügenketten** gebildet, eine Lüge folgt der anderen. Häufig geschieht das nach dem Gesetz der Steigerung: Einer dicken Lüge folgt eine faustdicke usw.
Lügengeschichten werden in der Regel in der **Ich-Form** erzählt, um den Zuhörern zu versichern, die Erzählerin oder der Erzähler habe das, was sie/er erzählt, wirklich erlebt. Häufig spricht sie/er auch die Zuhörer bzw. Leser direkt an. So entsteht immer der Eindruck, die Lügengeschichten würden mündlich in einem Zuhörerkreis erzählt. Sie eignen sich daher besonders gut zum Vorlesen. Sprachliche Hauptmerkmale der Lügengeschichten sind die **Übertreibung** und der **übertreibende Vergleich**.

3.4 Schelmenstreiche

▶ S. 186–192

Schelmengeschichten handeln von gewitzten, frechen Jungen, die sich allein durchs Leben schlagen müssen. Ihre Streiche und Gaunereien richten sich fast immer gegen die Reichen und Mächtigen. Deshalb wurden diese Geschichten im Volk auch so gerne gehört, weitererzählt und schließlich aufgeschrieben. Darin gleichen sie den Märchen. Anders als die Lügen in den Lügengeschichten gehören die Lügen der Schelme in den Bereich der Betrügereien oder Notlügen.
Besonders bekannt sind die Streiche und Schelmenstücke Till Eulenspiegels, eines fahrenden Handwerksburschen aus dem ausgehenden Mittelalter. Um 1500 wurden die Geschichten als Volksbuch veröffentlicht. Der Schelm Eulenspiegel wendet sich gegen Dummheit und engstirniges Verhalten seiner Mitmenschen. So erteilt er seinen Herren und Auftraggebern eine Lehre, indem er deren Aufträge wörtlich nimmt und nicht im gemeinten Sinne ausführt.

3.5 Fabel

▶ S. 81–92

In der **Fabel** handeln und sprechen zumeist **Tiere.** Viele dieser Tierfiguren verkörpern feststehende menschliche Charaktereigenschaften: Der Fuchs gilt als schlau, der Esel als dumm, der Löwe als mächtig, der Wolf als gierig.
Die Tiere sind häufig Gegner (Fuchs und Rabe, Wolf und Lamm, Löwe und Esel). Sie führen z. B. Streitgespräche, an deren Ende der Stärkere oder der Listigere siegt. Aus den Fabeln soll man **Lehren** für das eigene Verhalten gegenüber anderen Menschen ziehen.
Fabeln können wie Gedichte in Versen oder aber auch in Prosa (als kurze Erzählung) geschrieben sein.

3.6 Gedichte

In Gedichten können wir oft eine Menge sprachlicher Besonderheiten entdecken; einige davon sind hier zusammengestellt.
Die Zeilen eines Gedichts nennt man **Verse,** die Abschnitte heißen **Strophen.**
Reim: Zwei Wörter reimen sich, wenn der letzte betonte Vokal und alles, was ihm folgt, gleich klingt, z. B.: „Butter – Mutter".
Paarreim: Von Paarreim sprechen wir, wenn sich zwei Verse, die aufeinander folgen, am Ende reimen:

„Auf leichten Schwingen frei und flink
zum Lindenwipfel flog der Fink."

Verse, die sich reimen, kann man mit demselben Kleinbuchstaben bezeichnen, sodass man für ein Gedicht mit Paarreimen das Reimschema *aa bb cc*... erhält.
Umarmender Reim: Ein Paarreim wird von

zwei Versen, die sich ebenfalls reimen, umschlossen. Reimschema: *abba cddc...*
Kreuzreim: Beim Kreuzreim reimen sich jeweils der 1. und 3. sowie der 2. und 4. Vers. Die Reime stehen also über Kreuz. Reimschema: *abab cdcd...*

Metrum, auch Versmaß genannt: regelmäßige Abfolge von betonten und unbetonten Silben:

„Régĕn régnĕt, régnĕt Régĕn
régnĕt Régĕn íns Gĕsícht."

Bildliche Sprache: ▶ S. 213–217
Bei einem **Vergleich** werden zwei verschiedene Vorstellungen durch „wie" miteinander verknüpft: „... ist der *Himmel* sozusagen *wie* aus *blauem Porzellan.*"
Bei einer **Metapher** wird eine Vorstellung ohne vergleichendes „wie" in einen anderen Bedeutungsbereich übertragen: „*Feuerwoge* jeder Hügel". Eine besondere Form der Metapher ist die **Personifikation:** Ein Gegenstand oder ein Begriff wird vermenschlicht: „Der Garten *trauert.*"

3.7 Theater

Konflikt: Auseinandersetzung, die den Kern einer Handlung auf der Bühne bildet.
▶ S. 274 **Pantomime:** Theater ohne Worte. Die Darstellung von Gefühlen und Situationen auf der Bühne geschieht allein durch die **Körpersprache,** also durch **Gestik** und **Mimik** (Gesichtsausdruck).
Rolle: Gestalt oder Figur, die ein/e Schauspieler/in auf der Bühne verkörpert.
Dialog: Gespräch zwischen den Personen auf der Bühne. Ein Selbstgespräch auf der Bühne nennt man **Monolog.**
Szene: Kurzer abgeschlossener Teil eines Theaterstücks. Eine Szene endet, wenn Schauspieler/innen auf- oder abtreten oder wenn das Licht ausgeht.
Regieanweisung: Anweisung an Regisseurinnen/Regisseure und Schauspieler/innen, wie eine bestimmte Szene gespielt werden soll. Regieanweisungen helfen außerdem dem Leser sich die Personen und das Geschehen vorzustellen.
Mauerschau (Teichoskopie): Ereignisse, die auf der Bühne nur schwer darstellbar sind, werden von den Schauspielenden auf der Bühne so erzählt, als könnten sie diese Ereignisse hinter der Bühne sehen. Das Publikum soll den Eindruck haben, die Schauspielenden blickten über eine Mauer, hinter der sich das Geschehen abspielt. ▶ S. 270
Souffleren: einem Schauspieler seinen Text (flüsternd) vorsagen. ▶ S. 277

3.8 Medien

Medien (Einzahl: Medium) sind Mittel zur Weitergabe von Informationen. Wichtige Medien sind z. B. Bücher, Zeitungen und Zeitschriften, Hörfunk, Film, Fernsehen und seit neuestem auch der Computer.
▶ S. 229–233 Das **Hörspiel** ist eine Art Theaterstück für den Rundfunk. Neben der gesprochenen Sprache werden Mittel eingesetzt, die den akustischen (klanglichen) Eindruck unterstützen, z.B. Musik und Geräusche.
▶ S. 230–233 Ein **Film** hat als Textgrundlage das **Drehbuch.** Im Drehbuch werden sowohl der gesprochene Text als auch die Bilder und Kameraeinstellungen festgelegt. Den Bildausschnitt, den die Kamera zeigt, nennt man **Einstellungsgröße.** Je kleiner der Bildausschnitt ist, desto näher scheint der Betrachter am Geschehen zu sein. Man unterscheidet (von nah nach weit): *Detail, Großaufnahme, Nahaufnahme, Halbnah, Halbtotale, Totale und Panorama.* ▶ S. 234–236
Man spricht von **Erzählperspektive,** wenn man die Sichtweise meint, aus der ein Text geschrieben ist. Als **Kameraperspektive** bezeichnet man den Standpunkt und Blickwinkel der Kamera im Film: „Froschperspektive" (= Kamera von unten), „Vogelperspektive" (= Kamera von oben) oder „Normalsicht" (in Augenhöhe). ▶ S. 234–236

Äsop (6. Jh. v. Chr.)
84 Was du tust, wirst du erleiden
aus: Aesopische Fabeln. Hg. und übersetzt von A. Hausrath. Heimeran, München 1940, S. 57

Ausländer, Rose (1901–1988)
219 April
aus: Im Atemhaus wohnen Gedichte. Fischer, Frankfurt/Main 1981/1992

Borchers, Elisabeth (*1926)
204 September
221 November
aus: Und oben schwimmt die Sonne davon. Ellermann, München 1965

Brambach, Rainer (1917–1983)
210 Das blaue Band
aus: Wirf eine Münze auf. © 1977 by Diogenes Verlag, Zürich

Brecht, Bertolt (1898–1956)
142 Es war einmal ein Adler
aus: Große kommentierte Berliner und Frankfurter Ausgabe. Bd. 14. Hg. von Hecht, Knopf, Mittenzwei, Müller. Suhrkamp, Frankfurt/Main 1993, S. 243

Brentano, Clemens (1778–1842)
203 Frühes Liedchen
aus: Gedichte Erzählungen Briefe. Hg. von H. M. Enzensberger. Fischer, Frankfurt/Main 1958, S. 20

Britting, Georg (1891–1964)
214 Feuerwoge jeder Hügel
aus: Gesamtausgabe Bd. 1. Nymphenburger Verlagshandlung, München 1957

Bröger, Achim (*1944)
151 Ihr dürft mir nichts tun
aus: Frieden ist mehr als ein Wort. Hg. von H. Wohlgemuth. Rowohlt, Reinbek 1981

Bürger, Gottfried August (1747–1794)
183 Münchhausens Reiterkunststücke
aus: Wunderbare Reisen zu Wasser und Lande, Feldzüge und lustige Abenteuer des Freiherrn von Münchhausen, wie er dieselben bei einer Flasche im Zirkel seiner Freunde selbst zu erzählen pflegt. Büchergilde Gutenberg, Frankfurt (Main)/Wien 1994, S. 56–62

Busch, Wilhelm (1832–1908)
92 Es sitzt ein Vogel auf dem Leim (1)
82 Der fliegende Frosch (2)
83 Das Rabennest (3)
aus: Gesammelte Werke in sechs Bänden. Hg. von H. Werner. Fackel Verlag, Herrsching o. J., Bd. VI, S. 78 (1), S. 11–13 (2), Bd. II, S. 77–80 (3)

Busta, Christine (1915–1987)
220 Der Sommer
218 Wo holt sich die Erde
aus: Die Sternenmühle. Otto Müller Verlag, Salzburg 1959

Canetti, Elias (1905–1994)
105 Der Papiersäufer
aus: Der Ohrenzeuge. Fünfzig Charaktere. Fischer, Frankfurt/Main 1994, S. 73

Cervantes, Miguel de (1547–1616)
250 Eine Schlacht und viele verlorene Zähne
aus: Don Quijote. Nacherzählt von D. Walbrecker. Annette Betz Verlag, Wien/München 1992, S. 41–45

Davies, Thomas Stephen
65 Vortrag über die Laufmaschine (1837)
aus: Ich fahr so gerne Rad ... Hg. von H.-E. Lessing. Übersetzt von H. Erhard. dtv, München 1995, S. 197–199

Dietmar von Eist († vor 1171)
209 Ahi nu kumet uns diu zit
aus: Minnesangs Frühling. Hg. von C. von Kraus. Hirzel Verlag, Leipzig 1959, S. 31

Droste-Hülshoff, Annette von (1797–1848)
208 Winter
aus: Sämtliche Werke. Hanser, München 1952, S. 62–63

Eichendorff, Joseph von (1788–1857)
221 Weihnachten
aus: Werke in einem Band. Hanser, München 1951, S. 171

Enzensberger, Hans Magnus (*1929)
108 wortbildungslehre
aus: Landessprache. Gedichte. Suhrkamp, Frankfurt/Main 1969, S. 50

Erhardt, Heinz (1909–1979)
103 Das Finkennest
102 Der Stier
102 Zellen
aus: Das Große Heinz Erhardt Buch. Fackelträger, Hannover 1970, S. 89, 274

Fleischman, Sid (*1920)
185 McBroom und die Stechmücken
aus: Hier kommt McBroom. Übersetzt von S. Schönfeldt. Bitter, Recklinghausen

Fontane, Theodor (1819–1898)
206 Herr von Ribbeck auf Ribbeck im Havelland
aus: Sämtliche Werke. Hg. von W. Keitel. Bd. VI. Hanser, München 1964

Franz, Kurt
104 Kleine Taschenbuchgeschichte
aus: Lesen macht stark. Alles über Bücher. Vom Autor bis zum Leser. dtv junior, München 1991, S. 42

Fried, Erich (1921–1988)
109 Aufzählung zum Abzählen (1)
87 Humorlos (2)
89 Der Mausefall (3)
aus: Anfechtungen. Verlag Klaus Wagenbach, Berlin 1967, S. 30 (1); Gesammelte Werke. Hg. von V. Kaukoreit und K. Wagenbach. Verlag Klaus Wagenbach, Berlin 1993, Gedichte 1, S. 417(2), Gedichte 2, S. 333 (3)

Fühmann, Franz (1922–1984)
164 Regennachmittage
aus: Die dampfenden Hälse der Pferde im Turm zu Babel. Der Kinderbuchverlag, Berlin 1978, S. 63

Gleim, Johann Wilhelm Ludwig (1719–1803)
88 Die Katze. Die Maus.
aus: Sämtliche Schriften des Herrn J. W. Gleim. Neue und verbesserte Auflage, Berlin 1775, Zweyter Theil, S. 11

Goethe, Johann Wolfgang (1749–1832)
87 Die Frösche (1)
209 Frühling übers Jahr (2)
248 Götz von Berlichingen (3)
aus: Sämtliche Werke in 18 Bänden. Artemis/dtv, München 1977, Bd. 1, S. 572–573 (1), Goethes Werke. Hg. von E. Trunz. Hamburger Ausgabe in 14 Bänden. Beck, München 1981, Bd I (2), Bd. IV, S. 84–85 (3)

Gomringer, Eugen (*1925)
108 aus zufall
aus: Worte sind Schatten. Die Konstellationen 1951–1968. Hg. von H. Heißenbüttel. Rowohlt, Reinbek 1969, S. 87

Grimm, Jacob (1785–1863) und Wilhelm (1786–1859)
166 Fundevogel
168 Die Sterntaler
aus: Das große deutsche Märchenbuch. Hg. von H. Brackert. Athenäum, Königstein/Ts. 1979, S. 236–238, 262

Grimmelshausen, Hans Jakob Christoffel von (1622–1676)
260 Simplizius Simplizissimus
aus: Die Abenteuer des Simplizissimus. Bearbeitet von J. Glanz. Arena, Würzburg 1989, S. 15-18

Guggenmos, Josef (1922–2003)
207 Ich male mir den Winter
aus: Ich will dir was verraten. Beltz und Gelberg, Weinheim/Basel

Hacks, Peter (1928–2003)
205 Der Herbst steht auf der Leiter
aus: Der Flohmarkt. Benziger Verlag, Zürich/Köln 1973

Hahn, Ulla (*1946)
220 Verregneter Sommer
aus: Herz über Kopf. Gedichte. DVA, Stuttgart 1981

Hanisch, Hanna (*1920)
37 Die Sache mit dem Parka
aus: Vorlesebuch Religion 3. Hg. von D. Steinwede und S. Ruprecht. Gemeinschaftsverlag Ernst Kaufmann, Lahr und Vandenhoeck & Ruprecht, Göttingen, Benziger, Zürich/Köln und Theologischer Verlag, Zürich 1976

Harig, Ludwig (*1927)
127 Das Klassenfoto
aus: Weh dem, der aus der Reihe tanzt. Hanser, München/Wien 1990, S. 23–24

HESSE, HERMANN (1877–1962)
205 September
aus: Gesammelte Werke. Suhrkamp, Frankfurt/Main 1970, Bd. 1, S. 95

HÖLTY, LUDWIG HEINRICH CHRISTOPH (1748–1776)
220 Frühlingslied
aus: Deutsche Dichtung im 18. Jahrhundert. Hg. von A. Elschenbroich. Hanser, München o. J.

HÖSS, DIETER (*1935)
212 Die Lawine rollt
aus: Fortschritt der Menschheit. Eulen-Verlag, Freiburg 1985, S. 65

HÜRLIMANN, THOMAS (*1950)
106 Der Verhängnisforscher
aus: Die Satellitenstadt. Geschichten. Fischer, Frankfurt/Main 1994, S. 73 ff. © Ammann, Zürich

JANDL, ERNST (1925–2000)
99 die bürste
aus: der gelbe hund. Luchterhand, Neuwied 1990, S. 59

KAFKA, FRANZ (1883–1924)
88 Kleine Fabel
aus: Sämtliche Erzählungen. Hg. von P. Raabe. Fischer, Frankfurt/Main 1969, S. 320

KÄSTNER, ERICH (1899–1974)
213 Im Auto über Land (1)
204 Der September (2)
186 Wie Eulenspiegel einem Esel das Lesen beibrachte (3)
aus: Dr. Kästners Lyrische Hausapotheke. Atrium, Zürich 1936 (1), Die 13 Monate. Atrium, Zürich 1955 (2), Erich Kästner erzählt Till Eulenspiegel. Cecilie Dressler Verlag, Hamburg 1991, © Atrium, S. 77–82 (3)

KEMPOWSKI, WALTER (*1929)
128 Die Kugel
aus: Weltschmerz. Kinderszenen fast zu ernst. Albrecht Knaus Verlag, München 1995, S . 312

KIRSTEN, RUDOLF (1886 – 1972)
141 Die andern haben's besser
aus: Hundertfünf Fabeln. Logos, Zürich 1960

KLEBERGER, ILSE (*1921)
211 Sommer
aus: Die Stadt der Kinder. Hg. von H.-J. Gelberg. Bitter, Recklinghausen 1969

KLEE, ERNST (*1942)
34 Der Zappler findet eine Freundin
aus: Der Zappler. Schwann-Verlag, Düsseldorf 1974

KOMENDA-SOENTGERATH, OLLY
218 Winter
aus: Erst wenn die Boten kommen. Gedichte. Heiderhoff Verlag, Eisingen 1992, S. 11

KORSCHUNOW, IRINA (*1925)
18 Marli
aus: Die schönsten Freundschaftsgeschichten. Hg. von H. Westhoff. Otto Maier, Ravensburg 1987, S. 92–97

KRUSE, MAX (*1921)
130 Auch ein Weihnachtsabend
aus: Menschengeschichten. Hg. von H.-J. Gelberg. Beltz, Weinheim/Basel 1975

KÜPPERS, WALTRAUD
52 Das Warenhaus (Deutschland)
aus: Kinder im Schatten. Aus der Sprechstunde einer Kinderpsychologin. Quell Verlag, Stuttgart 1991, S. 10–11

LA FONTAINE, JEAN DE (1621–1695)
86 Der Frosch, der dem Stier an Größe gleichen wollte
aus: Jean de La Fontaine. Die Fabeln. Übersetzt von E. Dohm. Emil Vollmer Verlag, Wiesbaden o. J., S. 7

LEITER, HILDE
220 Besuch
aus: Der Wünschelbaum. Hg. von G. Bydlinski. Herder Verlag, Wien/Freiburg 1984

LESSING, GOTTHOLD EPHRAIM (1729–1781)
86 Die Wasserschlange
aus: Lessings Werke. Hg. von G. Witkowski. Bibliographisches Institut, Leipzig/Wien o. J., S. 364

LIENAU, MARIANNE
55 Der Kinderbürgermeister von Aulla (Italien)
aus: Themen des Tages, NDR 4, 4. 5. 1994

LINDQUIST, SVEN
51 Jugendgericht in Cuszo (Peru)
aus: Südamerika – der geplünderte Kontinent. Übersetzt von U. Fröhlich. Marion von Schröder Verlag, Düsseldorf 1972

LINVERS, EDITH
218 Frühlingsahnung
aus: Nicht nur Erlebtes. Rudolf Winkelmann, Recklinghausen 1984

LUTHER, MARTIN (1483–1546)
257 Der Doktor im roten Barett (1)
257 Ein feste Burg (2)
85 Untreue. Vom Frosch und der Maus (3)
aus: Fabeln aus drei Jahrtausenden. Hg. von R. Dithmar. Manesse, Zürich 1992 (1), (3), Das Buch der Gedichte. Hg. K. O. Conrady. Hirschgraben, Frankfurt/Main 1987, S. 61 (2)

MAAR, PAUL (*1937)
178 Die Geschichte vom bösen Hänsel, der bösen Gretel und der Hexe
aus: Das große deutsche Märchenbuch. Hg. von H. Brackert. Athenäum, Königsstein/Ts. 1979, S. 675–76

MAI, MANFRED (*1949)
252 Ein harter Arbeitstag
aus: Der deutsche Bauernkrieg. Otto Maier, Ravensburg, S.7–9

MASCHE, URSULA
45 Herr Wichtig auf dem Polizeirevier
aus: Praxis Deutsch 28/78, S. 51

MORGENSTERN, CHRISTIAN (187–1914)
104 Die Brille (1)
97 Die Tagnachtlampe (2)
105 Der Vergess (3)
aus: Alle Galgenlieder. Diogenes, Zürich 1981, S. 147 (1), 121 (2), 248 (3)

MÖRIKE, EDUARD (1804–1875)
210 Er ist's
aus: Sämtliche Werke. Hg. von H. G. Göpfert. Hanser, München 1964

MUNEYUKI, MINAMOTO-NO
208 Das Dorf in den Bergen
aus: Als wär's des Mondes letztes Licht am frühen Morgen. Hg. und übersetzt von J. Berndt. Insel, Frankfurt/Main 1987

PAUSEWANG, GUDRUN (*1928)
21 Ich hab einen Freund in Leningrad (1)
127 Schulzeit in Wichstadtl (2)
aus: Ich hab einen Freund in Leningrad. Otto Maier, Ravensburg 1986 (1), „Das Schärfste war unser Turndress ..." W. Leimeier, Lippstadt 1993 (2)

PHÄDRUS (UM 15 V. CHR.–55 N. CHR.)
91 Der Hund und der Wolf
aus: Phädrus' Äsopische Fabeln. Übersetzt von J. Siebelis. Berlin o. J., S. 30

PRÉVERT, JACQUES (1900–1977)
92 Katze und Vogel
aus: Histoires. Gallimard, Paris 1963, übers. v. K. Fingerhut

PYLE, HOWARD (1853–1911) / ARTL, INGE M.
223 Im Sherwoodwald bei Nottingham
226 Robin Hood kämpft mit Little John
aus: Die Abenteuer des Robin Hood. Arena, Würzburg 1993, S. 7–10, 12 f.

REDING, JOSEF (*1929)
141 Hast du 'ne Macke?
aus: Gutentagtexte. Engelbert-Verlag, Balve 1974, S. 55

REMY, ULLRICH (*1949)
142 ruf
aus: Junge Deutsche Lyrik 1. 68 Gedichte von 12 Autoren. Franz Schneekluth Verlag, München 1984, S. 70

RÖHRIG, TILMAN (*1945)
226 Robin Hood kämpft mit Little John
aus: Robin Hood. Lizenzausgabe Büchergilde Gutenberg. Cecilie Dressler Verlag, Hamburg 1994, S. 47

RUCK-PAUQUÈT, GINA (*1931)
12 Der Freund
aus: Die schönsten Freundschaftsgeschichten. Hg. von H. Westhoff. Otto Maier, Ravensburg 1987, S. 61–67

SACHS, HANS (1494–1576)
258 Der farendt Schuler im Paradeiß
aus: Meistersänge, Fastnachtspiele, Schwänke. Reclam, Stuttgart 1967, S. 22 ff.

SCHAMI, RAFIK (*1946)
90 Das letzte Wort der Wanderratte
aus: Das letzte Wort der Wanderratte. Märchen Fabeln und fantastische Geschichten. dtv, München 1994, © Neuer Molik, S. 35

SCHEFFLER, URSEL (*1938)
194 Der Lügenbeutel
aus: Der Lügenbeutel. Unglaubliche Geschichten. Franz Schneider Verlag, München 1987, S. 53–56

SCHNELL, ROBERT WOLFGANG (*1916)
112 Schau mal
aus: Das Einhorn sagt zum Zweihorn. Hg. von G. Loschütz. Gertraud Middelhauve, Köln 1974

SCHNURRE, WOLFDIETRICH (1920–1989)
15 Jenö war mein Freund
aus: Als Vaters Bart noch rot war. Arche, Zürich 1958

STORM, THEODOR (1817–1888)
206 Inserat
aus: Gedichte für ein ganzes Jahr. Hg. von J. Krüss. Otto Maier, Ravensburg 1972, S. 16

SÜSSMANN, CHRISTEL (*1922)
210 Sommerhitze
aus: Sonniges Jugendland. Zickelfeldverlag, Hannover 1979, S. 194

TIEMANN, HANS-PETER (*1952)
263 Die große Plage
aus: Lampenfieber. Rüdiger Kohl Verlag, Niederzier 1988

TWAIN, MARK (1835–1910)
228 Tom Sawyer spielt Robin Hood
aus: Die Abenteuer des Tom Sawyer. Übersetzt von U. Johannsen. Droemersche Verlagsanstalt Th. Knaur, München/Zürich o. J., © Atrium, S. 76

VALENTIN, KARL (1882–1948)
107 Geburt
aus: Herr Je das Nichts ist bodenlos. Unsinn in Poesie und Prosa. Hg. von W. Höck. Ehrenwirth, München, © Piper, S. 127

WEBER, RENATE
111 Adlerauge sucht Fahrrad!
aus: Bonner Generalanzeiger vom 12./13.8.1995

WENDT, IRMELA (*1916)
129 Porträt der Lehrerin Stephanie N.
aus: Menschengeschichten. Hg. von H.-J. Gelberg. Beltz, Weinheim/Basel 1975

WERNHER DER GARTENÆRE (13. JAHRHUNDERT)
245 Helmbrecht
Nacherzählt von Margret und Karlheinz Fingerhut

WIESELMANN, H. U.
74 Tazio Nuvolari
aus: Als gäbe es kein Morgen. Vom ersten Grand Prix bis Fangio – Die großen Rennen auf klassischen Wagen. Motorbuch Verlag, Stuttgart 1969, S. 147–148

WÖLFEL, URSULA (*1922)
153 Die Geschichte vom grünen Fahrrad (1)
221 Oktober (2)
aus: Achtundzwanzig Lachgeschichten. Hoch-Verlag. Düsseldorf 1962 (1), Wunderwelt, 3. Schuljahr. Schwann, 1968 (2)

WOSNITZA, ANDREAS R.
28 Der neue Klassensprecher
aus: Sprache in Situationen. Hg. von F. Hebel u. a. Urban und Schwarzenberg, München/Berlin/Wien 1976

Unbekannte/ungenannte Autorinnen und Autoren

189 Billige Esel
aus: 202 Witze von Nasreddin Hodscha. Minyatür Yayinlari No. 1d. Verlag und Buchversand Yvonne Landeck, Kassel o. J.

196 Das Märchen vom Meisterlügner
aus: Das große deutsche Märchenbuch. Hg. von H. Brackert. Athenäum, Königsstein/Ts. 1979, S. 348–350

169 Das Töpfchen
aus: Türkische Volksmärchen. Hg. von P. N. Borotav. Übersetzt von O. Spies. Eugen Diederichs Verlag, München 1990, S. 138–140

146 Die Geschichte von Mabsut
aus: Mau Mao Miau. Die Katze durch die Jahrtausende. Hg. und übersetzt von von M. Damjan, R. Schilling. Nord-Süd Verlag, Mönchaltorf 1969

175 Die Königstochter in der Flammenburg
aus: Das große deutsche Märchenbuch. Hg. von H. Brackert. Athenäum, Königsstein/Ts. 1979, S. 359

171 Der Puma, der zaubern konnte
aus: Mutabor. Märchen der Verwandlung. Hg. von H. Gebert. Beltz & Gelberg Verlag, Weinheim/Basel 1988, S. 210–221

63 Der Treibhauseffekt
von Peter Möhrke, in: Öko. Ein Mitmachheft für Kinder gegen den Treibhauseffekt, Autos, Müll und was uns sonst noch stinkt! Hg. von der Bundesleitung der Katholischen Jungen Gemeinde, Düsseldorf 1993, S. 6

189 Der Wind tat es
aus: 202 Witze von Nasreddin Hodscha. Minyatür Yayinlari No. 1d. Verlag und Buchversand Yvonne Landeck, Kassel o. J.

208 Der Winter
aus: Lyrik des Ostens. Hg. von W. Gundert, A. Schimmel und W. Schubring, übers. v. W. Gundert. Hanser, München 1965/78

188 Eine unerfahrene Nachtigall
aus: 202 Witze von Nasreddin Hodscha. Minyatür Yayinlari No. 1d. Verlag und Buchversand Yvonne Landeck, Kassel o. J.

54 Eine ungewöhnliche Demonstration in Bombay
aus: terre des hommes 2/89

190 Lazarillo verschafft sich Brot
aus: Das Leben des Lazarillo von Tormes. Seine Freuden und Leiden. Übersetzt von H. Henze. Büchergilde Gutenberg, Frankfurt(Main)/Olten/Wien 1984, S. 30–36

50 Lima (Peru)
aus: Zum Beispiel Kinderarbeit. Hg. von U. Pollmann. Lamuv Verlag, Göttingen 1991, S. 57–58

177 Märchenbruchstücke
aus: Das große deutsche Märchenbuch. Hg. von H. Brackert. Athenäum, Königsstein/Ts. 1979, S. 301, 297

50 Mirzapur (Indien)
aus: Zum Beispiel Kinderarbeit. Hg. von U. Pollmann. Lamuv Verlag, Göttingen 1991, S. 56–57

42 Motorradfahrer stießen zusammen
aus: WAZ, Ausgabe Viersen vom 14.11.1995

42 Pkw prallte gegen Baum
von Hans-Wilhelm Reiners, in: Rheinische Post, Ausgabe Mönchengladbach vom 19.9.1995

48 Resolution der Kinder aus Bombay
aus: terre des hommes 2/89

62 Saurer Regen
aus: Kinder machen 50 starke Sachen, damit die Umwelt nicht umfällt. Hg. von der The EarthWorks Group. Übersetzt von B. Bartos. Carlsen, Hamburg 1990, S. 13

64 Um die Ecke mit dem Rad
aus: Kinder machen 50 starke Sachen, damit die Umwelt nicht umfällt. Hg. von der The EarthWorks Group. Carlsen, Hamburg 1990, S. 110–111

62 Waldsterben
aus: Brockhaus Enzyklopädie. F. A. Brockhaus, Wiesbaden 1994

99 Wörterbuchauszug
Duden: Die sinn- und sachverwandten Wörter. Bd. 8. Dudenverlag, Mannheim/Leipzig u. a. 1986

Autobiografische Texte:
Harig, Ludwig: Das Klassenfoto 127
Pausewang, Gudrun: Schulzeit in Wichstadtl 127

Bildergeschichten/Comics:
Busch, Wilhelm: Der fliegende Frosch 82
Busch, Wilhelm: Das Rabennest 83
Clever und Smart haben einen Unfall 41
Das Verkehrs-Chaos 61
Oskar, der freundliche Polizist 113
Eine Erfindung von Oskar, dem freundlichen Polizisten 136
Robin Hood 234

Erzählungen:
Bröger, Achim: Ihr dürft mir nichts tun 151
Hanisch, Hanna: Die Sache mit dem Parka 37
Hürlimann, Thomas: Der Verhängnisforscher 106
Korschunow, Irina: Marli 18
Kruse, Max: Auch ein Weihnachtsabend 130
Mai, Manfred: Ein harter Arbeitstag 252
Pausewang, Gudrun: Ich hab einen Freund in Leningrad 21
Ruck Pauquèt, Gina: Der Freund 12
Scheffler, Ursel: Der Lügenbeutel 194
Schnurre, Wolfdietrich: Jenö war mein Freund 15
Wendt, Irmela: Porträt der Lehrerin Stephanie N. 129
Wernher der Gartenære: Helmbrecht 245
Wölfel, Ursula: Die Geschichte vom grünen Fahrrad 153

Fabeln:
Äsop: Was du tust, wirst du erleiden 84
Brecht, Bertolt: Es war einmal ein Adler 142
Gleim, Johann Wilhelm Ludwig: Die Katze. Die Maus. 88
Goethe, Johann Wolfgang: Die Frösche 87
Kafka, Franz: Kleine Fabel 88
Kirsten, Rudolf: Die andern haben's besser 141
La Fontaine, Jean de: Der Frosch, der dem Stier an Größe gleichen wollte 86
Lessing, Gotthold Ephraim: Die Wasserschlange 86
Luther, Martin: Der Doktor im roten Barett 257
Luther, Martin: Untreue. Vom Frosch und der Maus 85
Phädrus: Der Hund und der Wolf 91
Prévert, Jacques: Katze und Vogel 92
Schami, Rafik: Das letzte Wort der Wanderratte 90

Gedichte:
Ausländer, Rose: April 219
Borchers, Elisabeth: September 204
Borchers, Elisabeth: November 221
Brambach, Rainer: Das blaue Band 210
Brentano, Clemens: Frühes Liedchen 203
Britting, Georg: Feuerwoge jeder Hügel 214
Busch, Wilhelm: Es sitzt ein Vogel auf dem Leim 92
Busta, Christine: Wo holt sich die Erde 218
Busta, Christine: Der Sommer 220
Der Winter 208
Dietmar von Eist: Ahi nu kumet uns diu zit 209
Droste-Hülshoff, Annette von: Winter 208
Eichendorff, Josef von: Weihnachten 221
Enzensberger, Hans Magnus: wortbildungslehre 108
Fontane, Theodor: Herr von Ribbeck auf Ribbeck im Havelland 206
Fried, Erich: Humorlos 87
Fried, Erich: Der Mausefall 89
Fried, Erich: Aufzählung zum Abzählen 109
Goethe, Johann Wolfgang: Die Frösche 87
Goethe, Johann Wolfgang: Frühling übers Jahr 209
Gomringer, Eugen: aus zufall 108
Guggenmos, Josef: Ich male mir den Winter 207
Hacks, Peter: Der Herbst steht auf der Leiter 205
Hahn, Ulla: Verregneter Sommer 220
Hesse, Hermann: September 205
Hölty, Ludwig Heinrich Christoph: Frühlingslied 220
Höss, Dieter: Die Lawine rollt 212
Jandl, Ernst: die bürste 99
Kästner, Erich: Der September 204
Kästner, Erich: Im Auto über Land 213
Kleberger, Ilse: Sommer 211
Komenda-Soentgerath, Olly: Winter 218
La Fontaine, Jean de: Der Frosch, der dem Stier an Größe gleichen wollte 86
Leiter, Hilde: Besuch 220
Linvers, Edith: Frühlingsahnung 218
Luther, Martin: Ein feste Burg 257
Morgenstern, Christian: Die Tagnachtlampe 97
Morgenstern, Christian: Die Brille 104
Morgenstern, Christian: Der Vergess 105
Mörike, Eduard: Er ist's 210
Muneyuki Minamoto-No: Das Dorf in den Bergen 208
Reding, Josef: Hast du 'ne Macke? 141
Remy, Ullrich: ruf 142
Storm, Theodor: Inserat 206
Süßmann, Christel: Sommerhitze 210
Wölfel, Ursula: Oktober 221

Jugendbuchauszüge:
Cervantes, Miguel de: Eine Schlacht und viele verlorene Zähne 250
Klee, Ernst: Der Zappler findet eine Freundin 34
Pyle, Howard/Artl, Inge M.: Im Sherwoodwald zu Nottingham 223
Pyle, Howard/Artl, Inge M.: Robin Hood kämpft mit Little John 226
Röhrig, Tilman: Robin Hood kämpft mit Little John 226
Twain, Mark: Tom Sawyer spielt Robin Hood 228

Kurzprosa:
Kempowski, Walter: Die Kugel 128
Canetti, Elias: Der Papiersäufer 105
Valentin, Karl: Geburt 107

Legenden:
Pyle, Howard/Artl, Inge M.: Im Sherwoodwald zu Nottingham 223
Pyle, Howard/Artl, Inge M.: Robin Hood kämpft mit Little John 226
Röhrig, Tilman: Robin Hood kämpft mit Little John 226

Märchen:
Das Märchen vom Meisterlügner 196
Das Töpfchen 169
Der Puma, der zaubern konnte 171
Die Geschichte von Mabsut 146
Die Königstochter in der Flammenburg 175
Grimm, Jacob und Wilhelm: Fundevogel 166
Grimm, Jacob und Wilhelm: Die Sterntaler 168
Maar, Paul: Die Geschichte vom bösen Hänsel, der bösen Gretel und der Hexe 178

Lügen- und Schelmengeschichten:
Billige Esel – Nasreddin Hodscha 189
Bürger, Gottfried August: Münchhausens Reiterkunststücke 183
Der Wind tat es – Nasreddin Hodscha 189
Das Märchen vom Meisterlügner 196
Eine unerfahrene Nachtigall – Nasreddin Hodscha 188
Fleischman, Sid: McBroom und die Stechmücken 185
Kästner, Erich: Wie Eulenspiegel einem Esel das Lesen beibrachte 186
Lazarillo verschafft sich Brot 190

Romanauszüge:
Cervantes, Miguel de: Eine Schlacht und viele verlorene Zähne 250
Grimmelshausen, Hans Jakob Christoffel von: Simplizius Simplizissimus 260

Sachtexte (siehe auch Zeitungsberichte):
Davies, Thomas Stephen: Vortrag über die Laufmaschine 65
Der Treibhauseffekt 63
Franz, Kurt: Kleine Taschenbuchgeschichte 104
Küppers, Waltraud: Das Warenhaus (Deutschland) 52
Lienau, Marianne: Der Kinderbürgermeister von Aulla (Italien) 55
Lindquist, Sven: Jugendgericht in Cuszo (Peru) 51
Saurer Regen 62
Um die Ecke mit dem Rad 64
Waldsterben 62
Wetterberichte 125
Wieselmann, H. U.: Tazio Nuvolari 74

Spielvorlagen und szenische Texte:
Goethe, Johann Wolfgang: Götz von Berlichingen 248
Robins Freunde 229
Sachs, Hans: Der farendt Schuler im Paradeiß 258
Tiemann, Hans-Peter: Die große Plage 263
Wosnitza, Andreas R.: Der neue Klassensprecher 28

Sprachspiele und Rätsel:
Enzensberger, Hans Magnus: wortbildungslehre 108
Erhardt, Heinz: Der Stier 102
Erhardt, Heinz: Zellen 102
Erhardt, Heinz: Das Finkennest 103
Fried, Erich: Der Mausefall 89
Fried, Erich: Aufzählung zum Abzählen 109
Fühmann, Franz: Regennachmittage 164
Gomringer, Eugen: aus zufall 108
Morgenstern, Christian: Die Tagnachtlampe 97
Morgenstern, Christian: Die Brille 104
Morgenstern, Christian: Der Vergess 105
Schnell, Robert Wolfgang: Schau mal 112
Valentin, Karl: Geburt 107

Zeitungsberichte:
Eine ungewöhnliche Demonstration in Bombay 54
Krokodile hielten Feuerwehr in Atem 117
Lima (Peru) 50
Mirzapur (Indien) 50
Motorradfahrer stießen zusammen 42
Pkw prallte gegen Baum 42
Resolution der Kinder aus Bombay 48
Weber, Renate: Adlerauge sucht Fahrrad! 111
Wotan trifft Freya 147

BILDQUELLENVERZEICHNIS

S. 9, 11, 21, 32, 70, 199, 233, 263, 265, 266, 267, 268, 271, 272, 273, 274: Thomas Schulz, Berlin
S. 15, 48, 49, 186: dpa, Frankfurt/Main
S. 33: Klaus Staeck, Heidelberg, © VG Bild-Kunst Bonn 1996
S. 41: © F. Ibañez und Ediciones B., S. A., mit freundlicher Genehmigung durch CONPART GmbH & Co. Zeitschriften KG
S. 54: terre des hommes, Osnabrück
S. 55, 107, 127, 219: Süddeutscher Verlag Bilderdienst, München
S. 61: Bundesministerium für Wirtschaft
S. 66, 68 oben: aus: Ich fahr so gerne Rad ..., dtv, München 1995
S. 67: Andreas Pooch, Troisdorf
S. 68 unten, 79: Rolf Quandt, ADFC-NRW
S. 72: aus: Ivan Rendall, Ruhm und Ehre. vgs Verlagsgesellschaft, Stuttgart 1992
S. 74, 255 unten, 256, 257, 260: Bildarchiv Preußischer Kulturbesitz, Berlin
S. 75: ASA Bildagentur, München
S. 76: aus: ÖKO – Themenheft Verkehr. Bundesstelle der KJG, Düsseldorf
S. 80: aus: Sicher auf dem Fahrrad. Ministerium für Wirtschaft, Mittelstand und Technologie NRW
S. 81 oben links, 84: aus: Luthers Fabeln und Sprichwörter. Insel Verlag, Frankfurt/Main 1989
S. 81 oben rechts: Grandville, Heinrich-Heine-Institut, Düsseldorf
S. 81 unten links: Rolf Köhler, aus: La Fontaine, Die schönsten Fabeln. Insel Verlag, Frankfurt/Main 1990
S. 82, 83: Wilhelm Busch, aus: Gesammelte Werke in sechs Bänden. Fackel Verlag, Herrschingen o. J.
S. 85, 86 oben, unten, 166, 207: Archiv für Kunst und Geschichte, Berlin
S. 90: Alexa Gelberg, Weinheim
S. 92, 96, 204, 209 oben: Artothek Peissenberg
S. 113, 136: Otto Schwalge, Köln
S. 116: Loriot, aus: Der Weg zum Erfolg. Diogenes, Zürich 1958
S. 126: ICON, Bonn
S. 131: Ralf Jurszo, aus: Mathias Duderstadt, Das Schiffbuch. Verlag Sauerländer, Frankfurt/Main 1987
S. 134: Optisches Museum Jena
S. 137: Rheinisches Landesmuseum Trier
S. 147: Mario Kamps, Essen
S. 177: © LesArt, Berliner Zentrum für Kinder und Jugendliteratur
S. 180, 181: Stiftung Deutsche Kinemathek Berlin
S. 183, 223, 234, 237: Deutsches Institut für Filmkunde, Frankfurt/Main
S. 191: Michael Mathias Prechtl, aus: Das Leben des Lazarillo von Tormes. Büchergilde Gutenberg, Frankfurt/Main 1984
S. 203: Silke Pabelick, Köln
S. 209 unten: Universitätsbibliothek Heidelberg
S. 222: Philip Commer, Jennifer Goetz, Marion Heuchert, Christian Müller, Max Tiedtke
S. 243, 244: Mit freundlicher Genehmigung der Deutschen Post AG, Direktion Berlin
S. 244 oben, 3. v. l.: Peter Steiner, Stuttgart
S. 255 oben: aus: Epperlein, Bauer im Bild 1975

SACHREGISTER

A
Abenteuerroman 223–228
Adjektiv 93, 110–111, 132–133, 151, 280
– als adverbiale Bestimmung 116–117, 132–133
– als Attribut 119, 132–133
– Steigerung 151, 156–157, 280
Adverb 117, 281
Adverbiale Bestimmung (Adverbiale) 73, 113–117, 125–126, 131–133, 154, 280, 283–284
– Bildung 116–117, 284
– Formen 115, 117, 284
Adverbialsatz 73, 123–124
Appellieren 76–80, 278
Arbeitstechniken 158–160
Argumentieren 30, 76–77, 278
Artikel 280
Attribut 73, 118–120, 127–128, 131–133, 146, 154, 216, 280, 284
– Formen 73, 120, 284
– Stellung 119

B
Begriffskarussell 26, 215
Berichten 41–60, 279
– Reportage 56
– Unfallberichte 42–48
– Wetterbericht 125–126
– W-Fragen 42, 59
– Zeitungsberichte 42
Beschreiben 65–69, 72–75, 278–279
– Gegenstand 65–68
– Personen 72–75
– Weg 68–69
Bildbetrachtung 33, 92, 96, 203, 207
Brief 10, 21–26, 78
Büchereibenutzung 36, 82, 225, 252
Buchvorstellung 36, 104

D
Demonstrativpronomen 149, 280–281
Diskutieren 27–40, 76–77, 278
– Beobachtungsbogen 32–33
– zu Bildern 33
– Diskussionsverhalten 27–29, 32–33, 37–38, 278
– Echospiel 31
– Gesprächsfäden 30, 32, 40
– Ideenstern 31
– Scharnierwörter 40
– zu Texten 36, 38, 61, 65
– Überreden/Überzeugen 30, 37–38
– Vier-Ecken-Spiel 32

E
Episode 184–185
Erklären 61–64, 69, 134, 136, 193, 195, 244
Erkunden 61–64, 78–80, 244
Ersatzprobe 123–124
Erzählen 82, 88, 166, 179, 195, 279
– zu Bildern 9, 81, 113, 136, 179
– Erzählanfang 200–201
– Erzählanlass 202
– Erzählkern 202
– Erzählerrolle 200, 287–288
– Nacherzählen 41, 166, 249, 279

F
Fabel 81–92, 256–257, 289
Fachsprache 94
Fastnachtsspiel 258–259
Fernsehen 240–242
Film 230–237, 290
– Abenteuerfilme 239
– Drehbuch 230–233, 290
– Einstellungsgrößen 233, 234–237, 290
– Kameraperspektive 233, 234–237, 290
Flugblatt 54, 80
Fotoroman 239

G
Gedicht 203–222, 289–290
– bildliche Sprache 205, 213–217, 290
Gleichnis 248

H
Hauptsatz 122–124, 134, 282
Homonym 102–103, 282
Hörspiel 229, 232–233, 290

I
Indefinitpronomen 149, 281
Informieren 61–64, 78–80, 244, 278

K
Klassenzeitung 57, 59
Knittelvers 258
Komma 138–144
– in Aufzählungen 139, 143
– im Satzgefüge 138, 143
– in der Satzreihe 138, 143
Konjunktion 123–124, 134–136, 143, 283
– nebenordnende 124, 135, 283
– unterordnende 123–124, 135, 283

L
Lied 256–257
Literatur der frühen Neuzeit 243–262
Lügen 193–198
– Absichten 195
– Sprache 198
Lügengeschichte 183–202, 288–289

M
Märchen 165–182, 288
– Figuren 168, 288
– Sprache 168, 170, 288
Medien (s. auch Fernsehen, Film, Zeitung) 229–242, 290
Medientagebuch 241
Mehrdeutigkeit 102–103
Metapher 214–216
Mind-Map 11, 238

N
Nebensatz 122–124, 134, 282–283
Nomen (Substantiv) 73, 93, 110–111, 145–154, 280
Nominalisierung 147–154

O
Ober-/Unterbegriff 70–71

P
Personifikation 205, 216–217
Prädikativ (Gleichsetzungsnominativ) 73
Präpositionen 281
Projekt 238–242, 263–277
Projektideen
- Abenteuerfilme untersuchen 239
- Fotoroman 239
- Hitliste der Lieblingssendungen 242
- Klassenzeitung 57
- Lügenbuch 199–202
- Lyrischer Kalender 218–222
- Medientagebuch 241
- Umfrage zum Fernsehverhalten 240
- Reisekalender 58

Pronomen 280–281

R
Rechtschreibung 110, 145–164, 284–286
- d/t 161
- Doppelkonsonanten 163, 285
- Farbbezeichnungen 153–154, 286
- -ig/-lich 110
- Getrennt-/Zusammenschreibung 155–157, 286
- Groß-/Kleinschreibung 145–154, 285–286
- ng/nk 161
- Nomenendungen 110–111, 145, 285
- Nomensignale 146, 286
- Nominalisierungen 147–154, 286
- pf 160
- ß 164, 285
- v 162
- Verlängerungsprobe 159, 161, 284
- Verwandtschaftsprobe 162, 284
- x/ks/cks/chs/gs 162
- Wörterbuchbenutzung 158–159, 284

Rede 78, 257
Reportage 51–56, 74, 79, 111, 147
Relativpronomen 123–124, 134–135, 281–283
Relativsatz 73, 123–124
Rollenspiel 28, 61, 77, 177, 193, 195
- zu Texten 14, 88, 228, 247, 254

Rundfunkreportage 55–56

S
Satzarten 282–283
Satzgefüge 121–125, 129–130, 134–136, 138, 143, 282–283
Satzglieder 114, 283–284
Satzproben
- Ersatzprobe 123–124, 283–284
- Umstellprobe 116, 133, 283–284
- Weglassprobe 115, 130, 283–284

Satzreihe 124–125, 134–136, 138, 143, 282
Satzschlusszeichen 137, 282
Satzzeichen 137–144, 286–287
Sciencefiction-Geschichte 180–182
Schelmengeschichte 190–192, 289
Sprichwort 10, 193
Streitgespräch 247
Substantiv → Nomen
Synonym 101, 282

T
Tagebuch 10, 11
Tempus 44, 52, 53, 56, 60, 279, 281
- Perfekt 44, 279, 281
- Plusquamperfekt 44, 279, 281
- Präsens 44, 279, 281
- Präteritum 44, 279, 281

Texterschließung
- Abschnittsgliederung 175
- Belegstellen 50, 74
- Charakteristik 225, 262
- Exzerpieren 75
- Markieren 62–63, 278
- Perspektive 14, 228
- produktionsorientiert 20, 51–53, 82–92, 177–182, 199–202, 205, 210, 245–262
- Text/Bildvergleich 92, 203, 207
- Textvergleich 18, 91, 170, 176, 228
- Wendepunkt 14

Theaterspielen 233, 254, 259, 263–277, 290
- Beleuchtung 276
- Bühnenbild 276
- Bühnensprechen 271–273
- Körpersprache 274, 290
- Pantomime 274, 290
- Souffleren 277, 290
- Standbild 233, 274
- Textbuch 275

U
Umfrage 79, 240
Umgangssprache 94
Umstellprobe 116, 133

V
Verb 73, 93, 110–111, 281
Vergleich 205, 213–214, 217
Volksmärchen 166–179
Vorlesetechnik 184–192, 233
- Betonung 184, 186
- Lautmalerei 188
- Sprechbogen 185
- Vorlesewettbewerb 190

W
Weglassprobe 115, 130
Werbung 67, 132
Wetterbericht 125–126
Wortarten 116–117, 119–120, 280–281
Wortbildung 93–112, 281–282
- Ableitungen 93–95, 107–108, 110–111, 281
- Grund-/Bestimmungswort 71, 98, 109
- Präfix/Stamm/Suffix 94–95
- Zusammensetzung 71, 96–99, 104, 105, 108–109, 281–282

Wortfamilie 99–100, 104, 107, 159, 282
Wortfeld 100–101, 112

Z
Zeichensetzung
- Anführungszeichen 137, 287
- Komma 138–144, 287
- Satzschlusszeichen 137, 286
- wörtliche Rede 143, 287

Zeichnen
- zu Texten 83, 168, 193, 222, 252

Zeitung 42, 48–50, 95, 111, 114–117, 121–125, 147

Wertvolle Hinweise verdankt das Werk Gudrun Kaden (Hannover), Harald Kargus (Neustadt/Weinstr.), Wolfgang Meißner (Lingenfeld), Sabine Menzel (Fulda) und Ingrid von Tippelskirch (Saarbrücken).

Deutschbuch 6

Redaktion: Matthias Grupp, Antje Schmidt
Illustrationen: Thomas Binder, Wolfgang Mond, Klaus Müller, Barbara Schumann
Handschriften: Katharina Wolff
Umschlaggestaltung: Katharina Wolff (Foto: Thomas Schulz, Illustration: Thomas Binder)
Lay-out und technische Umsetzung: Katharina Wolff

Cornelsen online http://www.cornelsen.de

1. Auflage € Druck 10 9 8 7 Jahr 07 06 05 04

Alle Drucke dieser Auflage sind inhaltlich unverändert und können im Unterricht nebeneinander verwendet werden.

Druck: CS-Druck CornelsenStürtz, Berlin

ISBN 3-464-60303-2

Bestellnummer 603032

Gedruckt auf säurefreiem Papier, umweltschonend hergestellt aus chlorfrei gebleichten Faserstoffen.

Falschmeldung im Fernsehen
Guten-Tag-Wünschen
Werbung